R. E. Schleich

Punsch

R. E. Schleich

Punsch

ISBN/EAN: 9783743368170

Hergestellt in Europa, USA, Kanada, Australien, Japan

Cover: Foto ©ninafisch / pixelio.de

Manufactured and distributed by brebook publishing software (www.brebook.com)

R. E. Schleich

Punsch

Münchener 2¾

PUNSCH,

humoristisches Originalblatt

von

M. E. Schleich.

Vierundzwanzigster Band.

München, 1871.
Druck der Dr. Wild'schen Buchdruckerei (Gebr. Parcus).

Inhalt

des

vierundzwanzigsten Bandes.

~~~~~

Münchener
PUNSCH.

Ein humoristisches Wochenblatt von M. E. Schleich.

Vierundzwanzigster Band.

Nro. 1. Halbjähriger Abonnementspreis: in Bayern 1 fl. Im Ausland erfolgen die üblichen Postaufschläge. **1. Jan. 1871.**

Zeitläufe. *)

Der physische Selbstmord ist eigentlich verboten und hat derjenige, der zur rechten Zeit darüber erwischt wird, mindestens Protokollkosten zu bezahlen. Der moralische Selbstmord steht frei, oder wie ein durch schlagende Impromptu's bekannter Münchener Advokat gesagt hat: Jeder blamirt sich so, wie er es im Stande ist.

Unbeschadet dieser persönlichen Freiheit, deren Heilighaltung sich gerade im parlamentarischen Leben ganz besonders empfiehlt, existirt doch für jeden Christenmenschen eine gewisse Berechtigung, ja man möchte sagen Verpflichtung: massenhaften moralischen Selbstmorden und Selbstmordversuchen wenigstens warnend entgegenzutreten. In unserer Zeit, welche durch den Donnergang ununterbrochener Thatsachen imponirt, sind Proteste etwas in Verruf gekommen; aber Proteste schicken sich, ja sie können nicht laut genug erhoben werden, wenn einzelne verzweifelte Leiter sich kein Gewissen daraus machen, eine ganze Schaar zum Sprung in den Abgrund zu verführen.

An einem solchen Punkt scheint uns die patriotische Fraktion der gegenwärtigen bayrischen Kammer angekommen. Das Referat

---

*) Wegen Entlehnung dieses Titels bitten wir geeigneten Orts um Entschuldigung.

über die neue deutsche Reichsverfassung beantragt: den „Bündniß=
Verträgen zwischen Bayern und dem norddeutschen Bund" die
Anerkennung zu versagen. Dieser Antrag ist jetzt schon ein histo=
risches Curiosum, aber er hat doch wenigstens einen Sinn und
der Urheber pointirt ihn muthig mit dem Einsatz seines poli=
tischen Rufes.

Anders verhält es sich mit dem präsumtiven zweiten Theil.
Leute, die denn doch auch noch Patrioten zu sein glauben, haben
ein Recht, sich solche Scherze zu verbitten. Den Gegnern sind
sie ohnehin willkommen genug; der eigenen Partei aber und beson=
ders Jenen, die in unbegränztem Vertrauen zum voraus gut
heißen, was ex cathedra referirt wird, ist man diskretere
Benützung schuldig.

Oder was resultirt denn aus dem Antrag? Se. Majestät
soll gebeten werden, „Allerhöchst Anordnung treffen zu wollen,
daß die Verhandlungen mit der Regierung des norddeutschen Bundes
von Neuem aufzunehmen seien". Ist der Wortlaut richtig, so
wäre das so schlecht deutsch abgefaßt, als es eventuell gehandelt
wäre. Doch nicht um deutsch oder nichtdeutsch handelt es sich,
sondern um die Loyalität, welche Patrioten noch allezeit über Alles
gegangen ist. Nachdem auf Antrieb unseres Königs die Unterhand=
lungen in Versailles angeknüpft worden, nachdem sie abgeschlossen
sind und das Abgeschlossene von allen deutschen Fürsten und
Volksvertretungen, mit Ausnahme der bayrischen, ratificirt ist,
nachdem wiederum Bayerns König auf Grund der sanctionirten Ver=
träge die Wiederherstellung des deutschen Kaiserthums beantragt
und dieser Antrag ebenfalls bereits zum Beschluß erhoben ist,
kurz nachdem dieß Alles und noch verschiedenes Andere geschehen
ist und unwiderruflich feststeht, soll nun Se. Majestät von
bayrischen Patrioten gebeten werden, „Anordnungen" zu treffen,
daß die Verhandlungen mit der Regierung des norddeutschen
Bundes von Neuem aufgenommen werden —! Heißt das nicht,
ein König soll sich selbst desavouiren?

Ludwig II. müßte alle Fürsten und deren Minister um
Entschuldigung bitten, daß er sie so unnöthiger Weise bemühte,

er müßte Alles wieder zurücknehmen, wie ein Kind, das ohne Erlaubniß der Eltern etwas verschenkt hat. Am originellsten aber wäre die Stellung unseres Monarchen, wenn er eine Regierung des Norddeutschen Bundes suchen müßte, um mit ihr von Neuem Verhandlungen anzuknüpfen. Das wäre ein hartes Suchen, denn nachdem Hessen, Baden und Württemberg zum Reich gegangen sind, gibt es von Neujahr ab keinen „norddeutschen Bund" mehr. Und wenn er trotz der falschen Adresse doch den richtigen Ort findet und die neue deutsche Gewalt bittet, noch einmal mit ihm zu unterhandeln, und diese sagt: Nein, ich lege dir auch noch den Zollvereinsvertrag vor die Füße — wie steht er dann da, der vor allen Zeitgenossen beschämte König? Eine wahrhaft tragische Situation, deren einzige versöhnende Seite darin besteht, daß sie — nicht eintreten wird.

Und selbst wenn Wilhelm der Siegreiche — die Nicht-genehmigung dieser billigen Titelverleihung ist nicht beantragt — ein menschliches Rühren verspürt und Verhandlungen „von Neuem aufnimmt", was kann dabei noch herauskommen? Es soll ein weiterer Bund mit dem engeren des künftigen deutschen Reiches geschlossen werden. Ein deutsches Reich mit einer „beabsichtigten" Verfassung wird also angenommen, aber der Bericht ist darauf versessen, nur einen „engeren Bund" darin zu sehen und noch dazu nur einen „künftigen". Bestünde dieser „künftige Engere" nur aus Norddeutschland und thäten Baden und Württemberg mit uns, so daß sich Deutschland nach Art der Zellenbildung vergrößerte, die um den einen Kern immer größere Peripherien schlingt, so wäre das wieder ein politischer Gedanke. Da aber die Südstaaten (und die Rheinpfalz an und für sich) beim Reich sind, so würde Bayern nichts als — man verzeihe uns das Bild — ein deutscher Reichsleistenbruch. Was hineingehört, wäre herausgetreten und eine unversehene Lockerung der Zoll-vereinsbandage könnte den kalten Brand herbeiführen.

Fatales Resultat enormer Anstrengungen!

Doch haben wir keine Angst, daß Bayern in dieser Winters-zeit hinausgesperrt wird. Wir sind ja eigentlich schon drinnen und es handelt sich nur noch darum, die Thüren sperren zu können.

Allerdings ist es etwas Schönes um einen Standhaften, der Nein sagt, und wenn der Himmel über ihm zusammenstürzt. Nur muß man in diesem Falle sicher sein, daß diejenigen, welche in den Ruinen mitbegraben werden, auch Lust dazu haben.

Also Ja oder Nein — nur nicht die vorgeschlagene Bitte. Sie ist gegenstandslos, sie ist beleidigend — sie drängt entweder zur Abdankung dessen, an den sie gerichtet ist, oder derjenigen, welche es über sich bringen, sie zu stellen.

Quod Deus bene vertat!

Privat-Kabel des Punsch.

London. Der strenge Winter fordert seine Opfer. Nächsten Sonntag wird der Vertrag von 1856 begraben. Man versammelt sich im Sterbehause, Foreigne Office.

Deutschland. Bis zur Uebergabe von Paris und Erledigung der deutschen Reichsverfassung bleibt der „Strom der Geschichte" eingefroren und kann zum Schlittschuhfahren benützt werden.

Nordamerika. Der hiesige Finanzminister meldete nach Europa, daß auch im neuen Jahre jede Woche 1 Million Dollars Schulden zurückbezahlt werden. Rückgruß von europäischen Collegen: „Wir bleiben die Alten!"

Wie ist die Welt so evangelisch geworden!
oder:
„Kindlein liebet einander".

Vor Paris. Am Johannistag Morgens 7 Uhr: Bibe amorem Sancti Joannis: Erster Schuß — das Bombardement beginnt.

Am Haupteingang zu Wilhelmshöhe ist Folgendes ange=
nagelt:

Enthebungs-Karte
von den sonst üblichen Neujahrs-Wünschen
für
Herrn Napoleon Kaiser,
Particulier,
welcher zu den Armen das Gehörige beigetragen hat.

Zwiesler Ballonbriefe.
I.
(Adresse gleichgiltig. — Paris 21. Dezember.)

Lieber Freund! In Eile melde ich Dir, daß es mir sehr
gut geht und sogar die Geschäftsleute auf den Boulevards mit den
heurigen Weihnachten sehr zufrieden sind. Ich habe im Auftrag
einer Freundin soeben wieder auf das Modejournal abonnirt. Wenn
etwas theuer ist, so sind es hübsche Pelzgarnituren, weil die
Zufuhr aus Rußland schwächer war. Von Proviantmangel keine
Spur; Leute, die Nichts zu essen haben, hat's in Paris immer
gegeben. Die Schriftsteller arbeiten Tag und Nacht an Romanen
und Lustspielen, welche die Belagerungsepoche zum Gegenstand
haben. Gestern soupirte ich mit einem Freund in einem reser=
virten Cabinet; wir hatten allerdings Ratten, nämlich allerliebste
Rats de l'Opéra. Man verbreitet außen: wir hätten weder Milch
noch Butter mehr. General Trochu befahl deßhalb, den gefan=
genen Preußen 8 Tage lang nur Butterbemchen zu geben, aber
schon am dritten Morgen baten die armen Teufel, denen das
Fett im Gesichte stand, um ein Stückchen Fleisch, gleichviel welches.
Man gab ihnen Beefsteals mit Eiern. Es werden in Paris
allerdings auch Mäuse gefressen, aber nur von den Katzen. Es
hat sich ein Comité gebildet, um nächsten Monat eine Industrie=

Ausstellung zu veranstalten, wozu auch die Departements einge=
laden werden sollen, deren Erzeugnisse auf unterirdischem Wege
beigeschafft werden. Auf Neujahr stehen sehr viele Ernennungen
und Beförderungen im Justiz= und Verwaltungsdienste in Aussicht,
besonders für Elsaß und Lothringen. Die vielen jungen Leute,
welche heuer in Paris sind, werden den Carneval voraussichtlich
recht beleben, ich freue mich darauf. Schreibe mir bald, via
Bordeaux und schicke mir wenn möglich einige der neuesten in
Deutschland erschienenen Clavierpiecen. Dein Freund

Charles.

II.

Theure Eltern! Nur wenige Zeilen, denn meine Glieder sind
starr vor Frost und meine fürchterlich abgespannten Nerven ver=
tragen das nicht länger. Es ist mir ein letzter, aber süßer Trost,
Euch in Sicherheit zu wissen. Die allgemeine Hungersnoth wächst
mit jeder Stunde. Ich bin davon nicht berührt, denn mir graut
vor jedem Genuß. Welch' ein Jammer! Wo sonst fröhliche
Menschen waren, da ächzt das Elend. Eine Weltstadt, die sich
in ein Grab verwandelt, wer hat das je gesehen? Dritthalb
Millionen in Verzweiflung. Kein Fleisch, kein Salz, bald auch
kein Pulver mehr, und doch noch Widerstand! Widerstand bis
zum Messer, bis zu den Zähnen — Widerstand bis zu den
Fingernägeln. Ich schließe —

Charlotte Grandrage.

☞ Und da soll sich Einer auskennen!

Beinahe wäre Luxemburg jetzt schon deutsch geworden!

Na, sehen Sie, was wär's dann gewesen, wenn wir die
Festungswerke so schnell abgetragen hätten, als manche Leute wollten?

Drum, immer besser: langsam arbeiten!

Mehrere Maurer
in Luxemburg.

Und wie in Luxemburg
Sind sie durch und durch.

Nur Opportun!

Da der beabsichtigte Jahreswechsel verschiedenen Interessen bedrohlich zu werden scheint, so wird beantragt, demselben die Genehmigung zu versagen, zugleich aber die Regierung zu bitten, mit den europäischen Kalendermachern Unterhandlungen einzuleiten, daß lediglich ein erweiterter Jahrgang 1870 hergestellt und unabweißbare Veränderungen, z. B. Zunahme des Tages, Frühling in Deutschland u. s. w. als gemeinsame Angelegenheit zwischen den Anhängern der alten und der neuen Jahreßziffer behandelt werden. Die Zahlungsverbindlichkeiten werden natürlich von dieser Liebhaberei nicht im Geringsten berührt, es handelt sich lediglich um das dringende Bedürfniß einer lächerlichen Unbequemlichkeit.

Wir haben künftig ein deutsches Reich, daneben aber auch bayrische Reichsräthe, einen bayrischen Reichsreservefond, ein Reichsherolden=Amt u. s. w.

Wir werden also künftig, wenn auch nicht steinreich, so doch wenigstens r e i ch reich.

Kleine Frühstücksplaudereien.

Durch den Krieg bleibt die Civilisation zurück, das ist gar nicht zu leugnen. Im vergangenen Herbst wäre in Paris eine neue große Offenbachiade gegeben worden, betitelt: „König Mohrrübe"; im ersten Akt kamen 50 Affen vor, dargestellt von Tänzern, die nun wahrscheinlich als Franctireurs die Wälder beleben. Mit welcher Begierde und mit wie glänzendem Erfolg wäre diese Affengloire in Deutschland nachgeäfft worden.

Die Gebäcke, welche an die deutschen Krieger vor Paris abgeschickt wurden, kamen größtentheils in einem so harten Zustande an, daß die Beschenkten ein neues Wort statt „Anbrechen" erfanden, sie sagen nämlich: „Laßt uns diese Wecken oder Kuchen — schlachten".

Heftige Briefkastenpolemik in den Dresdener Lokalblättern wegen des Vorkommnisses, daß ein Menschenarzt das eiserne Kreuz nur am weißen, hingegen ein Veterinär das am schwarzen Bande erhielt. Offenbar will damit keine wissenschaftliche Rangordnung entschieden sein, sondern waltet nur ein Versehen ob und wird die oberste Leitung, da sie das schwarze nicht wohl mehr weiß machen kann, den weißen Bandbesitzer schwärzen lassen. — Im Uebrigen herrscht in Sachsen fortwährend bedeutende Aufregung gegen den Coburger Schützenkönig wegen seines unglücklichen Schlachtberichtversuches. Die Sachsen sind sanfte, artige Leute, aber hören Se, nichts kann sie wüthender machen, als wenn man ihnen nachsagt, daß sie nich kräftig jenug eingreifen.

Während hinter Paris die Völker auf einander schlagen, blühen Deutschland die üppigsten Friedensgenüsse. In Köln gastirt der Tenorist Wachtel und ist der Erfolg der „Wachtelabende" bei guter Beleuchtung und Beheizung ein ganz unerhörter. In Dresden steht ein Gastspiel Friedrich Haase's bevor, von welchem die dortigen „Nachrichten" zur Empfehlung im Voraus anführen, daß er vier Orden habe. — Wie uns bedünken will, dürften sich die deutschen Vergnüglinge etwas mehr an die furchtbaren Entbehrungen unserer Brüder jenseits der Vogesen erinnern!

Ein altbayerischer Troubadour, wahrscheinlich aus Habermoching, schickt uns folgendes ein, was er im Lager gesungen haben will:

> An der Loire, der Loire
> Hatten wir die Gloire, die Gloire.
> Auch bei Amiens
> Erzweckten sie Rien, rien.
> Und auf Mont Avron
> Schießen s' jetzo scho',
> Und auf d'Wochen g'wiß
> Auf Paris, Paris. — Huidirö!

☞ Halbjährig bei allen Postämtern. Abonnements-Preis in Bayern 1 fl.

Druck der Dr. Wild'schen Buchdruckerei (Gebr. Parcus).

Münchener
PUNSCH.

Ein humoristisches Wochenblatt von M. E. Schleich.

Vierundzwanzigster Band.

Nro. 2. Halbjähriger Abonnementspreis: in Bayern 1 fl.
Im Ausland erfolgen die üblichen Postaufschläge. 8. Jan. 1871.

Alsfort „Zeitläufe"

aber langsame!

Nun ist nicht nur die Thomas=, sondern auch die Neujahrs=
Nacht vorübergegangen, ohne daß das Reich fertig geworden wäre
und wenn die drei Könige glaubten, daß sie das Kindlein heut'
oder morgen geboren sähen, so irrten sie sich. Jungfer Germania
und Nährvater Bismark sind in Erwartung, auch die eine und
die andere politische Partei steht bereit, um das Gewordene mit
sympathischem Hauch anzuwärmen, aber die Krippe bleibt leer und
man weiß eigentlich noch nicht, wozu der große Glücksstern
aufgegangen ist.

Am 1. Jänner sollte die neue Kaiser= und Verfassungsära
beginnen. Warum denn schon? Der Neujahrstag war von jeher
ein Dies nefastus. „Sie müßen halt warten" sagte der Posthalter
von Sauerlach, wenn Einer Extrafuhrwerk haben wollte. „Eile
mit Weile" steht im ABC=Buch, „Rom ist auch nicht an einem
Tag gebaut worden", und „Zeit lassen!" grüßt der Tiroler, wenn
er Einen auf Bergeshöhe begegnet.

„Auf dem Schlachtfeld wird der Kaiser gemacht" behauptete
Friedrich Wilhelm IV; mit Blut und Eisen ist die deutsche Frage
zu lösen, sagt Bismark; das Recht des Stärkeren macht die Welt=
geschichte, die Verhältnisse bestimmen den Menschen, hören wir

alle Tage. Grundfalsch — Ausschüsse haben auch noch etwas
drein zu reden! Soll eine besonders wichtige Epoche eingeleitet
werden, so nimmt man statt neun Mann deren fünfzehn. Gott,
sagen die Philosophen, ist in der Weltordnung, sowohl in ihrem
Ganzen als auch in ihren Einzelheiten. Gott ist also auch in
der Geschäftsordnung des bayrischen Landtags und zu ihrem Gött=
lichsten gehört jedenfalls der Ausschußmechanismus, der ohne Dampf
ganz außerordentlicher Kraftaufwände fähig ist, aber — pressiren
darf's nicht.

Ihrer Fünfzehn arbeiten sodann mit und nach einem Referat,
einem Majoritätsbeschluß, einem Minoritätsgutachten und einem
Majoritäts-Supergutachten. Damit ist aber das betreffende Stück
Geschichte durchaus nicht fertig; es muß erst noch in verschiedene
Druckereien kommen, der Buchbinder muß Alles falzen und dann
kommt die übliche Bedenkzeit. Derweilen ist die Winterdult halb
vorüber und der Carneval angebrochen, und was kann bis dahin
Alles geschehen! Vielleicht braucht's dann gar keine Verträge
mehr und man kann sagen: Cunctando restituit rem!

Doch Scherz bei Seite, die Sache fängt an langweilig zu
werden. Was du thun willst, das thue bald, und wenn du nicht
willst, so überlasse es Anderen. Bei längerem Hinausziehen
kommt Bavaria in die Lage jenes Mädchens, von dem es bei
Nestroy heißt: „Sie sagt immer, es schickt sich nicht, und sie geht
doch in die Laube." Zudem ist das Vergnügen keineswegs billig,
1000 fl. per Tag. Das Kaiserreich kostet uns vielleicht um
50,000 fl. mehr, als wir es von Anfang haben konnten. Und
in gewisser Richtung machen sich die Nachtheile der Fünfzehner=
Taktik jetzt schon geltend. Die kühle Aeußerung Preußens über
die Angelegenheiten des hl. Vaters war vielleicht der Wiederhall auf
die Versagung der Anerkennung der Verträge und der Empfehlung
von neuen Verhandlungen mit dem verstorbenen Nordbund. In
der Capitale des „Reiches der Gottesfurcht", in der Residenz des
Hrn. v. Mühler spricht man von „Ultramontanismus"! Wenn
Preußen einmal angefangen hat, die Ultramontanen zu fürchten,
dann — hat es sie zu fürchten aufgehört. Bedenke man sich doch,

nicht nur die Kappe der eigenen „Fraction", sondern auch die Mitra zu verschneiden!

Doch halt — schon am nächsten Dienstag beginnt das Selbstbombardement. Möchten, da der Kelch doch nicht vorübergeht, wenigstens die Leiden abgekürzt und die Debatten auf ein paar Tage beschränkt werden. Dann wäre das neue Reich ungefähr am 12. d. M. vollendet, also doch an einem Neujahrstag, wenn auch am russischen!

Wir haben ein germanisches Museum, eine Ruhmeshalle, warum nicht auch ein Archiv für geheime Kriegspläne?

Der Benedek'sche harrt längst einer würdigen Ruhestätte; die Pläne von Bazaine und Trochu könnten ebendaselbst beigesetzt werden. Für den betreffenden Schrank dürfte sich die Pyramidenform am besten empfehlen.

Antiquarius.

Der Bischof von Orleans hat uns mit den Hunnen verglichen. Da ich mich erinnere, die Hunnen immer mit famosen Schaf-, Wolfs- und Bärenpelzen abgebildet gesehen zu haben, so wollte ich: es wäre etwas Wahres an dem Vergleich.

Ein bayr. Beurlaubter ohne Mantel.

Der erste wirklich deutsch gesinnte deutsche Kaiser war Heinrich der Vogelfänger.

Der erste Kaiser im regenerirten Reich ist hingegen, dem noblen Zug des Jahrhunderts entsprechend, ein Vogelspender.

Ein neuester Ritter des rothen Adlers 10. Classe.

Privat=Kabel des Punsch.

Deutsches Reich. Ich muß, du mußt, er muß, wir müßen, ihr müßet, sie müßen.

––––––

Florenz. Das bekannte Mabiai'sche Ehepaar, das einst wegen Lesens der Bibel eingekerkert wurde, hat nun beide Testamente zur Genüge oft ausgelesen und abonnirte von Neujahr an bei einer Leihbibliothek.

––––––

Berlin. Das Reich contrahirt ein Prämienanlehen der Got= tesfurcht mit Gewinnsthoffnung. Allgemeiner Zudrang.

················

Bordeaux. Die Stimmung in Paris ist nach Gambetta noch immer ausgezeichnet. Nach Trochu sind sogar die Theater voll — von Ver= wundeten und Kranken.

––––––

Rom. Victor Emanuel sagte: Was genirt mich eine Ueber= schwemmung auf dem Capitol? — Und der Papst meinte: Für solche Fälle ist das Schifflein Petri auch nicht unpraktisch.

––––––

Cartagena. (Spanien). Sicherem Vernehmen nach war das erste Wort, welches Topete an den neuen König richtete, folgendes: „Haben Sie eine Amnestie bei sich?"

––––––

Madrid. Die spanischen Minister leisten dem neuen König den Eid der Treue! — Man verspürt mehrere Erdstöße, welche von der herzlich lachenden Natur herrühren.

––––––

Amiens. Trotz der furchtbaren Kälte fährt die Nordarmee fort, zusammenzuschmelzen.

———

Toulon. Soeben ist Abb-el-Kader angekommen — er begibt sich sogleich zu Garibaldi, um diesem nöthigenfalls die Marseillaise singen und beim Podagra schreien zu helfen.

———

Coburg. Das hiesige Publikum hat beschlossen, an den abwesenden Direktor des Hoftheaters die Aufforderung gelangen zu lassen, er möge zurückkehren und kräftiger eingreifen.

Maxl und Sepperl, Schusterbuben.

Maxl. Ich sage dir: vierzig Millionen, die wollen —

Sepperl. Was wollen sie? Einig werden?

Maxl. Verzinst wollen sie sein!

———

Maxl. Merkwürdig, die Einen unserer Brüder stehen im Gebiete „Robert des Teufels", die Andern in der Heimath der „Jungfrau von Orleans".

Sepperl. Jetzt sollten sie halt auch bald da sein, wo der „Johann von Paris" spielt.

———

Als Bismark gefragt wurde, ob er wirklich Anstand nehme, das Stück Limburger Käse einzuverleiben, antwortete er abwinkend: „Jetzt nicht, nach dem Essen!"

———

Seit 10 Tagen ist keine Brieftaube in Paris angekommen. Man glaubt, daß allenthalben preußische Briefmarder existiren, welche sie abfangen.

Wo Alles liebt, sich nicht mehr „für gebunden zu erachten", kann ich allein nicht mein eigener Strick bleiben.

Carlos von Rumänien.

Wäre die bayrische Kammer nicht so tendenziös langsam, so hätte am 1. Jänner der deutsche Bundesrath in's Leben treten können.

So aber muß es schon gleich mit Ferien anfangen!

Und das freut den

verstorbenen Bundestag.

Zur Situation. Wenn in Paris wieder eine Proclamation von Gambetta eintrifft, so wird man damit um so weniger einen Hund vom Ofen hervorlocken, als wegen gänzlicher Erkältung schon lange keiner mehr dahinter liegt.

Wenn die Pariser kein Holz mehr haben — Prügel können wir ihnen geben. Und wer einen Mecklenburger vorzieht, kann ihn auch haben.

Kutschke und Würstlmeier,
Füsiliere aus Nord' und Süd'.

Geschwindigkeit ist keine Hexerei.

Die Anträge des Fünfzehnerausschusses sind auch keine Hexerei.

Sie sind aber deßhalb doch auch keine Geschwindigkeit.

Beweis, daß zwei Dinge, die einem dritten nicht gleichen, deßhalb selbst Nichts mit einander gemein zu haben brauchen.

Nicht neu, aber wahr!

„Polen, Literaten und Juden" galten im Jahre 1818 als verdächtige Verbindung. — „Postschreiber und Juden", sagte unlängst der Junker Graf Brühl, drängen sich überall zu den Jagden. — Die neueste Zusammenstellung des Professors Greil lautet auf „Mormonen und Juden."

Merkwürdig! Nur mit Schulgehilfen, Veteranen und Invaliden kommen wir nie in eine Reihe.

Ein Jude

Kunstnotiz. „Hinüber herüber", diese Posse hat auf den Volkstheatern sehr gefallen; aber das auf dem Kriegstheater aufgeführte Trauerspiel: „Herüber hinüber" bespricht der bekannte Recensent Hermann Voget ungünstiger. Der Verfasser wurde allerdings gerufen, aber nach Versailles.

Die Loirebrücke bei Tours wurde von der bayer. Feldeisenbahn-abtheilung in wenig Stunden wieder hergestellt.

Diese Abtheilung scheint also nicht nach der Geschäftsordnung des bayerischen Landtags zu arbeiten, sonst wäre draußen die Loirebrücke noch so wenig fertig wie daheim die Mainbrücke.

Kleine Frühstücksplaudereien.

Nach einigen Delirien ist die Donauzeitung in der großen Frage zu einem festen Standpunkt gekommen; sie ist entschieden für die Annahme der Verträge, nicht aus Liebe zu Preußen, oder Deutschland, oder auch nur Bayern, sondern im höheren katholischen Interesse, ungefähr wie die katholische Volkspartei in Baden. Auf die Erklärung des Hrn. Greil, die Donauzeitungspolitik sei ihm „unlieb", so wie auf einen Angriff von Seiten eines fränkischen Pfarrers und Volksvertreters antworten die Herren Lukas und Bucher, daß sie „zu stolz seien, um sich mit diesen Politikern in einen Streit einzulassen". So ist's recht, stolz lieb' ich auch die niederbayrischen Spanier. Uebrigens einigen Grund zum Stolz hat die Donauzeitung immerhin!

Zwei gelehrte Fräulein Rothschild in London haben eine Uebersetzung aus dem Hebräischen herausgegeben. Als der Frankfurter Rothschild dieß erfuhr, soll er gesagt haben: „Mit dem Umsetzen wird meine Familie doch jederzeit mehr verdienen, als mit dem Uebersetzen."

Man ist auf ein neues Mittel verfallen, um die widerhaarigen Elsässer und Lothringer umzustimmen. In Mühlhausen, Straßburg und Metz sollen deutsche Theater errichtet werden. Der Gipfel der Wiener Freundlichkeit wäre, wenn es seine Gallmeyer herleihen wollte, damit die Germanisirung nicht nur einen strammen, sondern auch einen feschen Anstrich bekäme.

☞ Alle Postanstalten, feste und mobile, effektuiren Bestellungen. Preis in Bayern halbjährig 1 fl.

Druck der Dr. Wild'schen Buchdruckerei (Gebr. Parcus).

Münchener
PUNSCH.

Ein humoristisches Wochenblatt von M. E. Schleich.

Vierundzwanzigster Band.

Nro. 3. Halbjähriger Abonnementspreis: in Bayern 1 fl. Im Ausland erfolgen die üblichen Postaufschläge. 15. Jan. 1871.

Dritter Lauf
am Revolver der Zeit.

Das Bombardement von Paris und die bayerische Kammer=
Debatte über die Verträge sind zu gleicher Zeit losgegangen und
erregen fast gleiches Interesse. Gegen fünfzig Rednerschlünde
stehen bereit, der Mörser Völk und die Haubitze Sepp haben be=
reits gefeuert, während der Mont Balerien des Ausschusses, Dr.
Jörg, auf erhöhtem Terrain je nach Bedarf links und rechts
antwortet oder Ausfälle unternimmt, die auch manchmal zurück=
geschlagen werden.

Wenn ein Theil der Pariser Bevölkerung verzweifelnd den
Feuerschlünden entgegengeht, oder Andere sich von der Höhe der
Buttes-Chaumont hinabstürzen, um den Untergang Trojas nicht
zu überleben, so ist das furchtbar und großartig. Aber der
Massenselbstmord derer, welche sich bei uns dem Rad der Zeit
in den Weg werfen, hat neben den Schmerzen, die Jeder dabei
privatim empfindet, auch den Fluch des Komischen. Die Vertreter
des Volkes verweigern den Eintritt in das neue Deutschland,
welchen das Volk nicht nur nicht perhorrescirt, sondern in
richtigem Instinkt gebieterisch verlangt. Eine große politische
Partei, welche die Hälfte des Landes, zum wenigsten dritthalb
Millionen Menschen in sich faßt, sprengen sie in die Luft, nicht
um die Verträge rückgängig zu machen, sondern um — ein
Referat zu retten. Sie dementiren den König, das Volk und
ihre innersten Wünsche und Fühlungen, nur um einen Referenten
nicht zu dementiren. Ist kein Kolb da, um die Kosten dieser
Verblendung zu berechnen?

Es gibt keine Kraft, die sich nicht äußert, d. h. jede Kraft muß ihren Stoff haben und die Selbstständigkeit des isolirten diesseitigen Bayerns durch einen physischen Nachhalt aufrecht erhalten werden. Die Macht aber, die wir zu diesem Zweck auf die Beine stellen müssen, kostet viel mehr, als die „beabsichtigte“ Reichsverfassung. Gott sei Dank wird es aber zu diesem Experiment nicht kommen! Die Steuerpflichtigen übernehmen lediglich die Spesen für den aufzulösenden Landtag und die Kosten der Neuwahl. Für das geschehene Unglück immer noch billig, aber gleichwohl theuer genug für das Vergnügen, ein Referat mehr zu besitzen.

So lange Europa noch im tiefsten Frieden lebte, die Nergeleien und Stänkereien in der hochpolitischen Sphäre nur als die Excesse zu großen Wohlbefindens angesehen werden konnten, jedenfalls aber jedem gesunden Gehirne die märchenhaften Begebnisse der letzten sechs Monate als Unmöglichkeit erschienen, war es angezeigt, einen bequemen, billigen und gesunden Spaziergang dem preußischen Stechschritt vorzuziehen und die Argumente gegen den Militarismus da zu nehmen, wo man sie fand. Jetzt aber, wo wir nicht nur einen krassen Frevel zu bestrafen, sondern auch der Rache der Besiegten vorzubeugen haben, ist es Wahnsinn oder Verrath — doch nein, es ist nur Wahnsinn — sich von der eng geschlossenen Reihe absondern zu wollen. Oder glaubt man, daß das isolirte Jörg'sche Bayern, das Ausschuß-Bayern, für die Franzosen ein Gegenstand heiliger Scheu, ein Objekt der Verehrung sein werde?

Einen Monat früher hätte unser Sturm im Wasserglas jenseits der Vogesen fatale Folgen und am Ende gar eine Anerkennungsadresse aus Tours zur Folge haben können. Wir glauben freilich nicht an den geheimnißvollen Franzosen, der Nachts zu den bayrischen Vorposten kam, um zu fragen, wann der versprochene Ueberlauf statthaben werde. Daß aber die französischen Machthaber Alles, was gegen die Preußens geschieht, als für sich gethan zu betrachten, liegt in der traurigen Natur der gegenwärtigen Verhältnisse. Nun liegt die Sache freilich anders. Die Herostrate der patriotischen Fraction müßen sich auch noch sagen lassen, daß sie für die Weltgeschichte unschädlich sind.

Die Sühne vor Paris hat begonnen. Eine Bombe fällt vor die Kirche in der Rue St. Jaques — das ist für die Mordbrennerei im Wormser Dom (1689). Eine Granate platzt vor einer Trauerversammlung im Kirchhof von Mont Parnasse — das ist für die Grabschändung im Speyrer Dom (1689).

Ein Hundertpfünder schlägt in das Dach des Palais du Luxemburg — das ist für die Zerstörung des Heidelberger Schlosses.

Und sollten die Franzosen auf dieses schlagende deutsche „Minoritätsgutachten" nicht auch eine Duplik erlassen wollen? — Nehmen wir die Verträge an!

Privat-Kabel des Punsch.

Paris. Auf Anbringen der Pariser behandelt Trochu das deutsche Bombardement mit Verachtung und befiehlt den Süd-Forts, die Preußen todt zu schweigen.

Sodoma. Das Schicksal von Paris erweckt hier die lebhafteste Theilnahme. Man sagt allgemein, daß ein einfacher Feuerregen doch noch besser sei, als Feuer in Emballagen.

Rom. Der Tiber, welcher Opposition machte und seinen Austritt bewerkstelligte, ist in sein altes Rinnsal zurückgekehrt; die Brücken können wieder hergestellt werden. Pontificibus laudabiliter se subjecit.

München. Der bayrische Landtag zieht — (Nachschrift: das Kaiserreich in die Länge.)

Madrid. Der neue König ist noch immer nicht fortgejagt und feiert, wenn das so fortgeht, nächstens das 25tägige Jubiläum seiner Thronbesteigung.

Europa. Die Londoner Conferenz ist zusammengetreten; man merkt jedoch nicht das geringste davon.

Frage an Bayern: Wann wird das neue deutsche Reich einmal aufhören, nicht anfangen zu können?

„Das ist die Sonne von Austerlitz" sagte der alte Napoleon und siegte.

„Das ist zwar nicht der Nebel von Chlum" sagte Moltke, machte aber auch keine schlechten Geschäfte.

Neue Aesthetik. „Schöne Cavalleriegefechte." — „Beschießung bei herrlichem Winterwetter." — „Gute Wirkung von Granaten." — „Das richtige Ebenmaß aller Theile in der Erbswurst."

Künstlerische Gewissensfrage eines herzoglichen Sachsen an einen königlichen: Wer spielt den „Bolingbroke" besser: Unser Herzog oder Friedrich Haase?

Das weiß man eben so wenig, als sich sagen läßt, ob Haase Coburg schlechter regieren würde, als der Herzog.

Marl und Sepperl, Schusterbuben.

Marl. Na, Das sind jetzt hübsche Tage bei uns in Bayern.

Sepperl. Ja. Wenn's Sommer wär', würde man sagen Hundstage.

Marl. Was heißt denn eigentlich das, wenn Einer Indemnity verlangt.

- **Sepperl.** Das heißt so viel als: Ihr müßt mir nicht bös sein, indem nit i dran Schuld bin, sondern — höhere Fügung.

Marl. Ah so. Na, einer so gemüthlichen Sprach' wird ein Oestreicher nie widerstehen können.

An einem der kältesten Tage sagte ein Pariser Socialdemokrat: „Ach du lieber Gott, wie habe ich mich früher oft versündigt, welch' ein unbesonnener Frevler war ich, über mein Loos zu klagen! Wie glücklich wäre ich jetzt, wenn ich mein Brod wieder im Schweiße des Angesichts verdienen könnte!"

Astronomisches.

Man wird sich erinnern, daß vor einiger Zeit ein Komet beobachtet wurde. Auffallender Weise hat man aber nichts weiter von ihm gehört. Als nämlich der Komet erfuhr, daß bereits ein Nordlicht dagewesen sei, kehrte er um, mit der Bemerkung: Na, dann wissen sie ja schon Alles, was soll denn da meine Anzeige noch für Wirkung machen?

„Im ganzen Reiche herrscht Friede und tiefe Ruhe" —

Diese herzerfreuliche, dem Standpunkte unserer Cultur und den Wünschen der weisesten Männer entsprechende Meldung kommt jedoch leider nicht aus dem deutschen Reiche,

 sondern aus **China!**

Herzog oder vielmehr König Amadeus wurde zum Zweck seiner Reise nach Spanien vom großen Bannfluch dispensirt.

Nun möchte ich wissen: von wem? Von der Commission, die auch Fleischspeisen erlauben kann? Und auf sein Ansuchen? Taxfrei? Auf wie lange? Ist Amadeus, wenn ihn die Spanier heute davon jagen, dann wieder excommunicirt?

Pimplhuber,
altkönigl. Einwohner von München.

Sicherem Vernehmen nach ist man jetzt daraufgekommen, daß die Verbindung der Stadt Paris mit der Außenwelt durch aufwärts gehende Seefische vermittelt wird.

Im Hafen von Havre werden die betreffenden Fische mit Fleischtheilen gefüttert, in welchen feine mikroskopisch-photographirte Depeschen enthalten sind.

Ein bei Rouen angelnder preußischer Hauptmann fing einen solchen Fisch, schnitt ihn auf und was fand er? — Gräten!

—•◦◦◈◦◦•—

Pimplhuber. Na, die Kriegsschulden, die sich Frankreich aufladet.

Tatschler. Da muß die Schleifer'sche Fabrik in Straßburg aushelfen.

Pimplhuber. Wie so?

Tatschler. Da reichen Milliarden nicht mehr, das berechnet sich bereits nach Billiarden!

Kleine Frühstücksplaudereien.

Eine der ersten parlamentarischen Größen Bayerns, ein Mann, der in fast eben so schwierigen, aber unstreitig noch schöneren Zeiten mit Recht für eine Grundsäule des Vaterlandes angesehen wurde, hält heute Donnerstag, wo sich auf der Bühne seiner jahrelangen Thätigkeit das verhängnißvollste Stück abspielt, das jene Räume je gesehen — Graf v. Hegnenberg-Dur hält, sagen wir, heute einen Vortrag nicht in der bayrischen Kammer, sondern in der bayrischen Gartenbaugesellschaft. Was mag der ehemalige erste Präsident, dem eine gute Dosis Satyre nicht abgeht, wohl denken, wenn er das Parteitreiben und die Fragen, um die es sich heute handelt, in's Auge faßt? Blumen und Obst haben wohl auch ihre Feinde, aber was sind diese gegen die Mächte, unter deren Druck und Gegendruck sich augenblicklich unser armes Ländchen windet? Die kalten, trostlosen Reife, und anderseits doch auch wieder diese Unreife. Und dann die vermeintlichen Feinspinner. Und nebenher die Blattläuse.

Zwischen Beust und Bismark, Oesterreich und Preußen sind Zärt=
lichkeiten ausgetauscht worden, welche, als auf ein sog. herzliches Einver=
ständniß hinauslaufend, besonders von den papierbesitzenden Friedens=
freunden jubelnd begrüßt werden. Die offiziöse Wiener „Abendpost"
tadelt die Journale, die lediglich um pikant zu scheinen die Aufrichtigkeit
bemeldeter Demonstrationen bezweifeln. Aber verehrteste „Abendpost",
berücksichtigen Sie doch folgenden Bericht aus Wien, der die dortige
wirkliche Stimmung besser als alles Andere kennzeichnet. Im Dianasaal,
dem famosesten Tummelplatz der Vergnüglinge der Kaiserstadt, fand in
der Sylvesternacht natürlich eine Feier statt. Der Kapellmeister hatte den
guten Gedanken, ein Potpourri aufzuführen, betitelt: „Karte von Europa",
wobei die verschiedenen Länder durch sie bezeichnende Melodien ernst oder
witzig charakterisirt waren. Den Reigen eröffnete Bayern, dargestellt durch
einen Wagner'schen Marsch und unser Volkslied. Achtungsvolles Schwei=
gen; die Kaiserin ist ja eine bayrische Prinzeß. Hieran reihte sich Han=
nover, gekennzeichnet durch die Offenbach'sche Arie: „Als ich noch Prinz
war von Arkadien". Große Heiterkeit. Endlich kommt als Nummer fünf:
Preußen. Erwartung im ganzen Saal; nach majestätischer Entrade
ertönt die Weise: Ich bin ein Preuße, kennt ihr 2c. Ein paar Leute
applaudiren, das ganze übrige Publikum aber zischt sie sofort nieder.
Grausame Rache für den Nebel bei Chlum! Nachdem noch Kassel mit
Wilhelmshöh' durch das bekannte: „Einst spielt' ich mit Scepter u. s. w."
angedeutet waren, kam endlich Frankreich. Gespannte Erwartung;
hierauf Trommelwirbel, sodann im „majestätischen Fortissimo" die
Marseillaise, begrüßt von einstimmigem Jubel des überfüllten
Dianasaales! Auf die Marseillaise folgte das Puff = paff = puff aus den
„Hugenotten", die Gnadenarie aus „Robert" und endlich Raimunds
„Aschenlied". Die Herren, sowohl die ordentlichen als auch die G'schwuf's
zitterten vor Aufregung, den Damen standen theils die Thränen in den
Augen, theils lief es ihnen eiskalt über die schönen entblößten Nacken.
Die Stimmung, sagt Hansjörgel als Augen=, Ohren= und Gefühlszeuge,
läßt sich unmöglich schildern. O Beust, was sind all' deine diplomatischen
Kniffe und Schattenspiele gegen solch' imponirende Ausbrüche der öffent=
lichen Meinung! Die folgenden Länder: Türkei, Griechenland u. s. w.
konnten gar keine Aufmerksamkeit mehr erregen, bis zum Schlusse
„Oestreich" kam; Tyrol, signalisirt durch die „Bintschgauer", erregte
noch ein kurzes Gelächter der Intelligenz, dann aber stieß „die schöne
blaue Donau" und „du mein Oesterreich" dem Begeisterungsfaß den
Boden aus. Man erhob sich und die Gläser, weinte, jauchzte, umarmte
und küßte sich. Oestreich hoch, Wien, das östliche Paris hoch! Das
war einmal eine „Hetz"!

———

Spät, aber doch nicht zu spät ist es, wenn wir eine sehr werthvolle literarische Weihnachtsgabe besprechen, womit Georg Westermayer, der Biograph Baldes, die Lesewelt erfreut. Es ist dieß die „Chronik des Marktes Tölz", wo der allgemein geachtete und beliebte Verfasser als Prediger wirkt, wie man sieht: nicht ohne Umgang mit den Musen. Wir haben es hier nicht mit einer gewöhnlichen Chronik zu thun, son= dern mit dem liebevoll aufgefaßten und künstlerisch und gewissenhaft durchgeführten Lebensbild eines der freundlichsten und behäbigsten Orte Altbayerns. Als Stylist hat sich Westermayer bereits einen zu begrün= deten Ruf erworben, als daß wir auch diese Seite seines interessanten Werkchens besonders hervorzuheben brauchten. Das Buch ist nicht nur in Tölz geschrieben, sondern auch daselbst verlegt und gedruckt, wird aber ganz sicher in den weitesten Kreisen und auch in Norddeutschland bekannt werden, wenn sich im nächsten hoffentlich rubigeren Sommer die Schaaren der gewohnten Zugvögel wieder im anheimelnden Isarwinkel zusammen= finden.

———

Im hiesigen Kunstverein überraschte uns letzte Woche ein colossales historisches Bild von Feuerbach: „Urtheil des Paris". Die beiden Göt= tinen, über welche das Urtheil abgegeben werden soll, haben sich der Pariser Mode vom kleinsten bis zum größten Stück total entschlagen, ohne eine andere anzunehmen! Man kann sich nun denken, welch' eigenthümlichen Eindruck diese Gestalten bei gegenwärtiger Winter= strenge auf die in Mäntel gehüllten Zuschauer machen. Zudem finden wir zwischen den beiden vor dem Vermittlungsamte des Paris erschie= nenen Parteien eine solche Aehnlichkeit, daß wir fürchten, es sei ein und dasselbe Modell: von der einen Front als Athene, von der andern als Aphrodite. Obwohl durch die Keuschheit im Gesichtsausdruck des Paris und der Juno, sowie auch durch die harmlose Einfalt der Amoretten das Ganze vor einem lasciven Eindruck bewahrt wird, sind die Hauptschau= stücke dennoch derart, daß sich Mancher lieber in einem reservirten Raum gegen Entrée daran erbauen würde. Der Besuch des Kunstvereins gehört zu den Vergnügungen, deren Berechenbarkeit für ein bemoostes Familienhaupt von hohem Werthe ist.

———

☞ Alle Postanstalten, feste und mobile, effektuiren Bestellungen. Preis in Bayern halbjährig 1 fl.

Druck der Dr. Wild'schen Buchdruckerei (Gebr. Parcus).

Münchener
PUNSCH.

Ein humoristisches Wochenblatt von M. E. Schleich.

Vierundzwanzigster Band.

Nro. 4. Halbjähriger Abonnementspreis: in Bayern 1 fl. Im Ausland erfolgen die üblichen Postaufschläge. **22. Jan. 1871.**

Zeitläufe.

IV.

(Geschrieben am 20. Jänner.)

„Schluß!" verlangten in der bayrischen Kammer die Gegner der Verträge, fast wie jener Geschworne, der einmal in München dem Vertheidiger zurief: „Wir haben schon genug!" Warum denn? Ist der geduldige Uhland schon ganz erschöpft? Liegen nicht noch mehr Ahnen unten, an deren Särge man klopfen könnte um eine Unterstützung für das Referat?

Nach parlamentarischem Kriegsgebrauch galt es ehedem für schicklich, die numerisch Geringeren reden zu lassen, so lange sie wollten. Aber wir leben in einer beweglichen Zeit, heute Eis, morgen Thauwetter, der leidige Telegraph ist auch erfunden und da heißt es denn: Beati possidentes, daheim ist daheim und ein Point darüber ist auch gewonnen.

Der Schlußantrag war zwar nicht delikat, er war auch nicht geschickt, dafür hatte er aber den Effekt, nunmehr auch die bür= gerlichen und bäuerlichen Elemente, die Nichtstudirten, wie Herr Jörerer boshaft bescheiden bemerkte, auf den Kampfplatz zu rufen. Gut denn. In einer Angelegenheit, die Jeden und Alle bis in die tiefsten Lebensinteressen berührt, vor einer Entscheidung, deren Folgen die Herren Greil und Hafenbrädel keinen „Schluß" wer= den zurufen können, müßen alle Gefühls= und Verstandeszeugen

vernommen werden und es wäre ein großartiges Schauspiel, wenn
sich alle Volksvertreter als Redner einschreiben ließen und Jeder
das was ihn bewegt, nur in zwölf Worten ausdrücken würde.
Denn die Nachwelt will vielleicht wissen: warum habt ihr so gethan?
und Kindern und Kindeskindern muß es angenehm sein, schlimmsten
Falls für Vaters und Großvaters Haltung eine Erklärung zu haben.

Um das Prophezeien, besonders in deutscher Sprache und in
Prosa, ist es etwas Mißliches, aber an Gegenwärtiges den aus
Möglichkeiten bestehenden Maßstab der Zukunft legen, scheint doch
weniger halsbrecherisch, als sich einer „cursorischen Vorlage" gegenüber in „diametraler Stellung" befinden. Und so meinen wir:
die Ablehnung, die Isolirung, die Neutralisirung ist nur dann
nicht absolut verderblich, wenn es entweder dem neuerwachten
französischen Kriegsglück oder einer europäischen Coalition gelingt,
das deutsche Reich und Preußen wieder zu zerschlagen. Nur in
diesem einzigen Fall könnten die Subscribenten der Widerstands-
Politik sagen: Seht, jetzt haben wir Gesellschaft, jetzt liegen wir
da, ein Trumm bei andern Trümmern. Die Wahrscheinlichkeit
dieser Eventualität ist freilich nicht sehr groß. Chanzy sieht sich
durch Glatteis am Vorrücken verhindert, Faidherbes hält sich näher
an Belgien, als an Paris und selbst der dritte im Bunde:
Bourbaki hat höchste Zeit, wenn er dem Zollvereinsdeutschland
zwar nicht einen Stoß in's Herz, aber doch einen Stich in die
Ferse versetzen will. Auch die Coalition läßt auf sich warten.
Das stolze England freut sich über die Bereitwilligkeit Preußens,
die versenkten Schiffe zu bezahlen, Graf Beust ist froh, daß es in
Oestreich weder Verwundete noch Gefangene gibt, sondern nur
Friedensglück und Dichtergreise. Auch das schismatische Rußland
wird sich nicht stark abarbeiten, um Hrn. Prof. Greil Satisfaktion
zu verschaffen und so dürfte die einzige verschämte Hoffnung, in
welcher man Bayern bei sich selbst in Depot gibt, so lange
schweben, bis die Zinsen das Kapital, d. h. die Kosten der Sonder-
Existenz diese selbst aufgefressen haben.

Nicht romantische Begeisterung für das neue Kaiserthum, nicht
die goldenen Berge von Wohlfahrt, Freiheit und Gesittung, die

uns in Aussicht gestellt sind, nicht einmal der Respekt vor der Eroberung Jericho's bei herrlichem Winterwetter, sondern lediglich praktische Erwägungen und Befürchtungen materieller Natur veranlassen uns zu einem abermaligen Warnungs= und Mahnruf an die Reisigen des Herrn Jörg.

Aber, wendet vielleicht ein kritischer Leser ein, ihr habt ja, es ist noch nicht Jahr und Tag, die Möglichkeit einer Auflösung des Zollvereins selbst zugegeben und Euch nach Maßregeln umgesehen, die zum Wohle Süddeutschlands in diesem Fall zu ergreifen wären? Damals war Württemberg noch nicht verloren und Baden äußersten Falls festzuhalten. Der Mann in der Cuirassieruniform gab dieß selbst zu und beschämte die nationalliberalen National-Oekonomen.

Aber heute? Vor Neu = Ulm stehen die Träger der Reichssturmfahne, oder, wenn wir Deutschland, beziehungsweise die Schwaben durchaus zerreißen wollen: die württembergischen Mauthbeamten. Herr Kolb meint zwar, die Produkte der Landwirthschaft passirten frei, aber was hindert denn das Reich, auch auf Makowizka's Spanferkel jeden beliebigen Zoll zu legen?

Deutschland hat sich schon einmal aufgerafft und seinen Bedränger niedergeworfen. Aber unmittelbar darauf wurde der Spitzbube Talleyrand zum Congreß zugelassen. Deutschland erhielt keine Sicherung seiner Gränzen, viele der geraubten literarischen und Kunstschätze wurden nicht zurückgefordert, ja die fürstlichen und diplomatischen Gourmands und Balletkenner schämten sich der Volkskraft, durch die man gesiegt hatte. In dieser Erwägung sind wir versucht zu sagen: Gott sei Dank für den Bismark! Der Handelsvertrag, zu welchem er im zweiten Theil die Franzosen „veranlassen" wird, mag nicht bitter werden! Machen wir, daß wir im Zollverein bleiben.

Allen aber rufen wir das Bibelwort zu: „Hütet Euch vor den falschen Propheten".

Privat-Kabel des Punsch.

Washington. Der nordamerikanische Finanzminister wird auch heuer mit der gleichen Rücksichtslosigkeit gegen seine europäischen Collegen fortfahren, Schulden zurückzuzahlen.

Kairo. Der Vicekönig äußerte wüthend: Wohin soll ich dann künftig gehen, wenn ich nach Paris gehen will?

Madrid. Man singt hier in allen Kirchen: Te Amadeum laudamus! Nachmittags Stiergefechte.

Brüssel. Der Finanzminister beschloß aus Menschenfreundlichkeit, eine Statistik der Kosten einer „bewaffneten Neutralität" an eine südbeutsche Kammer vertheilen zu lassen.

Rom. König Victor Emanuel sagte zum Abschied: „Bei der nächsten Ueberschwemmung sehen wir uns wieder!" — Der Wasserstand ist zur Zeit beunruhigend niedrig.

London. John Bull ladet die Neutralen für nächste Woche zu einer geselligen Unterhaltung ein. Da noch von früher einige leicht verdauliche Vermittlungsvorschläge übrig sind, so ist für kalte Küche gesorgt.

München. Pauli Bekehr — zwei Drittel hin, ein Drittel her.

Unterschied.

Fallen seh' ich Zweig auf Zweig!

Der alte französische Kaiser.

Kommen seh' ich Stamm auf Stamm.

Der neue deutsche Kaiser.

Seitdem ich weiß, was ein französisches Ehrenwort heißt, kann ich mir auch den seinerzeitigen Eid Napoleons auf die französische Republik erklären.

Psychologicus.

Man versichert, daß Graf Bismark nächstens vorschlagen wird, dem Kaiser Napoleon die Freiheit zu schenken.

Wenn ich nicht das preußische Volk wäre, möchte ich der Kaiser von Frankreich sein.

Borussia.

Ich bin kein Sanguiniker und verlange nicht, daß mir die gebratenen Tauben in's Maul fliegen, ich wäre zufrieden, wenn nur immer genug Brieftauben kämen.

Jules Favre,
Minister des Auswärtigen,
ohne Auswärtiges.

Eine sehr zweckmäßige Verfügung der Pariser Regierung, welche unmittelbar nach Beginn des Bombardements erlassen wurde, geht dahin, daß kein Hausherr jetzt seinen Miethsmann anfordern dürfe.

Daraus geht die höchst merkwürdige Thatsache hervor, daß in Paris selbst im jetzigen Augenblick Leute noch ihren Zins bezahlen.

Sollte es sogar der Fall sein, daß Pariser Hausherren, während die Bomben über's Dach wegfliegen oder auch einschlagen, ihre Einwohner sogar noch steigern, vielleicht gerade deßhalb, weil man von der Wohnung aus das Bombardement so gut wahrnimmt, so wären die Franzosen wirklich die grande nation, mit der sich keine andere vergleichen kann.

———

Die gemüthlichste Polizei von der Welt muß die in Madrid sein. Wenigstens hat man noch keine Sylbe davon gehört, daß sie nur den geringsten Schritt gethan hätte, um die Mörder des Generals Prim zu erwischen. Da es bei näherer Betrachtung um den Ermordeten eigentlich nicht Schade ist, sondern Spanien nur von einem großen Unruhestifter befreit wurde, so läßt man, scheint es, die Sache auf sich beruhen. Probatum est.

———

General Chancy beklagt sich darüber, daß seine Truppen wegen des schrecklichen Glatteises nicht vorwärts kommen.

Ein alter Troupier äußerte bei dieser Gelegenheit: Hätten wir nur einen kleinen Theil von dem Sande, den Gambetta der Nation in die Augen streut, hier auf dem Wege, so marschirten wir uns ganz leicht.

———

Mehrere zwar gebrauchte und deßhalb ausgemusterte, aber im gewöhnlichen politischen Leben: bei Abschieden, Festlichkeiten, besonders auf dem Lande, in Wahlversammlungen u. dgl. noch immer recht verwendbare Redensarten sind um billigen Preis abzulassen, z. B.

die „sibyllinischen Bücher“,

das „Rad der Zeit“,

der „Ritt des Blutes“,

die „Federn der Diplomaten“,

das „Haus mit dem Dach“, das wir wohnlich einrichten,

und noch viele andere, hieher gehörige Wendungen und Figuren. Die Herren Volksredner und sonstige Reflektirende sind eingeladen, von dem Vorrath Einsicht zu nehmen und sich nach Belieben herauszusuchen.

                    Im Geschäft zur „hohen Politik“.

— ⁕ —

Ein preußischer Abgeordneter forderte auf, den Strom der Geschichte bei der Stirnlocke zu fassen.

Wenn der Kerl einen Kopf hat ziehen wir es vor, ihm eine Ohrfeige zu geben.

                    Mehrere hohnlachende Geister der Verneinung.

— ⁕ —

Sonderbar! Gewöhnlich wird der Zucker in den Mörsern zerstoßen. Vor Paris kommen die Zuckerhüte aus den Mörsern!

                    Stöffel, Conditorlehrling.

— ⁕ —

Neuestes. Napoleon, Heinrich V. und der Graf v. Paris protestiren gegen das Bombardement von Paris. Paris protestirt gegen alle drei Proteste. Die Deutschen schließen sich dem Protest an und bombardiren nun erst recht.

Kleine Frühstücksplaudereien.

Eine Notarsgattin in Ingolstadt hielt offenes Haus für französische Offiziere und Unteroffiziere, welche sich dann durch deren Liebenswürdigkeit die Mittel zur Flucht verschafften. Die Dame kann sich darauf verlassen, daß sie binnen Jahr und Tag die Hauptfigur in einem Pariser Lustspiel abgibt; was gibt das für Liebhaber- und Bonvivantrollen! Unteroffizier, Kleidertrödler, getäuschter Wachtposten, hintergangene bayrische Kurmacher — was sind das für Bissen für Couplets singende Komiker! Eine kleine Rache müssen wir den Franzosen doch gönnen.

In der Abonnements-Anzeige eines Dresdener Blattes finden wir die Bemerkung, daß dasselbe auch durch die „Semmelfrauen" bestellt und bezogen werden kann. Der Gedanke ist nicht übel. Aehnlich könnte man ja auch bei uns die Milchmädchen zu Gehilfinen der Volksbildung machen. Jeden Morgen frischen Rahm und kuhwarme Nachrichten!

Krieg und Theater. Von den Angehörigen der Berliner Hof-bühnen stehen nicht weniger als 56 unter der Direktion des Grafen Moltke und haben einen Manteuffel, Goeben oder ähnlichen Kunstver-ständigen zum Regisseur. Der Sohn des Privattheaterdirektors Woltersdorf, ein tüchtiger Liebhaber, ist für eine bei Orleans übernommene Heldenrolle zum Ritter des eisernen Kreuzes ernannt worden. Der Gatte der Frau Mallinger, die nebenbei bemerkt unlängst die „Iphigenie" mit Erfolg gesungen, Herr v. Schimmelpfenning, ist gleichfalls eingereiht. Fräulein v. Edelsberg, der einstige Liebling der Münchener, wirkt als Primadonna in New-Orleans, wo es dermalen gemüthlicher hergeht, als im alten Orleans.

☞ Alle Postanstalten, feste und mobile, effektuiren Bestellungen. Preis in Bayern halbjährig 1 fl.

Druck der Dr. Wild'schen Buchdruckerei (Gebr. Parcus).

Münchener
PUNSCH.

Ein humoristisches Wochenblatt von M. E. Schleich.

Vierundzwanzigster Band.

Nro. 5. Halbjähriger Abonnementspreis: in Bayern 1 fl. Im Ausland erfolgen die üblichen Postaufschläge. 29. Jan. 1871.

Fünfter Zeitlauf.

„Wir begraben einen großen Todten" erscholl es am 21. Jänner im bayrischen Ständesaal. Einige Uebertreibung ist dem Redner wohl zu verzeihen. Es handelte sich eigentlich nur um einen kleinen Todten: das Referat. Die bayrische Verfassung besteht fort, wenn auch unter veränderten Verhältnissen, gerade wie ein sog. Realrecht nach Einführung der Gewerbefreiheit. Es kommt eben darauf an, wo und wie ein solches Recht fernerhin aus= geübt wird. Der Platz, an welchem Bayern seine Selbststän= digkeit nach wie vor betreiben wird, liegt äußerst günstig; Gott gebe nur immer eine fleißige und solide Geschäftsführung.

So ist denn der parlamentarische Mont Valérien gefallen. Sein Widerstand war kräftig, ausdauernd, heldenmüthig. Com= mandant und Besatzung sind schnell, aber mit Gepäck und Waffen abgezogen. Nur ein Projektil, das er noch im letzten Augenblick schleuderte, war nicht ganz zulässig, nämlich die Erwähnung des Gerüchtes: die päbstliche Nuntiatur habe zu Gunsten der Verträge eingewirkt. Ein nicht sehr geehrtes Blatt, das es aber wissen kann, versichert: auf der Nuntiatur wisse man hievon Nichts. Vielleicht sollte einigen Geistlichen durch diese Einstreuung der Ruhm ihres politischen Verständnisses getrübt und die Ehre des Votums durch einen bösartigen Commentar im Voraus beeinträchtigt werden. Unseres Erachtens haben wir es mit einer Verwandtschaft jenes Gerüchtes zu thun, wornach der König von Bayern gebunden gewesen sein sollte, den Fürsten v. Hohenlohe nicht zu entlassen. Der Papst leidet gegenwärtig so viel unter der Unhaltbarkeit alter Verträge, daß er sich um den Abschluß neuer, die ihn gar nicht berühren, kaum bekümmern dürfte.

Nein, die Kammer hat gesprochen ex sose, die guten Gründe haben gesiegt, die Vernunft und die Erwägung, daß es nimmer= mehr politisch sein könne, etwas Unmögliches zu verlangen. Kein Groll des Besiegten, keine Ausrede wird das Resultat vom 21. Jänner in trübes Licht setzen können. Der große Todte befindet sich den Umständen gemäß wohl, es ist ihm ein Stein vom Herzen gefallen und sobald die Friedensaussichten nur einiger Maßen zunehmen und die strenge Kälte vorüber ist, wird er sich neu einrichten. Mit wahrem Grausen aber erfüllt Einen der Gedanke: wie, wenn wir jetzt abermals vor der Wahl eines bayrischen Landtags stünden, wenn die Wahlkreiseintheilung, die Candidatenreisen, die Urwähler= Hetze u. s. f. auf's Neue losgingen, wenn wir mit einem Fuß in der neuen Zeit stünden und mit dem alten noch im alten Wust — o Herr Referent, Sie treiben so gerne Schwarzseherei, warum haben Sie sich dieses Bild nicht ausgemalt? Das Referat war schön, aber um solchen Preis zu theuer!

Nein, danket Alle Gott, daß es so gekommen ist — der Fortschrittspartei aber, die nach wie vor exclusiv zu bleiben scheint, möchten wir zurufen: Quousque? Wohin noch? Seit dem 21. Jänner ist Deutschland einig, darüber dürften, vielleicht mit Ausnahme einzelner Käuze, selbst die meisten Deutschen einig sein. Sind aber der gelösten großen Frage gegenüber die alten Partei= scheidungen noch praktisch? Will die Fortschrittspartei die wenigen Concessionen, die dem Militärstaat abgerungen wurden und die an den Föderalismus wenigstens noch gemahnen, wieder rückgängig machen? Doch wohl nicht! Oder will sie die Reichsverfassung im freiheitlichen Sinne ausbilden, will sie die kümmerlich eingesetzten Volksrechte pflegen und in die Höhe bringen? Das wollen wir auch! Wozu also der Lärm?

Soll es bei uns künftig noch eine aparte Fortschrittspolitik geben, so könnte sie sich nur auf die innern Angelegenheiten Bayerns beziehen, z. B. Aufhebung des Concordats, Civilehe,

Communalschule u. s. w. Aber gerade in diesen Punkten wären Zusammenstöße mit der Centralgewalt, mit dem Reich der Gottesfurcht wahrscheinlich, die der Partei übel bekommen könnten. „Preußen, sagte unlängst Herr v. Mühler, ist dem Ultramontanismus Feind." Wäre dieß nicht naturgemäß, so hätte es die Weisheit der Herren Greil, Pfahler u. A. zuwege gebracht. Aber der deutsche Kaiser geht in dieser Richtung sicher nur bis zu einer gewissen Linie; Döllinger liegt noch dießseits, aber Frohschammer wahrscheinlich schon jenseits derselben.

Alles in Allem genommen gibt es unseres Erachtens nicht ein Dutzend, nicht hundert, sondern tausend und tausend Gründe, welche dafür sprechen, daß alle, welche zum Reich Ja und Amen gesagt haben, zusammen= oder sich wenigstens nicht in der früheren Weise gegenüberstehen sollen.

Auf dem Lande wird sich die Sache ohnehin leichter machen; für den Wahlkreis München I scheint uns der Name Stauffenberg ein beliebtes Zeichen, indem wir Alle siegen können, ohne zu kämpfen.

Freilich: um den zweiten Bezirk, um das deutsche Reich rechts der Isar streiten noch die Grammatiker der öffentlichen Meinung. Die Candidaten vermehren sich fast stündlich und wir wünschen nur, daß sie nicht so anwachsen, wie die Rednerliste zu den Verträgen. Wer auch den Preis davon trägt, ein bayrisches Reichstagsmitglied wird kaum je etwas anderes können, als was es soll.

Keine kleine Annehmlichkeit bildet endlich das Aufhören der Controverse: ob wir durch die Freiheit zur Einheit gelangen sollen oder umgekehrt? Unserer Ansicht nach verschlingt die Einheit die Freiheit, gleichwie die Freiheit die Einheit auflösen würde. Die Zeitläufe sind derart, daß der gemeine Mann zunächst nur seinen Lebensunterhalt und die Verzinsung seiner etwaigen Schulden im Auge hat. Und da erscheint es praktischer, statt „Freiheit" zu sagen: Friede.

Daß wir aber durch die Einheit zum Frieden gelangen, ist mindestens wahrscheinlich!

Privat-Kabel des Punsch.

Madrid. Bei der nun schon auffällig langen Dauer des neuen Königthums wird die Frage erwogen, ob es unter diesen äußerst günstigen Verhältnissen nicht angezeigt wäre, ein Anlehen aufzunehmen?

London. Der Hausmeister im auswärtigen Amt schickt eine telegraphische Anfrage nach Versailles: Wie oft soll ich denn das Conferenzzimmer noch heizen lassen?

Basel. Wir Schweizer singen gegenwärtig:

Lieb' Vaterland magst ruhig sein,
20 Millionen kostet uns die Wacht am Rhein.

Belgien. Abermaliger Ausmarsch unter dem Gesang: Ha welches Glück neutral zu sein!

Kriegsschauplatz. (Feldpostbrief.) Die Loire-Armee hat keine Chanzen mehr, die Nordarmee erlitt ein Faidherbes Schicksal und die im Süd-osten dürfen garibaldigst zusammen bourbaken.

Rom. Der Kronprinz Humbert äußerte bei seiner Ankunft: Mein Vater traf eine Ueberschwemmung. Hoffentlich wird's, so lange ich da bin, nicht etwa brennen?

Einige deutsche Gelehrte polemisiren darüber, ob Jakob Grimm, wenn er noch lebte, mit dem neuesten Kaiserthum einver-standen wäre.

Wenn die Franzosen von solchem Streit Kenntniß bekommen, werden sie sich um so mehr wundern, als sie bisher alle Ursache hatten zu glauben, daß der alte Grimm noch lebt.

Gambetta behauptet: er habe nie nach einer Diktatur
gestrebt! — Faidherbe erklärt, der Zustand seiner Armee sei
zufriedenstellend! — Vinoy versichert, den Widerstand von
Paris bis auf's Aeußerste fortzusetzen, während Favre auf Grund
des freien Abzugs die Capitulation anbietet! — Die gefangenen
französischen Offiziere gaben alle ihr Ehrenwort, nicht durchzu=
brennen —

Dem gegenüber können wir nur ausrufen: Es lebe die
Wahrheit!

Früher gab es keine freien Franzosen.

Jetzt gibt es lauter gefangene Franzosen.

Sonderbares Volk.

Gambetta hat sich jedenfalls unsterblich gemacht. Aber in
welcher Reihe wird er glänzen? Unter den Staatsmännern?
Gewiß nicht! — Unter den Feldherrn? Sehr schwerlich! —
Unter den Advokaten? Das treibt er zu wenig. — Unter den
Luftschiffern? Ein Mal ist kein Mal.

Aber Eines muß ihm doch zukommen!

Ich würde ihn den bedeutendsten Fabeldichtern bei=
fügen.

Der rothe Klub in Bordeaux faßte folgende Beschlüsse: „Freiheit,
Gleichheit, Brüderlichkeit. 1) Eigenthum ist Diebstahl. Alles Vermögen
wird getheilt oder zu gemeinsamen Zwecken verwendet. 2) Wer den
König von Preußen tödtet, erhält fünf Millionen Francs. Für
den Kopf Bismarks bezahlt die Republik vier, für jeden andern deutschen
Fürsten eine bis zwei Millionen. — Wenn der Plan gelingt, so wird
die französische Republik künftig eine eigenthümliche Sorte von
Millionären aufweisen.

Das Loch zu St. Denis.

Unter der Kirche der Abtei von St. Denis befindet sich seit Dagobert die Ruhestätte der französischen Könige.

Aber seit die civilisatorischen Banden des großen vierzehnten Ludwig die deutschen Kaisergräber in Speyer zersprengt haben, gibt es für französische Könige keine Ruhestätte mehr.

Durch das Merovingisch-Carolingisch-Capetingische Gruftgewölbe führte ehedem eine einzige Oeffnung, die, wenn man Einen hinab- befördert hatte, immer wieder zugemauert wurde.

Da kam der 12. Oktober 1793, an welchem Tage die heroischen Pariser „mit Elan" zur Grabschändung nach St. Denis hinaus- zogen. Um die Särge der Könige schneller heraufzubringen, wurde obige Oeffnung unter allgemeiner Begeisterung zu einem großen Loch erweitert.

Später kam der große Napoleon und wollte mit seinen Nach- kommen auch da begraben sein; die Legitimität, die ihm in der Wiege gefehlt hatte, sollte ihm eine historische Grabstätte verleihen. Er ließ demnach die beschmutzte und zerstörte Krypta renoviren und reinigen, das Loch oben aber in dem Umfang, wie es die Revolution gemacht hatte, mit dem Winkelmaß hübsch ausglätten und mit marmorner Führung einfassen.

Aber ach, er „erlebte es nicht", wie man zu sagen pflegt. Ein achtzehnter Ludwig bestieg den Thron, ließ die in eine Kalk- grube geworfenen Gebeine der Ahnen sammeln und sie wieder in das Gruftgewölbe von St. Denis legen, das jakobinisch-bona- partistische Loch aber auf die ursprüngliche Oeffnung reduciren und sodann das Gewölbe schließen.

Daß auch Ludwig XVIII. und Carl X. nicht dazu kamen, ihre Wohnung in St. Denis zu beziehen, ist bekannt, eben so daß der Bürgerkönig, um die Manen Bonaparte's, denen er noch in der Ewigkeit Legitimitätsgelüste zutraute, zu beruhigen, für die Asche von St. Helena ein prachtvolles Mausoleum bauen ließ. Endlich weiß Jedermann, daß der schlaue Louis Philipp, der einem Andern eine Prachtgrube gegraben, in seine eigene Gruft nicht gefallen, sondern wie seine letzten Vorfahren auch im Tode exilirt ist.

Und es folgte Napoleon III. Nannte er sich selbst einen Emporkömmling, so wollte er doch wenigstens ebenbürtig hinab kommen und mit Frau Eugenie einstens schlafen unter einer Decke mit dem heiligen Ludwig. An das zugemauerte Revolutionsloch rührte er nicht, dafür aber unternahm er es, von der Seite hereinzubrechen und die Restaurationen in der Krypta zu beginnen. Ein kühnes Wagstück, über dessen Gelingen er sich selbst hätte wundern müßen. Man construirt in Paris leichter einen Luftballon, als ein solches Grab. Der Aspirant von St. Denis sitzt auf Wilhelmshöhe und die alte Abtei nördlich von Paris darf nicht so baufällig sein, als sie geschildert wird, sonst machen die deutschen Kugeln zu den vorhandenen Oeffnungen noch eine neue: ein Racheloch für die Missethat im Speyrer Dom.

Hoffentlich geht die Nemesis in der Geschichte nicht überall so zu Werk, sonst wird die Welt am Ende ein Sieb.

In Deggendorf machte man einen Versuch, den bei Zwiesel gefallenen Ballon mit Schmiedebälgen aufzublasen, was aber mißlang.

Da unten mag allerdings ein und der andere Balg im Stande sein, eine bedeutende Aufgeblasenheit herzustellen, aber zur Ausfüllung eines Ballon — langt's halt doch nicht.

Wenn's auch bis zum 9. März noch nicht Frühling in Deutschland wird, wenn's nur so weit ist, daß man seine Sachen anständig versetzen kann.

Grünmeier, Salatgärtner.

In dieser großen Zeit der Thaten machen Worte keine sonderliche Wirkung und wären es selbst Vorworte von Gervinus.

Kleine Frühstücksplaudereien.

Der Wiener „Hansjörgel" erzählt mit großem Behagen, wie in Salzburg einige bayerische Postbeamte — wahrscheinlich zur Illustration des Bismark-Beust'schen Depeschenwechsels — anläßlich eines politischen Streites aus einem Gasthaus hinausgefuhrwerkt wurden. Und sie räumten, sagt Hans Jörgel, den Platz so schnell, als würden sie von ihrem von der Tann geführt! — Na, das fehlt den Benebekern drüben auch noch, daß sie sich in der Art lustig machen.

Es war einmal ein König und eine Künstlerin, beides ereignete sich in Hannover. Der König aber lieh der Künstlerin 20,000 Thaler auf ein Landgut, das sie besaß, denn nur auf diese Art kann vom national-ökonomischen Standpunkt aus genützt und der Credit gefördert werden, wenn sich das Capital nicht nur den Papieren zuwendet, sondern auch der Landwirthschaft. Ehe jedoch die segensreichen Folgen des vom König eingeschlagenen Systems recht hervortreten konnten, kam der Bismark, sequestrirte das Vermögen des Königs und kündigte auch der Künstlerin die erwähnte Hypothek. Die Künstlerin, die ein ganz liebliches Reptil sein mag, erklärte: sie bezahle mit Vergnügen, wenn man ihr ihren Schuldschein zurückgebe. Den Schuldschein aber hat der alte König in Hietzing und der gibt ihn nicht her, ohne daß das Geld an ihn zurück-bezahlt wird. Die Blinden haben eben auch, wie man zu sagen pflegt, ihre „Mucken". Die Künstlerin aber behält auf diese Art das Capital bis an's Ende aller Dinge.

In Wien ist man sehr gespannt darauf, ob — nicht ob die Londoner Conferenzen zusammengehen, sondern ob aus dem Gastspiel etwas wird, das der Tenorist Wachtel neuerdings in Wien geben soll!

☞ Alle Postanstalten, feste und mobile, effektuiren Bestellungen. Preis in Bayern halbjährig 1 fl.

Druck der Dr. Wild'schen Buchdruckerei (Gebr. Parcus).

Münchener
PUNSCH.

Ein humoristisches Wochenblatt von M. E. Schleich.
Vierundzwanzigster Band.

Nro. 6. Halbjähriger Abonnementspreis: in Bayern 1 fl. Im Ausland erfolgen die üblichen Postaufschläge. 5. Febr. 1871.

Geschäftsstyl.

Winter 1869/70.	Winter 1870/71.

Winter 1869/70.

Nouveautés de Paris, Confections, Articles de Voyage, Chaussures!

Durch einen besonders aufgestellten Commissionär in Paris und drei- bis viermaliges Hinreisen in jedem Jahr bin ich im Stande, dem hohen Adel und verehrlichen Publikum jederzeit ächte Pariser Waare nach dem neuesten Geschmack und in vorzüglicher Qualität anzubieten.

P.S. Alles ist mit Original-Etikette ausgezeichnet und können auch die betreffenden Frachtbriefe eingesehen werden.

Winter 1870/71.

Deutsche Manufactur!

Alles ächt vaterländisches Fabrikat!

Die Niederwerfung des Erbfeindes und die Einigung Deutschlands zu einer großen Nation hat uns von der Modetyrannei des Auslandes hoffentlich für immer erlöst. Die deutsche Industrie wird endlich selbst in die Lage kommen, die Früchte ihres Fleißes zu ernten.

Keinen Pariser Schwindel mehr! Bei mir sind fortwährend nur deutsche, höchstens auch englische Fabrikate zu beziehen.

Der Schwiegersohn, den Jules Favre in Versailles bei sich hatte, ist ein Maler.

Was für einer? Ein Genremaler, Landschafts-, Historien-, Thiermaler? oder hat ihn Herr Favre nur mitgenommen für den Fall, daß ihm Bismark einmal auf irgend eine Forderung erwidert: Da können Sie sich was malen lassen?

———

Zeitungen melden, der Pariser General Ducrot habe sich vergiftet, was aber nicht wahr sein soll.

Wahrscheinlich hat er sich, um einen bayrischen Provincialismus zu gebrauchen, nur „gegiftet", wie eben andere französische Generale auch.

———

Hart und weich.

Bismark hätte zu dem französischen Unterhändler sagen können: Vor vier Monaten waren Sie Favre No. 3. Jetzt müßen Sie, wenn ich mit Ihnen unterzeichnen soll, etwas weicher angehen!

———

Zahlen-Räthsel.

Vier Zahlen. Vorne und hinten eins; die Summe der 2 Letzten von der der beiden Ersten abgezogen gibt eins; das dritte vom vierten bleibt wieder eins. Die Summe des ersten und dritten von der Summe des zweiten und vierten abgezogen, bleibt ebenfalls eins. Und liest man das Ganze, so kann man sagen: Da ward Deutschland Eins.

———

Privat-Kabel des Punsch.

Nordamerika. Fortgesetztes, ununterbrochenes, nicht mehr abzugewöhnendes — Schuldenzurückbezahlen.

———

Madrid. (Depesche des jungen Königs an seinen Vater in Florenz.) Ich bin merkwürdiger Weise noch immer da und befinde mich sogar den monarchischen Umständen gemäß wohl. — (Rückantwort von Papa: Merkwürdig! Ich wußte gar nicht, daß mein Segen noch etwas taugt!)

———

Bern. Das heurige Jahr läßt sich sehr gut an; jetzt schon sind gleich 80,000 Fremde auf einmal angekommen!

———

Pau. Bei der Nachricht von der Capitulation von Paris entstand großer Jubel und waren namentlich die bayrischen Kriegsgefangenen schon wie ausgewechselt.

———

Schweiz. Die übergetretenen Franzosen werden auf die Kantone vertheilt. Es ist unrichtig, daß sich einige Kantone beschwert hätten, als seien sie zu kurz gekommen.

———

Bordeaux. Gambetta setzt den Widerstand für sich allein fort. Wenigstens wird er Proklamationen erlassen, die schon beim ersten Lesen Jedermann widerstehen.

Kaiser Napoleon auf Wilhelmshöhe öffnet jeden Morgen ein Fenster, um den Vögeln Brod zu streuen.

Er soll's einmal mit Hunden probiren, ob noch einer ein Stück von ihm annimmt?

Die rothe Partei ist in Frankreich und namentlich auch in Paris noch immer sehr stark.

In dieser Beziehung hat Gambetta doch sein Verdienst. Es gäbe noch viel mehr Rothe, wenn er durch seine Proclamationen die Leute nicht immer so blau hätte anlaufen lassen.

Noch vor einem halben Jahre hieß es allgemein: Wenn Napoleon eine einzige Schlacht verliert, oder auch nur nicht gleich Anfangs eine große gewinnt, so ist er verloren!

Und er verlor mehrere Schlachten und hält sich heute noch nicht für verloren!

Wenn Paris wirklich cernirt wird, sagte man, so halten die genuß- und neuigkeitssüchtigen Pariser diesen Zustand keine 14 Tage aus.

Und sie hielten es aus 4 Monate und 8 Tage!

Wenn Frankreich eine Republik wird, davon war man überzeugt, so haben wir morgen die Republik in Spanien und übermorgen in Italien.

Frankreich ward eine Republik und Spanien nahm im Gegentheil einen König und Italien behielt den seinigen.

Darum sagen wir: Nur nicht prophezeien! Höchstens wetten! Und auch das nur mit dem Vorsatz, nichts zu bezahlen!

Verpflegscommissionellen Berichten zufolge braucht ein Armeecorps in 10 Tagen 50,000 Offiziers= und über eine Million — „Mann= schafts=Cigarren".

Mannschafts = Cigarren! Weß' Brust fühlt sich bei diesem Wort nicht eigenthümlich gehoben? Was sind Freundschafts= und Liebesspenden gegen eine Cigarre, die selbst einem Mann zu schaffen macht?

Wenn wir von Frankreich auch noch die Maas verlangten, dann wäre die Forderung maßlos. Aber eben in der Nicht= Maas, da liegt unser Maaß.

Ein kleiner Wortspieler
hinter einer bayrischen Maß.

Bismark und Moltke haben es gewiß in kurzer Zeit weit gebracht, man sollte meinen, daß ein Mensch gar nicht mehr höher steigen könnte. Und doch — gleichwie man niemals auslernt, kann man auch immer noch etwas dazu werden. Und so ging es auch Moltke und Bismark.

Nun was wurden sie denn? Leipziger Ehrenbürger!

„Leipzig ist ein klein Paris", wie schon Goethe bezeugt.

Werden sich demnach Moltke und Bismark gelegentlich auch als „Klein=Pariser Bürger" unterzeichnen? Das würde mir Spaß machen.

Pimplhuber, Reichsbürger.

Garibaldi behauptet in einem Tagsbefehl, seine Freischaaren hätten die Fersen der furchtbaren Soldaten Wilhelms gesehen.

Es scheint hier eine kleine Verwechslung der Sinne vorzuliegen. Die Garibaldianer werden die Fersen der genannten Soldaten nicht gesehen, sondern gefühlt haben.

Noch vor einigen Tagen schrieen die Pariser: „Nach Berlin!" Und jetzt betrachten sie es als eine Vergünstigung und bezahlen dafür, daß ihre Mobilgarden n i c h t nach Berlin zu gehen brauchen. Drum: Man soll nichts verreden, man soll sich auch nichts vornehmen.

Ein Prediger in Paris sagte zu seinen Zuhörern: „Pariser, seid edelmüthig! Wenn die Preußen einziehen, vergreift euch nicht an ihnen, schmähet sie nicht, zeigt keine Rachsucht, im Gegentheil, sammelt glühende Kohlen auf den Häuptern eurer Feinde." — Stimme aus der Zuhörerschaft: Ja, wenn wir K o h l e n zu f i n d e n wüßten!

Alle Prisen, die zwischen Waffenstillstand und Bekanntwerden desselben genommen wurden, sind zurückzugeben.

Ah! Eine bereits genommene Prise wieder zurückgeben! Das ist stark!

N. N., Schnupfer.

Die Pariser Regierung soll nur getrost nach Süden abreisen. Wer schwach ist, kann sich in Bordeaux wieder stärken, das weiß ich aus Erfahrung.

Der 'selige Morgenwiederlustick,
Corpsphilister des Rheinbunds und
Ehrenbürger von Wilhelmshöh'.

Die große Domglocke zu München.

„Friede — sei ihr nächstes Geläute."

Verbesserter Schiller.

Kleine Frühstücksplaudereien.

Mehrfach, auch von anständiger Seite, wird der Luxus getadelt, der in Häuserverzierungen u. s. w. hervortritt; man solle das Geld den Verwundeten oder den Hinterbliebenen zuwenden, die könnten es besser brauchen. Allerdings. Aber wenn man z. B. bedenkt, daß das schlechteste Tannenreiserkränzchen in München 30 Kreuzer kostete, und daß viele Tausend derartiger Machwerke verkauft wurden, so zeigt sich, daß gerade die ärmsten Leute, die dergleichen anfertigen, nachdem sie die Materialien dazu draußen „gesammelt", ein hübsches Stück Geld verdienen, was man auch ihren zufriedenen Mienen anmerken konnte. Und die können's wahrlich auch brauchen. Für die Hinterlassenen und Verwundeten geschieht ja das Möglichste, wahrhaft ergiebig und für die Dauer kann in letzterer Richtung doch nur der Staat sorgen. Dazu sind auch Kriegsentschädigungen gut und das Rechnungen schreiben verstehen sie, die Herren im deutschen Hauptquartier. Also: die Decoration war sehr schön und die Illumination desgleichen. Ein solch buchstäbliches Lichtmeßfest hat München seit Petersthurmsgedenken nicht gehabt, wird's auch schwerlich wieder kriegen. Besonders geschmackvoll war das Hoftheater decorirt und es regte sich der Wunsch, der Porticus möchte mit solchen Reliefs, wie sie heute nur gemalt angebracht waren, dauernd in Metall verschönert werden. Auch am Postgebäude war viel Pracht entfaltet und die Namen der von den Deutschen genommenen Festungen entsprachen gerade der Zahl der Säulen. Ein wahres Glück, daß wir Bitsch noch nicht haben, es wäre nicht mehr anzubringen gewesen. Schön wirkte auch der Anblick der Feldherrnhalle und besonders die Front des Palais S. k. Hoh. des Herzogs Max, wo in einer großen Pyramide die deutschen Siegesthaten mit Flammenschrift verzeichnet standen. Ein ganz hübscher Gedanke war am Palais Lotzbeck, Carolinenplatz, ausgeführt, wo eine im Garten stehende Tanne mit Lampions und Lichtern behangen und wie ein ungeheurer Christbaum anzusehen war. Auch der Humor machte sich, willkürlich und unwillkürlich, geltend. Die Frontverzierung beim Rapplerbräu zeigte eine Germania, darunter die zum Hause gehörige Madonna und unter derselben das Wahrzeichen des Bockes, der daselbst bekanntlich verzapft wird, Alles mit einer harmonischen Guirlande eingefaßt. Auch ein Satan, den der Erzengel Michael niederkämpft, erfreute sich festlicher Decorirung. In der Nähe des Hofbräuhauses erschien eine transparente Germania, wie sie den gallischen Hahn rupft, mit der Unterschrift:

Mit fremden Federn hast du dich lang genug geschmückt,
Um sie dir auszurupfen, bin ich von Gott geschickt.

Luxus. Die social-demokratische Partei veröffentlicht ein Wahl-Programm, worin u. A. auch die Einführung der Schwurgerichte gefordert wird.

Eine Vorrede des Professors Gervinus rief in der Allg. Zeitung einen längeren Streit darüber hervor, was wohl dieser oder jener, namentlich Jakob Grimm gesagt hätte, wenn er das neueste deutsche Reich noch erlebt hätte u. s. w., ein geistreich geführtes, aber ziemlich unfruchtbares Scharmützel, indem sich nur Behauptungen gegenüberstehen, die nicht bewiesen werden können. Und doch findet es die französische Correspondenz „Havas" für ihre Zwecke angezeigt, den ganzen Gelehrten=biskurs, weil sich einige Spitzen desselben gegen Preußen kehren, wörtlich zu übersetzen, um damit — die große Unzufriedenheit zu beweisen, welche hinter dem Rücken der deutschen Armee herrscht! Eine politische Partei konnte während des gegenwärtigen Krieges in der That kaum schnaufen, ohne daß die Franzosen nicht irgend einen Hoffnungsballon damit zu füllen versucht hätten.

Es fällt auf, daß eine Menge der interessantesten Nachrichten aus Versailles zuerst englischen Blättern zukamen, während doch genug deutsche Correspondenten mit aufgesperrtem Mund in Versailles sitzen und auf Neuigkeitsmanna warten. Noch mehr fällt auf, daß auch bei der Kaiserproklamation in der Spiegelgallerie das deutsche Federvolk nur verstohlens hinter Pfeilern und Draperien hervorlugte, während die englischen Reporters in legaler Weise die schönsten Plätze einnahmen. Daß hiebei irgend eine Vorliebe für schlechte neutrale Freunde und eine Verachtung des eigenen Fleisches zu Grunde liegt, können wir denn doch nicht glauben. Unserer Ansicht nach sind eben die Engländer die Un=verschämten. Beati insolentes, denn aus ihnen werden die possi=dentes.

In Amberg ist zum Besten der Verwundeten etwas Kriegsbeute und eine Kugelspritze ausgestellt. Das Amberger Tagbl. klagt nun darüber, daß der Zudrang ein so geringer ist und namentlich das Landvolk sich gar nicht dafür interessirt. Die Leute denken wahrscheinlich: eine Mitrailleuse ist nur interessant, wenn sie spritzt. Spritzt sie aber, so ist es eine unangenehme Bekanntschaft.

Ein neuer Feind der edlen dramatischen Kunst wird aus Anhalt=Bernburg signalisirt. Daselbst ist nämlich für das gute kleine Hoftheater völlige Theilnahmslosigkeit eingetreten, nicht nur wegen des Krieges und zahlreicher Familienverluste, sondern auch, wie der Bühnen=Kurier schreibt, weil ganz in der Nähe die Rinderpest aus=gebrochen ist und dadurch der Verkehr vielfache Störungen erleidet.

☞ Alle Postanstalten, feste und mobile, effektuiren Bestellungen. Preis in Bayern halbjährig 1 fl.

Druck der Dr. Wild'schen Buchdruckerei (Gebr. Parcus).

Münchener

PUNSCH.

Ein humoristisches Wochenblatt von M. E. Schleich.

Vierundzwanzigster Band.

Nro. 7. Halbjähriger Abonnementspreis: in Bayern 1 fl. Im Ausland erfolgen die üblichen Postaufschläge. 12. Febr. 1871.

Die „heilige Stadt."

Heroisch litt und kämpfte sie,
Im Herzen groß, und — groß an Maul.
Ob Republik, ob Monarchie,
Ein Ochs schmeckt besser als ein Gaul.

Privat=Kabel des Punsch.

Wien. Wir haben ein neues Ministerium, das reimt sich theils auf „nek", theils auf „tschek" — sonst hat's keinen Zweck.

———

Paris. In Bezug auf die Bevölkerung kann man nun sagen: der Geist ist willig, aber das Fleisch schwach — vorhanden.

———

Wilhelmshöhe. Die Nachricht von der Einberufung einer Con=stituante nach Bordeaux hat in Wilhelmshöhe schmerzliche Bestürzung hervorgerufen. Um den Kaiser einigermaßen zu trösten, sind ihm für nächste Woche einige prachtvolle Schlitten zur beliebigen Benützung in Aussicht gestellt worden.

———

Schweiz. Bundesrath Stauffacher erklärt:

Nein, eine Gränze hat das baare Geld.
Wenn der Neutrale wird beinah' zu Tod gedrückt,
Wenn unerträglich wird die Last, so greift er
Getrosten Muths dann auch zum Schuldenmachen . . .
Laßt die Rechnung der Tyrannen wachsen,
Und die der Republiken auch . . .
Bezähme jeder die gerechte Wuth,
Denn manche sagen, es geschäh' uns recht . . .

———

In einer dahier neu entstandenen Species von „Volkspartei" äußerte ein Redner: Als Dickhäuter halte man am längsten aus und komme am besten durch.

Die Wahrheit dieser Behauptung bestätigt aus Erfahrung das einzige, während der ganzen Belagerung im Pariser zoologischen Garten

verschont gebliebene Rhinoceros.

———

Die Franzosen haben vorerst zu wählen, nach welchem Dekret sie wählen wollen: nach dem Gambetta'schen oder nach dem Favre'schen. Haben Sie in dieser Beziehung gewählt, dann wählen sie erst und die Gewählten wählen dann eine Commission, welche wiederum Vorschläge zu unterbreiten hat.

Und trotz dieser Wählereien bleibt den Franzosen doch keine Wahl!

Die letzten Augenblicke einer Diktatur.

Favre an Gambetta. Ihr Entlassungsgesuch ist bewilligt.

Gambetta an Favre. Ich habe ja keines eingegeben?

An Herrn Gambetta. Sie sind ein Individuum!

Gambetta. Ich bitte um die mir bereits gewährte Entlassung.

Auf wen und auf was werden wohl die in die französische Constituante Gewählten vereidigt werden?

Ein Eid scheint unmöglich, da noch Nichts feststeht, dem er gehalten zu werden braucht.

Es wird also am besten sein, die Deputirten geben bei ihrem Zusammentritt ihr Ehrenwort, dadurch ist dann hinterher Niemand gebunden.

Wie lange ist's her, daß in Frankreich die Levée en Masse beschlossen wurde?

Wenn's fortgeht, dann kann's noch kommen, daß Wilhelm in den Tuilerien als französischer Massacurator ein Lever abhält.

Der König von Preußen hat befohlen, 3 Millionen Rationen unter die hungernde Pariser Bevölkerung zu vertheilen. Als nun eine Familie zum dritten Mal auf diese Art Brod und Wurst erhielt, sagte der vertheilende Commissär: dieß sei ultima Ratio Regis!

Sogar der Sultan hat nun ein Beglückwünschungsschreiben an den Kaiser Wilhelm gerichtet.

„Auch du, mein Brutum,“ murmelte der Mann von Wilhelmshöhe, als er von diesem Schritt seines ehemaligen Gastes Kenntniß erhielt.

Beim Einzuge in Paris im Jahre 1815 rief das Volk: Vivent nos amis, les ennemis!

Da gegenwärtig Niemand einzieht, als 15,000 Hämmel und 5000 Ochsen, so lautet die Parole der Clubisten: Vivent nos amis, les animaux!

Rochefort erklärt den Titel seines neuen Blattes: „Das Losungswort“ selbst mit Königsmord.

Gutem Vernehmen nach wird der berühmte Publicist und französische Regierungsmann sein früheres Blatt ebenfalls forterscheinen lassen und eigens für Fürsten ein Abonnement, nicht auf die sondern an der Laterne eröffnen.

Pimplhuber. Wissen Sie, was ergreifend sein muß?

Tatschler. Was denn?

Pimplhuber. Wenn sich zwei Pariser zum ersten Mal wieder „guten Appetit!“ wünschen.

In einer niederbayrischen Schule.

Schüler Plattlmeyer. Jetzt weiß ich nicht mehr, Herr Lehrer: schreibt man Volksverdummer oder Volksvertbumer?

Wird denn gegenwärtig in Frankreich die Marseillaise auch noch gesungen? oder ist sie zeitgemäß redigirt?

Ich meine nur wegen der Stelle: „Le jour de gloire est arrivé!" — Uebrigens, nur keine Einmischung. Jeder singe, wie er's herausbringt.

Man lese, was eine offizielle Zeitung schreibt:

„Die Regierung wird allen berechtigten Eigenthümlichkeiten freien Spielraum gewähren, dagegen nimmermehr größere Compromisse mit dem Separatismus auf Kosten der unentbehrlichen Attribute der Reichseinheit abschließen."

Ah, denkt Mancher, das steht gewiß im preußischen Staats-Anzeiger, so etwas war zu erwarten.

Weit gefehlt, das steht in der offiziellen — Wiener Zeitung und bezieht sich auf das östreichische Kaiserreich.

Es ist also drüben ungefähr wie herüben, nur natürlich ganz anders.

Auch die Tschechen sagen z. B.: „der Kampf um die Selbstständigkeit hat zu keinem erfreulichen Resultate geführt; unser engeres Vaterland Böhmen ist nunmehr ein Theil des neu errichteten cisleithanischen Reiches".

Hingegen sagen die Böhmen unter Umständen nicht: „Wählet", sondern „wählet nicht".

Alles in Allem genommen, ist es herüben insoferne viel besser, als es drüben noch ungleich schlechter werden kann.

In Versailles befindet sich eine Anzahl junger Japanesen, welche seit längerer Zeit in Europa reisen, um europäische Sitten zu studiren.

Es war daher ein wahres Glück für die jungen Leute, daß sie Gelegenheit fanden, ein paar Treffen und auch noch etwas vom Bombardement der Stadt Paris mit anzusehen.

„Paris ist gefallen.“ Das ist eigentlich unrichtig! Es ist nicht gefallen, sondern es hat sich nur niedersetzen müssen und darf bei Leibe nicht aufstehen.

Ein neutraler Schweizer, der sich mit einem bayrischen Pfälzer über den Uebertritt der 80,000 unterhielt, sagte zu letzterem: Sehen Sie, das hätten Sie auch haben können, wenn Sie so klug gewesen wären, wie wir!

„Auf d'Alma geh'n ma' auffi.“ Garibaldi begibt sich ehestens nach der Ziegeninsel zurück. Seine Soldaten aber gehen in die Schweiz. Richard Wagner wird ersucht, einen „Kuhpocken=Reigen“ zu componiren.

Bei Aufführung seines Theaterstückes wurde Hr. v. Schweitzer zum Oeftern gerufen.

So einem „Führer“ muß es ordentlich sonderbar vorkommen, auch einmal herausgerufen und nicht immer herausgeschmissen zu werden.

Kleine Frühstücksplaudereien.

Die „Donauzeitung" hatte wieder ein lucidum intervallum und brachte in ihrer Nummer vom 8. Februar einen recht bemerkenswerthen Artikel über den letzten Tag der Bündniß-Debatte. Die so betitelte Grabrede auf die Selbstständigkeit Bayerns sei mehr eine auf — das Referat gewesen. Sehr richtig. Drei Mal, meint die Donauzeitung, habe der Referent die Sache seiner Fraktion mit Bewußtsein zur Schlachtbank geführt. Das Bewußtsein wollen wir nicht so dreist annehmen, aber bei der Schlachtbank bleibts.

Auch der Stadtmagistrat Donauwörth hat eine Ergebenheits-Adresse an den deutschen Kaiser erlassen, wogegen Nichts einzuwenden ist, nur die Motivirung hat auch für den oberflächlichen Geschichtskenner etwas Frappirendes. Es heißt nämlich: Donauwörth, eine vormals reichsunmittelbare Stadt, sei „von Kaiser und Reich stets als eine Perle des alten deutschen Reiches erkannt und geehrt worden". Das Erkennen Donauwörths als Perle mag richtig sein, aber die „Ehrung" vollzog sich in oft sonderbarer Weise. Die Stadt wurde nämlich von verschiedenen Kaisern bald an diesen bald an jenen verpfändet, zu Anfang des 17. Jahrhunderts endlich gar in die Reichsacht erklärt und Herzog Maximilian von Bayern mit der Execution beauftragt. Der Herzog kam dem Auftrag nach und — behielt Donauwörth selbst.

Liberaler Seits macht man sich darüber lustig, daß für einen aus der Kammer geschiedenen Patrioten ein Kaminkehrer als Ersatzmann eintritt. Auf den äußern Beruf kommt's aber nicht an. Unter den Anstiftern des famosen Mißtrauensvotums gegen den Präsidenten Weis befindet sich ein Melber!

In Tittmoning, Simbach und Laufen scheint doch mehr Kunstsinn zu herrschen als in Amberg, denn in den erstgenannten 3 Orten sind für die Besichtigung der Kugelspritze ca. 400 fl. eingegangen.

In Dresden geht ein kleiner Gypsfigurenhändler herum, der sich Gambetta schreibt. Südfrankreich dürfte froh sein, wenn der Namensvetter in Bordeaux mit seinem Kopf die Sachen so im Gleichgewicht zu halten wüßte, wie das Dresdener Gambettchen.

Die meisten Pester Journale beschäftigen sich mit der Frage — mit welcher Frage, mit der Ministerkrisis? — o nein, sondern mit der Frage, ob die in Pest weilende Frau v. Bulyovsky am dortigen Nationaltheater auftreten wird oder nicht. Es heißt übrigens, die Künstlerin werde statt dessen nach München zurückkehren und von da einen kleinen Abstecher nach Amerika machen.

In Wien ist eine neue Sängerin entdeckt worden, von deren zauberhaftem Gesang man sich großartiges verspricht. Nur der Name klingt etwas sonderbar, den das Wunderkind führt; es heißt nämlich Frln. Schmerhofsky, was, wenn man an der italienischen Oper in Paris gastiren will, bedeutend geändert werden darf.

Der bekannte Arbeiteragitator Herr v. Schweitzer, der schon manches Stück aufgeführt hat, ist nun buchstäblich unter die Theaterdichter gegangen und hat in Berlin eine Tragödie von sich aufführen lassen. Dieselbe behandelt aber merkwürdiger Weise nicht den Kampf zwischen „Kapital" und „Arbeit", beziehungsweise zwischen Arbeit und Agitation, sondern den Gegensatz der mittelalterlichen Kaisermacht gegen die Päbste. Wenn man bedenkt, mit welchen Schattirungen der Demokratismus augenblicklich liebäugelt, so ist das Schweitzer'sche Opus, abgesehen von dem vorhandenem Ueberfluß an schlechten Stücken, in jeder Hinsicht als Luxus zu betrachten. Im Parterre befanden sich viele sog. „Gelbbrotzen", gegen welche Schweitzer schon oft und bitter gekämpft hatte; dieselben applaudirten wie rasend, vielleicht in der Absicht, dem „großen" Agitator so viel Lorbeeren zu streuen, daß er sich versucht fühlen könnte, endlich einmal darauf auszuruhen.

Um einem wahrhaft dringenden, nicht nur literarischen, sondern auch nationalen und von der öffentlichen Meinung längst empfundenen Bedürfniß abzuhelfen, sind nun endlich Schiller's „Räuber" in's Neugriechische übersetzt und auf dem Theater zu Athen mit enormem Erfolg gegeben worden. Besonders zündete der Satz: „Ich kenne Dich Spiegelberg" und wird derselbe als geflügeltes Wort, ebenbürtig mit dem solonischen „Erkenne Dich selbst" unter den Neuhellenen fortleben.

☛ Alle Postanstalten, feste und mobile, effektuiren Bestellungen. Preis in Bayern halbjährig 1 fl.

Druck der Dr. Wild'schen Buchdruckerei (Gebr. Parcus).

Münchener
PUNSCH.

Ein humoristisches Wochenblatt von M. E. Schleich.

Vierundzwanzigster Band.

Nro. 8. Halbjähriger Abonnementspreis: in Bayern 1 fl. 19. Febr. 1871.
Im Ausland erfolgen die üblichen Postaufschläge.

Ein Münchener Dickhäuter = Blatt wirft ein paar Geist=
lichen öffentlich vor, sie hätten im vorigen Sommer einmal an
einem Freitag Fleisch gegessen.

Das Motto der bezeichneten Richtung scheint also zu lauten:
Mehr Stockfisch!?

In den historisch=politischen Blättern soll gestanden sein: die bayrische
Kammer habe während der Verhandlungen über die Bündnißverträge
eine Art **Pferdemarkt** vorgestellt.

Allerdings hat bei dieser Gelegenheit Mancher seinen Gaul vor=
geritten. Und im Ganzen war man einige Tage ungewiß, wem der
Vater den Schimmel schenken wird.

Bei den Wahlen drang Trochu mehrfach durch. Bei seinen
Ausfällen ist er nirgends durchgedrungen! **Sacrrrrrré!**

Ein Abonnent des Mot d'ordre.

Urſprünglicher und wahrer Text der exkaiſerlichen Proklamation.

Datirt von Wilhelmshöhe, vulgo
Napoleonsniederung, 9. Febr.

Franzoſen! Vom Glücke verlaſſen, ſo zu ſagen ein Stroh-
wittwer der Glücksgöttin, habe ich ſeit meiner Gefangen-
nahme jenes Stillſchweigen beobachtet, welches die Trauer des
Unglücks und beſonders dann nothwendig iſt, wenn man Spatzen
füttern will. So lange ſich die Armeen gegenüberſtanden,
habe ich mich jedes Wortes enthalten, welches hätte Zwieſpalt
hervorrufen können, denn über mich waren die Gelehrten ſo einig,
wie noch nie. Heute kann ich mich nicht länger in den Shlips
des Schweigens hüllen. Als ich mich gefangen gab, konnte ich
in keine Verhandlungen eintreten, denn ich hatte ſo raſenden
Hunger, daß ich den König von Preußen vor Allem um ein
Beefſteak und eine Flaſche Wein erſuchen mußte. Auch war mir
das Geld ausgegangen und in ſolcher Lage faßt man zu leicht
Entſchließungen, die von perſönlicher Rückſichtnahme auf den Hund,
auf dem man ſich befindet, diktirt ſind. Trotz unerhörter Unglücksfälle war Frankreich nicht beſiegt; im Gegentheil wir hatten
wenigſtens 50 Gefangene, darunter ſogar den Literaten Schlegel
aus München. Unſere feſten Plätze ſtanden aufrecht, was will
man mehr verlangen? Paris war in ausgezeichnetem Zuſtande,
die Kaiſerin hätte ſo gern alles beſorgt, da verfallen die Franzoſen wieder in ihren alten Fehler und ſpielen proviſoriſche Regierung. Das Kaiſerreich, welches ich im Dezember 1851 bei
herrlichem Winterwetter vermittelſt einiger ſchöner Cavalleriegefechte
gegründet hatte, wurde über den Haufen geworfen und die Republik ausgerufen. Die Republik kann ſich in Paris nicht halten,
ich habe ſie ja ſelbſt ein paar Mal beſchworen. Ich unterdrückte
meinen gerechten Unmuth, ſchon in Berückſichtigung meines Blaſen-
leidens, das ich nebenbei bemerkt in der Gefangenſchaft ganz verloren habe. Ich rief mir zu — mehrere Vorübergehende haben

es gehört: Was liegt an der Dynastie, wenn sie nur gerettet wird, die Nation nämlich. Ich bewunderte die patriotische Hingebung aller Parteien, aber jetzt fordere ich strenge Rechenschaft von denen, welche ich so eben bewundert habe. Rechenschaft für das u n n ö t h i g vergossene Blut; ich habe nur so viel vergossen, als nöthig war. Rechenschaft für die aufgehäuften Ruinen; ich habe die Häuser, die ich einreißen ließ, wenigstens abgelöst. Rechenschaft für die verschleuderten Hülfsquellen, denn wenn ich heute wieder komme, woher nehme ich was? Die jetzige Regierung hat die Verwaltung desorganisirt, die Fiakergäule hingeschlachtet, meine Briefschaften durchgestöbert, Lulus Spielsachen ruinirt, die Pläne der Kaiserin für die Sommer= und Wintersaison zerstört. Die jetzige Regierung hat kein Recht, irgend etwas zu thun; selbst die begangenen Unterschleife sind null und nichtig, nur meine Organe sind berechtigt. Das Volk muß gefragt werden, welches Regiment es für am meisten befähigt hält, das Vaterland zu retten. Ueber meine Befähigung im Retterfach, glaube ich, kann wohl kein Zweifel sein. Doch ist Angesichts unseres Unglückes kein Raum für persönlichen Ehrgeiz — ich meine damit die Versuche der verschiedenen orleanistischen und bourbonischen Prätendenten. Franzosen, ich lebe hier in einem fürstlichen Schlosse und habe die Köche des Königs von Preußen, aber seid versichert, ich war im Stande, mir eure Strapazen, eure Hungersnoth, euren Holz= mangel — v o r z u s t e l l e n. Unsere Leiden waren groß, aber unsere Wunden werden heilen; die meinigen sehen wenigstens ganz gut her. Die entweihten Kirchen müssen sich euren Gebeten wieder öffnen, die geschlossenen Theater euren Vergnügungen wieder zur Verfügung stehen, die verlassenen Mabille=Lokale eurem schlum- mernden Elan wieder aufhelfen. Nur eine aus der Volkssou= veränetät entsprungene Regierung kann euch retten. Ich habe ganz das Gefühl eines Entsprungenen. Vertrauet mir, wie ich euch vertraue, wir haben Beide Grund dazu! Sagt, wie ihr regiert zu werden wünscht, ich gebe euch dann mein Ehrenwort.

Napoléon.

Laut Beschluß des italienischen Parlaments wird die Civilliste des Papstes in das große Schuldbuch eingetragen.

Gelingt die Lösung der Frage, dann singen die Italiener wahrscheinlich das „Lied an die Freude" mit dem Motto:

„Unser Schuldbuch sei vernichtet!"

———⚬≫≪⚬———

Die Wiener Blätter ziehen arg darüber los, daß sie einen Schwaben in ihrem neuen Reactionsministerium haben. Nun soll auch der un= glückliche Minister Gambetta von Haus aus Gemperle heißen. Daß Louis Napoleon selbst durch seine neuesten Streiche wie auch durch seine Erziehung in Augsburg halb und halb als Schwabe zu betrachten ist, versteht sich ohnehin.

Und so wollen wir denn in Gottes Namen an Allem Schuld sein wenn nur die Reichstagswahlen gut ausfallen!

Unusle pro multis.

———⚬≫≪⚬———

Diese ewigen selbstständigen Erdstöße im Hessen=Darmstädtischen, ohne daß der übrige deutsche Bund etwas davon weiß, dürften schon bald geeigneten Orts Aufmerksamkeit erregen. Meint etwa Herr v. Dalwick, er habe einen eigenen vulkanischen Boden? Am Ende bildet sich für ihn gar noch ein Partikular=Vesuv. Pech genug hätte er dazu!

Ein kleiner Fanatiker der Einheit.

———⚬≫≪⚬———

An die Zwiesler.

Etsch! Von den Erdbeben habt ihr doch nichts verspürt, obgleich ihr sonst von allen großen Weltbegebenheiten was sehen wollt.

Ein Odenwälder.

———⚬≫≪⚬———

Als neulich vor Paris einige Geschütze, welche wegtransportirt werden sollten, vorher entladen wurden und dieß weit hin vernehmbare Detonationen gab, fielen die Pariser förmlich in nervöse Aufregung. Nur um Gotteswillen nicht mehr schießen! In diesem Ausruf war Alles einig.

Und vor ein paar Monaten mußte Trochu Haufen der theuersten Munition verschwenden — nur damit die Pariser schießen hörten, weil sie ihn sonst umgebracht hätten.

Für das neue Blatt des Herrn Rochefort gibt es keinen Februar, er datirt die erste Nummer vom 10. Pluviose.

Man glaubt aber, daß seine Partei den alten Kalender wieder annehmen wird, wenn die Ordnung wieder hergestellt und Frankreich vom republikanischen Pluviose in die Traufe gekommen ist.

Frankreich will künftig nur mehr dem innern Fortschritt leben und Europa durch den Geist der Freiheit nützlich sein.

Wenn sich das Laster erbricht, setzt sich die Tugend zu Tische.

Und die Getränke sind bei dieser Tafel von Bismark gut arrangirt, nämlich:

Bordeaux — warm, wie sich's gehört.

Champagne — einstweilen kalt gestellt.

Straßburger Bier und Elsäßer Tischwein zum Anfang zugelassen, bis nämlich die Suppe ausgelöffelt ist.

In einem Wiener Salon sagte ein preußischer Diplomat in Bezug auf die Ministerkrisis: Ihr könnt tscheken und jeken so viel ihr wollt, nur — uns nicht necken!

Schreiben des jungen Amadeusche, Königs von Spanien, an seinen Papa Victor Emanuel, Monarchie-Besitzer, d. Z. in Florenz.

Lieber Papa! Ich bin nun schon vier Wochen hier König, es geht ganz gut, ich begreife nicht, wie Tante Isabella das nicht machen konnte. Ganz famos sind die Cigarren, die ich hier zu rauchen bekomme — ächte Havannah, solche hast Du nicht, ich wette darauf. Diese Regalia gibt's überhaupt in Italien nicht. Sobald die Witterung milde wird, wird ein Stiergefecht gegeben, worauf ich mich sehr freue. Auch die Damen sind hier sehr schön, leider kann ich noch nicht recht spanisch. Wie geht's Clotilde? Sie ist wohl immer recht traurig? Ich habe Dir immer gesagt Papa, wenn Du Dich erinnerst, Du sollst Dich mit der Schwindlerfamilie nicht einlassen. Aber ich weiß wohl, es war wegen Italien. Hätten wir gleich zur rechten Zeit mit Bismark gesprochen, wer weiß, ob sich die Sache nicht so hätte machen lassen, denn der kann Alles. Mein Minister — es fällt mir im Augenblick der Name nicht ein — meint, wenn sie in Frankreich wieder Monarchie machten, wär's gut für uns. Aufrichtig gesagt: mir ganz egal. Ich habe überhaupt im Sinn, mich nächstens um Politik gar nicht mehr zu kümmern. Eine schöne Reise oder ein paar famose Gäule sind mir lieber. Adieu Papa, es grüßt und küßt Dich dein

Madrid, im Februar.   Dich liebendes Kind
                                Amadeo.

P. S. Seid ihr zu Hause noch immer excommunicirt? Zieht ihr auf Georgi nach Rom? Wie bist Du mit dem grünen Char-à-Banc zufrieden? — Schicke mir meine kleine Frau.

Als am 24. Februar der Graf von Paris den Thron Louis Philipps besteigen wollte, hieß es allgemein: Zu spät!

Was genau vor 33 Jahren zu spät war, ist jetzt, wie es scheint, gerade recht!

Sonderbare Leute, die Franzosen.

Anfang und Ende

des

zweiten französischen Kaiserreiches.

Crinoline und ausgestreiftes Zwickelkleid mit chinesischem Kopfputz, beides Eugeniale Schöpfungen, sind nunmehr überwundene Standpunkte. Auch die Moderegentschaft der Kaiserin, welche den weiblichen Körper vom Renaissance-Kuppelstyl bis zur Erbswurstgestaltung brachte, ist gestürzt und für ewig unmöglich. Aber was nun? Wir ahnen es, sie kehrt zurück, die schöne Zeit des Juste milieu! Paris wird allmälig wieder, was es zur Zeit Börne's war. Deutschland aber nicht.

Privat-Kabel des Punsch.

London. Disraeli tadelt die Energielosigkeit des Ministeriums, Gladstone vertheidigt dieselbe energisch.

Wien. Das neue Oestreichische Ministerium ist angeblich ein unparteiisches. Der Premier heißt jedoch nur Hohenwart, er soll aber auf einer höheren Warte stehen, als auf den Zinnen der Partei.

Caprera. Garibaldi ist angekommen und hat sogleich den Anbau seiner Frühkartoffel in Angriff genommen.

Kleine Frühstücksplaudereien.

Etwas lange, aber doch merkwürdige Geschichte. Die „Donauzeitung" hat unlängst bemerkt, Dr. Jörg sei immer das Unglück der patriotischen Fraktion gewesen; so habe er schon gleich beim Zusammentritt des Landtags das beabsichtigte Zusammengehen mit den gleichgesinnten Reichsräthen verhindert. In einer „Abwehr" tritt nun die Fraktion für ihren Führer ein und bemerkt: gerade Herr Bucher, Redakteur der Donauzeitung und damals Abgeordneter war gegen die Reichsräthe. Worauf wiederum Bucher erklärt, das Gegentheil sei der Fall gewesen. Ohne zu den Freunden des letzteren gehören, oder in diesem Streit interveniren zu wollen, können wir doch nicht umhin zu sagen, daß, was die vorgeschlagen gewesene Frequentirung des Clubs durch Reichsräthe betrifft, Herr Bucher Recht hat. Und daran scheiterte schließlich das Zusammengehen. Doch — „Alles zum Guten" sagt jener Greis in der Parabel.

☞ Alle Postanstalten, feste und mobile, effektuiren Bestellungen. Preis in Bayern halbjährig 1 fl.

Druck der Dr. Wild'schen Buchdruckerei (Gebr. Parcus).

Münchener
PUNSCH.

Ein humoristisches Wochenblatt von M. E. Schleich.

Vierundzwanzigster Band.

Nro. 9. Halbjähriger Abonnementspreis: in Bayern 1 fl. Im Ausland erfolgen die üblichen Postaufschläge. 26. Febr. 1871.

Ein Wort zur Güte.

„Nein, nein, nein, sein Vaterland soll nicht größer sein" nämlich das engere Vaterland des Bayern! Dieser Refrain liegt neuestens manchem Leitartikel, mancher Candidatenrede zu Grunde und wir begreifen, daß es einen Standpunkt geben kann, dem jede Vergrößerung eines Mittelstaates als Verstärkung des Particularismus und indirekte Versuchung zur Opposition gegen die Reichsgewalt erscheint.

Aufrichtig gesagt möchten auch wir nach einer so furchtbaren Emotion an die Verdauungskraft irgend eines deutschen Staates keine großen Anforderungen stellen. Ruhe, moralische Befriedigungswärme und ein Entschädigungssüppchen schienen am angezeigtesten. Wir würden erschrecken, wenn Lothringen bayrisch würde, und Monsieur So und So in den bayrischen Landtagssaal einzöge, um die deutsche Kriegführung im Verein mit Herrn Pf* als eine barbarische zu brandmarken. Das Assimilirungs- und Versöhnungstalent Bayerns ist ein gar bescheidenes, wie wir in Thyrol gesehen haben, dessen Bewohner uns doch stammes- und — stellenweise geistesverwandt sind.

Eine Bemerkung können wir aber doch nicht unterdrücken. Ortskundige Zeugen versichern uns übereinstimmend, daß Jeder,

der die pfälzisch=französische Grenze entlang wandert, ohne Führer und Aufschrift sofort durch bloßes Hinsehen erkennen kann, welcher Grund bayrisch, welcher französisch ist. Die Franzosen haben nämlich alles fruchtbare Land sich zugezirkelt; wo nichts wächst, da ist's verläßig bayrisch. Für die verdienstvollen Gränzregula=toren soll's aber auch seiner Zeit sehr bezeichnende Orden und Belohnungen abgesetzt haben.

Wenn man nun diese Gränzstrecke, bei welcher Bayern offen=bar durch Tendenzgeometrie benachtheiligt ist, reguliren und eine Art Parität der Bonität herstellen würde, wenn wir für die im Jahre 1866 verlornen schönen Forste nur ein Aequivalent bekämen, so könnte man das doch keine „Zerstücklung" Lothringens nennen, die Reichsvorlande verlören nichts an ihrer Bedeutung und der bayrische Particularismus würde unseres Erachtens da=durch noch kein gefährliches Thier.

Sollte also Graf Bismark selbst eine Anwandlung von Schwäche für uns haben und sich zu einem Ersatz verpflichtet fühlen, schon damit der Erste, der den Mehrer des Reichs als Kaiser begrüßte, nicht selbst an seinem eigenen Reich vermindert bleibt, so bitten wir dieses menschliche Fühlen dem Kaiser und seinem Kanzler nicht übel zu nehmen, unsere Bäume werden, auch wenn wir vom Bitscherholz etwas dazu bekommen, nicht in den Himmel wachsen!

Maxl und Sepperl, Schusterbuben.

Maxl. Na, was hört man denn?

Sepperl. Wie so?

Maxl (leise). Ich mein': ob sich schon alle Schriftgelehrten unterworfen haben?

Sepperl. Glaub' nicht.

Maxl. Dann wird's ihnen wohl bald an den Kragen gehen?

Sepperl. Doch kaum. Man probirt's vielleicht zuvor mit dem „Einbeizen", wie der Pfarrer g'sagt hat.

Privat=Kabel des Punsch.

Bordeaux. Das neue Cabinet ist gebildet. Favre hat das Aus= und Widerwärtige, Leflo ist Zu=Kreuzekriechs=Minister, Berger Simon erhielt das Portefeuille der Finanzen, Piccard Minister des „Innern minus ein Drittel".

———

Caprera. Garibaldi will sich der Politik ganz entschlagen und am 1. Mai auf der Ziegeninsel eine Bockpartie geben.

———

Versailles. Endlich hat er es doch gut gemacht. Nachdem Thiers im letzten halben Jahre an allen möglichen Höfen gespeist hat, ohne etwas zu bekommen, frühstückte er nun beim Kaiser Wilhelm. Bismark sagte ihm leise: Es sich zur rechten Zeit am rechten Ort schmecken zu lassen, das ist die ganze Kunst der Abrundung.

———

Wien. Das neue Ministerium charakterisirt sich als „Cabinet Hohenwart a bisl nach allen Seiten".

———

Vom siebenten Himmel. Der „allerheiligsten Dreieinigkeit" wurde bereits insinuirt, daß nächstens auf Erden in ihrem Namen wieder ein „ewiger Friede" abgeschlossen wird. — Rück=antwort: Wir kennen das!

———

Aus den Schweizer Bergen.
Ich bin a lustiger Hüterbua,
D'Franzosen helfen a bazu,
Neutralala!

Was ist Wahrheit? Auf diese uralte Frage gibt es noch immer keine befriedigende Antwort.

Im Gegentheil — man möchte sich dazu eine neue Frage stellen. Was ist Ehre?

Nur ehrenvolle Bedingungen, d. h. solche ohne Gebietsabtretung wollen die Franzosen eingehen.

Also alle Welt angreifen, im Nothfall annektiren dürfen, selbst aber nie etwas verlieren können, das wäre nach französischem Begriff **Ehre.**

Ein gefangener Offizier gibt sein Ehrenwort, brennt aber doch durch und wird wieder angestellt — dem gegenüber fragt es sich nicht nur: was ist Ehre, sondern auch: was ist **Unehre?**

* ——— • • • ———

Neugierig bin ich auf die französische Hauptstadt, das ist wahr.

Aber so schön, hoff' ich, ist Paris doch nicht, daß es für uns heißt: „**Paris sehen und dann sterben!**"

Ein zum Einzug Bereiter.

———⌣⌣⌣———

Frankreich, ein in sich uneiniges Haus.

Paris, sagten die Rothen, darf niemals capituliren.

Dagegen protestirte die **Küche.**

Elsaß soll deutsch werden.

Dagegen protestirt der **Keller.**

Will man vielleicht vom Süden aus den Krieg fortsetzen?

Dagegen protestirt einfach das **obere Stockwerk.**

——— • • • ———

In einigen Bezirken hat man zu viel, in andern gar keine Candidaten. Warum gibt's in München kein Candibaturenvermittlungsbureau? Warum keine Marienanstalt für plaßsuchende Reichsboten? Warum erscheint kein „Manbatgeber?" — Die Sache muß praktischer angepackt werden.

Ein reichsbürgerlicher Qualberechtigter.

———◆———

„Katholisch" heißt richtig übersetzt so viel als: „Sich über das Ganze, über den Erdkreis erstreckend."

„Katholisch=patriotisch" heißt also: Allgemein patriotisch, ohne Rücksicht auf ein besonderes Territorium.

Da möcht' ich mir denn doch schon, wenn auch nicht eine Abschrift, so doch eine Erklärung ausbitten.

Ein bisher bayrisch-patriotischer Etymolog.

———◆◆———

Hie und da, besonders in Norddeutschland taucht die Mode auf, Kinder auf Schlachtennamen zu taufen. Das kann mit der Zeit eine hübsche Kinderstubenunterhaltung geben, z. B. „Sedan, willst du deine Hosen anziehen oder nicht?" — „Mama, die kleine Gravelotte will ihre Suppe nicht essen." — „Orleans, lauf mir nicht immer barfuß."

———◆◆———

„Ich hasse die Verträge von 1815" sagte Napoleon vor einigen Jahren zum Bürgermeister von Auxerre.

Hätte er sie jetzt! Im Vergleich zu den bevorstehenden Verträgen von 1871 dürfte er sich in die von 1815 förmlich verlieben.

Drum, nur nie vorschnell urtheilen!

———◆◆———

Das gemäßigte Frankreich
oder:
für welche Mode werden sich die Pariser jetzt entscheiden,

für die bourbonische unter Charles X.

oder für die orleanistische unter Louis Philipp?
Solid sind sie alle Beide!

Kleine Frühstücksplaudereien.

Ein hiesiges Organ einer neuen „Volkspartei", entstanden aus der Pfahler'schen Tichhäutertheorie, empfiehlt den Abg. Kolb als Reichstagsabgeordneten für München, „obwohl — und nun kommt das Schöne — Herr Kolb vielleicht kein Musterkatholik sei"!! Kolb ist „vielleicht" auch kein Musterprotestant, wie aus seiner Culturgeschichte hervorgeht! Uebrigens wird's in dem „großen Tedten"schen recht hübsch lebendig.

„Nicht gewohnt, auf Zeitungsangriffe jedesmal zu antworten" — erklärt Herr Professor Greil in der Donauzeitung, er sei nicht Verfasser der in derselben erschienenen Artikel über das protestantische Kaiserthum. —

Um einem wirklichen Bedürfniß abzuhelfen, hat das hiesige demokratische Organ die „Grundrechte des deutschen Volkes", mit deren Berathung die Frankfurter Nationalversammlung so viel kostbare Zeit verlor, in mehreren Fortsetzungen abgedruckt. In der Freitagnummer erschien der Schluß dieser wahren Geschichte.

Ein von Patrioten als Candidat aufgestellter Graf Bray ist vor der gegen ihn entstandenen Agitationsart zurückgetreten. Das Stadtamhofer Wochenblatt hatte ihm vorgeworfen, er sei im Begriffe eine Heirath mit protestantischer Kindererziehung einzugehen. Also selbst die künftige Erziehung eventueller Kinder aus präsumtiven Ehen muß feststehen. Das heiß' ich einmal ein vollständiges Programm!

Wirklich edle Uneigennützigkeit! Der dicke Prinz Napoleon erklärt in der „Times", daß er nicht daran denke, die Herrschaft anzustreben und sich mit Politik überhaupt nicht beschäftige. — Es wäre zu wünschen, daß Plonplon ein Zeugniß der bekannten Cora Pearl beibrächte, worin diese bezeugt, daß er sich nur mit ihr beschäftigt.

Durch die Luftschiffer der neuesten Zeit ist es nun constatirt, daß man Männerstimmen eine, Frauenstimmen aber zwei englische Meilen hoch hinaufhört! Erst von dieser Höhe an tritt in der Natur völlige Ruhe ein!

Preußische Blätter sprechen allgemein von der nothwendigen Umwandlung der Gußstahlkanonen in bronzene. Glaßbrenners „Montagszeitung", kann sich eine solche „Umwandlung" nicht anders denken, als daß man den Gußstahl allmälig entfernt und um das übrig bleibende Loch Bronze gießt. Aber der Humorist sollte bedenken, daß man ja auch Papier in Metall umwandeln kann; man nimmt nämlich das auf die Scheine gedruckte Wappen und prägt es auf ein Stück Silber oder Gold.

Nachdem die viertausendste Lokomotive die Pforten der Borsig'schen Fabrik schon lange verlassen hat, ging nun aus dem Römisch'schen Etablissement in Dresden das zweitausendste Clavier hervor. Wahrscheinlich wird, damit die Menschheit nicht zu übermüthig wird, die Krupp'sche Werkstätte nächstens auch die fünftausendste — Kanone abliefern.

Aus Dresden, der Hauptstadt Sachsens, wird gemeldet, daß daselbst noch weitere Verluste befürchtet werden, glücklicher Weise nicht Verluste an Souveränetätsrechten, sondern an Kunstkräften, indem Tichatschek bereits ausgeschieden ist, und Andere, namentlich Sängerinnen, nachfolgen werden, um sich dem Berliner Einheitstheater anzuschließen.

Die Buschtehrader-Eisenbahngesellschaft, die sich allenthalben mit großen und theuren Annoncen empfiehlt, macht bekannt, daß sie ihre Kundgebungen u. A. in der „Bayrischen Landeszeitung" veröffentlichen werde. Wenn keine andern Dividenden bezahlt werden, als die wir durch die sel. Landeszeitung zu lesen bekommen, dann sind die Aktien nicht zu empfehlen.

Kosmopolitismus der Kunst. Ein italienischer Direktor, Namens Morelli, übernimmt die italienischen Opern in Petersburg und Moskau. Hingegen machte eine geborne Russin, Frln. Bairalchorow, als Sängerin in Italien Furore. Ueberdieß spielt Frau v. Bulyovsky am National-Theater von Pesth nächstens die Julia ungarisch.

☞ Alle Postanstalten, feste und mobile, effektuiren Bestellungen. Preis in Bayern halbjährig 1 fl.

Druck der Dr. Wild'schen Buchdruckerei (Gebr. Parcus).

Münchener
PUNSCH.

Ein humoristisches Wochenblatt von M. E. Schleich.

Vierundzwanzigster Band.

Nro. 10. Halbjähriger Abonnementspreis: in Bayern 1 fl. Im Ausland erfolgen die üblichen Postaufschläge. 5. März 1871.

So Vogerl, jetzt kannst du wieder fliegen!

Ja, wenn ich nur wüßte, wohin? *)

---

*) Siehe das Gedicht auf der folgenden Seite.

Freiheit.

Freiheit! Schönster Traumeswahn!
Erstes sehnendes Verlangen
Beim Erwachen! Ziel und Plan
Jedes Armen, der gefangen!

Freiheit! Unbeschreiblich Gut,
Reichthum Aller, auch der Armen!
Einz'ger Funke Lebensmuth,
D'ran die Würmer selbst erwarmen!

Und doch lebt ein Mann, dem schlägt
Bei dem Wort sein Herz nicht schneller,
Seine finstre Stirne trägt
Er nicht höher und nicht heller.

Keiner Heimat sich bewußt,
Steht er vor der Welt, der großen.
Frei zu sein ist Himmelslust,
Aber höllisch klingt's: „Verstoßen!"

Freiheit mordete der Mann
Und verkaufte ihre Sache.
Daß er's nicht genießen kann,
Wenn sie winkt, ist nun die Rache.

Arm soll ein Gefang'ner sein?
Ja! — Doch wer befreit kann werden,
Ohne sich darob zu freu'n,
Ist der ärmste Tropf auf Erden.

Um Gotteswillen, wo kommt die Logik hin?

Die Franzosen finden eine Gebietsabtretung unehrenhaft und lassen gleichzeitig die neu annektirten Nizzarden, welche wieder zu Italien wollen, niederschmettern?

Die Neutralen bezeichnen den formlosen und lächerlich bescheidenen theilweisen Einzug der Deutschen als einen Akt des Uebermuths und wissen doch, daß ein ganzes halbes Jahr hindurch in Paris geschrieen wurde: à Berlin?

Die Fraktion der Vertragsfeinde stellt sich, nachdem die Verträge rechtsgiltig geworden, auf den Boden der neuen Verhältnisse, verdammt und hintertreibt aber die Candidatur eines Jeden, der für die Verträge gestimmt hat?

Sogleich nach Beendigung des Reichstages erwartet man in Passau ein großes Collegium logicum, sonst häufen sich die Geschichtskenntnisse dermaßen, daß kein Mensch mehr im Stande ist, die zusammengehörigen Thatsachen paarweise herauszufinden.

———

Auf dem Pariser Concordienplatz soll's e i n i g e Neugierige gegeben haben.

Ich behaupte: N e u g i e r i g e gab's a l l e n t h a l b e n und zwar zu h u n d e r t t a u s e n d e n, aber herausgetraut haben sie sich nicht.

Habakuk,
früher „zwei Jahre in Paris".

———

Wenn man eine Wurst n u r mit S e n f t = P i l s a c h genießen könnte, so würde das betreffende Eßverbot gewiß von k e i n e m Juden übertreten.

———

Wahrscheinlich durch die Erfolge ähnlicher Bestrebungen in Bayern angefeuert, verlegt sich die Londoner Times nun auch auf's Prophezeien.

Die Franzosen, sagt sie, werden einst wieder einen Lieutenant bekommen, der à la Bonaparte gegen die Deutschen auszieht u. s. w.

Vorläufig aber wünscht die französische Armee auszuruhen und begnügt sich mit ihrem „Corporal".

Eine segensreiche Folge, der sich noch viele ähnliche anreihen werden, hat der Krieg bereits gehabt. Nämlich Antwerpen wird mit einem neuen Gürtel detachirter Forts umgeben.

Am Ende ist die Befestigung ganz Mitteleuropa's der einzige Weg, um den Schwankungen ein Ende zu machen.

Von allen Franzosen, die noch in die Schweiz übergetreten sind, ist Louis Napoleon jedenfalls der säuberste und hat die besten Stiefel, ja sogar ordentliche Socken.

Ein Grenzcordonnier.

Also war es doch richtig, was der französische Minister Ollivier sagte: „der Friede war nie gesicherter als jetzt."

Nur hat er es um acht Monate zu früh gesagt!

Als was, oder vielmehr als wer wird, oder vielmehr als wen oder was betrachtet man denn jetzt Napoleon? Als Kriegsgefangenen? Dann müßte man ihn mit den andern an Frankreich abliefern. Oder als Kaiser? Dann müßte man mit ihm oder seiner Stellvertretung Frieden schließen. Oder als Privatier, beziehungsweise gewöhnlichen Edelmann? Dann kann er die Spatzen füttern, wo er will.

Ueberhaupt ist es charakteristisch für unsere Zeit, daß sich allmälig das Bedürfniß herausstellt, die Behandlung, Betitlung, Abnährung, überhaupt die rechtliche Stellung von seg. Ex-Fürsten dogmatisch festzusetzen, denn jetzt weiß so Einer eigentlich gar nicht was er ist und wem er angehört. Wir haben wirklich Davongejagte (Spanien), Depossedirte (Hannover u. s. w.), von selbst Aufgehörte (Napoleon) und einen, der im Prinzip eigentlich schon gegangen ist, aber gebeten wurde zu bleiben (Rumänien). Das muß Alles kritisch geordnet und völker- und staatsrechtlich kategorifirt werden. Ich bin neugierig drauf, ob ich diesen Fortschritt in der Wissenschaft noch erlebe.

Pimpfhuber,
k. k. Nachdenker von München.

***

Außerordentlich Schade ist es, daß die deutschen Truppen nicht, wie anfänglich bestimmt, am 27. Februar eingezogen sind.

Die Pariser hätten dann, was die Bayern betrifft, einmal einen ordentlichen blauen Montag gesehen.

***

Citoyen A. Waren Sie auf der Börse?

Citoyen B. Ja, die Rente ist 53, ganz fest.

Citoyen A. Thiers war aber nicht fest, er ist bei Vorlesung der Friedenspräliminarien in Ohnmacht gefallen. Thiers ist aber auch 74!

Citoyen B. Ich wollt' die Rente wäre 74 und Thiers 53.

***

Um das Isarthor wäre es Schade, weil das Gemälde an eine originelle Zeit erinnert, wo die Feldherren noch mit sehr bescheidenen Dotationen bedacht wurden.

Schweppermann erhielt für die Schlacht bei Ampfing — ein Ei!

Maxl und Sepperl, Schusterbuben.

Maxl. Weißt du, wie mir das Nizza vorkommt?

Sepperl. Wie denn?

Maxl. Wie Einer, der — abschieben will, wenn's zum Zahlen kommt.

Sepperl. Es is was d'ran.

Maxl. Du, ich hab' g'hört unsere Leut', die jetzt in Paris einziehen, beklagen sich über Mangel an Schuhputzzeug.

Sepperl. Das glaub' ich schon. Die Franzosen haben ja alle Wichse für sich allein haben müssen!

Die alte „Times" tadelt die deutschen Friedensbedingungen, und wahrsagt: Metz ist das künftige Feldgeschrei der Franzosen.

Nun, hätten wir Metz nicht genommen, so wäre „Straßburg" das Feldgeschrei gewesen.

Und hätten wir ihnen auch Straßburg gelassen, so hätten sie geschrieen: Revanche für Sedan!

Da nun dem Geschrei der Franzosen unter keinen Umständen auszukommen ist, so genießen wir das bischen Wolle, das uns beschieden wurde.

Kleine Frühstücksplaudereien.

Ein Herr Abani, Oestreicher mit italienischem Namen, veröffentlicht in der „Neuen Freien Presse" „neutrale Kriegsbriefe", deren neuester, um es kurz zu sagen, die Dieberei als ein bei den deutschen Heeren geradezu krassirendes Uebel beklagt. Die Preußen hätten dafür verschiedene Kunstausdrücke, z. B „um 5 Sous koofen", die Bayern unterschieden zwischen wirklichem Plündern und „moderirt verwüsten" oder „andevastiren." Wir glauben allerdings, daß in einem Kriege nicht immer alle Kriterien der rechtlichen Eigenthumserwerbung eingehalten werden und daß die Armee noch nicht geboren ist, welche neben den bekannten Bürsten auch ein Compendium des Völkerrechts in jeden Tornister packt. Wenn eine Truppe von einem Haus Besitz ergreift, um lange und traurige Monate darin zu verweilen, so wird sie einen an der Wand hängenden Zwilling oder eine Meerschaumpfeife in den seltensten Fällen in Baumwolle wickeln und in einer Kiste verschlossen auf Tod und Leben vertheidigen, daß aber da, wo die Eigenthümer oder deren Stellvertreter anwesend waren, Nichts genommen wurde, bestätigen Hunderte von Augenzeugen; bei herrenlosem Gut handelte es sich wohl meist darum, wer kommt zuerst: wir oder die Franctireurs? Größere Werthe läßt man beim Herannahen des Feindes in der Regel ohnehin nicht zurück und wenn Weinkeller ausgetrunken wurden, so ist dieß das Loos des Champagners auf der Erde. Obiger Herr oder Signor Abani hätte sich also den sittlichen Schmerz, den er über die Annektirungswuth der Deutschen empfindet, um so eher ersparen können, als die Troupiers einer gewissen Nationalität aus dem Gebiete der „Neuen Freien Presse" dafür bekannt sind, daß sie jede Thürklinke abbrechen, und jeden respektablen Nagel aus der Wand ziehen, um ihn beim Eisenhändler zu verwerthen. „Soldat is me arme Deisel" sagte einmal ein durch Bayern als Freund marschirender „deutscher Bruder."

Nahe liegt freilich die Frage: Wie hätten es die Franzosen gemacht, wenn sie so nach Deutschland hereingeflegt hätten? Die Antwort können wir uns um so leichter ersparen, als wir wissen, wie sie es zu wiederholten Malen gemacht haben. Die Thaten der Generalmordbrenner von 1689 übergehen wir. Anstatt Rache zu schnauben waren die Deutschen Jahrhunderte lang so gutmüthig, die Ruinen ihrer Rheinlande romantisch zu finden.

Zufällig besitzen wir eine Radirung, gezeichnet von G. P. Zwinger, gestochen von J. Kellner in Nürnberg, vom Jahre 1796, betitelt: „Die Franzosen in Nürnberg als Mitarbeiter der deutschen Freyheit". Das Tableau besteht aus mehreren concentrischen Kreisen, in dem innersten sieht ein zerlumpter Vertreter der großen Nation, mit Hausgeräth, Uhren u. dgl. reichlich beladen. 36 von diesem Mittelpunkt ausgehende Radien verzeichnen nun die dem Gemeinwesen und der Bürgerschaft Nürnberg durch die französische Invasion des Jahres 1796 erwachsenen „Kosten und Schäden". Vor Allem finden wir da 432,006 fl. Contributionen und „erpreßtes Geld" — für den damaligen Geldwerth gewiß eine ungeheure Summe! Für lebendes Vieh und „gemachtes" Fleisch sind gegen 200,000 fl. verausgabt, deßgleichen enorme Posten für Pferde, Magazine, Fuhrwerk u. dgl. Für 3521 fl. wurden Silberwaaren, Uhren u. dgl. genommen, ohne daß Anweisungen oder Assignaten dafür hergegeben wurden, welch' letzterer Umstand übrigens nicht viel zu bedeuten hat, denn der Verlust an den „Assignaten", „Mandaten" und ähnlicher Maculatur ist auf 3521 fl. angegeben. Die Schäden durch „Plünderungen, Gewaltthätigkeiten und Verwüstungen" beziffern sich auf 230,440 fl.! — Summa Summarum kostete die französische „Mitarbeiterschaft an der deutschen Freyheit" die Nürnberger die Summe von 1,529,651 Gulden — einer einzigen Stadt von mittlerer Größe, in dem einzigen Jahre 1796!

Das Tableau trägt als Motto eine Stelle aus Horaz: „Cui dabit partes scelus expiandi Jupiter?" — wem wird Jupiter die Rolle zutheilen, dieses Verbrechen zu rächen?

In den Jahren 1814 und 1815 war Jupiter allerdings etwas gar zu milde oder vielmehr nachlässig. Heuer aber hat er seinen Sühnungs-Auftrag gegeben und die Rollen sind — gut durchgeführt worden!

———

„Consumvereine", wie sie aller Orten bestehen, haben in der Regel „sonst keinen Zweck" als den, ihren Mitgliedern durch Engrosankäufe billigere Lebensmittel zu verschaffen. Es liest sich nun recht eigenthümlich oder vielmehr östreichisch, daß in den letzten Faschingstagen der Consumverein in Salzburg seinen Mitgliedern einen großen Maskenball gegeben hat, dessen Arrangement sehr gelungen war und über den nur eine Stimme des Lobes herrscht. Ob beim Tanzen auch Rabatt gegeben wurde, ist nicht gesagt. In Oestreich wären übrigens selbst die „Pompes funèbres" im Stande, so was von Unterhaltung zu arrangiren.

☞ Alle Postanstalten, feste und mobile, effektuiren Bestellungen. Preis in Bayern halbjährig 1 fl.

———

Druck der Dr. Wild'schen Buchdruckerei (Gebr. Parcus).

Münchener
PUNSCH.

Ein humoristisches Wochenblatt von M. E. Schleich.

Vierundzwanzigster Band.

Nro. 11. Halbjähriger Abonnementspreis: in Bayern 1 fl. Im Ausland erfolgen die üblichen Postaufschläge. **12. März 1871.**

Janus' Monodialog.

Das eine Gesicht. Die Idus des März sind gekommen.

Das andere Gesicht. Aber sie sind noch nicht vorüber.

Das eine. Nun, sie werden auch vorübergehen.

Das andere. Unfehlbar!

— • —

Der Pariser Gelehrte Graf Jaubert, Mitglied der botanischen Gesellschaft in Berlin, hat letzterer sein Diplom zurückgesandt.

Der Graf denkt wahrscheinlich: Bevor ich mit den Deutschen wieder Pflanzen botanisire, haben wir vorerst noch ein Hühnchen zu pflücken.

— • —

Wenn sich der Chef der französischen Exekutivgewalt schon zu schwach fühlte, um die Friedensbedingungen nur vorzulesen, welch' ungeheure Kraft muß erst dazu gehört haben, sie zu diktiren?

— • —

Mehrere Pariser Blätter nennen den Friedensvertrag eine Schmach für Deutschland.

Ja, das soll wahr sein. Wenige von unsern Truppen werden wir wiedersehen, denn sie müssen unterwegs vor Scham in den Boden versinken, der ohnehin nirgend mehr gefroren ist. Kein Deutscher wird mehr in Böhmen, in Montenegro, in Holland, in Afrika oder auch in England herumgehen können, ohne die Augen niederzuschlagen! Namen wie Wörth, Sedan, Metz u. s. w. werden genügen, ihn in die Einsamkeit zu jagen. Und wer den Schaden hat, braucht für den Spott nicht zu sorgen. Die Preußen werden es ewig hören müssen, daß sie zu Versailles nicht einmal Säcke hatten, sondern wie die Bettler ihr Geld in Lumpen wickelten. O Schande! Wie ächte Pfannenflicker sammeln sie Alles was von Bronce und Erz ist zusammen, um es heimzuschicken. Und welcher Hunger! Während jeder Pariser mit Ekel erfüllt war und der allgemeine Zorn ihn den Mangel an Nahrungsmitteln weniger empfinden ließ, fraßen diese Deutschen wie die Wölfe. Pfui! Sie haben den Ruf als anständige Menschen auf ewig eingebüßt. Und wie dumm — nehmen sie 250 Quadratmeilen Landes, ohne zu bedenken, wie sehr in nächster Zeit der Werth von Grund und Boden noch sinken wird! Wirklich, die Blame der Deutschen ist so groß, daß nicht einmal die französische Großmuth ausreicht, um darüber hinwegzusehen.

Hugo Victor, a non vincendo.

In Paris wird jeder geprügelt, der mit einem Deutschen spricht. Die Berliner Montagszeitung veröffentlicht jedoch den Brief eines Berliner Geschäftsmannes, welcher anzeigt, daß, sobald der Verkehr in Ordnung ist, seine Kisten ankommen werden.

Es scheint also künftig bei den Franzosen bon ton zu werden, mit den Deutschen nicht zu sprechen, sondern nur zu handeln.

Privat-Kabel des Punsch.

Versailles. Es ist Frühling geworden in Frankreich. Allenthalben blüht Flos debitorum Milliardifolium.

———

Paris. Soeben wird der letzte Franctireur mumificirt und in das Zeughausmuseum abgeliefert.

———

Wilhelmshöhe. (Depesche nach Versailles:) Was bin ich schuldig? — (Antwort:) Das Nicht mehr wieder kommen!

———

Washington. Der hiesige Finanzminister fährt fort, Schulden zurückzubezahlen. „Für Republiken schickt sich das", soll der Präsident gesagt haben.

———

Die Pariser Theaterdirektoren haben beschlossen, nur mehr von verstorbenen deutschen Componisten Opern zur Aufführung zu bringen. Also: Mors janua — Lutetiae! Schöner Trost für Componisten!

———

Pimplhuber. In Oestreich ist jede Beleuchtung strengstens verboten worden.

Catschler. Wie? Jede Beleuchtung des neuen Ministeriums?

Pimplhuber. Nein, jede Beleuchtung zur Feier der deutschen Siege.

———

Die französische Nationalversammlung hat noch einmal die Absetzung Napoleons beschlossen.

Da sieht man,, daß die Franzosen keine Reiter sind, denn wie kann man einen, der gestürzt ist und da liegt, noch absetzen?

Einer vom I. Cursus.

----•----

Der Elsäßer Redakteur Schneegans hat in Bordeaux gegen den Frieden gestimmt und gegen die Gebietsabtretung protestirt.

Wenn er nur nicht zu zeitig nach Straßburg zurückkehrt, sonst könnte diese Schneegans für Elsaß einen strengen Winter bedeuten.

----•·----

Während der Occupation von Paris hatte die Figur der Stadt Straßburg eine Larve vor'm Gesicht.

Als aber die Deutschen zu ihr hinkamen, sagten sie: „Grüß dich Gott, bist auch da — ich kenn' dich schon!"

----••----

Die Franzosen scheinen neuestens bedeutend in „griechischen Calenden" zu machen. Die Dreer'sche Brauerei in Paris wurde geschlossen „bis zum Einzug in Berlin". Die Deputirten Keller und Cons. kommen nicht mehr in die Sitzung bis zur Wiedervereinigung Elsaß-Lothringens mit Frankreich. Mit den Deutschen überhaupt werden keine Geschäfte mehr gemacht bis zur erhaltenen Revanche.

Es freut mich wirklich, daß die sonst so ungläubigen Franzosen mich unterzeichneten Heiligen jetzt so außerordentlich kultiviren.

St. Nimmer.

----••----

Der deutſche Michl hat ſich wieder einmal **gemeſſen!**

So lang man wächſt, iſt einem ja
Um neue Hoſen doch nicht bang.
Doch wer da einſchrumpft, dem iſt gleich
Der alte Krempel viel zu lang.

Der Pariser Stadtrath hat beschlossen, folgende Phrasen in Stein einmeißeln und zum ewigen Andenken am Hotel de Ville anbringen zu lassen:

„Es darf kein einziger Fehler mehr gemacht werden."

„A Berlin, à Berlin!"

„Die Preußen werden niemals in Paris einziehen."

„Keinen Fuß breit Landes, keinen Stein unserer Festungen."

———————

Auf die Interpellation eines Teutsch=Oestreichers, warum denn die Siegesfeier verboten wäre, antwortete Hr. v. Tschekmeier, ein böhmischer Bureaukrat: „Ah was! hab'n mir a Krieg g'führt, anno 59 und anno 66, hab'n me a g'schlossen Fried', hab'n me aber nirgends g'habt Siegesfeier!"

———————

Die Gemäßigten verfluchen den Napoleon, weil er den Krieg angefangen.

Die Bonapartisten verfluchen den Gambetta, weil er ihn fortgesetzt hat.

Und die Rothen verfluchen die Orleanisten, weil sie den Krieg beendigten.

Verfluchte Kerls sind sie somit Alle mit einander.

———————

Durch unsere fortgesetzten Reden und Agitationen gegen den Geldsack haben wir es nun doch dahin gebracht, daß Preußen, als es Geldsäcke brauchte, keinen hatte.

Es ist das ein kleiner Triumph, aber er freut uns doch.

Bebel und Liebknecht.

———————

Maxl und Sepperl, Schusterbuben.

Maxl. Na, die Franzosen können sich genug bezahlen. Was da Ausrüstung hin geworden ist.

Sepperl. Ja. Und die Buchbinderrechnung für's Schuhwerk!

———— —

Maxl. Also in München hat ein abreisender Zuave gerufen: A revoir?

Sepperl. Ja. In Ingolstadt soll auch ein Offizier versichert haben, daß er wieder kommt.

Maxl. Da möcht' man ja Angst kriegen?

Sepperl. O nein, er hat ja sein Ehrenwort gegeben, daß er wiederkommt.

Maxl. Ah so.

————

Maxl. Wie sind denn in Berlin die Wahlen ausgefallen?

Sepperl. Gut.

Maxl. Ist der Schweitzer g'wählt?

Sepperl. Nein.

Maxl. Schad'. Ein Schweitzer g'hört hinein, damit ein Neutraler auch drinnen is.

Sepperl. Ja wenn sie nur neutral wären, die!

————◆————

Die amtliche Zeitung in Graz betitelt die Veranstalter einer daselbst abgehaltenen deutschen Siegesfeier als „Schmeißfliegen."

Nun, wir sind schon damit zufrieden, daß Sympathiebezeugungen für die deutsche Sache in Oestreich wenigstens nicht zu den Eintagsfliegen gerechnet werden können!

————◆————

Kleine Frühstücksplaudereien.

Herr Prof. Greil gibt in der „Donauzeitung" in „großen Umrissen", wie er sagt, die Gesichtspunkte zu erkennen, von denen er sich als Reichstagsabgeordneter „leiten zu lassen gedenke". Dem Eintritt Bayerns habe er sich bis zum letzten Augenblick widersetzt, jetzt aber wolle er, daß das Reich eine „erfreuliche Entwicklung" nehme und er wäre glücklich, wenn die glorreichen Zeiten Deutschlands wieder kämen. Aber wie, Herr Professor, reimt sich darauf das Anathema, das Ihre Fraktion über jeden Candidaten ausstieß, der für die Verträge gestimmt hatte? — Selbstverständlich verspricht Herr Greil sich jeder Beeinträchtigung der katholischen Kirche widersetzen zu wollen, er wird aber auch „nicht zugeben", daß den übrigen Confessionen Unrecht zugefügt werde. Wenn der Abgeordnete von Passau unter den „übrigen Confessionen" lediglich den Protestantismus versteht, so wird ihm diese Aufgabe am Sitz des preußischen Königthums gewiß nicht schwer werden. Außerdem wünscht Herr Professor Greil noch geordnete Freiheit, auf gesunden Grundlagen ruhende Bildung, materielle Wohlfahrt, keine fortgesetzten Kriege, Herabminderung der Militärlast u. s. f. Aufrichtig setzt er schließlich hinzu: „es hängt nicht von mir allein ab."

Das Projekt einer sechswöchentlichen Landestrauer findet in Preußen keine günstige Aufnahme; zahlreiche Kategorien von Gewerbtreibenden würden dadurch erhebliche Einbuße leiden. Auch die Theaterblätter eifern dagegen; mancher Direktor und Schauspieler, der schon kunstlos ist, würde dadurch auch noch broblos.

Eine originelle Dekoration war bei der Friedensfeier an einem Hause in Dresden angebracht, nämlich ein ausgestopfter lebensgroßer Kutscher, der zum Fenster heraussah und aus einer langen Pfeife rauchte. Aus der Pfeife ging, wie ein Dresdener Blatt ausdrücklich hervorhebt, am Hauptfesttag sogar wirklicher Rauch heraus. Das Haus, an welchem diese außerordentliche Kunstleistung bewundert wurde, war das Hotel zum „Münchener Hof".

Der Friedensvertrag übergeht die Frage wegen der Kunstschätze vollkommen und sagt kein Sterbenswörtchen von der Herausgabe des sog. „Manesse'schen Codex", der Eigenthum der bayrischen Regentenfamilie ist und während des 30jährigen Krieges in Heidelberg gestohlen wurde. Da die Franzosen künftig nur Haß athmen wollen, was thun sie dann mit deutschen Minnesängern?

Druck der Dr. Wild'schen Buchdruckerei (Gebr. Parcus).

Münchener
PUNSCH.

Ein humoristisches Wochenblatt von M. E. Schleich.
Vierundzwanzigster Band.

Nro. 12. Halbjähriger Abonnementspreis: in Bayern 1 fl. Im Ausland erfolgen die üblichen Postaufschläge. **19. März 1871.**

Privat-Kabel des Punsch.

Prag. Wenn man hier das Auspfeifen deutscher Professoren hört, glaubt man, man sei in Zürich.

Zürich. Wenn man die hiesige Deutschenhetze ansieht, glaubt man, man sei in Prag.

> Prager Excedenten, Züricher Internationalje —
> Schöne, wechselwirkende Canalje!

———

London. Unterhaus. Auf die Frage, ob ein Bündniß zwischen Preußen und Rußland besteht, antwortete Gladstone: daß er absolut Nichts wisse. Auf die Frage, wie die Pontusconferenz ausgehen werde, erklärt er, relativ noch Nichts zu wissen und als sich über Beides eine Conversation entspinnen will, stürzt er hinaus mit dem Donnerruf: Ich will nichts wissen!

———

Frankreich. Es wurde beschlossen, nicht nur keinen Wein mehr nach Deutschland zu liefern, sondern auch von Opmann und Eßlingen keinen deutschen Champagner mehr zu beziehen.

———

Zürich. Die Narbe steht dir nicht gut, Schweizer!

Darmstadt. Der hiesige Kriegsminister geht sehr vorsichtig, da sein plötzlicher Wegfall zu befürchten sein soll.

Bitsch. Der Commandant läßt vorschlagen, den Platz im Namen des Kaisers noch halten zu dürfen; derselbe soll einstweilen als französische Enclave betrachtet werden, um für den Fall einer Restauration eine napoleonische Rechtscontinuität vorzustellen. Auch könnte Napoleon im Nothfall als Fürst von Bitsch dem europäischen Potentatenkreis erhalten werden, und Sie ebenfalls.

Talschler. Was soll man von den Schweizern denken! Dieser Haß gegen das deutsche Mutterland, diese Sympathieen für das verkommene Franzosenthum, diese elende Schwäche gegenüber der Anarchie. Geht's mit dem Volk so abwärts?

Pimpfhuber. Es ist allerdings etwas faul, aber der Kern ist gut!

Sitzung der Pariser Akademie.

Neuester Beschluß: In Erwägung, daß Justus v. Liebig in München genau betrachtet doch nichts Neues geschaffen hat; in Erwägung, daß er durch seine hauptsächlichste Leistung: den Fleischextrakt eigentlich mehr als Charcutier, denn als Chemiker zu betrachten ist; endlich in Erwägung, daß derselbe dem Vernehmen nach Deutscher sein soll, wird sein Name von der Liste der Mitglieder gestrichen.

In Betreff des Manesse'schen Codex soll ein Pariser Gelehrter gesagt haben: Sie sollen ihre Minnesänger wieder nehmen, nur den Neidhard behalten wir.

Im. Monat März war es, wo der erste Napoleon seinen unfreiwilligen Aufenthaltsort Elba verließ.

Und der Monat März war es wieder, der den dritten Napoleon von dem Ort seiner Verbannung wegeilen sah. Nur besteht der große und erfreuliche Fortschritt, den der gesetzliche Sinn der Napoleoniden gemacht hat, darin, daß der erste heimlich, unrechtmäßig und wider den Willen Europa's davon ging, der dritte aber mit Vorwissen Preußens und voller Befugniß.

Viel Beifall fand auf einem schweizer'schen Theater das Impromptu eines Schauspielers, der als Mephisto statt: „Ein Floh ist mir ein saubrer Gast" sagte:

„Ein rothhosiger Internirter ist mir ein saubrer Gast!"

Französische Geschäftsordnung.

Nun kenne ich mich nicht mehr aus.

Zuerst erklärt Garibaldi seinen Austritt aus der französischen Kammer. Das hohe Haus genehmigt denselben.

Nachdem das Austrittsgesuch genehmigt, Garibaldi also nicht mehr Deputirter ist, bittet er um's Wort und will eine Rede halten.

Und nachdem der Ausgetretene und mit Recht Abgefahrene längst über alle Berge, ja sogar über ein Stück Meer ist, wird seine — Wahllegitimation geprüft und über seine Zulassung oder Nichtzulassung debattirt!

Ich war nur einige Male auf Gallerien, aber soviel parlamentarische Adern habe ich in mir, daß ich fragen kann: Wer ist da eigentlich der Narr?

Pimplhuber.

In Wiesbaden hat Einer Namens Esel die Erlaubniß erhalten, statt dessen den Namen Schieborn führen zu dürfen.

Wenn man nun, analog dieser Regierungsentschließung künftig statt eselhaft sagen würde: schiebornirt, so wäre dem Umgetauften Mann wieder nicht viel geholfen.

———•———

Die Schweizer sind gewöhnlich die Thürsteher, die Franzosen aber sprengen sie ein. Jeder nach Temperament.

———•———

Der „Schweiza=Bua" ist ein idyllisches Wesen, weniger aber jene Schweizer Buben, welche vor der Tonhalle in Zürich riefen: „Anzünden, dann müßet' sie usse."

———~———

Frage an einen mathematikverständigen Logiker.

Ein Punkt hat bekanntlich gar keinen Umfang. Wie kann man nun aber von einem Gesichtspunkt „große Umrisse" geben?

Ein umgerissener Passauer Wähler.

———•———

Die französische Regierung hat den Insurgenten auf dem Montmartre wohl Bespannung geschickt, die Kanonen sind aber doch noch nicht zurückgekommen.

Die Regierung muß energisch sein, bloße Worte ziehen nicht.

———•———

Abziehbilder.

Wie die Deutschen,
und womit die Neutralen
abziehen.

Maxl und Sepperl, Schusterbuben.

Maxl. Was machen die Franzosen?

Sepperl. Die kochen Rache.

Maxl. Aber wozu das viele Geschwätz, das sie überall loslassen?

Sepperl. Die Franzosen kochen eben Alles mit Sauce, darin liegt ja ihre Hauptstärke.

Maxl. Hast g'hört, in Paris ist ein deutscher Schuhmacherladen demolirt worden.

Sepperl. Ganz recht, wenn die Franzosen zur Abwechslung einmal einander selbst versohlen.

Verschiedenen Kundgebungen nach zu urtheilen muß ein Theil der tonangebenden Pariser wirklich dumm geworden sein. Kommt das vielleicht von dem vielen Eselsfleisch, das während der Belagerung von der besseren Klasse genossen wurde?

Ein kleiner Moleschott.

Kleine Frühstücksplaudereien.

In der illustrirten Zeitung vom 4. März d. J. werden von einer Firma in Altona wörtlich „Gummibusen zum Aufblasen" angekündigt. Hoffentlich greift dieser Schwindel nicht um sich, denn wie könnten sonst unsere Nachkommen die nationale Gesinnung mit der Muttermilch einsaugen!

Wir in München haben doch nur Tendenzstücke oder höchstens Melodramen, der Berliner Balletmeister Taglioni bereitet aber sogar ein kriegerisches Ballet vor. Der Gedanke verdient Nachahmung, bevor er verwirklicht ist.

In Brüssel ist der Fastnachtsdinstag viel heiterer abgelaufen, als in Paris. Den durchschlagendsten Erfolg errang eine Cavalcade, deren Hauptfigur Napoleon III. repräsentirte. Er durchzog die Straßen der Stadt in einer vierspännigen Kalesche und voraus ritt ein Piqueur in kaiserlicher Livrée. Der Schauspieler, der den Ex-Kaiser darstellte, hatte sich eine so frappant ähnliche Maske gemacht, daß man den Gefangenen von Wilhelmshöhe leibhaftig vor sich zu haben glaubte; er trug die Uniform eines Divisionsgenerals und ihm zur Seite saßen zwei preußische Offiziere mit gezogenen Degen. Auf dem Bocke befand sich ein Kutscher in preußischem Bedientenrocke und ein Küchenjunge, welcher von Zeit zu Zeit sich umwandte und dem Darsteller der Ex-Majestät Kuchen in den Mund schob, die dieser sehr bereitwillig verspeiste. Die in Brüssel anwesenden französischen Verwundeten und Gefangenen wurden von dem Kaiser begrüßt und erwiderten seinen Gruß mit den begeisterten Zurufen: „Es lebe Napoleon der Letzte!"

———

Vielleicht geben selbst Franzosen zu, daß nicht alle Deutschen Barbaren sind. Zur Revanche räumen wir ihnen ein, daß es auch vernünftige Franzosen gibt. So haben viele Gefangene in Dresden und Leipzig die Bitte nach Hause gerichtet, in Deutschland bleiben zu dürfen, da sie daselbst in Arbeit stehen und guten Verdienst hätten. Das „Vaterland in Trauer" dürfte indeß diesen Bitten schwerlich willfahren; Franzosen brauchen nicht mehr bei deutschen Meistern zu arbeiten, sie sollen nur ein Streben haben und nur nach einem Ziele arbeiten, und das heißt: „Rache", „Elsaß" und wo möglich wieder „Gambetta"!

———

Die Deutschöstreicher thun den „aken," „eken" und „tscheken" schon auch Alles zum Fleiß. Nicht nur daß sie überall dennoch deutsche Siegesfeiern abhalten, in Innsbruck geben sie auch noch Hermann Schmid's „Straßburg, eine deutsche Stadt," um selbst die braven Tyroler für die Annektirung des Elsasses zu begeistern. Wie weit ist da nach zu dem Standpunkt, wo es heißt: „Nehmt's Uns a mit!"

———

Nur 500 Droschken circuliren gegenwärtig in Paris. Man kann also wohl sagen, daß die Stadt unter'm Kaiserreich wenn auch nicht besser, so doch mehr gefahren ist.

———

Wirklich zu aufmerksam! Der türkische Großwessir hat ein Konstantinopler Blatt confisciren lassen, welches beleidigende Artikel auf den deutschen Kaiser enthielt. Hoffentlich wird nun auch die deutsche Presse gegen den türkischen Kaiser artig sein. Ueberhaupt, mag die Türkei noch so schwach sein, einen Vergleich in Bezug auf Civilisation kann sie gegenwärtig mit Frankreich aushalten.

———

Das heißt einmal Wohlstand, Bürgerglück und Theaterblüthe! Der Berliner General=Intendant, Hr. v. Hülsen, macht Folgendes bekannt: „Obwohl sich eigentlich Jedermann selbst sagen müßte, daß der königl. Theaterverwaltung nichts willkommener sein müßte, als Alle, die irgend darnach Verlangen tragen, zu den Vorstellungen zuzulassen, und die möglichst größte Summe für die Theaterkasse zu erzielen, so denkt doch sonderbarer Weise Niemand an die Beschränktheit des Raumes und ein Jeder fühlt sich gekränkt, wenn sein Gesuch nicht respektirt wird. Um dem Publikum einen Begriff von dem Andrange der Meldungen im Vergleich zu der Zahl der vorhandenen Plätze zu geben, dürfte beispielsweise folgende, auf zuverlässigem Wege erlangte Spezifizirung bei Gelegenheit der Darstellung der „Afrikanerin" am 2. März dienen. Die Zahl der zu dieser Vorstellung eingegangenen Meldekarten betrug 1435 Stück, durch welche 3351 Plätze bestellt wurden und zwar 1492 Parquet, 314 erster Rang, 672 zweiter Rang und 873 dritter Rang. Nun beläuft sich die Zahl der zu vergebenden Plätze auf 276 Parquet, 85 erster Rang, 118 zweiter Rang und 191 dritter Rang, also im Ganzen auf nur 670 Plätze. Es waren daher 2681 Plätze mehr verlangt worden, als vorhanden; es konnten, mit anderen Worten, Alles in Allem nur 267 Meldekarten bewilligt werden und mußten mithin 1168 solcher Karten mit 2681 Plätzen eben aus Mangel an Raum, also nothwendiger Weise unberücksichtigt bleiben." — Wir fragen: kann das so bleiben? O nein, o nein — das Opernhaus muß größer sein. Die neue Reichshauptstadt braucht einen Kunsttempel, der Deutschlands würdig ist. Man denke nur an die jährlichen Reichstage! Wenn da die numerirten Plätze nicht langen, müßten am Ende die süddeutschen Patrioten auf den Juchhe gehen.

———

Der Componist Offenbach, dessen sauberem Genius die Franzosen ihre gegenwärtige Versimpelung theilweise mit verdanken, ist nun ebenfalls von den Pariser Theatern verbannt worden, weil er — ein Deutscher sei! Mutter Germania verwahrt sich gegen die Unterschiebung eines solchen Wechselbalges!

———

☞ Für das zweite Quartal werden bei sämmtlichen Postanstalten auch vierteljährige Bestellungen angenommen. Preis in „Bayern nebst Zuwachs" (!?!) 30 kr.

Druck der Dr. Wild'schen Buchdruckerei (Gebr. Parcus).

Münchener
PUNSCH.

Ein humoristisches Wochenblatt von M. E. Schleich.

Vierundzwanzigster Band.

Nro. 13. Halbjähriger Abonnementspreis: in Bayern 1 fl. Im Ausland erfolgen die üblichen Postaufschläge. 26. März 1871.

☛ Vierteljähriges Abonnement zu Beginn des II. Quartals. Siehe letzte Seite.

Merkwürdigkeiten der Schweiz.

Fremder. Ah, in dem Saal ist gewiß ein Friedens=Fest gefeiert worden?

Auch in dem bekannten Kur= und Belustigungsort Baden bei Wien wurde eine deutsche Siegesfeier durch Pfeifen, Johlen und Drohen so gestört, daß sich die Theilnehmer durch eine Hinter= thüre flüchten mußten.

Diese bekanntlich sehr romantische Gegend scheint sich also den Namen der niederösterreichischen Schweiz erkraßehlen zu wollen.

Das Kaiserreich unterdrückte die Journale der anständigen Republik.

Die anständige Republik unterdrückte die Journale der rothen.

Jetzt unterdrückt die rothe Republik wieder die Journale der an= ständigen.

In dieser Art geht's alsfort munter,
Und Einer drückt den Andern unter.

Beim Pariser Rothschild.

Rothschild. (Sitzt in seinem Lehnstuhl und liest eben die Nachricht, daß sein Bruder in Frankfurt durchgefallen ist.) Ich bin eigentlich froh!

(Zwei Blousenmänner treten ein.)

Rothschild. Ich habe schon gewählt. Sonst geb' ich nichts.

Blousenmann. Erkusez, Sie sind doch eigentlich ein Deutscher?

Rothschild. Pas du tout, der Deutsche ist ein Bruder von mir. Der kann thun was er will.

Blousenmann. Na, das ist schön von Ihnen, Bürger! Wir haben die Ehre, uns als zwei Mitglieder der neuen Regie= rung vorzustellen. Sie brauchen nicht zu erschrecken, unsere Be= ziehungen zu den auswärtigen Mächten sind ausgezeichnet, wer

Rente unter 50 hergibt, wird erschossen und wer über 40 bekommt muß das Uebrige hergeben. Also werden Sie begreiflicher Weise zu uns vollstes Vertrauen haben.

Rothschild. Ganz gut, aber was wollt ihr?

Zweiter Blousenmann. Wir haben ein neues Blatt gegründet, betitelt: „Die Montmarterer der Freiheit." Ich wollte Sie fragen Bürger, ob Sie nicht für ein halbes Jahr abonniren möchten?

Rothschild. Was kost't's?

Erster Blousenmann. Nur drei Francs.

Rothschild. Bien! (Greift in die Tasche).

Beide Blousenmänner (fassen ihn bei den Händen). Halt, Bürger, auf wie viele Millionen Exemplare wün= schen Sie zu abonniren?

(Rothschild fällt in Ohnmacht. Große elektromagnetische Erschütter= ung auf allen Börsenplätzen, ohne daß man weiß, woher das kommt. Thiers läßt Generalmarsch schlagen und fordert alle guten Bürger auf, sich zu schaaren, aber Niemand hat Zeit. Rothschild kommt wieder zu sich und vermißt Brieftasche und Portemonnaie.)

———————

Mögliche Perspektive.
(Schließlich nach Heine).

Die Exekutivgewalt, an deren Spitze Thiers steht, hat den Friedensvertrag abgeschlossen und will also selbstverständlich die schuldigen Milliarden bezahlen.

Nun hat auch die rothe Republik den Friedensvertrag aner= kannt, und will sie für die Bezahlung aufkommen.

> Und da Keiner wollte leiden,
> Daß der Andre für ihn zahle,
> Zahlte Keiner von den Beiden!

———————

Unterzeichneter macht hiemit bekannt, daß auch während der Fastenzeit bei ihm wöchentlich eine Million Dollars Staatsschulden zurückbezahlt wird. Ebendaselbst werden auch fortwährend fruchtbare Länderstrecken, Seeküsten, rentable Eisenbahnen, namentlich auch schöne Inseln mit Tabackbau zu den höchsten Preisen gekauft und baar bezahlt.

Der Finanzminister der nordamerikanischen Union.
Firma: Zur anständigen Republik.

Reflexion. Wenn Zeit Geld ist, dann muß auch Geld Zeit sein; dann entspricht eine Milliarde einer Reihe von Aeonen von Jahren, und die Ewigkeit ist ein Kapital, von welchem — ein einzelner Mensch gewiß ganz anständig leben könnte.

Hat Graf Bismark nicht zur Pforzheimer Feder auch einen Dintenwischer bekommen, damit man doch wenigstens nicht sagen kann: die Friedens-Feder sei noch nicht trocken gewesen, als es schon wieder anging?

In einer kurzen Candidatenannonce erklärt Graf Schönborn, daß er die neuen Verhältnisse in Deutschland aufrichtig, ohne Rückhalt anerkenne.

Wer etwas aufrichtig und ohne Rückhalt anerkennt, versöhnt sich damit selbstverständlich auch mit allem was dazu gehört. Wenn nun aber die Partei eben dieses Herrn Grafen Jeden, der für die „neuen Verhältnisse" gestimmt hat, anathemisirt und annoch perhorrescirt, ist das kein Rückhalt? Oder was ist's sonst für ein Halt?

Doch, ich bitte um Entschuldigung, lassen Sie sich nicht aufhalten.

Ein schwäbisches Wählerle.

Novellen zum Code Civil.

(Miethwesen betr.)

1) Jeder Pariser Hausherr hat das Recht, sein Haus und seine Wohnung zu verlassen. Den Zinswerth derselben kann er dann den übrigen Inwohnern vergüten.

2) Kauf bricht nicht Miethe, wohl aber kann der Miether dem Käufer unter Umständen den Hals brechen.

3) Jeder Hausbesitzer ist an und für sich als verdächtig zu überwachen. Ist er noch dazu Deutscher, so wird dieß als erschwerender Umstand betrachtet und kann der Schuldige von denen, die ihm schuldig sind, sofort erschossen werden.

4) Die Devise „Fortsetzung des Krieges bis zum Aeußersten" bedeutet für die Hausherren so viel als Fortsetzung des Nichtskriegens bis zum obersten.

5) Die Commune erhebt jedenfalls sofort die Haussteuer für die nächsten 5 Jahre im Voraus.

Endlich fangen die Franzosen an, etwas praktischer zu werden. In den Pariser Straßen erschallt der Ruf: „Nach Versailles!" — Nun, das ist denn doch um ein gutes Stück näher, als Berlin.

Cancelier Thiers
an
Kanzler Bismark und Kanzler Beust.

Ich sei, gewährt mir die Bitte,
In Eurem Bunde der Dr—

die Revolution bricht aus.

Privat-Kabel des Punsch.

Paris. Aller Anfang ist schwer, sagten die Insurgenten, als sie von der Bank die erste Million fortschleppten.

Chislehurst. Lulu empfing seinen Papa mit den Worten: „Hast Du mir nichts mitgebracht?" — „Notizen über die deutsche Militär-Verfassung!" — „O je!" (Lulu weint.)

Versailles. Thiers wird morgen eine ausgezeichnete Rede halten. — Den auf dem Montmartre aufgestellten Geschützen wird man mit mehreren Gesetzentwürfen, die schleunigst aus einem Guß hergestellt wurden, entgegen wirken. — Es geht das Gerücht, in der Vorstadt St. Antoin sei eine Barrikade ausschließlich aus Thiers sämmtlichen Geschichtswerken hergestellt worden. Nachschrift. Die Regierung hat eine Commission niedergesetzt, welche Maß-regeln gegen Paris vorschlagen soll. Wem außerdem eine gescheidte einfällt, der wolle sie gegen Honorar im Präfekturgebäude abgeben.

Wien. Welches sind die „wahren Oestreicher"? Es soll über dieses Thema eine Preisfrage ausgeschrieben werden. Die Fräuleins Geistinger und Gallmeyer wollen sich an der Lösung betheiligen.

Versailles. (Neueste Depesche.) Die Regierung des Herrn Thiers erklärt, daß sie die Ereignisse vollkommen beherrsche. Es haben aber keine weiteren Ereignisse stattgefunden.

(Zur Farbenlehre). Favre äußerte in einer Soirée: Die rothe Partei ist der schwarze Punkt.

Les extrèmes se touchent! Die communistischen Proletarier sind international und — die Rothschilde auch!

* * *

Ein Pariser Blatt sagt: Die Deutschen haben einen andern Schädelbau, als wir, das ist ausgemacht.

Wir glauben das selbst. Es sollte wirklich ein deutscher und ein französischer Generalschädel constatirt werden, um beide zu vergleichen.

Auch wäre es vom Darwinischen Standpunkt aus lehrreich, zu wissen, welche Rasse zuerst entstanden ist, die germanische oder die gallische? Es ist nur wegen der näheren oder entfernteren gewissen Verwandtschaft.

> Jedenfalls ist's schon lange her,
> Das freut uns um so mehr!

* * *

Da die Pariser Revolutionäre ihre Schroffheit nicht ablegen, so sing der neuernannte Commandant Valentin:

> Da leg' ich meinen Hobel hin
> Und sag' Paris Ade.

* * *

Das hätt' ich doch schon sehen mögen, wie einzelne hervorragende süddeutsche Abgeordnete in Berlin stehend das „Heil Dir im Siegeskranz" sangen!

Pimplhuber.

Kleine Frühstücksplaudereien.

Die „Donauzeitung" ist eine wirklich räthselhafte Erscheinung; bald bringt sie einen ganz vernünftigen Artikel, bald bewegt sie sich in förmlichen Traumgesichten, wie sie Opiumessern eigen sind. Neuestens lesen wir Enthüllungen über Jörg auf der Trausnitz und Jörg auf dem Hofball, die den berühmten Kammersekretär wie einen Ulysses in zauberische Atmosphären erscheinen lassen. Wer Verhältnisse und Personen kennt, wird den hochkomischen Effekt solcher Nebelbilder empfinden.

Die füddeutsche Post meldet: Die Curie hat gegen die widerspänstigen Bischöfe die Quinquennalien verhängt. Das heißt auf deutsch: Die Bischöfe sind zu Zeiträumen von fünf Jahren verurtheilt worden, von welcher Strafe man sich schwerlich einen bestimmten Begriff machen wird. Thatsächlich bekommen die Bischöfe immer auf fünf Jahre die Fakultät, gewisse Dispensen und Indulgenzen selbst zu ertheilen, ohne nach Rom berichten zu müssen. Sperrung der Quinquennalien heißt also: Aufhören dieser Vergünstigung, wobei nicht nur der Ehren= sondern auch der Geldpunkt auf dem Spiele steht.

Der Magistrat in Graz hat endlich eine deutsche Siegesfeier erlaubt, aber unter der Bedingung, daß sie in geschlossenem Raume abgehalten werde und keinen demonstrativen Charakter habe. Wie das letztere zu machen sein mag, ist uns nicht recht klar; es kann höchstens heißen: sie dürfen in dem geschlossenen Raum nicht mit Glocken läuten, sowie keine Bergfeuer anzünden u. s. w.

In Norddeutschland ist bekanntlich der Vorschlag gemacht worden, dem Kaiser Wilhelm auf Kosten sämmtlicher deutscher Stadtgemeinden einen Kaisermantel zum Geschenk zu machen. Ein Herr Adolph Müller, „Director der (hört!) Europäischen Modenakademie“, erläßt nun darüber eine Bekanntmachung, worin es heißt: „Der einigen einfluß- reichen und befreundeten Persönlichkeiten vorgelegte Entwurf zu diesem Krönungsornate hatte sich ihres Beifalls hauptsächlich deßhalb zu erfreuen, weil er der Neugestaltung Deutschlands volle Rechnung trägt“. Ein Rechnung tragendes Kleidungsstück, das hat noch gefehlt!

In Heidelberg starb Gervinus, einer der berühmtesten deutschen Professoren, der Geschichtschreiber der deutschen Nationalliteratur! Die letzten Tage seines Lebens hatte er sich durch eine Polemik verbittert über die Frage, wie sich Grimm und Dahlmann zur heutigen Gestaltung der deutschen Verhältnisse gestellt hätten. Unfruchtbares Thema! Es ist gerade, als ob man untersuchen wollte: was hätte der große Görres zum — Unfehlbarkeitsdogma gesagt?

☞ Für das zweite Quartal werden bei sämmtlichen Postanstalten auch vierteljährige Bestellungen angenommen. Preis in „Bayern nebst Zuwachs“ (???) 30 kr.

Druck der Dr. Wild'schen Buchdruckerei (Gebr. Parcus).

Münchener
PUNSCH.

Ein humoristisches Wochenblatt von M. E. Schleich.

Vierundzwanzigster Band.

Nro. 14. Halbjähriger Abonnementspreis: in Bayern 1 fl. Im Ausland erfolgen die üblichen Postaufschläge. **2. April 1871.**

Die carfunkelrothe Republik,

ober:

eine Beule um die andere!

Michl. Lieber Gott, sieht das arme Geschöpf aus! Es ist nur ein Glück, daß die Krankheit nicht mehr ansteckend ist.

Der Pariser Rothschild hat alle, auch die ältesten und treuesten deutschen Beamten aus seinem Dienst entlassen, hingegen ist der Frankfurter als Reichstagscandidat aufgetreten und es fehlten ihm nur wenige Stimmen, so hätte er unlängst „Heil Dir im Siegeskranz" stehend mitgesungen.

Ich frage, ist es möglich, daß in einer und derselben Familie, zwischen Brüdern und ganz nahen Vettern, der Rassenkampf zwischen Romanismus und Germanismus dermaßen heftig entbrennt? Ich kann mir denken, wie sich der Londoner Rothschild bemüht haben mag, den Ausbruch zu verhindern und wie er nur mit Widerstreben daran ging, den schmerzlichen Nutzen der Neutralität zu nehmen.

Pimplhuber, Völkerpsycholog.

———•••———

Die Moldo-Wallachen an die Schweizer und Badener bei Wien:

Wir seien gewährt uns die Bitte,
In Eurem Bund die —

Unterbrechung:
Die Prager haben ja auch schon kravallirt!

———•••———

Auf die Nachricht, daß die deutschen und englischen Bankhäuser Frankreich kein Geld leihen wollen, telegraphirte der Vicekönig von Aegypten umgehend nach Wien: „Bitte, geben Sie's mir!"

———•••———

Der Haß gegen die Deutschen ist in Paris noch immer im Steigen. Das Centralcomité und seine Anhänger sollen beschlossen haben, wenn je wieder Deutsche kämen und Häuser besäßen, nur — bei ihnen einzumiethen.

———•••———

Ist dieser Aga Mokrani, der in Algier gegen die Franzosen im Felde steht, ein Bismark der Wüste oder drang die Abneigung gegen die Bezahlung von Miethen und Wechseln selbst schon bis zu den Nomaden, so daß auch Afrika sich dem Central-Comité anschließt?

Jedenfalls ist Allah groß und Mahommed sein Prophet, aber wie es scheint, Thiers nicht derjenige der Franzosen!

An den kleinen Faust-im-Sack-Spieler im Theater zu Versailles.

Du bist noch nicht der Mann, den Teufel fest zuhalten!

Mephisto, Nationalgardist.

Darwins neuestes Werk ist erschienen; er rückt nun heraus mit dem Resultat seiner Forschungen über den Ursprung des Menschen. Wir stammen ab von einem „behaarten und geschwänzten Vierfüßer, der in Afrika auf Bäumen lebte"!

Ist das eine Beleidigung für den Menschen? Nein, es ist eine Schmeichelei, denn welch' ungeheuren Fortschritt hat dieses Geschöpf gemacht! Welch' ein Sprung von jenem Vierfüßer, der auf Bäumen wohnt, bis zu einem Mitglied des Pariser Centralcomité.

Eine Aehnlichkeit besteht allerdings noch: beiden ist das Bezahlen einer Miethe unbekannt!

Wenn die Deutschen wieder in Paris einziehen, bezahlen sie auch keine Miethe, da wett' ich darauf.

Von allen öffentlichen Gebäuden weht die **rothe Fahne**.

Die Kerle geben's nicht nach, bis wieder **Blau und Weiß** dazu kommt!

Ein bayrischer Vorposten.

———•———

Der Münchener Volksbote ermahnt Herrn v. Döllinger zur Unterwerfung, mit der Bemerkung, man könne an Dr. Pichler in Petersburg sehen, wohin der Ungehorsam gegen die Kirche führt.

Allerdings könnte der Gipfel der unbedingten und blinden Gläubigkeit dahin führen, daß man — Bücher-stehen läßt.

———

Zu den Friedensverhandlungen in Brüssel ist der französische Bevollmächtigte Namens **Goulard** bereits eingetroffen.

Die in dem Kampfe davon getragenen Contusionen scheinen aber so heftig zu sein, daß sie mit **Goulard'schem Wasser** kaum geheilt werden dürften.

———•———

Warum hört man denn eigentlich Nichts mehr von der als Gegensatz zu den deutschfreundlichen Friedensfesten für ganz Oesterreich projektirt gewesenen **französischen Freiheitsfeier?**

Wahrscheinlich geben die „wahren Oestreicher" ihren Vorsatz doch nicht auf und denken: „**Wir können Hohenwarten!**"

———•———

▬▬ Fürst Bismark erklärt die Lage vor Paris so: Zuerst bekamen wir Geld und hatten keine Säcke. Jetzt hätten wir für Säcke gesorgt, und nun kommt kein Geld.

———•———

Ein Pariser Communist, der zugleich ein guter Christ ist, meinte neulich: Auf die Frage wegen des Zinsgroschens sagte der Herr nur: „Gebet dem Kaiser, was des Kaisers ist." Kaiser haben wir aber keinen mehr, also brauchen wir auch nichts mehr zu bezahlen.

Ein Journal meldete, die Pariser Insurgenten hätten das große Schuldbuch verbrannt, aber es sei noch eine Copie davon vorhanden.

Wir zweifeln in der That nicht, daß in Frankreich eine copia debitorum vorhanden ist.

Vive la Commune!

Also Miethe braucht man keine zu bezahlen, die Lebens-mittel können requirirt werden und überdieß erhält jeder Familien-vater täglich anderthalb Francs — ein solcher Magistrat gefällt mir.

Ein deutscher Proletarier
mit internationalen Einfällen.

Die Pariser Insurgenten könnten sich auf Schritt und Tritt ein Motto aus dem „Lied an die Freude" aneignen. Beim Besuch Roth-schilds: „Seid umschlungen, Millionen!" Im Bureau des Finanzministeriums: „Unser Schuldbuch sei vernichtet". Und endlich bei der Nachricht von der Standeserhebung Bismarks: „Bettler werden Fürstenbrüder!"

Zu den gefürchtetsten Raubthieren in den Pariser Häusern gehört gegenwärtig der Mont-Marder.

Privat-Kabel des Punsch.

Frankreich. Die Ermordung des Präfekten des Loiredepartement bestätigt sich. Zur Ermordung des Herzogs von Aumale wird aufgefordert. Das Journal Rocheforts: „Der Königsmord" ladet bei Beginn des Quartals zu zahlreichem Abonnement ein.

Paris. Die sanitätliche Sektion des Centralcomité's befürwortet die Evacuirung der Banklokalitäten und der Rothschild'schen Erdgeschosse.

Lyon. Die Insurrektion hat gesiegt und die Abschaffung der Armuth dekretirt. — Nachschrift. Die Armuth ist wieder eingeführt. Glänzender Sieg der Ordnung.

Marl. Na, der Reichstag läßt sich recht ungenirt wohl sein.

Sepperl. Wie so?

Marl. Neulich sind gar „Verhandlungen mit Salvator" auf der Tagesordnung g'standen.

Sepperl. Das heißt ja Salvador und ist eine Republik in Südamerika.

Marl. Ah so.

Die Summe aller Pariser Demonstrationsfarben ergibt doch eigentlich eine Huldigung für das neue deutsche Reich.

Nahten die „Prussiens", so hing man schwarze Fetzen aus, wollte man sich ergeben, so flaggte es weiß und als die Deutschen fortzogen, kam die rothe Fahne.

Mehrere Reichstagsmitglieder fragten bereits Bismark, ob er ein würdiges Parlamentsgebäude herstellen und sofort Vorlage darüber machen wolle?

Einverstanden, unter der Bedingung, daß der betreffende Riß der einzige ist, der in dieser Session vorkommt.

— ·—·—

Zeit ist Geld.

Die Nationalgarden der Pariser Vorstädte sollen gesonnen sein, die viele überflüssige Zeit, welche sie haben, in Geld umwechseln zu lassen und Herrn v. Rothschild zu fragen, zu welchem Kurs er die gegenwärtige Zeit anzuschlagen gedenkt?

Sehr schmerzliches Achselzucken des berühmten Baron.

~~~~~~

Bekanntmachung und Geschäftsempfehlung.

Unterzeichneter beehrt sich hiemit anzuzeigen, daß er sein bekanntes Geschäft der allgemeinen Loosaufbesserung und geruch= losen Wegräumung sozialer Uebelstände aller Gattungen aufgegeben und sich der dramatischen Dichtkunst gewidmet hat, welche Branche ich mit einem nicht unbedeutenden Geisteskapital zu betreiben gedenke. Indem ich das geehrte Arbeiter=Publikum bitte, meinen Nachfolgern im Agitationsgeschäft durchaus kein Vertrauen zu schenken und dieselben so oft hinauszuwerfen, als ich es verdient hätte, empfehle ich meine Theaterstücke in spe.

Dr. v. Schwitzer,

Firma: Lassalle's sel. Erben,

nunmehr zum grünen Shakespeare.

————

Kleine Frühſtücksplaudereien.

Die auszeichnende Behandlung, welche die Bayern und die Süd=
deutſchen überhaupt in Berlin erfahren, erregt bereits einigermaßen den
Neid der guten Sachſen. So ſchreiben die „Dresd. Nachrichten": „Bei der
Hoftafel und auch ſonſt wurden die ſüddeutſchen Abgeordneten förmlich
von allen Seiten gehätſchelt. Wer ſollte unſern wackern Landsleuten
aus Süden nicht vollſtändig die freundliche Aufnahme gönnen? Aber
auffällig iſt das Cajoliren derſelben allerdings. Uns Sachſen wird na=
türlich keine Butter daran gethan; wir haben es auch bei der jetzigen
Präſidentenwahl zu keinem einzigen Amte gebracht. Nicht einmal die
einfache Stelle eines Schriftführers wurde einem Abgeordneten aus
Sachſen anvertraut."

In Berlin fand eine Arbeiterverſammlung ſtatt, in der ſich ein
Herr Haſſelmann recht freundlich über das Pariſer Centralcomité aus=
ſprach, ſo daß die Verſammlung ſogar mit Hochrufen auf die Montmartre=
Bewegung geſchloſſen wurde. Einige Herren Socialbemokraten ſcheinen
alſo von den „Grundrechten des deutſchen Volkes" die ſie in ihren Or=
ganen ſo gerne abdrucken laſſen, die Abſchaffung der Todesſtrafe für den
Moment außer Anſatz zu laſſen.

Wie die Zeitung von St. Gallen erzählt, hat daſelbſt ein Kaplan,
um der Spielwuth der franzöſiſchen Internirten zu ſteuern, den Soldaten
für jedes ausgelieferte Kartenſpiel ein Paar wollene Socken verſprochen
und auch gegeben. Die Vorkämpfer der Civiliſation außer Dienſt ent=
ſchloſſen ſich Anfangs nur mit ſchwerem Herzen und bei großer Kälte
zu dem vorgeſchlagenen Tauſch, endlich ging es leichter und der geiſtliche
Herr bekam einen ſo enormen Vorrath von alten Spielkarten und ſeine
Rechnung beim Strumpfwirker wuchs gleichzeitig dermaßen an, daß er
ſeinen Tauſchhandel einſtellen mußte. Wie es ſcheint, wurde ihm
Contrebande geliefert, denn die Kinder Frankreichs und Afrika's
ſpielten nach wie vor und hatten dabei warme Socken.

In Berlin iſt eine Schauſpielerin, Frln. Stephanie, zum Judenthum
übergetreten, um einen Banquier Namens Lehfeldt heirathen zu können.
Hoffentlich wird das Paar dem bekannten Herrn v. Senfft=Pilſach, der
auf die Juden ſo gut zu ſprechen iſt, eine Verlobungskarte ſchicken.

☞ Für das zweite Quartal werden bei ſämmtlichen
Poſtanſtalten auch vierteljährige Beſtellungen angenommen.
Preis in „Bayern nebſt Zuwachs" (???) 30 kr.

Druck der Dr. Wild'ſchen Buchdruckerei (Gebr. Parcus).

Münchener
PUNSCH.

Ein humoristisches Wochenblatt von M. E. Schleich.

Vierundzwanzigster Band.

Nro. 16. Halbjähriger Abonnementspreis: in Bayern 1 fl. 16. April 1871.
Im Ausland erfolgen die üblichen Postaufschläge.

Privat-Kabel des Punsch.

Paris. Häufige Plünderungen, massenhafte Verhaftungen und Hausdurchsuchungen, einzelne Füsiladen, Generalmarsch die ganze Nacht — die Ordnung wurde jedoch nicht gestört.

Berlin. Der japanesische Prinz Mija ist angekommen, um Staatskunst an Ort und Stelle zu lernen. Bismarck gibt ihm wöchentlich 3 Stunden und bekommt für die Stunde 2 Friedrichsd'or.

Bukarest. (Telegraphische Schnelldepesche mit verdoppelter Ladung.) Jetzt halt ich's aber nicht mehr lange aus!

München. Wenn die Könige bauen, haben die Kärner zu thun, und wenn große Geister etwas fallen lassen, haben — die Kleinen was abzuschnuppern.

Madrid. Der König war seinem Versprechen gemäß bestrebt, die Stabilität der Monarchie mit den Interessen des Landes zu verschmelzen. Bei seiner Abreise wird er den betreffenden Klumpen zurücklassen.

Ein geknicktes Rohr soll man zwar nicht brechen, aber lange halten solche Sessel doch nicht mehr und ist eine ordentliche Reparatur das beste, wozu sich zu billigem Preis empfiehlt der

Stroh- und Rohrsessel-Verlag im Durchhaus.

Nachdem erst unlängst der Bischof von Würzburg eine Quartalsquote seines ersten Jahresgehalts nach Rom geschickt hat, fällt nun auch die Besoldung des eben gestorbenen Speyrer Bischofs vorläufig Rom zu.

Und wie pünktlich Alles bezahlt wird! Denn wir Bayern sind gut! Im kaufmännischen Sinne nämlich.

Bischof Hefele kann 16 Brautpaaren im entfernteren Verwandtschaftsgrad die Dispens nicht ertheilen, weil ihm die römische Kurie, zur Strafe für seine Opposition gegen das Dogma, die Befähigung dazu vorenthält.

Es ist wirklich gut, daß Rom weit von Württemberg ist. Denn wenn sie einmal das Warte' verdrieße' thät' und so ein Schock schwäbischer Mädle einen Besuch im Vatikan abstatten würde, da möchte dem betreffenden Referenten denn doch etwas schwül werden. Eh' man's Heirathe' in's Ungewisse hinausschiebt, läßt man's auf ein Schißmele ankomme'.

Was ein Häkchen wird, krümmt sich bei Zeiten.

Was Zeug zu einem Inquisitor hat — sucht frühzeitig Mappen aus.

Die aufständische Regierung in Paris schließt und plündert alle Kirchen und sperrt die Geistlichen ein. Wenn der Kampf vorbei ist, wird eine eigene Commune=Religion gegründet. Das Material zur Einberufung einer „Räubersynode" steht ja dem Comité reichlich zur Verfügung.

———————— ◆ ————————

In Paris werden alle Geistlichen, welche kirchliche Werthgegenstände in Sicherheit bringen, wegen Entwendung in Untersuchung gezogen! Deßgleichen hat man herausgebracht, daß von Rechtswegen die Haus= herren den Inwohnern Miethe zu bezahlen schuldig sind.

Ja, wenn der Mensch einmal in den Strudel der Logik hinein= gerathen ist, so reißt er sich so bald nicht mehr heraus.

———————— ◆ ————————

Die beste Lösung der Arbeiterfrage hat uns die Pariser Com= mune vorgezeichnet. Man höre nämlich auf, zu arbeiten, werde logisfreier Nationalgardist und beziehe täglich 1½ Francs. Mit dem Tausch könnten wir uns zufrieden geben.

Ein Tauscher.

———————— ◆ ————————

Garibaldi will der Politik gänzlich entsagen und auf der Insel Corsika 100,000 Morgen Landes kultiviren.

Wenn der Mann nun all' den Mist, den er schon gesprochen und geschrieben, beisammen hätte!

———————— ◆ ————————

Die Pariser Commune hat die Kassen der Feuerversicherungs= Gesellschaften confiscirt.

Ganz mit Recht! Eine Gütertransportversicherung ist über= flüssig, eine Feuerversicherung wäre unpatriotisch und Lebensversicherungen erscheinen gegenstandslos.

———————— ◆ ————————

Hauptsächlich den von den Deutschen zurückgelassenen Erdver-schanzungen hat es die Armee von Versailles zu danken, daß sie schließlich gegen die rothen Insurgenten Siegerin blieb.

Nicht schlecht! Also die Crême der grande Nation, die stolzeste Gesellschaft auf Erden verdankt ihre Rettung einigen von deutschen Soldaten zurückgelassenen Humushaufen.

So weit mußte es kommen. Doch Deutscher, nimm auch du dich vor Hochmuth in Acht und danke Gott, wenn du deine paar lumpigen Milliarden heraußen hast.

* * *

Von Italien wurde ein Dampfer an die spanische Küste geschickt, um dem König fortwährend zur Verfügung zu sein.

Den spanischen Thron besteigen ist schon bald ein Kunststück, wie ungefähr das Schwimmen über einen See; man braucht zur Vorsicht ein Schiff neben sich.

* * *

Ein junger Theologe, der mit Geschick durchvisitirt, scheint mir eigentlich weniger Anlage zu einem Apostel und Seelenhirten, als vielmehr zu einem Mauthbeamten zu haben.

Wenn er schon in einer Mappe mit solcher Lust herumarbeitet, wie wohl müßte ihm erst bei einem Reisesack sein!

Pimplhuber,
k. glimmender Einwohnerdocht von München.

* * *

Der Vorstand des Pariser Centralcomité, Assy, hat beantragt, alle Reaktionäre durch Flintenschüsse oder auf andere Art zu tödten.

Liberal sind sie doch. In Frankreich kann also auch jeder Feind nach seiner Façon selig werden.

* * *

Der Pariser Bourgeois.

Vor dem
Kriege.

Während der
Belagerung.

Kurze Erholung
nach
dem Friedensschluß.

Während
und
in Folge der
Commune!

Was ist Wahrheit? Diese schwierige Frage ist noch immer nicht gelöst. Was ist Ehre? Auch an diesem Begriff sind wir durch die französische Auffassung des Ehrenwortes irre geworden.

Nun möchten wir aber auch noch fragen: Was ist Moral?

Aus Paris wird nämlich gemeldet: Durch das Nichtüberlaufen der Regierungstruppen wurden die der Insurgenten demoralisirt.

Also die Moral der Linie demoralisirt die Gegner, welche durch Demoralisation der ersteren moralische Kräftigung geschöpft hätten.

O tempora, o moralia!

————

Aus mehreren insurgirt gewesenen Städten Frankreichs wird gemeldet: Die Entwaffnung nimmt ihren Verlauf.

Welches ist aber gewöhnlich der Verlauf dieser Entwaffnungen? Daß sich die Insurgenten verlaufen, ohne sich entwaffnen zu lassen.

————

An den Reichstagspräsidenten.

Ich bitte, lassen Sie nicht zu viel Zeitungen vorlesen, damit man nicht nach Beendigung der Session auch das parlamentarische Schlachtfeld desinficiren muß.

Ein süddeutscher Kenner.

————

Deutsche Blätter erklären: Die 500 Millionen, welche Thiers bereits bezahlt haben soll, sind aus der Luft gegriffen.

Frage: Wo kann man 500 Millionen aus der Luft greifen?

Der französische Finanzminister.

————

Der Oberhirte kann sagen: ein bei Döllinger gehörtes Colleg zieht für mich nicht, oder ein bei ihm bestandenes Examen gilt bei mir nicht. Aber was soll das heißen: den Theologen ist der Besuch seiner Vorlesungen verboten?

Ist denn die Censur nicht aufgehoben? Wie kann man das Wort confisciren, ehe es gesprochen ist?

Herrscht in Bayern nicht Gleichheit vor dem Gesetze? Wie stimmt das zu dem Ketteler'schen Versuch, dem deutschen Volk wieder Grundrechte zu verschaffen? Oder sollen die künftigen Gottesgelehrten sich bei Zeiten daran gewöhnen, auf Rechte zu verzichten?

Ermahnung eines Etymologen.

Georgianum kommt von Georgius. Georgius aber war ein Ritter.

Also — sich immer fein ritterlich benehmen!

Kleine Frühstücksplaudereien.

Eine recht hübsche Anekdote erzählt die Passauer-Zeitung. Ein Kapuziner, gefragt, was er mit Döllinger thun würde, wenn er Pabst wäre, antwortete: „Ich gäbe ihm noch 20 Jahre Bedenkzeit!“ O braver Pater, wärest du doch Pabst!

(Architektur.) In Berlin beschäftigt man sich mit den Plänen zu einem deutschen Parlamentshaus, in Wien betreibt man den Bau eines neuen Hof-Schauspielhauses und in München — bleibt das Maximilianeum stecken.

Wirklich beschämend! In St. Francisko, wo sich sehr viele Chinesen als Arbeiter, Agenten und Händler aufhalten, wurde unlängst ein von ihren Mitteln erbauter Buddhistentempel eröffnet, vorher jedoch ein Popanz, welcher den Geist der Finsterniß vorstellen sollte, feierlich verbrannt. Es wäre wirklich interessant, eine Abbildung dieser Figur zu sehen, um sie etwa mit dem Ingolstädter Transparent zu vergleichen.

Eine ruffische Nationalliteratur muß entstehen, das ist eine ausgemachte Sache, deßhalb wurde auch ein theatralisch-literarisches Beurtheilungs- und Censurcomité in Petersburg eingesetzt, um die Dramen und Comödien, welche die slavischen Shakspeare und Lessinge einschicken werden, zu prüfen. Richtig kam unlängst ein Lustspiel, betitelt „das sonderbare Verhältniß," welches eminentes Talent bekundete. Solcher Erfindung, solcher Feinheit in der Charakteristik, hieß es, ist der absterbende Westen Europa's gar nicht mehr fähig, das bringt nur die von Osten näher rückende große slavische Mutter zu Stande; wartet nur ihr deutschen Stümper, es kommt schon noch ärger! Das Stück fand denn auch wirklich im Nationaltheater (Tempel der Thalia Zeuswna Helikonski) rasenden Beifall. Was aber stellte sich am andern Tage heraus? Daß man es nur mit der Uebersetzung eines am deutschen Petersburger Theater so und so oft gegebenen Stückes zu thun hatte! Damit war zugleich der Beweis geliefert, daß die Mitglieder des Prüfungscomité das deutsche Theater gar nie besuchen, sondern ihre Aesthetik wahrscheinlich aus eigenen Heften schöpfen. Junge russische Dichter dürften übrigens im deutschen Theater ähnlichen Vorsichtsmaßregeln unterworfen werden, wie es bei der Bibliothek eingeführt wurde, damit sie nicht unterm Paletot einen Lustspielstoff hinaustragen.

* * *

Aus Berlin wird als Curiosum mitgetheilt, daß das große Begrüßungsfest, welches der Berliner Magistrat dem Reichstag gibt, am Schlusse desselben stattfinden soll. Es erinnert dieß an die englischen Frühstücke Abends um 8 Uhr.

Die „Dresdener Nachrichten" bringen Berliner Parlamentsbilder, in deren neuestem gesagt ist: Herr Greil sehe ganz anders aus und rede auch nicht so, wie sich ihn das norddeutsche Publikum vorgestellt habe. Wahrscheinlich richtete sich diese Vorstellung nach einem Gedicht im Kladderadatsch, worin Greil als eine Art Bierphilister geschildert wurde, mit humoristisch gewürztem Pathois, der das Ende der Klubverhandlungen kaum erwarten kann, um Schnaderhüpfl zu singen. Das bewies nun freilich, daß jener Dichter vom „Club" und seinen Hauptmitgliedern auch nicht den entferntesten Schein hatte.

Für das zweite Quartal werden bei allen Postanstalten Bayerns und des deutschen Reiches auch vierteljährige Bestellungen angenommen. **Preis 30 Kr. oder 10 Sgr.** In anderen Reichen, z. B. in der Schweiz, in Oestreich erfolgt ein kleiner Postzuschlag.

Druck der Dr. Wild'schen Buchdruckerei (Gebr. Parcus).

Münchener
PUNSCH.

Ein humoristisches Wochenblatt von M. E. Schleich.

Vierundzwanzigster Band.

Nro. 17. Halbjähriger Abonnementspreis: in Bayern 1 fl. Im Ausland erfolgen die üblichen Postaufschläge. 23. April 1871.

Privat-Kabel des Punsch.

München. Nur nicht formal!

Da druck'n w'r die Augen zu,
Und das macht uns nicht heiß:
A heimliche Häresie,
Von der Niemand was weiß.

———

Versailles. Thiers meldet abermals, daß die Insurgenten sehr bestürzt sind. Daß jedoch die Versailler Ursache hätten, lustig zu sein, ist er nicht in der Lage sagen zu können.

———

Paris. Die Commune erläßt ein neues Preßgesetz. Erster Paragraph: „Silberne Löffel werden confiscirt."

———

Athen. Preisaufgabe für einen Kassier: den Pensionisten, welche seit einem Jahre ohnehin Nichts bekommen haben, werden nun 25 Procent abgezogen.

———

Nachtgedanken eines Pariser Communisten.

Der einzige Unterschied, den wir zwischen den Menschen anerkennen, ist der, daß die einen Silberzeug besitzen, die andern nicht.

Sonst sind alle Confessionen gleich, jeder kann nach seiner Façon selig werden, aber auf der Münze, wohin wir Alles schicken, gibt es keine Façon.

Man tadelt uns, weil wir die Mobilien der Geistlichen und Kirchen heranziehen. Nun, das orthodoxe Volk in Odessa plündert die Comptoirs der Juden. Soll das vielleicht liberaler sein? Möglich. Wir kommen aber auch schon noch darüber. Alles auf ein Mal kann man nicht machen.

Ich bitte: sprecht doch nicht mehr von Socialismus, das ist reines Mittelalter. Lieber gleich gar von einer Arbeiterfrage, die ich in das Gebiet der Pfahlbauten verweisen möchte. Das einzig Richtige und Wahre ist die Commune. Es gibt keine Parteien mehr und keine Fragen, es gibt nur eine Commune oder keine Commune, Existenz oder Elend. Wer das nicht einsieht, der verdient als sogenannter ordentlicher Mensch zu todt geschunden zu werden.

Der Gott, der Eisen wachsen ließ, der wollte keine Knechte? Unsinn! Was soll das heißen: keine Knechte! Als ob man dann glücklich wäre, wenn man kein Knecht ist. Herr zu sein oder zu werden, das sitzt der Canaille noch immer im Sinn. Nichts darf es mehr geben, weder Herren noch Knechte, sondern nur Föderirte.

Und ich sage euch: der Gott, der Silber wachsen ließ, der wollte die Commune.

Einschmelzen und Ausbrennen, das sind die wahren Heilmittel für unsere kranke Zeit. Keine Kronen mehr und keine Goldstickereien. An die Laterne, auf die Münze, in die Grube, in den Kessel!

Es schüttelt mir alle Knochen und ich muß ein Gelächter aufschlagen wie der Teufel im Bade, wenn ich denke, wie weit zurück wir noch vor Monaten waren. Da hatten wir noch Lohn, Miethverträge und — Civilehe! Zu Elend und Hunger auch noch die Schande, daß wir eigene vorgeschriebene Männchen machen und durch persönliche Erniedrigung die Erlaubniß erkaufen mußten, den Reichen die Zahl ihrer Sklaven zu vermehren. Schändlich! Nicht nur das Kapital wollten sie haben, auch noch die Moralität. Vom Kapital gaben sie uns nichts, aber desto aufdringlicher boten sie uns von der Moralität an.

Sittenpolizei, lächerlich! Concubinat, Unsinn! Die Commune ist, wie schon der Name sagt, parteilos, confessionslos, polizeilos, geschlechtslos, kurz los in jeder Beziehung.

Keine Testamente mehr! Nichts ist bei uns erblich, höchstens Manches ansteckend. Nieder mit dem Civil, es lebe die Civilisation.

Maxl und Sepperl, Schusterbuben.

Maxl. Herrgott, heut' is's aber warm. Glaubst du, es kommt ein Wetter?

Sepperl. Kann schon sein, daß es ein bisl fulminirt.

Maxl. Also in Wien haben's jetzt einen neuen Minister.

Sepperl. Ja, aber ohne Portefeuille.

Maxl. Er soll froh sein, könnt' ihm g'rad ausg'sucht werden. In dem östreichischen Reichstag ist auch allerlei Volk vertreten.

Sepperl. Wahr is.

„Eripuit coelo fulmen —" ist kein Franklin da?

Er brauchte nicht einmal ein Franklin zu sein, denn der Himmel kommt gar nicht in's Spiel.

In der guten alten Zeit, etwa vor 50 Jahren, gab es einen Professor, der seine Zuhörer jedesmal beim Beginn der ersten Vorlesung folgendermaßen anzureden pflegte:

Meine Herren Minister, Geheimräthe, Medizinalräthe, Doktoren, Direktoren, Professoren! Meine Herren Generäle, Stabsoffiziere, Gesandte! Meine Herren Bischöfe, Räthe, Assessoren, Pfarrer, Sekretäre, Schreiber! Meine Herren Tagdiebe, Schwindler, Unterschlager, Sträflinge, Bettler und Siechhäusler!

Auf die Frage, was denn diese Titel bedeuten sollten, antwortete der Professor: Das Alles könnt ihr werden, meine lieben Herren Studenten, je nachdem ihr euch auswachset.

Aber das Register dieses Professors hat ein Loch! ▬ Er hat die Spione vergessen!

Das braucht übrigens Mancher nicht erst zu werden, das ist er schon — im Hörsaal!

———

An ihren Mappen werdet ihr sie erkennen.

Eine Mappe, die keine orthoboren Skripten enthält, wird umgehauen und verfulminirt.

———

Pimplhuber. Na, was sagen Sie zur großen Excommunication?

Talschler. Ich sage: Du hast's erreicht, Oktavio!

Pimplhuber. So, heißt der Jetzige Oktavio? Das hab' ich gar nicht gewußt. Ein früherer hat halt, glaub ich, Gonella geheißen.

———

Döllingers „Mappe" ist gar keine Mappe, sondern ein aufgerolltes Leder oder eine Art lederne Rolle, die jeder von weitem kennt, man braucht also nicht lange zu fragen, wem sie gehört.

Aber was eine richtige Indernatur ist, die muß inquiriren!

Bei Eröffnung der Frühjahrssaison sehen wir uns genöthigt, die bestimmte Frage zu stellen: Ist das Placetum regium noch Mode, oder ist es bereits und endgültig außer Mode gesetzt?

Wird es noch getragen, so bitten wir, gütigst auf uns zu reflektiren, wenn nicht, so empfehlen wir demnächst unseren Ausverkauf von Kronrechten zu herabgesetzten Preisen.

Das Constitutionsgeschäft zur
bayrischen Verfassung.

Aus Kindern werden auch Leute, sagt das Sprichwort.

Allerdings. Aber es gibt Kinder die es ewig bleiben, z. B. Landeskinder, Glückskinder, Pfarrkinder, Beichtkinder, Geschwisterkinder.

Wer das ist oder wird, ist ein unschuldiges solches Kind, er braucht aber deßhalb nicht kindisch zu sein.

Frage an Staatsrechts- und Kirchenlehrer. Steht unsere zweite Verfassungsbeilage auf dem Inder? Wenn nicht, warum die nicht? Wenn ja, wie konnten dann gewisse Reichsräthe — (es gibt außer Döllinger bekanntlich noch andere Reichsräthe) — darauf schwören?

Pimplhuber,
Ipsofaktist von München.

Causerie. *)

Unangenehm! Hunderttausend Gulden Geldstrafe haben wir an Oestreich bezahlt, wegen Verzögerung des Anschlusses der Braunauer Bahn.

Das hätten um eine kleine Zulage ein paar Praktikanten mit Vergnügen abgesessen.

Natürlich müssen nun die Franzosen, da ja der von ihnen provocirte Krieg an der Zögerung schuld ist, die Summe wieder ersetzen.

Es ist also, als ob wir die 100,000 fl. noch hätten, ob wohl sie die Oestreicher schon haben.

Indeß: die Franzosen sind gut.

Zwar: Schiffe sind Schiffe und Menschen sind Menschen, es gibt Landratten und Wasserratten, aber hoffentlich nicht so viele, daß sich Paris einige Monate davon ernähren könnte. Noch ein paar günstige Nachtgefechte und den Tag über langsames mäßiges Geschützfeuer und die Pariser werden mürbe und die Geschichte gar.

Dann werden wir ihnen auch diesen unsern neuesten Verlust wegen der Braunauer Bahn vorrechnen und sie werden ohne Zweifel sagen: Schreibt es uns auf!

Freilich: Placatum non est pictum, sagt Courbet, ein Zettel ist noch kein Gemälde, aufgeschrieben ist nicht ausbezahlt, aber Frankreich ist reich, Frankreich hat Hülfsquellen und alleräußersten Falles nehmen wir Champagner dran.

Also nur keinen Verdruß zeigen. Die einzige Folge, die aus der erwähnten Strafe hervorgeht, soll für uns die sein, daß wir die Bahn nun wirklich bald eröffnen.

Besondere Feierlichkeiten brauchen damit nicht verbunden zu sein, obwohl: ein Frühstück schadet nicht und wegen ein paar Platten fängt Oestreich keinen Krieg an, darum vertragen sich Bismark und Beust auch gut.

---

*) Das Wort ist gar so schön und heißt eigentlich so viel als „Sonst hat es keinen Zweck."

Lutetia Parisiorum.

Die Commune behauptet, überall im Vortheil zu sein; die Versailler Berichte entbehren der Wahrheit.

Thiers behauptet, die Siegesberichte der Commune seien alle erlogen.

☞ Gambetta versichert im Vertrauen, daß beide Parteien seine würdigen Nachfolger sind.

Minister Grocholski.

Oestreich kommt endlich doch vom Fleck,
Heil uns jetzt oder nie!
Wir haben zu dem „jel" und „kel"
Nun auch noch einen „ski".

Zur Geschichte der „Erklärungen".

Der Pfarrer der Madeleine und noch einige andere von der Commune festgehaltene Geistliche haben Erklärungen nach Versailles geschickt, worin sie ihre Behandlung als eine gute darstellen und bitten, die Insurgenten gleichfalls zu verschonen. Schließlich bemerken sie alle, daß diese ihre Erklärung eine ganz freiwillige sei.

Hoffentlich wird sich die Pariser Commune nicht nur von allen Pfarrern, sondern auch von allen Cooperatoren, Beneficiaten, kurz von dem gesammten Klerus solche Zeugnisse verschaffen. Es kann ihr ja nicht schwer werden! Das Publikum aber weiß, was es von solchen freiwilligen „Anschlüssen" zu halten hat, man wird sowohl den Deklaranten als den Männern der Schreckensherrschaft Alles auf's Wort glauben.

Vollgiltiges Zeugniß.

Ich erkläre hiemit, wenn nöthig durch meine eigene Unterschrift, daß ich n i c h t heuchle.

Tartüffe,
unformale Persönlichkeit.

Kleine Frühstücksplaudereien.

Die Zeiten sind andere geworden. Ein bayrisch subventionirter Dichter oder Komponist kann heut zu Tage einen Kaisermarsch componiren, ohne der Undankbarkeit gegen seinen particularen Gönner bezichtigt zu werden. So hörten wir denn auch in München das Wagner'sche Opus, wodurch Wilhelm, dem „Herrn", dem Siegreichen buchstäblich mit Trompeten und Pauken gehuldigt wird. Volksthümlich wird dieses Musikstück wohl nie; eine gemüthvolle Melodie wie in „Heil unserm König" oder „Gott erhalte Franz" enthält es nicht, eben so wenig jenes glückliche, die Sentimentalität und den Enthusiasmus gleichmäßig packende Element, das im „Deutschen Vaterland" und in der „Wacht am Rhein" an der Weltgeschichte ganz zweifellos mitgearbeitet hat. Sonderbar ist auch der Text, in welchem z. B. dem Kaiser zugesungen wird: „Heil beinen A h n e n!" Die Enkel gehen leer aus und die Glückwünsche müssen umkehren, nur um einen Reim auf „Fahnen" zu bekommen. Das von dem speculativen Kapellmeister Koch gleichsam als Eilgut nach München gebrachte Stück erregte natürlich bei dem dichtgedrängten Publikum im Cafe National stürmischen Applaus und mußte wiederholt werden. Folgte hierauf der „blaue Teufelmarsch" mit Volkshymne, Höllenlärm und Pistolengeknalle. Wenn sie nur einmal zurückkämen, unsere Blauen! — Was den Kaisermarsch betrifft, so machte derselbe auch im Concert der musikalischen Akademie seine Wirkung.

Wenn die Franzosen auch im Unglück nicht sonderlich groß sind, so bleiben sie doch immer witzig. Auf Sedan wurde ein bronzener Geschichtsthaler geschlagen in der Größe eines Doppel-Napoleonsd'or. Die Vorderseite zeigt das Porträt Napoleons mit der preußischen Pickelhaube. Auf dem, einem Hundehalsband ähnlichen Collier paradirt das Wort „Sedan", und das ganze Medaillon ziert die Umschrift: „Napoleon III., le misérable, 80,000 prisonniers." Die Rückseite zeigt anstatt des stolzen Adlers eine auf einem Kanonenrohr hockende Nachteule mit der Umschrift: „Vampir (statt L'Empire) Français, 2. Dezember 1851. 2. September 1870."

Druck der Dr. Wild'schen Buchdruckerei (Gebr. Parcus).

Münchener
PUNSCH.

Ein humoriſtiſches Wochenblatt von M. E. Schleich.

Vierundzwanzigſter Band.

Nro. 18. Halbjähriger Abonnementspreis: in Bayern 1 fl. Im Ausland erfolgen die üblichen Poſtaufſchläge. 30. April 1871.

Noch eine Krone?

Der deutſche Michl. Mein Gott, für einen einzigen Kopf iſt ja das doch zu viel!

Allen Titl. Professoren und Docenten, namentlich in Theologie und Kirchengeschichte, so wie allen alma Matern und auch der demnächst in Fulda zu begründenden, empfehle ich meine

verschließbaren, feuer- und durchsuchungssichern Vorlese-Mappen.

Dieselben sind leicht, elegant und sehr solid gearbeitet, haben geheime Fächer zur Benützung von Protestanten, Juden, Schismatikern u. dgl. Ueberdieß geben sie beim Fallenlassen einen warnenden Ton von sich, den auch der zerstreuteste und gebrechlichste Verlierer nicht wohl überhören kann. Sollte aber dennoch eine solche Mappe in fremde Hände kommen und gewaltsam geöffnet werden, so spielt sie vermöge eines sehr kunstreichen Mechanismus die Melodie: „Ueb' immer Treu und Redlichkeit", wodurch jugendliche Gemüther, wenn sie noch nicht ganz entfremdet sind, schon häufig zur Umkehr bewogen wurden.

Unter den heutigen Zeitverhältnissen und bei dem Charakter, den ein Theil der Menschheit jetzt anzunehmen scheint, muß es für jeden Lehrer eine Beruhigung sein, sein Material sicher zu wissen.

Sommermeyer in Magdeburg,
preisgekrönter Verfertiger der bekannten Schränke
Cassetten und jetzt auch Mappen.

Pyrotechnische Neuigkeit.

Für kommenden Sommer empfehlen wir zu Gartenfeuerwerken als hübsche und sehr zeitgemäße Piece:

Excommunications-Schläge
mit gleichzeitiger Fulminirung.

Ferner für jede Witterung, d. h. unfehlbare „römische Lichter" mit grün und gelber Curialbeleuchtung.

Raketteler, Chemiker und Experimentiler.

Magisterium est magisterium, seu fallibile seu infallibile.

Et quem Dii oderunt, magistrum fecerunt.

Drum: o nein, der Papst möcht ich nicht sein.

Ein Theologe von Fach sagt in den historisch-politischen Blättern, und wie wir meinen, auch in der „Postzeitung": „Da lediglich die Unfehlbarkeit der Kirche auf den Papst übergegangen ist, so kann dieselbe nicht staatsgefährlich sein, weil ja sonst die bisher bestandene Unfehlbarkeit der Kirche auch staatsgefährlich gewesen sein müßte, wovon man nie etwas gehört habe."

Ei, wie sachverständig! Die nur der harmonischen Uebereinstimmung einer ganzen ungeheuren Gemeinschaft zukommende Unfehlbarkeit ist doch etwas ganz anderes, als die auf eine einzelne, möglicher Weise eitle, hysterische, eigensinnige, menschliche Persönlichkeit übertragene?

Der Czaar, der Sultan u. A. haben die gesetzgebende Gewalt in ihrer eigenen Hand. Das erklären wir für freiheitsgefährlich, unzeitgemäß, despotisch; aber anderwärts haben Kammern, Congreß, Nationalrath ganz dieselbe Befugniß, in deren Händen müßten sie ja auch freiheitsgefährlich sein? Das wäre so eine dem Obigen entsprechende Schlußfolgerung. Wer aber an einer solchen leidet, der suche aus irgend einer Mappe einige Blätter über Logik zu stehlen und dieselben durchzustudiren.

Wenn Herr Greil in Berlin wirklich gesagt hat, in seinem Wahlkreis stehe die Bevölkerung auf der niedrigsten Bildungsstufe und bringe doch Wahlausschüsse zusammen, so ist das ein ipsum factum, bei dem sich Alles aufhört, auch die Geistesgegenwart eines Centrums-Fraktionisten.

Ein Passauer Wähler.

Nicht jeder Ignatius wird gleich behandelt, dem Einen macht man in der Kirche ein eigenes Fenster, dem Andern zeigt man lediglich das Loch, welches der Zimmermann gemacht hat.

———————

Früher hörte man von „Preßfreiheit und dem Galgen daneben". Jetzt gibt es Anschlußfreiheit und einen Pranger daneben.

An den Klerus erschallt der Ruf: Freiwillige vor! Wer aber hinten bleibt, wird ausgeschrieben!

———————

De moribus.

Du sollst nicht falsches Zeugniß geben, auch nicht wider dich selbst.

Aber mächtiger als „du sollst" ist: „du mußt!"

———————

Der Gedanke mit dem Regensburger Domfenster gefällt mir. Das ist eine wohlthätig in die Augen fallende Demonstration und sollte überall nachgemacht werden. Wo das Vermögen nicht da ist, bestellt man ein Infallibilitäts-Rouleau.

Unterzeichneter liefert deren sehr schön und billig.

Transparentmeyer,
Anhänger aller bildlich darstellbaren Dogmen.

———————

Den Abweisern des neuen Dogma's werfen gewisse Blätter und Redner vor: Sie hätten bereits ihren Katechismus vergessen.

Wirklich ein sonderbarer Syllogismus. Gerade wie wenn man zu einem Mathematiker oder Physiker, mit dem man streitet, sagen wollte: Du hast auch dein Einmaleins seit deinen Schultagen nicht mehr angesehen.

———————

Parlamentarisches aus Spanien.

Redner. Ich werde einen Antrag stellen auf Absetzung der Dynastie.

Cortes-Präsident. Ich rufe Sie zur Ordnung.

Redner. Absetzung der Dynastie, das ist ja bei uns in Spanien die Ordnung!

———

Marl. Die Abreßunterzeichner sind also die Auchkatholiken?

Sepperl. Unb bie um ber Pfründe willen beistimmen nennt bie Kemptner Zeitung „Bauchkatholiken".

Marl. Unb bie sich gar nicht äußern unb zu keiner Partei halten, bas sind —

Sepperl. Die schlauch-Katholiken.

Marl. Bravo!

———

„Auf Kosten der Wahrheit ist die Erhaltung der Einheit nur ein Scheingebilde" sagte Michelis in Köln.

Dieses Diktum ist so ausgezeichnet, daß es nicht nur um Michelis, sondern auch um Gregorii, wollt' ich sagen Georgii herum beherzigt werden sollte.

Pimplhuber,
formaler unb materieller Einwohner
von München,
wohnt Ipsofaktostraße, Nr. „Tausende".

———

Warum schickt man denn statt der Zustimmungslisten nicht gleich uns Unterzeichnete auf das Ordinariat? Ist doch ein Papier so geduldig wie das andere.

Die Schematismüsser
ber 8 Diöcesen.

———

Kleine Frühstücksplaudereien.

Der bekannte und verdienstvolle Schriftsteller Franz v. Florencourt hat „katholische Briefe" herausgegeben, worin ein weltliches päbstliches Herrschaftsgebiet für den Bestand und das Wesen der katholischen Religion selber nicht als unumgänglich nothwendig bezeichnet wurde. Flugs erscheint in Innsbruck eine Gegenschrift, betitelt: „Römisch=katholische Briefe an Franz v. Florencourt von Bernhard v. Florencourt". Und wer ist dieser Bernhard? Der Sohn des Franz! Wirklich nicht übel. Eine öffentliche Polemik zwischen Vater und Sohn hat man bisher allerwegs für unschicklich gehalten, weßhalb auch beide nicht in denselben Collegien sitzen dürfen. In England hat sich der ausgezeichnete Lord Stanley, so lange sein Papa Lord Derby lebte, vom ganzen öffentlichen Leben fern gehalten, aus Furcht, die Pietät, wenn auch unwillkürlich und nur anscheinend, irgend einmal zu verletzen. So feinfühlig scheinen nun unsere Herren Infallibilisten freilich nicht zu sein. Der Sohn hält dem „katholischen" Vater die römisch=katholische Faust unter die Nase, es fehlt nicht viel, so wirft er ihm die ipso facto Ercommunication in's Gesicht vor. Der vierte Absatz der auf dem Sinai verliehenen „Constitution" scheint also gegen das IV. Capitel der vaticanischen Beschlüsse bedeutend zurückzustehen.

Nach einer Notiz der Allgem. Zeitung ist der Reichstagsabgeordnete Regierungsrath Schels der Parlaments=Correspondent des Stadtamhofer „B. Volksblattes" unter der Chiffer Ss. Herzlich komisch nimmt es sich nun aus, wenn Herr Schels gelegentlich der Wahlprüfungsverhandlungen berichtet wie folgt: „Ihm (Miquel) folgte Schels, welcher rechtlich wie thatsächlich das Verfahren der unterfränkischen Regierung widerlegte." (Wie kann man ein Verfahren widerlegen?) „Diese Rede", des Schels nämlich, schreibt Herr Schels weiter, „rief unter den Nationalliberalen einen wahren Sturm hervor" u. s. w. Es geht doch nichts über Selbstzufriedenheit.

Die „Donauzeitung" wird unangenehm. „Gegen die Errichtung einer deutschen Nationalkirche werden wir kämpfen bis zum letzten Blutstropfen, da hört der politische Kampf auf und beginnt die Verfolgung und das Martyrium." — Wer wird verfolgt, wer wird Blut vergießen? Wird uns ein Glaubenskrieg in Aussicht gestellt? Erhalten wir einen Großinquisitor? Ruhig Blut doch, Donauweibchen!

Döllinger hat von Italien eine Auszeichnung bekommen, die zwar nur aus zwei Buchstaben besteht, aber groß genug ist. Man sagt nämlich jenseits der Alpen allgemein „Il Döllinger", wie man sagt: Il Dante, il Tasso. Man hörte seiner Zeit nicht einmal „il Cavour"; dieser winzige Artikel ist der unwillkürliche Volksausdruck für die Bewunderung einer reinen Größe. Das läßt sich nicht oktroyiren, das kommt augenblicklich von selbst, hat aber dann etwas zu bedeuten.

Das Unfehlbarkeitsdogma läßt Sachsen, da es ja protestantisch ist, ganz ruhig. Dagegen wird die schöne Hauptstadt Dresden durch eine andere Frage in Spannung gehalten. Bekanntlich hatte der von Prof. Semper für den Neubau des Hoftheaters in Dresden entworfene und von dem Könige im Allgemeinen genehmigte Plan bei seiner Veranschlagung eine so hohe Bausumme ergeben, daß dadurch die auf dem letzten Landtage für den Bau bewilligte Summe unter Zurechnung der zu erwartenden Brandversicherungs-Entschädigung sehr bedeutend überschritten wurde. Nun hat zwar Professor Semper bei weiteren Verhandlungen selbst einige Aenderungen vorgeschlagen, durch welche der Kostenbedarf, ohne dem Zwecke zu schaden, und ohne die Schönheit des Bauwerkes zu beinträchtigen, neuerdings noch eine erhebliche Abminderung erlitten hat. Immerhin blieb aber der Ausfall noch sehr bedeutend, selbst wenn man einige, nicht sofort nöthige Nebenwerke an Wandgemälden, Statuen u. dgl. auf spätere Zeiten aufschieben oder dafür andere Fonds in Anspruch nehmen wollte. Die Verhandlungen mit Professor Semper und die sonst noch aufgestellten Erörterungen haben aber nicht nur ergeben, daß eine weitere Vereinfachung des Semper'schen Planes unmöglich ist, ohne ihm charakteristische Schönheiten zu rauben und dem Eindrucke des Ganzen zu schaden, sondern zugleich außer Zweifel gestellt, daß überhaupt mit den bewilligten Mitteln ein der unmittelbaren Nähe des Museums und der katholischen Kirche entsprechender und würdiger Prachtbau nicht hergestellt werden kann. Da nun aber die Erbauung des Theaters gerade an dieser Stelle von den Kammern selbst ausdrücklich die Bedingung ihrer Bewilligung war, so blieb nur der eine Weg übrig, den Bau für jetzt überhaupt auszusetzen. Es ist daher höchst anerkennenswerth, daß König Johann, in dem Wunsche, die Ausführung des schönen Semper'schen Planes zu ermöglichen und dadurch Dresden mit einem neuen, der Stadt würdigen Prachtbau zu bereichern, sich entschlossen hat, die zur Deckung des Anschlags noch erforderliche bedeutende Summe (bis zur Höhe von 160,000 Thalern) auf die Civilliste zu übernehmen.

Prophezeiung. „In drei Wochen spricht und schreibt kein Mensch mehr von Döllinger." Wörtlich zu lesen in der Donauzeitung vom 21. April.

Die heurige Berliner Blumen- und Gartenausstellung findet in den Räumen des — preußischen Kriegsministeriums statt! Mars soll über diese Zudringlichkeit Seitens der Flora sehr zornig gewesen sein, aber Minerva Mühler wußte ihn so herumzukriegen, daß er ihre Eule ganz freundlich hinter den Ohren kraute.

Gelegentlich der Aufführung der „Schöpfung" von Haydn in Wien schrieb der 67jährige Meister (1799) an Breitkopf bei Uebersendung der „Schöpfung": „O Gott, wie viel ist noch zu thun in dieser herrlichen Kunst! Die Welt macht mir zwar täglich viele Komplimente auch über das Feuer meiner letzten Arbeiten; aber Niemand will mir glauben, mit welcher Mühe und Anstrengung ich dasselbe hervorsuchen muß. Nur wünsche ich und hoffe auch, ich alter Mann, daß die Herren Recensenten meine „Schöpfung" nicht allzu streng auffassen und ihr dabei zu wehe thun mögen." Da sind unsere neuen Componisten doch nicht so haydn-mäßig — bescheiden!

———

Mehrere größere Blätter, darunter auch die „Neue Freie Presse" erzählen, Fürst Bismark habe beim Berliner Rathhausfest auf die Frage, was wohl aus Frankreich werde, geantwortet: „Das ist mir Wurst". Der Redakteur der Berliner Montagszeitung, welcher dicht dabei gestanden, berichtigt nun als Ohrenzeuge, Bismark habe auf die Frage, was aus Napoleon werden soll, geantwortet: „Das ist uns Wurst."

So hört es denn in Chislehurst,
Nicht ihm nur, Allen seid ihr Wurst.

═══════════

Briefranzen.

Aus Würzburg erhalten wir folgende Zuschrift: Euer Hochwohlgeboren glaubt der Unterfertigte aufmerksam machen zu müssen, wie unbegründet die Mittheilung bezüglich der Taxen ist, die der neue Bischof von Würzburg nach Rom zu entrichten hat. Der ganze Betrag beansprucht noch nicht den vierten Theil des Jahreseinkommens, und fließen nur 160 Scudi der päpstlichen Kasse, das Uebrige verschiedenen Anstalten der Kirche zu.

———

Aus Landshut wird uns geschrieben: Unbegreiflich ist es, daß der Aachener Canonikus Graf von Spee, der eine im Jahre 1843 gehörte und wahrscheinlich nicht recht aufgefaßte Aeußerung Döllingers jetzt unaufhörlich ausposaunt, doch, so lange auf eine päpstliche Dekoration für seine ohne Zweifel segensreiche Entdeckung warten muß. Ueberhaupt scheint die Kurie die Geduld ihrer tapferen Streiter mitunter auf harte Proben zu stellen. Bischof Konrad von Paderborn, der in 12 Auflagen „seines Lehrbuches der katholischen Religion" daran festhielt, daß nur die Gesammtheit der Bischöfe unfehlbar sei, nun aber mit einem Sprunge zum feurigen Infallibilisten geworden ist, lebt auch noch immer in der bloßen Hoffnung des Cardinalates.

Druck der Dr. Wild'schen Buchdruckerei (Gebr. Parcus).

Münchener
PUNSCH.

Ein humoristisches Wochenblatt von M. E. Schleich.
Vierundzwanzigster Band.

Nro. 19. Halbjähriger Abonnementspreis: in Bayern 1 fl. Im Ausland erfolgen die üblichen Postaufschläge. 7. Mai 1871.

Privat-Kabel des Punsch.

Madrid. Wenn der König zu Bette geht, pflegt er zu seinem Kammerdiener zu sagen: Wenn ich heute Nacht davon gejagt werden sollte, so wecken Sie mich!

London. Sonderbar: das Deficit, welches doch auch eine Schuld ist, soll dadurch getilgt werden, daß mit der Schuldentilgung ausgesetzt wird.

Rom. Aus Anlaß der Lord Acton'schen und der Friedericianischen Enthüllungen, und um ferneren historiographischen Nergeleien vorzubeugen, wurde beschlossen, die ganze Geschichte des Concils auf den Index zu setzen und nur die gefaßten Beschlüsse zu erhalten. Junge Leute, die etwa in Mappen oder auf Gängen zerstreute Notizen finden, werden aufgefordert, dieselben im Hofe zu verbrennen.

Wien. Zwei Dinge fesseln gegenwärtig unsere Aufmerksamkeit: die Hohenwart'sche Experimentalpolitik und die Offenbach'sche Operette: „Die Prinzessin von Trapezunt", welche im Carltheater gegeben wird. Letztere gefällt allgemein.

Es kann nicht ökumenisch gewesen sein, denn dazu gehört vor Allem, daß der Mensch auch ordentlich sitzen kann.

> Placet juxta modum,
> Die Einrichtung war schon so dumm!
> Juxta modum placet,
> So Mancher sprach: Wenn ich nur Platz hätt'!
> Placet modum juxta:
> Mein „Nein" von dorten, ich verfluch's da!

Der Stein der Weisen in politischer Beziehung

ist gefunden und zwar in Oestreich. Daselbst hat sich eine neue Partei gebildet, welche, um Mißverständnisse zu vermeiden, keine Tendenz hat, sondern nur einen „entschiedenen Standpunkt" annimmt. Das ist das Wahre, nur kommt der Gedanke etwas zu spät.

Wenn man die Pariser und Versailler Berichte zusammenhält, so wurde das Fort Issy zuerst in die Luft gesprengt, dann ist es eingestürzt, hierauf wurde Bresche geschossen und jetzt halten es die Insurgenten besetzt.

So was von Bauwerk bringt ein Maurermeister auch nicht gleich wieder zusammen!

Einfaches schwäbisches Hausmittel.

Wenn Etwas, z. B. ein Dogma, zu stark ist, so thut man vermittelst eines Hefele Wasser dran. Die bayrischen Mägen aber können's pur vertragen.

Der wahre Fortschritt.

Aktien subscribiren, Coupons abschneiden, Interimsscheine aufheben u. s. w. das ist Alles Zopf und Bureaukratie. Die Pariser Commune geht einfach zur Ostbahn und läßt sich 500,000 Frs. ausbezahlen. Ob das als Zins, Dividende, Superdividende oder was immer verbucht wird, das ist ihr Wurst, der Name thut nichts zur Sache.

„Schweigen ist Gold, Reden Silber".

Nachdem Bismark im Reichstag von der Nichterfüllung der französischen Verbindlichkeiten gesprochen hatte, wurden von dort sogleich 33 Millionen bezahlt.

Seine Rede war also nicht nur Silber, sondern ebenso Gold und wahrscheinlich auch Papier.

Als ein östreichischer Diplomat hörte, daß in Versailles immer Deputationen eintreffen, um wegen municipaler Selbstständigkeit einen Ausgleich anzubahnen, rief er aus: Au weh, jetz is Frankreich ganz kaput; die Ausgleich'schichten kenn' ich. So ein Ausgleich wird nicht eher aus, als bis Alles aus is, und dann is auch Alles g l e i ch.

Angreifen, Ordnung machen, Bezahlen!

Morgen, morgen, nur nicht heute,
Sagen immer Thiers und solche Leute.

Schade ist's, daß die silbernen Löffel und Platten in den Tuilerien nicht reden können, sonst würden sie ganz sicher erklären, sie seien freiwillig auf die Münze gegangen und es sei von jeher ihre Ueberzeugung gewesen, daß man sie einschmelzen soll.

In der Geschichte gibt es einen „Friedrich mit der leeren Tasche."

Unser Friedrich in München scheint sich besser vorgesorgt zu haben und bleibt die Frage, ob er nicht noch Manches in der Tasche hat?

Pimplhuber,

von Zweifeln geängstigter, aber dabei doch völlig ruhiger ipsofaktischer Einwohner von München, mit dem Motto:

O selig, o selig
Ein Pfarrkind zu sein!

In einer Versammlung von Schustern, sagte nach Friedrich ein Bischof, geht es in Deutschland anständiger zu, als im Concilium.

Wenn ich das früher gewußt hätte, wäre ich zu den beiden letzten Schusterversammlungen, die dahier stattfanden, gegangen, um zu sehen, wie es — beim Concil nicht zugegangen ist.

Fidelis.

Voce dal Paradiso.

Ich habe zu meinen Lebzeiten auch ein Dogma nicht angenommen und wundere mich jetzt, daß ich nicht excommunicirt wurde. Im Gegentheil: nächsten's waren's 700 Jahre, daß ich heilig bin!

Ja, wir Aebte brauchen nur Kurasch zu haben.

Der hl. Bernhardus,
Abt von Clairvaur.

Prof. Friedrich erklärt, ein Bischof habe ihm in Rom gesagt, er wundere sich, daß vom deutschen Episcopat noch keiner aus der Haut gefahren sei.

Das ist leicht gesagt. Woher nimmt Mancher gleich wieder eine solche Haut?

— ❦ —

Die ganze Geschichte ist verpfuscht. Zur rechten Zeit hätte noch so ein Pseudo-Isidorl kommen sollen, der uns einen brauchbaren Schrifttext hergestellt hätte, mit dem man jetzt ordentlich arbeiten könnte, ohne daß man sich mit Beweisstellen Suchen so elend schinden muß.

Ein freiwilliger Land-Infallibilist.

— — ·· • • ·

Neujahrswünsche neu zu formuliren, ist immer eine schwierige Sache, für nächstes Neujahr dürfte sich übrigens folgende Phrase empfehlen:

„Ich wünsche Ihnen, noch recht lange kein kirchliches Begräbniß zu erhalten".

Man kann dieß offenbar auch dem leidenschaftlichsten Anhänger des neuen Dogma's wünschen.

— • ◆ • —

Für uns ist dieser Darwin ein unangenehmer Mensch.

Hätte er noch zur Affenzeit gelebt und den künftigen geistigen Fortschritt seiner Mitgeschöpfe vorausgesagt, so wäre er ein sehr angenehmer Affe gewesen.

— ━ —

Marl. Also für den Präsidenten Weis kommt ein Kupferschmid in die Kammer. Welch' ein Gegensatz.

Sepperl. Na, ich will dir sagen: der Weis hat sich auch viel mit Nieten herumschlagen müssen.

— ━ —

Soyons Français, sagte Thiers nach der Schlacht von König=
grätz und hetzte dadurch sein Land zum Rachekrieg.

Soyons Français, sagen Lyon und Toulouse und bedecken sich
mit Barrikaden.

Soyons Français, rufen die Araber in Algier und ahmen das
Revolutionsspiel nach.

Und wenn Frankreich durch sein eigenes Treiben zu Grunde
gegangen ist, wird es überall Leute genug geben, die dann erst
recht rufen: Soyons Français!

———•———

Die großen Kriegsschiffe, welche Kriegsgefangene von Hamburg
bringen sollten, sind leer nach Havre zurückgekehrt.

Nun, es ist das nicht der erste Metzergang, den die französische
Flotte in der Nordsee gemacht hat.

———

Die Communication zwischen Paris und Versailles hat auf=
gehört und die zwischen den Deutschen und Paris wird auch
bald aus.

Also Ex=Communication überall!

———

Der östreichische Kriegsminister hat alle Gendarmerie=Offiziere
auf Ehrenwort befragen lassen, ob sie einen in der Grazer Zeitung er=
schienenen Artikel über die Gebrechen der Gendarmerie geschrieben haben?

Sonderbar. Könnte der Artikel nicht auch von einem gemeinen
Gendarmen herrühren? oder vielleicht gar von einem Spitzbuben, denn
diesen müssen die „Gebrechen der Gendarmerie" am besten bekannt sein.

———

Die Vorstände der Pariser Commune lassen, so viel man hört, bereits einen Luftballon in Bereitschaft setzen.

Unterzeichnete empfiehlt sich wieder als Absteigquartier!

Die bayrische Marktgemeinde Zwiesel.

———•‹•———

Pimplhuber. Na, wie gefallen Ihnen die vielen „offenen Briefe", die's jetzt gibt?

Tatschler. Manchem Adressaten möchte ich sagen: Da können Sie sich auch ein Fenster dazu machen lassen.

Pimplhuber. Nach Friedrich soll ein bayrischer Bischof gesagt haben, daß er der bayrischen Regierung absichtlich Opposition mache.

Tatschler. Wer muß jetzt das gewesen sein?

Pimplhuber. Ja, was muß das für Einer gewesen sein —

(Beide besinnen sich heftig.)

———•‹•———

O Friedrich, wäre uns Deine Mappe zur rechten Zeit in die Hände gefallen, du wärest nie nach Rom gekommen!

Ein junger semi-narrischer Fanatiker.

Kleine Frühstücksplaudereien.

Das Straubinger Tagblatt, das häufig so hübsche kulturbildliche Einstreuungen enthält, thut neuestens einen Fehltritt, indem es einen Brief aus Freising aufnimmt, worin als Vorbedeutung hervorgehoben wird, daß die Adresse gegen die Unfehlbarkeit der Schinder zuerst unterschrieben habe. Der Mann ist eben Fallibilitätsmeister eo ipso.

Schwindel! Die Donauzeitung schreibt: „Die Frage der Unfehlbarkeit verschlingt Alles. Kein Mensch nahm Interesse daran, wie im Reichstag die von der katholischen Fraktion geforderten Grundrechte, um die man sich 1848 und 1849 so lange stritt, zu den Todten gelegt wurden." Wir fragen einfach: hat die katholische Fraktion alle diese Grundrechte „gefordert"? Auch die Confessionslosigkeit des Staates und der Schule, die Civilehe u. s. w., oder hat sie nur im Parteiinteresse einige herausgegriffen? — Diese ewige demokratische Affektation!

Im „Fränkischen Volksblatt" wird dem Verfasser der Würzburger Adresse, Prof. Ebel, vorgeworfen, er sei der ehemalige Tischgenosse des vorigen dortigen Bischofs. Frage. Hat nicht auch Döllinger verschiedene ehemalige „Tischgenossen"?

In England ist das deutsche Friedensfest unter Betheiligung hoher Persönlichkeiten sehr glänzend ausgefallen; hingegen ist im Salzburgischen Untersuchung eingeleitet, weil einige nicht „wahre" Oestreicher zu Ehren Deutschlands eine k. k. wirkliche geheime Oberberg= und Salinenbeleuchtung veranstalten wollten.

Große Schlauheit eines Marionettentheater = Direktors und einer patriotischen Redaktion. Das sog. Lipperl= oder Puppentheater in Kelheim führte neulich nichts Geringeres auf — als den Pfarrer von Kirchfeld! Da sich nun das „Stadtamhofer Wochenblatt" selbstverständlich darüber ärgerte, so erklärt der „Direktor": die Tendenz dieses Stückes verrathe sich bei lebendigen Darstellern hauptsächlich durch das Mienenspiel, ein Faktor, der bei Marionetten wegfalle!! Und die Redaktion fügt dieser Entschuldigung bei: „Wir kennen dieß Tendenzstück nicht aus eigener Anschauung, sind also außer Stande (!) diese Angaben zu beurtheilen."

Briefkranzen.

München. Ich begreife nicht wie manche Herren auf Döllinger so erbost sein können? Tausende denken wie ich, hat er gesagt. Ist das nicht ein Compliment, wenn Döllinger Jemandem zutraut, so denken zu können, wie er?

Druck der Dr. Wild'schen Buchdruckerei (Gebr. Parcus).

Münchener
PUNSCH.
Ein humoristisches Wochenblatt von M. E. Schleich.
Vierundzwanzigster Band.

Nro. 20. Halbjähriger Abonnementspreis: in Bayern 1 fl. Im Ausland erfolgen die üblichen Postaufschläge. 14. Mai 1871.

Wir sind doch vorgeschritten!

Das war früher so „römischer Kanzleistyl".

Winthorst.

Die Tschechen waren lange giftig auf den ungarischen Ausgleich; die Polen betrachteten eifersüchtig die Versuche zu einem Ausgleich mit den Tschechen; die Tschechen sind nunmehr wüthend über den galizischen Ausgleich, und die Deutschen — merken, daß eigentlich immer nur ihre Interessen das Ausgleichsmaterial abgeben.

Das ist die wahre Oestreicherei.

———•———

Nach den historisch-politischen Blättern ist an der gegenwärtigen kirchlichen Verwirrung eigentlich der verstorbene König Max schuld, der den Döllinger so cajolirt und eitel gemacht, auch von einer Gelehrten-Republik u. dgl. geträumt habe u. s. w.

Die Redactoren der Civiltà, die maßgebenden Einleiter und Leiter des Concils, die Verfasser der Constitutio u. s. w. können natürlich für die ganze Geschichte nicht das Geringste!

Die bekannten „Steine an der Theatinerkirche“, stecken sie fest?

———••———

Nach dem Einblick, der uns nunmehr in die Seele Haneberg's vergönnt ist, sollten denn doch gewisse Demonstrationen und hummelartige Schaaren-Angriffe endlich aufhören. Sind denn guter Geschmack, Pietät —

Zwar — —

Der Gott, der Gedankenstriche wachsen ließ, wollte keine weiteren Bemerkungen!

———•———

Das im Thiers'schen Hause verbrannte werthvolle Manuscript war nicht eine von ihm geschriebene „Geschichte der Kunst“, sondern eine „Kunst, Geschichte zu schreiben“, was jedenfalls mehr in's Thiers'sche Fach einschlägt.

———••———

Dem Abt von St. Bonifaz ist von einem, ihm noch dazu wohlwollenden Concilsvater mit einer Untersuchung durch die Nuntiatur gedroht worden.

So?

Leben wir in der Türkei, wo die Gesandtschaften auch jurisdiction üben?

Und was für ein Placetum wäre denn dazu eingeholt worden? Regium gewiß nicht! Vielleicht nicht einmal Episcopale?

Wozu sind denn dann Wir noch da, Wir mit dem großen W in der Promenadestraße?

Kehren die Zeiten des famosen Bart-Edikts wieder?

Und was sagt der ehrwürdige Abt noch? „Man könne ihn nicht rücksichtsloser und liebloser verfolgen, als man es bereits gethan habe?"

Was?

Kann im Rechtsstaate Bayern Jemand verfolgt werden, außer vom ordentlichen Richter?

Was sind das für Zustände? Aufklärung! Es scheint, wir wissen noch nicht Alles?

Ein Gespannter.

Wie kann eine zufällige Majorität, also eine Versammlung von selbst Fehlbaren, Jemanden unfehlbar machen? Dieß zu erklären, wäre eine logische **Nux de nuce**.

An einen Gelobten.

Eigenlob riecht nicht gut. Aber auch fremdes Lob dürfte manchmal gerade dem, den es trifft, in die Nase steigen.

Der französische Finanzminister soll mit einer gewissen Freudigkeit nach Frankfurt gegangen sein, weil man ihm sagte, daß dies die Stadt sei, wo sich mit Erfolg handeln läßt.

———— •• ————

Marl. Was ist mehr: das Placetum regium oder eine polizeiliche Erlaubniß?

Sepperl. Na, raus damit!

Marl. Eine polizeiliche Erlaubniß. Denn die braucht man, das Placetum aber braucht man nicht.

———— • • • ————

An Michael.

Verlange nie das Placetum regium zum Scherz!
Ein Minister fühlt nicht gern des Foppens Schmerz.

———— • ————

In Radetzky's Lager „war Oestreich". In Wilhelm's Hauptquartier war Deutschland. Was aber ist in unserm Lager? — Seegras!

Ein Versailler Ordonnanzoffizier.

———— • • ————

Die Aeußerung Bismark's: in der Pariser Bewegung stecke ein Körnchen Vernunft soll im Schooß der Commune selbst die größte Entrüstung hervorgerufen haben. Es wurde ein Separatausschuß zusammengesetzt, welcher die Aufgabe hat, sofort zu untersuchen, wo dieses angebliche Körnchen steckt und darüber der Plenarversammlung Anzeige zu machen, damit es sofort mit Eklat beseitigt werde, weil die Mitglieder sonst fürchten, in Folge dieser feindlichen Anerkennung insgesammt als Verräther behandelt zu werden. — Abends bildeten sich verdächtige Gruppen vor dem Stadthause, welche riefen: Nieder mit dem Körnchen! Tod der Vernunft!

———— •• ————

Die amerikanische Staatsschuld hat sich im verflossenen Monat abermals um mehr als 6 Millionen Dollars gemindert.

Wenn das so fortgeht, sind die Amerikaner gar nichts mehr schuldig, als den europäischen Finanzministern ihre vorzügliche Hochachtung.

------◆◆◆------

Gutem Vernehmen nach soll Pouyer=Quertier in Frankfurt gleich Anfangs zu Bismark gesagt haben: „Gedulden Sie sich nur noch kurze Zeit; wenn wir gesiegt haben, verlangen wir von den Parisern 3 Milliarden Kriegsentschädigung, davon können Sie dann gleich britthalb haben!"

Frankreich hat gegenwärtig drei Autoritäten: die in Versailles, die Pariser Commune und den deutschen Oberbefehlshaber; ferner drei Prätendenten: einen Orleans, einen Bourbon und einen Napoleon.

Und nur eine einzige Nationalversammlung!

Um diesem offenbaren Mißverhältniß abzuhelfen, erbiete ich mich, eine zweite Nationalversammlung nach Bordeaux zu berufen. Ich werde nach Kräften bestrebt sein, mit derselben mein Mög=lichstes beizutragen. — Wozu? das weiß ich selbst noch nicht.

Gambetta,
Luftschiffer z. D.

Zur Geschichte der Freiwilligkeit.

v. d. Tann (ruft herunter). Aus dem Fort Vincennes haben augen=blicklich Tausend abzuziehen!

Die Föderirten (sofort einpackend, singen im Chorus:)

„Von ganzem Herzen",
„Mit Freuden stimmen wir zu,
Nous, nous."

------◆◆------

Der alte Haneberg fragt: „Wer will es läugnen, daß man die Giltigkeit der letzten Concilsbeschlüsse bestreiten kann?"

Warum denn nicht? Das geht ganz leicht.

„Mit Freuden" —

„Von Herzen" —

Ohne Schmerzen —

Ein junger Springer.

Wenn Darwin Recht hat, so ist unser Urerzeuger Nichts als ein hydrostatisches Gebilde, mit anderen Worten: der Mensch ist nicht von Staub, sondern von W a s s e r.

Welch ein ungeheurer Zeitraum muß nun liegen zwischen der Zeit, wo wir noch Wasser waren und der — Bockzeit?

Wenn ich eine Decimalwaage hätte, so müßte ich wissen, was schwerer wiegt: der Brief Haneberg's oder ein Arm voll Freiwillige auf dem Papier?

Justus.

Im Algerischen sagt man allgemein: die Franzosen sind „mabul", d. h. toll.

Ja wohl, mabul. Und das kommt von zu vielem M a b i l l e!

An den Pariser Gefängnißgebäuden soll folgende ortspolizeiliche Vorschrift angeschlagen sein: „Wer dieses Gefängniß in die Luft sprengt, wird 14 Tage eingesperrt."

Der alte Görres eröffnete einen Vortrag mit den Worten: „Zwischen Sein und Nichtsein gibt es noch ein Mittelding und das ist die Möglichkeit".

Wenn der große Er-Franzose noch lebte, müßte er zugeben, daß noch ein viertes hinzugekommen ist, nämlich 5 Milliarden. Sie existiren weder, noch will Bismark ihr „Nicht Sein" begreifen, während von Pouyer-Quertier sogar ihre Möglichkeit bestritten wird.

Sie sind also, wie die Zeit, die ja auch Geld ist, lediglich eine Form der Vorstellung, obwohl man sich von der Form, in der sie geleistet werden sollen, noch keine Vorstellung machen kann.

Der Mensch stammt in letzter Linie von einem Thier, nicht viel vollkommener als das Lanzettfischchen.

Nun, ein recht anerkennenswerther und erfreulicher Fortschritt, vom Lanzettfischchen bis zur — Zündnadel.

Die Frankfurter Friedensverhandlungen wurden im Gasthof zum „Schwan" geführt.

Der daraus hervorgehende Vertrag dürfte in der That von den Franzosen als Schwanenlied aufgefaßt werden.

Privat-Kabel des Punsch.

Deutschland. Endlich ist es Frühling geworden in Deutschland. Aber kalt!

Versailles. Letzter Schlachtbericht: Die Versailler hatten bei der gestrigen Kanonade nur 10 Todte. Darunter waren aber sechs, welche vor Langeweile gestorben sind.

Kleine Frühstücksplaudereien.

Der Grundsatz: Thuet Gutes Euren Feinden, scheint nicht mehr ausschließlich christliches Eigenthum zu sein. Mehrere bekannte jüdische Publicisten in Berlin ergehen sich in außerordentlich anerkennender Weise über die Compositionen, die Richard Wagner, der Verfasser des „Judenthums in der Musik", unter seiner Direktion aufführen ließ. Es ist uns nicht bekannt, daß er irgendwie öffentlich widerrufen hätte. Und doch diese Bewunderung! Das macht der Kaisermarsch.

Die „Donauzeitung", die in Passau aufgelegte Ketzeradresse besprechend, macht sich u. A. darüber lustig, daß dieselbe ein Wachszieher unterzeichnet hat. Die Vertreter von dergleichen ehrsamen Gewerben werden doch sonst nicht verschmäht und finden sich auch in der Regel aus persönlichen Interessen fleißig ein. Um so merkwürdiger erscheint der Passauer Wachszieher, der die moderne Aufklärung, eine Concurrentin des Wachses, zu begünstigen scheint.

Ein Herr Correspondent des bekannten Stadtamhofer Volksblattes hat eine famose Redewendung erfunden: „Die Deutschen, sagt er, haben zwar den äußern Franzosen geschlagen, den innern oder inwendigen Franzosen aber nicht, und das ist der deutsche Liberalismus". Es fragt sich nun nur, wie ist der zu bekommen? Wenn man einem gewöhnlichen Franzosen, wie es im Schnaderhüpfel heißt: „das Einwendi' auswendi' braht"? Oder steckt im äußeren Deutschen ein innerer Franzose? — In Manchem allerdings!

Druck der Dr. Wild'schen Buchdruckerei (Gebr. Pardus).

Münchener
PUNSCH.

Ein humoristisches Wochenblatt von M. E. Schleich.

Vierundzwanzigster Band.

Nro. 21. Halbjähriger Abonnementspreis: in Bayern 1 fl. Im Ausland erfolgen die üblichen Postaufschläge. 21. Mai 1871.

Privat-Kabel des Punsch.

Versailles. Wie auch der Friede ausfallen und was auch geschehen mag, Frankreich bleibt doch immer **die große National**schuld.

———

Straßburg. Kühlwetter ist fort. Kalt Wetter ist geblieben.

———

Paris. Die Commune schmeißt um — und zwar nicht nur die Vendôme-Säule.

———

Oestreich. Wünschest du — dann gleich was Rechtes,
Nur nicht wenig, und nichts Schlechtes.
Dieser Grundsatz, der verstand sich
Halt auch bei den Acht und Zwanzig.

———

Frankreich. Die Vendômesäule zerbrach bei ihrem Sturz in drei „Weilheimer Stückl". Die Schildbürger der Menschheitsrechte ließen dabei die allgemeine Republik leben.

———

Mehrere Blätter, welche nicht nur den Patriotismus, sondern auch den Katholizismus in Pacht haben, fahren fort, Artikel über „Döllingerschwindel" u. s. w. aus demokratischen Zeitungen abzudrucken.

Daß Demokraten und Freidenker überhaupt mit Döllinger's Richtung und Streben nicht einverstanden sind, ist eben so gewiß, als daß bei ihnen hiefür ganz entgegengesetzte Gründe ob-walten, wie bei Altkatholiken.

Fragen aber möchte man doch: sind jene, mitunter von Pastoralorganen belobten Blätter so dumm, daß sie das nicht einsehen, oder so schlecht, daß sie ihren Lesern lediglich einen Schwindel vormachen wollen? Wenn die Atheisten und Reli-gionslosen überhaupt an einem Theologen Anstoß nehmen, so kann dieß doch nicht vom katholischen Standpunkt aus gegen ihn zeugen?

Wir können die Herren Infallibilisten versichern, daß, wenn sie in der deutschen Publizistik nicht genug Schmähungen finden, sie nur solche in Paris bestellen dürfen. Die Commune ist ganz gegen Döllinger, die Museums=Adresse würde dort keine einzige Unterschrift finden, das Placetum regium wird vom Wohlfahrtsausschuß lächerlich gefunden, kurz: da liegen Be-weismittel brach, von denen es Schade ist, daß sie nicht benützt werden.

Wenn einmal ein gesunder Logiker irgendwo seine Mappe verliert, so hebe man sie auf und suche sie dreist durch und man wird vielleicht folgende Anstandsregel darin finden: Willst du die Meinung eines Andern für dich sprechen lassen, so beweise auch, daß seine Intention die nämliche war. Sonsten gibst du falsches Zeugniß, was nach dem sinaitischen Syllabus auch verdammenswerth ist.

Der Mensch stammt vom Affen, der Affe mit allen andern Säuge=
thieren von einem Amphibium, das Amphibium von einem sehr niedern
Fisch, der sehr niedere Fisch von einem klebrigen Schleimthier, das
Schleimthier aber kam aus einer Zelle.

„Ich bitte um eine Zelle" sagte der Pariser Commandant
Rossel in seiner Eingabe an die Commune.

Rossel hatte also nicht nur seinen menschheitlichen Rang verachtet,
er wollte auch kein Pariser Affe mehr sein, sondern ganz in den Ur=
zustand der Zelle zurückkehren.

Das heißt einmal völlig und entschieden bemissioniren.

Diese deutschen Friedensbedingungen sind wie Cement. Je
mehr Wasser hinabläuft, desto härter werden sie.

Die französischen Maurer.

„Graf Beust ist nach Gastein abgereist, ein Zeichen, daß der politische
Himmel unbewölkt ist," schreiben östreichische Zeitungen.

Wenn Beust auch den gewöhnlichen Himmel aufheitern könnte, wäre
es den Unterzeichneten recht lieb.

Mehrere wahre östreichische
Maikäfer.

Bismark erklärt: Napoleon ist uns Wurst.

Da aber Napoleon jetzt schon nicht mehr recht frisch ist,
wie mag das erst im Sommer werden?

Bisher war ich k. Einwohner von München und höchstens noch kleiner Dogmatiker zum Selbstunterricht. Nach den Darwin=ischen Enthüllungen jedoch weiß ich nicht mehr, wie ich zeichnen soll.

Als „Simiade höchsten Rangs" was wie ein Avancement klingt, oder als „Marsupiale (Beutelthier) außer Dienst", oder als „Ex=Limuride und freiresignirtes Schlammthier", oder gar als mediatisirtes vorhannoveranisches „Reptil?"

Am wohlsten ist einem heut' zu Tage offenbar als unparteiischem Wirbelthier, wenn nämlich der Wirbel noch ordentlich ist.

Pimplhuber,
menschliches Ipsum Factum.

———————— ◆ ————————

Was heißt denn das eigentlich, wenn man in gewissen Blättern liest: „Dann gehen wir zum Kaiser?" Als Drohung genommen wäre es so dumm, daß ich es selbst einem „diametralen Standpunkt" nicht zutrauen möchte.

Lector.

———————— ◆ ————————

Vom Index.

Die Broschüre von Schulte über die Macht der römischen Päbste verbieten, proscribiren und verdammen wir.

Die Hesele'sche Geschichte vom häretischen Pabst Honorius verbieten, proscribiren und verdammen wir.

Was Döllinger und Friedrich allenfalls unter der Feder haben, verbieten, proscribiren und verdammen wir.

> Es ist eine verfluchte Geschichte,
> Doch bleibt sie ewig neu.
> Lord Akton, Huber und Berchtold
> Und der Münchener Magistrat sind auch dabei.

———————— ◆ ————————

Decret.

Für das, was die Commune in Bezug auf die Vendôme-Säule geleistet hat, ernenne ich hiemit die Stadt Paris zum „Revolutions-Abdera" für ewige Zeiten.

Clio,
Muse der Geschichte, mit gegenwärtig wenig Muße.

———————

Der französische Componist Auber ist in Paris gestorben. Sein letztes Werk hieß bekanntlich: Ein Tag des Glücks".

Arme Pariser! Wer einen Tag des Glücks machen könnte, deß' Bleibens ist nicht unter Euch!

———————

Marl. Im Volkstheater gefällt ja der „letzte Jesuit" so?

Sepperl. Wenn 's nur der letzte wär', dann g'fiel' er mir auch.

———————

Napoleon III. hat die farnesianischen Gärten nebst Ausgrabungen den Italienern um den Selbstkostenpreis überlassen.

Wir hätten auch so einige Grundstücke mit Ruinen, wo auch Vieles unter der Erde liegt. Wenn uns der Kaiser geben möchte, was das uns selbst gekostet hat?

Die Franzosen.

———————

Schwindel muß sein, das weiß ich wohl, aber über das Er-
laubte des sein Müßens geht's hinaus, wenn das Fränkische
Volksblatt schreibt:

> „Der Syllabus ist keine kirchliche, keine lehramtliche Entscheidung
> des Papstes, die auf Unfehlbarkeit Anspruch machen könnte, es
> fällt darum die ganze Furcht hinweg, die man liberalerseits vom
> Syllabus zu hegen heuchelt."

Die römischen Officialtheologen hingegen und der Bischof von
Regensburg, dem dafür eigens bei Lebzeiten ein Glasfenster gesetzt
wird, erklären gerade den Syllabus für ein Muster kathedraler
Entscheidung, für einen förmlichen infalliblen Ausstellungsgegenstand.

Man sollte uns gute Leute doch nicht gar so confus machen.

Pimplhuber,
Weder Darwinist, noch Lojolist,
Aber wissen möchtend, was er ist.

———

Der moderne Staat bekämpft nicht nur die ihm feindlichen
Strebungen, er weigert sich sogar, die Streber selbst dafür zu
bezahlen.

Sonderbar das, von dem modernen Staat!

———

An die Pariser Ingenieure.

Wir bitten, die Stricke gleich in Bereitschaft zu lassen.
Wenn die Unterzeichneten zur Herrschaft gelangen, wird die Juli-
Säule auch umgerißen.

Heinrich V.
mit Anhang und Dienerschaft.

———

Die Amerikaner, welche ohnehin schon jede Woche ein paar Millionen Dollars Schulden zurückbezahlen, bekommen nun auch noch Kriegsentschädigungsgelder, und zwar von einer Macht, mit der sie gar nicht Krieg geführt haben, nämlich von England. In Folge dieses neuen Zuflusses werden sie ihr bereits zur Manie gewordenes Schuldentilgen mit verdoppelter Wuth fortsetzen, um eines Tages mit Schrecken zu bemerken, daß sie am Ende sind.

Man fängt nun endlich an zu begreifen, daß das in Paris aufgetauchte Projekt: Frankreich solle sich von Amerika annektiren lassen, gar nicht so unsinnig war. Bei der krankhaften Leidenschaft der Union, fortwährend zu amortisiren, wäre Beiden: Amerika und Frankreich — oder vielmehr dreien: Deutschland ebenfalls, geholfen gewesen.

Kleine Frühstücksplaudereien.

Der Vendôme-Platz in Paris hieß ursprünglich „Eroberungsplatz"; dann nannte man ihn zu Ehren des galanten Herzogs von Vendôme, Sohn Heinrich des IV., nach demselben. Zur Revolutionszeit hieß er „Pickenplatz" und jetzt: „Internationaler Platz." Wie traurig charakterisirt dieser ewige Namenswechsel die Geschichte Frankreichs. Auf der Säule stand ursprünglich der erste Napoleon als Imperator. Diese Figur wurde von den Royalisten 1815 herabgenommen und ein Marquis Laroche-Chaquelin legte ihr einen Strick um den Hals! Louis Philipp, der Erzschlaue, ließ, um sich populär zu machen, den „kleinen Corporal" als Colossalstatue darauf setzen, was sich übrigens ganz hübsch ausnahm. Der Verfasser des „Lebens Cäsars", der zuletzt in den Tuilerien bilettirte, wollte wieder einen Römer haben und ein höchst mittelmäßiger Heros im antiken Hemd mit bloßen Waden stand seit 1863 auf der Säule. Nun ist bekanntlich auch dieser entzwei und wer lang lebt, kann erfahren, was noch Alles auf den Vendôme-Platz kommt. Uebrigens lebt der Herzog von Vendôme im Französischen sprüchwörtlich fort. Die „Farbe des Herzogs von Vendôme" heißt so viel als „Farblosigkeit"; eine „Frische à la Vendôme" so viel wie ungeheure Hitze. Nun, und eine Vendôme-Säule will künftig sagen: „Keine Säule!"

Die Versailler Truppen feuern, die Nationalversammlung wässert, die Preußen machen Luft und die Commune bearbeitet das vierte Element in dessen schlimmster Bedeutung. Früher hieß es: die Franzosen verzeihen Alles, nur lächerlich machen darf man sich nicht. Nun, der Standpunkt ist überwunden. Das Haus eines politisch Verurtheilten niederreißen und dem Erdboden gleich machen — das war nicht da seit den Zeiten der Acht und Vehme! Und das will an der Spitze der Civilisation marschiren! Das sollte uns Bayern die Pfalz garantiren! Uebrigens lehnte Thiers den Beschluß der Nationalversammlung, ihm sein Haus wieder aufzubauen, ab. Also ein Cicero contra domum!

Das Wiener „Vaterland" erzählt, daß in Deutschland der Friedensschluß ohne besondere Feierlichkeit — (wie oft soll man ihn denn noch feiern?) — vorüber gegangen sei und fährt dann fort: „Wir haben die Dinge kommen sehen, wie sie nun da und im Anzuge sind, und schon vor anderthalb und zwei Jahren vorausgesagt". Und mit dieser merkwürdigen Gabe schreiben die Leute noch ein „Vaterland"! Da ließe sich ja gerade in Oestreich zehn Mal Millionär werden!

Weiterer Beitrag zur Geschichte der „Freiwilligkeit". Der Papst empfing die „mit Freuden" ihm zustimmenden Professoren Roms, und erklärte, daß diejenigen, welche die Huldigungsadresse nicht unterschrieben, nächstens namentlich excommunicirt würden! O clementia pastoralis!

Wie die „historisch-politischen" oder sog. gelben Hefte, so fängt nun auch die bläuliche Donauzeitung an, den sel. König Max in's Gebet zu nehmen. Er habe ein „Sanktuarium" gehabt, in welchem Statuetten von Aristoteles, Kant und Christus gewesen seien, was natürlich auch auf Döllinger gewirkt habe u. s. w. Nach der famosen Theorie von dem beweglichen Ziegelstein an der Theatinerkirche, der auf den Minister Lutz herabfallen soll, wenn er es wagt, vorbei zu gehen, hätte man von gewisser Seite etwas mehr Pietät erwarten dürfen.

Der Münchener Volksbote enthält folgendes Inserat: „Quilibet sacerdos emeritus, dispositionem habens, quotidie in capella domestica Institutis B. V. M. in Wasserburg S. Missam celebrare, pro hoc munere annuatim centum florenos accipere potest". Inserent mag „von Herzen" zugestimmt haben, aber sein Latein ist jedenfalls nicht unfehlbar.

Druck der Dr. Wild'schen Buchdruckerei (Gebr. Parcus).

Münchener
PUNSCH.

Ein humoristisches Wochenblatt von M. E. Schleich.

Vierundzwanzigster Band.

Nro. 22. Halbjähriger Abonnementspreis: in Bayern 1 fl. Im Ausland erfolgen die üblichen Postaufschläge. 28. Mai 1871.

Privat = Kabel des Punsch.

Madrid. Noch immer König? Amadeus kann sich gar nicht genug wundern. Wenn nichts dazwischen kommt, gedenkt er mit seiner Familie den ganzen Sommer auf dem Thron zuzubringen.

Wien. Hansjörgel schlägt wegen der Schwesterstadt Paris eine dreiwöchentliche Schwender= und Sperrtrauer vor.

Frankfurt. Die französischen Bevollmächtigten nahmen dahier einige Erfrischungen ein. Sie erklärten, sie hätten sich dabei recht gut unterhalten, nur sei mit Bismark nicht gut Kirschen essen.

Paris. Heilige Stadt, Krone Frankreichs, Mutter der Civilisation, Centrum der Cultur, Herd der Ideen von 1789, Sammelplatz des confiscirten Spiritus, Petroleums=Brennpunkt des Jahrhunderts, leb' wohl! Europa, nimm deinen ersten Vergnügungsort wieder!

Die Commune.

Gelegentlich eines Antrages im deutschen Reichstag: die Aufhebung der Lotterien betreffend, erklärte der preußische Finanzminister Camphausen: eine Frage sei in den Landtagen der Einzelstaaten vorerst reiflichst zu erwägen, ob nämlich die Regierungen die Einnahmen aus den Lotterien auch entbehren könnten?

Die bayerische Geschichte nannte man bisher häufig die der versäumten Gelegenheiten. Zur Ausgleichung scheint sie jedoch hie und da auch einen übereilten Fortschritt aufzuweisen. Wenn die bayerische Lotterie noch bestände, was hätte — der Fiskus seitdem nicht für Gewinnste gemacht!

Freiwilliger Beitrag zur herrschenden Begriffsverwirrung. — Was ist unzeitgemäß? Das Placetum regium. Die Dogmatisirung der Infallibilität und was daraus folgt, scheint also zeitgemäß. Auf diese Art wissen wir in Ewigkeit nicht wie wir eigentlich in der Zeit sind.

Ein katholisches New-Yorker Blatt bringt einen großen, feurigen Artikel zu Gunsten der weltlichen Papstherrschaft, worin es u. A. heißt: „Wo ist das katholische Oestreich? Wo ist das katholische Spanien u. s. f.“

Der Verfasser hätte die Frage besser so gestellt: Wo ist Oestreich katholisch? Wo ist Spanien katholisch?

Ich warne hiemit Jedermann, auf meinen Namen leichtsinnig zu creditiren, da ich häufig nichts davon weiß.

Der heilige Geist.

Remonstration.

Ich habe schon vor Jahren dasselbe und noch viel mehr gesagt, was jetzt Döllinger. Warum habe ich nie das ungeheure Aufsehen gemacht, warum sind an mich keine Abressen gekommen?

Der Frosch der Vernunft.

— ◆ —

Merkwürdig, wie die Rufe so zu sagen: herumgehen!

Nachdem die Pariser immer „nach Versailles!" geschrien hatten, drängen jetzt die Versailler „nach Paris!" und die Preußen sind es, welche schreien: „à Berlin!"

— ◆ —

Catschler. Erlauben Sie mir einmal: kein Gesetz hat rückwirkende Kraft, nicht wahr? Wie kann nun also in Folge des Infallibilitäts-Dogmas der Syllabus, der doch früher erschienen ist, Glaubensartikel werden?

Pimplhuber. Das ist eben das Eigenthümliche: der vatikanische Beschluß hat rückwärts wirkende Kraft, man mag ihn nehmen wie man will. Das Rückwärts, das ist ja eben die Wirkung.

Catschler. Nun, ich bin schon beruhigt.

— ◆ —

Nur so nebenbei

erlaubt man sich zu bemerken, wie es nun bald ein Jahr wird, daß aus Rom telegraphirt wurde: „die Ehre des bayrischen Episcopats ist gerettet".

— ◆ —

Die französischen Minister Favre und Pouyer wohnten in der Weiß-frauenkirche zu Frankfurt einer Messe bei.

Also auch das Frankreich, welches Bismark noch übrig gelassen hat, ist „eine Messe werth".

— ◆ —

Dem (oppositionellen) Bischof Stroßmayer wird eine erbetene Befugniß zu Dispensen vom Fastengebot von Rom aus vorenthalten.

Und da sage nochmal Einer, es handle sich um kein Hunger-Dogma!

———•‹•›•———

Um sich auf allen Gebieten blamirt zu haben, dekretirte die Pariser Commune zuletzt auch noch die Absetzung des Direktors der großen Oper und die Ernennung einer rothrepublikanischen Commission zur Wahrung und Hebung der Tonkunst. Der Referent soll bereits folgende Vorschläge ausgearbeitet gehabt haben: 1) Das musikalische Gehör, als ein Privilegium, muß naturwidrig sein und wird abgeschafft; jeder Bürger und jede Bürgerin ist demnach berechtigt, für ihre Sing- oder Spielweise gleiche Achtung in Anspruch zu nehmen. 2) Der Takt, als eine Art von Centralisation und jedenfalls eine Bevormundung und ein Eingriff in die Souveränetät des Einzelnen, ist verboten. 3) Piano darf nur mit besonderer Erlaubniß und im Beisein eines Delegirten der Commune musicirt werden. Pianissimo wird als verdächtiges Benehmen betrachtet und hat die sofortige Einleitung einer Untersuchung zur Folge. 4) Es dürfen keine Kreuze mehr ausgesetzt werden. 5) Die Frauen sind zu allen Opernrollen berechtigt, auch zu Baßparthien.

———•‹•›•———

Die Pariser haben eine Rue de la Paix, eine Friedensgasse.

Möchte ihnen doch endlich auch einmal der ersehnte Gassenfriede beschieden sein!

———•‹•›•———

Man spricht davon, daß Thiers gestürzt werden soll, sobald sich die Nationalversammlung sicher weiß.

Nun, zur Zeit dürfte es den Opponenten wenigstens schwer werden, Herrn Thiers auf's Dach zu steigen.

———•‹•›•———

Mit 'ner Alternative
Geht's häufig schiefe.

„Rom oder Tod" sagte Garibaldi, und warf sich zuletzt auf Landwirthschaft.

„Ich kehre nur als Sieger oder todt nach Paris zurück" sagte Ducrot, und schlug den Mittelweg ein: in Versailles zu leben.

„Lieber sterben, als das neue Dogma annehmen" sagten viele Bischöfe — und sie werden allerdings einmal sterben, aber zuvor noch das Dogma leben lassen.

***

Das Haus des Herrn Thiers wurde dem Erdboden gleich gemacht.

Dem Erdboden waren eigentlich in Paris die meisten Häuser gleich, insofern man weder Schlafgeld noch Zins bezahlte.

***

Marl. Die Pariser Commune hat sich zum Schluß gut aufg'führt.

Sepperl. Hm! Sie hat halt doch den Häuserwerth in die Höhe gebracht.

Marl. Das möcht' ich doch wissen?

Sepperl. Na, sie hat so viel nieberg'rissen und abgebrannt, daß das was noch steht, jetzt jedenfalls mehr werth ist.

Marl. Auch wahr.

***

Bismark sagte dieser Tage zu einem Franzosen: „Machen Sie sich nicht mehr viel Ausgaben für eine Armee. Eine tüchtige und verlässige Feuerwehr ist bei Ihrem Nationalcharakter das Allerpraktischste."

***

Graf Chambord

hat soeben wieder folgendes Manifest erlassen:

Franzosen! — Franzosen! — Franzosen!

Hört Ihr denn nicht? Ich habe Euch geschrieen! Ihr seid mir noch eine Antwort schuldig auf meinen letzten offenen Brief. Wollte Gott, Ihr wäret sonst nichts schuldig! — Also hört: wenn's sonst nichts braucht, als Euch retten, so will ich's thun. Ich bin ein Princip, ich bin auch ein Compromiß, ein Uebergang, denn ich werde den Enkel desjenigen, den die Revolution auf den Thron gesetzt hat, legitimisiren. Ich bin die mit der Juliussäule verschmolzene Statue Ludwig des Vierzehnten, ich bin Versailles und Paris in einer Person. An die Stelle der Vendômesäule würde ich den Elephanten setzen, der früher für den Bastilleplatz bestimmt war, bin aber bereit, diese Frage einem Plebiscit zu unterwerfen. Meine neuliche Andeutung, daß ich den Kirchenstaat zurückerobern wolle, hat unbegreiflicher Weise nicht recht gezogen. Ich bin übrigens nicht darauf versessen und begnüge mich, wenn ich meine eigene weltliche Macht wiederherstellen kann. Die Höhe der Civilliste sollt Ihr erst bestimmen, wenn ich ein Jahr lang regiert habe. Ich verlange keine Vorausbezahlung. Auf ein paar Amnestien jährlich soll es mir auch nicht ankommen. Freisinnige Gesetze, Hebung der Landwirthschaft, Steuerverminderung, Wohlfahrt und Bürgerglück, das versteht sich von selbst, das könnt Ihr ohnehin als längst versprochen annehmen.

Franzosen, die rothe und die blaue Republik, sowie die grüne Livrée Bonaparte's concurriren um Eure Gunst. Prüfet Alles und mich behaltet!

Graf von Chambord,
mit dem Motto:
Ich sei, gewährt mir die Bitte,
Unter Euren Heinrichen der Fünfte!

Das Haus des Herrn Thiers gehörte diesem nicht einmal ganz, sondern zur Hälfte seiner Schwägerin.

Thiers will nun den Trümmerhaufen stehen lassen, seine Schwägerin aber soll geneigt sein, ihre Hälfte aufzubauen.

Die Pariser kommen aus den Problemen nicht heraus.

In Oestreich erschien ein Denkschreiben der Achtundzwanzig, in Bayern steht ebenfalls eine Denkschrift bevor.

Wollen sich die Herren nicht zu sehr anstrengen. Mit dem ewigen Schreiben, und besonders mit dem Denken kommt zuletzt doch das Gegentheil heraus.

Felix Pyat, der bevorstehende Dictator der demnächstigen Universalrepublik, hat decretirt, daß auch die Nelsonsäule in London und die Blüchersäule in Berlin zu fallen habe.

Den Münchener Obelisk hat er Gottlob vergessen und wir bitten Jedermann, ja nichts davon zu sagen, vielleicht schlüpfen wir durch.

Die vier — Engelsköpfe,
mit dem Motto: „Auch sie!"

Kleine Frühstücksplaudereien.

Das bayr. Volksblatt schreibt aus Berlin: „Die aus Bayern stammenden Mitglieder der Centrumsfraction finden sich wieder einigermaßen zusammen, um an den Verhandlungen des Reichstages theilzunehmen." So „einigermaßen?" Sind die Herren ganz gewählt, oder nur „einigermaßen"?

Clementia pastoralis. Die „Donauzeitung" enthält einen Leitartikel, worin Döllinger ein „alter Faiseur" und ein „alter Sünder" genannt wird.

Ein köstliches Culturbildchen entrollt das Stadtamhofer „Volksblatt". Auf dem Tegernheimer Keller hatte eine großartige Rauferei, wie sie nur in Altbayern genossen werden, stattgefunden. Nachdem der besiegte Theil endlich das Aussichtslose seiner Stellung begriffen hatte, schleuderte er den Siegern die Worte zu: „Schlagen habt's uns können, aber verschlagen nöt!" Solche Genügsamkeit in Bezug auf Gloire und dabei solche Ausdauer und Hartköpfigkeit, das gibt zusammen freilich ein Material, gegen welches der bloße „Elan" nicht aufkommen kann.

Merkwürdig, unerhört, kaum zum Aushalten! In Rom hat es der Fortschritt bereits so weit gebracht, daß daselbst die „Hugenotten" aufgeführt werden. Es fehlt nur noch der „Pfarrer von Kirchfeld" in einem Marionettentheater, dann muß Italien der Krieg erklärt werden.

Die „Kölnische Volkszeitung" versichert: Der „Münchener Punsch" habe dadurch, daß er gegen die Infallibilität auftritt, an 200 Abonnenten von der liberalen Partei „wiedergewonnen." — Brave Blätter! Und wie gut sie alles wissen!

Das klerikale, beziehungsweise infallibilistische Berliner Blatt „Germania" bringt die Einladung zu einer Romfahrt gelegentlich des Crux de cruce-Jubiläums, Preis in erster Classe 70 Thlr., in zweiter 40 Thlr. Die Anmeldungen sollen außerordentlich zahlreich sein, jedoch, wie die Berliner Montagszeitung andeutet, keineswegs aus Sympathie in gewisser Richtung, sondern wegen des merkwürdig billigen Preises, um den sich ein Berliner wohl auch „'mal Rom besehen" möchte.

Der Er-Socialist Schweitzer fährt fort, an der ihn verkennenden Menschheit Rache zu nehmen. Er hat schon wieder ein neues fünfaktiges Stück losgelassen, betitelt: „Drei Staatsverbrecher." Dasselbe wurde in einem Frankfurter Vorstadttheater aufgeführt und der Verfasser von dem sehr zahlreichen gemischten Publikum wiederholt 'raus ge — rufen..

Eine Anzahl Turko's stellte bekanntlich das Ersuchen, in die sächs'sche Armee eintreten zu dürfen. Die Antwort soll gelautet haben: Der zoologische Garten in Dresden versendet selbst Exemplare der verschiedensten Gattungen.

Druck der Dr. Wild'schen Buchdruckerei (Gebr. Parcus).

Münchener PUNSCH.

Ein humoristisches Wochenblatt von M. E. Schleich.

Vierundzwanzigster Band.

Nro. 23. Halbjähriger Abonnementspreis: in Bayern 1 fl. Im Ausland erfolgen die üblichen Postaufschläge. 4. Juni 1871.

Privat-Kabel des Punsch.

Versailles. Nachdem die Truppen schon vor 3 Wochen auf der Höhe ihrer Mission standen, stehen sie endlich auch auf der Höhe des Montmartre. Herr Thiers selbst steht i m m e r auf irgend Etwas, was bei seiner Kleinheit zu entschuldigen ist.

Madrid. Auf die Nachricht, daß in der Kammer ein Antrag auf Einführung der Republik eingebracht sei, antwortete der König naiv: Wenn der Antrag durchgeht, habe ich dann das V e t o?

Bucharest. Der Fürst findet, daß sich seine Stellung etwas gefestigt hat. Er weiß selbst nicht wie das kommt.

Paris. J a m m e r s c e n e n am T r i u m p h b o g e n, H ö l l e n g l u t in den e l y s ä i s c h e n Gefilden, w ü t h e n d e r Verzweiflungskampf am E i n t r a c h t s p l a t z, B a n d i t e n im Besitz des Palastes der E h r e n l e g i o n — da kann man einmal sagen: der Name thut Nichts zur Sache!

Die armen Liberalen! — Demokratische Blätter behaupten, dieselben seien allezeit und überall die Diener und Speichellecker des Despotismus und der Polizei; ein Regensburger Blatt hingegen bezeichnet mit anerkennenswerther Consequenz die Pariser Commune als die „Partei der Liberalen“ und meldet also z. B.: „Der letzte Widerstand der Liberalen war gräßlich“; die „Liberalen schütteten Petroleum auf die Truppen der Ordnung“; der vierte Theil von Paris ist „von den Liberalen verbrannt und zerstört“; die Liberalen haben den Erzbischof umgebracht u. s. f.

Ein ander Mal wird dann wieder darüber geklagt, daß sich Herr v. Lutz auf die Liberalen stützen will.

Die Regensburger Diöcesanen mögen sich also von den Parteiverhältnissen ein sonderbares Rauchbild machen.

Wer die Münchener Museumsadresse unterschrieben hat, steht im Verdacht der Häresie.

Die zahlreichen katholisch gebornen Demokraten, Radicalen, Freidenker und Atheisten, welche bekanntlich nicht unterschreiben, sind also sogar von dem Verdachte der Häresie frei und am Ende gar erst wahre Katholiken!

Die Vendômesäule soll wieder aufgerichtet und eine Statue Frankreichs darauf gesetzt werden.

Das scheint uns doch bedenklich. Einen Napoleon, einen Bourbon oder sonstigen dynastischen Vertreter mag man an diesen Posten stellen.

Daß man aber Frankreich selbst allen dort möglichen Schicksalswechseln aussetzen will, ist nach den neuesten Erfahrungen etwas leichtsinnig!

Ein deutscher Kaiser muß mit einem Tropfen demokratischen Oeles gesalbt sein, sagte Uhland.

Oel wohl, aber Gott bewahre uns nur insgesammt vor Petroleum!

———

Eine Handlung ist entweder öffentlich oder nicht öffentlich. Höchstens vor Gericht gibt es eine beschränkte Oeffentlichkeit.

Was aber soll das heißen: „einigermaßen öffentlich", wie man den Widerruf der verdächtigen Häretiker haben will?

Das ist gerade so unbestimmt, wie das Datum: „Im Monat Mai" ohne Ortsangabe. „Wann" und „wo" gehören zusammen wie Seele und Leib. Eine Zeit ohne Raum — wer wird sich für die begeistern können?

———

Jetzt wissen wir's! In einer hiesigen Pabstsammlung begleitet ein Geber seine fünf Gulden mit dem Motto: „Woher die französische Corruption? Von der Gründung der fran=zösischen Nationalkirche!"

Quod orat demonstrandum! Der große Bossuet, der Ver=fasser der 4 gallicanischen Artikel, ist die eigentliche Ursache, weß=halb jetzt die Tuilerien angezündet wurden. Der fromme Pascal, der aus Liebe zum Christenthum den Jesuiten herbe Briefe schrieb, entzog dadurch dem französischen National=Charakter die Basis der Solidität.

Es ist ein wahres Glück für Deutschland und verdiente eigent=lich ein besonderes Dankamt, daß wir unter unsern Bischöfen keinen Bossuet haben. Was hilft der glänzende Styl und klassische Be=redsamkeit, wenn ein paar hundert Jahre darauf alle Kellerlöcher voll Petroleum gegossen werden?

Darum: Nur keine großen Männer! Sie stellen allerlei an, sind vom Uebel und von nun an auch gänzlich überflüssig!

———

Die Franzosen sind jetzt so abgebrannt, daß sie ihre Nachbarn ersuchen müssen, ihnen pumpen zu helfen.

Unter solchen Umständen ist es ein wahres Glück, daß die Börse gerettet wurde.

Heil dem Tag, an welchem es wieder heißt: „Rente so und so viel".

Paradoxon.

Mit einer unfehlbaren Macht getraut sich der Sultan keinen Vertrag abzuschließen.

Recht so, sagen die Nicht-Infallibilisten.

Aber, erwidern die Andern, hat denn nicht seinerzeit Herr Thiers ausgerufen: „es darf kein einziger Fehler mehr gemacht werden", wodurch er selbst einer bonapartischen Regierung zumuthete, eine Art Unfehlbarkeit anzustreben?

Das ist etwas Anderes! Da weiß man, daß die Fehler doch gemacht werden. Auf eine solche Regierung kann man ganz ruhig vertrauen.

In Bezug auf Elsaß-Lothringen enthielten sich die Polen der Abstimmung.

Oh hätten sie sich doch auch in Bezug auf Paris mehr enthalten!

Marl. Die Freimaurer haben sich aber zuletzt schlecht 'rausgebissen in Paris.

Sepperl. Ach was Freimaurer, wer kümmert sich um die; die besten G'schäft' in Paris machen jetzt die Maurermeister.

Das große „Schuldbuch" Frankreichs, bestehend in dreitausend Bänden, wurde nach Versailles verbracht.

Ist das vielleicht die gerettete französische National=Bibliothek?

————•-•-·————

„Horch, das ist Sturm" — „Wehe wenn sie losgelassen" — „Durch der Gassen lange Zeile" — „Da werden Weiber zu Hyänen" — „Schrecklich ist der Mensch in seinem Wahn" — ich möchte nur wissen, woher Schiller die ganze Pariser Geschichte schon gewußt hat? Ein einziger Blick in das „Lied von der Glocke" und ich bin überzeugt, alle Kellerlöcher wären verstopft worden. Aber die Franzosen kennen eben Deutschland und seine Literatur nicht. Das kommt davon.

Uebrigens: Unsere Dichter sind wirklich Propheten!

Aber nicht alle.

Und alle sind auch eigentlich nicht Dichter. Denn man kriegt in der neuesten Zeit Sachen zu lesen, welche — na, die gute Meinung ist ja auch beim Rosenkranz die Hauptsache.

Pimplhuber.

————•-•-·————

Thiers sagte: „Der Boden von Paris ist mit Blut getränkt und mit Leichen bedeckt. Dieß wird eine Lehre sein".

Nun, wenn das erst eine Lehre ist, wie muß dann bei den Parisern eine Erfahrung aussehen!

————•-•-·————

Zu den billigen Leuten.

Ein Königreich für ein Pferd!

Richard III.

Ein Kaiserreich für einen Marktkarren.

Eugenie.

Eine Republik für ein Billet III. Classe!

Victor Hugo.

Eine Commune für einen Luftballon!

Felix Pyat.

20 Millionen Katholiken für eine beruhigende authentische Interpretation!

Der deutsche Episcopat.

———————

Im Jahre 1821 sagte der erste Napoleon: In 50 Jahren ist Europa entweder kosakisch oder republikanisch.

Nun, Paris ist in diesem Jahre Beides geworden: Republik und Moskau.

———————

Den eigentlichen Kern des Pariser Mordheeres bildeten Dombrowski, Ochlowiz und eine Anzahl ihrer Landsleute.

Dennoch waren's edle Polen,
Polen aus der Polakei.

Mich freut's nur, daß wir auch welche haben.

Ein wahrer Oestreicher.

———————

Kleine Frühstücksplaudereien.

Die „Landshuter Zeitung", stark infallibilistisch, aber sonst eine gute Haut, scheint durch öfteres Verspeisen der „gelben Blätter" etwas gallig geworden zu sein. Besonderes Aergerniß nimmt sie daran, daß wir es unter die Kategorie der falschen Zeugnisse reihen, wenn Urtheile, welche Atheisten und Freidenker über Döllinger fällen, als für das katholische Volk maßgebend hingestellt und, so komisch es klingen mag, indirekt als Beweismittel für die Infallibilität verwerthet werden. Man könne, meint die Landshuterin, ja auch bei Demokraten etwas an sich Wahres finden; sie habe selbst unlängst aus der „Süddeutschen Post" eine Kritik über Zustände im „deutschen Reich" abgedruckt. Allerdings: nicht nur über's deutsche Reich, sondern auch über Griechen und Römer, Pflanzen und Thiere, Musik und Chemie acceptirt man Belehrungen, von welcher Partei oder Confession sie auch kommen mögen, wenn auch Herr G r e i l zur Erheiterung halb Europa's gefunden hat, daß beim Münchener Polytechnikum zu viel protestantische Professoren angestellt sind. Wenn die ultramontane Presse, oder wie man sie nennen soll, Aeußerungen des Herrn Schusellka in Wien oder der Frankfurter Zeitung als Argumente gegen die Döllinger'sche Bewegung in's Feld führt und dieß ehrlich, beziehungsweise logisch sein soll, so mußten jene Stimmen mit ihren Behauptungen auch das nämliche b e w e i s e n wollen, was die genannte Presse bewiesen haben möchte. Aus ein und demselben Aufsatz kann aber doch nicht folgen, daß alle Dogmen Unsinn u n d daß alle wahr sind mit Einschluß der „Unfehlbarkeit." Ein Mal benunciren die Mappenschnüffler, daß Döllinger ein protestantisches Geschichtswerk benützt habe und gleich darauf excerpiren sie protestantische, jüdische und heidnische Zeitungen, um g e g e n ihn zu beweisen. P f u i !

Der „Fränk. Kurier" macht j u n g e L e h r e r auf die nächstens stattfindende Prüfung für Bahndienstaspiranten aufmerksam. Da eine große Anzahl von Strecken ihres Betriebes harren, so könne da leicht Jeder bei einer Expedition unterkommen. Wir müssen gestehen, daß uns diese Einladung in einem liberalen Blatte sonderbar vorkommt.

Ganz im Gegensatz zu den gemüthlichen Auffassungen einiger deutschen Bischöfe schreibt das officielle Jesuitenorgan, die römische Crux-de-Cruce-Zeitung, genannt „Civiltà cattolica", unterm 6. Mai **1871** (mit Worten: ein Tausend, acht Hundert, siebzig und eins) wörtlich Folgendes:

> „Die katholische Kirche hat das Recht, mit körperlichen, mit schweren körperlichen Strafen die Christen zu belegen, welche ihre Gesetze übertreten, namentlich die Schismatiker und Häretiker. Die Kirche hat dieses Recht immer gebraucht, wenn sie konnte — freilich innerhalb der Gränzen einer vernünftigen Milde. Wenn sie dieses Recht nicht hat gebrauchen können und nicht gebrauchen kann, so ist das nur eine Wirkung der sehr traurigen Zeit."

Wir wollen Niemand, dem es beschieden ist, diese „traurige Zeit" mit zu genießen, mit dem Gedanken ängstigen, daß die Patrone der „Civiltà" je wieder in den Stand gesetzt werden könnten, ihre hart vermißten „schweren körperlichen" in Anwendung zu bringen; wir sind im Gegentheil überzeugt, daß man unfehlbaren Orts sich mit dem harmlosen Vergnügen des „Index" und außerdem mit unverkümmerter Ausübung eines bekannten „Nürnberger Rechts" wird begnügen müssen, aber der Mühe werth erscheint es doch zu zeigen, daß die milde Auslegung, welche deutsche Oberhirten dem Syllabus geben, lediglich deren eigenes Verdienst ist.

* * *

Eine hübsche Analogie zu dem neuesten frommen Brauch, Stimmen aus dem rationalistischen Lager in ultramontanem Sinne zu verwerthen, liefert das Bayer. „Volksblatt", indem es, um antideutschen Gelüstlein Luft zu machen, die Reichstagsrede des Socialisten Bebel zu Gunsten der Pariser Commune abdruckt, den Hauptsatz jedoch: „Krieg den Palästen und Tod den Müßiggängern" in pastoraler Klugheit wegläßt. Was übrigens den Drechsler Bebel betrifft, so möchten wir, falls es diesem Ehrenmann wirklich um „Arbeit", das heißt um's Drechseln zu thun ist, bemerken, daß von seinen Artikeln in Palästen jedenfalls mehr abgesetzt wird als in den „Hütten", und daß gerade Müßiggänger die schönsten Cigarrenspitzen zu führen pflegen.

* * *

Der Er-Socialist Schweitzer hat abermals, zum dritten Male in kürzester Zeit, ein Stück losgelassen. Im Jahre 1848 wurde bekanntlich auch von Felix Pyat in Paris ein Zugstück gegeben, betitelt: „Der Lumpensammler". Vielleicht daß Herr Pyat, wenn er durchkommt und sich wieder gesammelt hat, dann ebenfalls zur Bühne zurückkehrt.

Druck der Dr. Wild'schen Buchdruckerei (Gebr. Parcus).

Münchener
PUNSCH.

Ein humoristisches Wochenblatt von M. E. Schleich.
Vierundzwanzigster Band.

Nro. 24. Halbjähriger Abonnementspreis: in Bayern 1 fl.
Im Ausland erfolgen die üblichen Postaufschläge. 11. Juni 1871.

Privat = Kabel des Punsch.

Washington. Wohlthätige Abzehrung. Im vergangenen Monat hat die nordamerikanische Staatsschuld abermals um 4 Millionen Dollars abgenommen.

Madrid. Der Hofmarschall sagte heute Morgens: Wo auch Eure Majestät Ihren Sommeraufenthalt nehmen, überall haben Sie die herrlichste Aussicht auf einen Carlistenaufstand.

Berlin. Der, der der, in Folge der die Postbeamten betreffenden Interpellation und des dem, das Elsaß besser kennenden Reichskanzler opponirenden Amendements geschaffenen unangenehmen Situation ein Ende machte, war eben wieder Bismark selber.

„Alles kann er, und vermag er,
Er, der göttliche Prophet.‟

Coburg. Der Herzog befindet sich wieder da, wo er sich schon oft befunden hat, nämlich außer aller Gefahr.

Passau. Der Vergleich mit den Speeren war eigentlich auf die „Spieße‟ berechnet, rührte aber kaum den Lanz.

Frage nach Orleans!

Der moderne Attila mit seinen bayrischen Horden dürfte nun durch den neuen gallischen Mord=Brennus denn doch in den Schatten gestellt sein?

Botanische Bemerkung.

Beim „guten Heinrich" oder „Chenopodium bonus Henricus" muß man sich, wie schon gesagt, alles mit Gänse=füßchen denken. Es ist nicht so arg gemeint. Daß er sich wohler auf dem Lande befindet, als in Städten, kann jeder Spazier=gänger beobachten. Er bleibt ewig grün, man kann ihn auch als Spinat genießen. Aber Spinat ist den Meisten lieber.

Die Situation.

Auf der einen Seite ein „Hunger=Dogma", auf der andern nicht der geringste Dogmen=Hunger!

Man sagt:

die bayrische Regierung würde das Concordat künden. Die römische Kurie dürfte bei Lösung dieses Vertrages um so weniger Schwierigkeiten machen, als er den Intentionen der Kurie ohnehin nie entsprochen hat. Der päbstliche Bevollmächtigte, Cardinal Hercules Consalvi, machte beim Abschluß das ausgezeich=nete Wortspiel: Concordato, ma — non con cuor' dato!

Probestein. Erkaiser Napoleon soll gesonnen sein, das Schloß Miramare bei Triest zu kaufen und sich daselbst niederzulassen.

Das ist stark. Wenn Napoleon in dem Schlosse gut schläft, dann gibt's keine Geister!

———

Von dem Hause des Thiers soll eigentlich nur das oberste Stockwerk ruinirt sein.

Nun hat aber die Nationalversammlung eine Million bewilligt zur Wiederherstellung, was für einen Schaden wie der eben angedeutete doch zu viel wäre.

Freilich ist bei Thiers das oberste Stockwerk auch das Vollendetste und die Hauptsache.

———

In der neuesten Encyklika wird die italienische Regierung „abgeschmackt", „hinterlistig" und „unverschämt" genannt und einer „schmählichen Heuchelei" beschuldigt.

Ich frage nun: ist das nur „diplomatisch" oder ist es lehramtlich gesprochen und muß ich künftig auch sagen: ich glaube an die Abgeschmacktheit und Unverschämtheit der subalpinischen Regierung?

Rohrspatz,
Freund von solcher Diktion.

———

Und es ist doch wahr, daß der Kardinal Antonelli dem Grafen Tauskirchen das Mißfallen des Papstes über die reichsunfreundliche Haltung der Centrums=Fraktion mittheilte.

Denn der Papst wünscht mit dem protestantischen deutschen Kaiser auf gutem Fuße zu stehen.

Freilich wird dieser Fuß, wenn er noch so gut ist, immer einige Hühneraugen haben.

———

Jeder hat Recht!

oder:

Die Lehren aus den Pariser Vorgängen.

Geistliche wurden erschossen! — Natürlich, wo die Kirche Nichts mehr gilt, da ist Anarchie, Raub und Mord.

Ein Kleriker.

Gensdarmen wurden erschossen! — Natürlich, wo die Sicherheitsbehörde gestürzt wird, da hört alle Ordnung auf und die ordentlichen Bürger sind dem Untergang geweiht.

Ein Polizeimann.

Banquier Jecker wurde erschossen! — Natürlich, wenn Eigenthum Diebstahl ist, dann sind alle Besitzenden schon eo ipso Verbrecher, Geschäft und regelmäßiger Verdienst sind nicht mehr geachtet und die allgemeine Räuberei geht los.

Ein Börsenmann.

Marl. Was hört man von den Franzosen?

Sepperl. Paris zerfällt —

Marl. Mein Gott, ich glaub's.

Sepperl. In vier große Obercommando's.

Marl. Ah so. Na, da können sie noch froh sein.

Das alte ominöse und noch immer eingetroffene Sprichwort: „Es ist noch Keiner in den Tuilerien gestorben" hat für mich nichts Beunruhigendes mehr. Ich lasse sie eben nicht mehr aufbauen, dann kann man gar nicht drinnen sterben, wenn man auch könnte.

Heinrich V.

Das Mittel zur Lösung der socialen Frage ist endlich gefunden!

Im Studirzimmer eines sog. „Proletariers".

Habe nun ach, Adam Smith und Lassale
Und wie sie heißen Alle,
Und leider auch Delitzsch, den Schulzen,
Durchaus studirt mit heißem Bemüh'n.
Da wäre man ein rechter Thor,
Da müßte man arbeiten wie zuvor!
Seh'n wir, daß wir nichts machen können,
Dann heißt's in Gottes Namen: Brennen!

Ich grüße dich, du einzige Phiole,
Die ich vielleicht bereinst herunterhole.
In dir verehr' ich Nationalökonomenwitz und
Socialistenkunst!

Thiers hat, dem Widerspruch der Integritäts-Fanatiker zum Trotz, in einen Gebietstausch gewilligt, um einige Quadratmeilen sicher wieder zu gewinnen.

Besser ein Spatz in der Hand, als ein Piepstückl auf dem Dach.

Am Ende nehmen die französischen Unterhändler, wenn Ruhe eintritt und Alles in Ordnung ist, auch noch preußische Orden an.

Besser ein r o t h e r A d l e r im K n o p f l o c h, als der r o t h e H a h n auf dem D a c h.

Pariser Bemerkungen eines Deutschen.

Ehret die Frauen, sie flechten und weben,
Und legen auch Feuer daneben . . .

*

Das ewig Weibliche
Gießt mit Petroleum uns an.

*

Für Frauenehr' und hohe Tugend
Als Ritter kämpf' ich mit dem Schwert,
Jedoch mit Chassepots nach den Opfern lugend
Sind sie des Teufelholens werth.

Es ist doch besser, man verwendet sein Petroleum zum Studiren, als man verschleudert's auf Pariser Art, zumal bei uns auch noch Steuer darauf ist.

Ein deutscher Doctrinär der Demokratie.

Sowohl den Herren Neu= wie Altkatholiken bringe ich mich in geneigte Erinnerung und bitte um deren fernere Anerkennung.

Am 8. Juni 1871.

St. Medardus,
infallibler Heu = Fallibilist.

Kleine Frühstücksplaudereien.

Das Leibblatt in Stadtamhof, die Jubiläums=Gratulationsreise nach Rom besprechend, sieht sich zu folgender Ermahnung veranlaßt: „Den Mitgliedern der nächstens nach Rom abreisenden Deputation empfehlen wir dringend, sich mit ungebrannten Hagedornstöcken ꝛc. zu versehen, um der italienischen Liberalen sich nöthigenfalls erwehren zu können. Denn die italienischen Liberalen sind in neuester Zeit sehr gewaltthätig und roh. Nur fest zusammengestanden." — Muß unter sothanen Umständen eine angenehme Reise werden. Hoffentlich ist im Vatikan eine Garderobe, wo Stöcke u. dgl. abgelegt werden können. Aber auch nach der Rückkehr, in Bayern, wenn etwa das Concordat gekündigt und noch mehr gegen die Infallibilität geschrieben wird, ist ein guter Hagedorn sehr von Nutzen und Manchem oft lieber, als ein Vernunftgrund, den man ja doch nicht immer hat.

Es ist ein wahres Glück, daß es in Passau auch noch eine Presse gibt, sonst wüßten wir gar nicht, wie wir dran sind. Wie aus der Donauzeitung zu ersehen ist, stehen die Dinge folgendermaßen: „Nach= dem der Janusbewegung in München schon seit Langem das Lebenslicht ausgegangen ist, erfährt man nun auch, daß sie am Rheine von Anfang an todt geboren war." — Schönen Dank für die Aufklärung.

In der Regensburger Diöcese werden die Petroleurs doch wenigstens nur als „Liberale" im Allgemeinen hingestellt, in der Würzburger hin= gegen, nämlich im „Fränkischen Volksblatt", liest man: „Die wackeren Altkatholiken von Paris, welche die schönsten und reichsten Straßen mit den prächtigsten Gebäuden anzündeten u. s. w." Recht so! Ein guter Christ nennt das Kind beim rechten Namen. Es ist am Ende puncto Schadenfeuer dem „alten Döllinger" auch nicht recht zu trauen. Er geht so leise und schmächtig an den Mauern vorüber, wer weiß ob er nicht irgendwo einmal ein Pechkränzchen hineinwirft!

Es gibt nicht nur eine öftreichiſche Literatur, ſondern auch eine ſpecifiſche öftreichiſche Claſſicität. Der Verlag von Fr. Karafiat, Wien, Brünn und Leipzig, kündigt eine Ausgabe von Saphirs Schriften an mit der Bemerkung, daß ſich die Werke des humoriſtiſchen Journaliſten unbedingt an die deutſchen Claſſiker anreihen. Unter den Schriften der erſten Serie finden wir einige mit beſonders klaſſiſchen Titeln, z. B. „Salaterien, oder: humoriſtiſcher Eſſig und Oel"; „Bluetten, Erzählungen in getuſchter Manier".

Der ſeiner Zeit von dem Stadtamhofer „Volksblatt" — bayriſchen Volksblatt wollten wir ſagen — mit wahrem Genuß citirte Reichstagscommuniſt Drechsler Bebel hat nun ganz den Verſtand verdrechſelt. In Dresdener Blättern veröffentlicht er eine Erklärung betreffs ſeiner jüngſten Rede und behauptet bei dieſer ſchicklichen Gelegenheit: Herr Thiers und „ſeine Bande" hätten Paris mit Petroleumbomben in Brand geſchoſſen.

Bei der Schlußſcene der Wagner'ſchen Oper „Rienzi" wirft das römiſche Volk Feuerbrände in's Kapitol, jedoch ohne Petroleum, das Gebäude ſtürzt krachend zuſammen und — beſchädigte am 30. Mai eine Sängerin und einen Sänger bedeutend. Man ſoll den Teufel nicht an die Wand malen. Vielleicht vergeht ſogar dem Pariſer Publikum auf eine Weile die Luſt an grauſen Mordſpektakelſtücken, denn ſo gut, wie ſie's in natura geſehen haben, kann's ja die „Kunſt" doch nicht machen.

Das kgl. Schauſpielhaus in Berlin begeht heuer das 50jährige Jubiläum ſeiner Eröffnung. Und in 55 Jahren vielleicht das Jubiläum der Erbauung eines Parlamentsgebäudes?

Eine glückliche Stadt! Aus Wien wird geſchrieben: „Wien hat offenbar zu wenig Theater! Was wird man anfangen, wenn während der großen Ausſtellung, wo die vielen Fremden kommen, Regen eintritt?" — Nun wenn man bis dahin in der Weltſtadt da unten ſonſt keine Sorgen bekommt, die eine um der Fremden willen wird zu überwinden ſein.

Beförderungsvorſchrift im kaiſerl. königl. (öſterreichiſchen) Heere, Verordnungsblatt Nr. 14, pag. 112, § 24, lautet wörtlich: „Wenn eine außertourliche Stelle durch einen außertourlich Klaſſifizirten vermöge ſeiner Rangſtellung tourlich beſetzt wird, ſo iſt dieſe Beſetzung wie eine außertourliche zu betrachten."

Druck der Dr. Wild'ſchen Buchdruckerei (Gebr. Parcus).

Münchener
PUNSCH.

Ein humoristisches Wochenblatt von M. E. Schleich.

Vierundzwanzigster Band.

Nro. 25. Halbjähriger Abonnementspreis: in Bayern 1 fl. Im Ausland erfolgen die üblichen Postaufschläge. 18. Juni 1871.

Mit dem nächsten Juli beginnt die zweite Hälfte unseres vierundzwanzigsten Jahrganges.

Die Grundtendenz dieser nun so lange fortlaufenden humoristisch-satyrischen Chronik der Begebenheiten und Verhältnisse bleibt nach wie vor die ächt conservative.

Das Schiff, auf welchem Theseus zur Befreiung seines Landes nach Kreta gefahren und siegreich zurückgekehrt war, wurde nachher in Athen noch fast tausend Jahre zur Verehrung hergezeigt. Man hatte nämlich alles schadhaft oder faul Gewordene immer sofort reparirt oder ausgewechselt. Auf diese Art war das Theseusschiff in seinen Theilen hundert Mal ein anderes geworden und doch immer das Nämliche geblieben.

Diese Erzählung des Plutarch klingt nicht so unwahrscheinlich. Jedenfalls gibt sie ein unübertreffliches Sinnbild derjenigen Haltung, die in Wahrheit eine conservative, erhaltende genannt werden kann.

Es wird nun bald ein Jahr, daß die deutsche Staatenflotte durch einen plötzlichen Weststurm einen Stoß erlitt, in Folge dessen die meisten Schiffe mit einem neuen Kiel versehen werden mußten. Der Vorschlag, bei Bayern den Leck zu verstopfen und das Weitere abzuwarten, fiel zum Glück allein ins Wasser.

Zur Zeit will an einem noch viel größern Fahrzeug unnöthiger Weise gepfuscht und das tausendjährig bewährte Steuersystem mitten auf der hohen See umgeändert werden. Wissenschaftlich gebildete

Nautiker haben längst gewarnt und protestiren fort und fort, nicht beirrt durch die Grobheit der Matrosen und das wohldienerische Geschrei vieler Schiffsjungen.

Da wir bis zur Erreichung des andern Ufers an demselben Bord zu bleiben wünschen, so haben wir uns aus Selbsterhaltungstrieb der Opposition angeschlossen und hoffen, daß einem anständigen Theil der Passagiere Rechnung getragen wird.

„Rebus sic stantibus" wollen wir das Blatt seinen Lesern und Freunden auch für die Zukunft empfohlen haben.

In Passau.

Erster Bürger. Jetzt wird der Herr Bischof auch nicht mehr gegen den Bucher predigen.

Zweiter Bürger. Im Gegentheil. Er hat ihm nachträglich zu seinem päbstlichen Orden gratuliren lassen, hab' ich g'hört.

Ein Bischof an der Donau behauptet, die Liberalen wollten den Thron stürzen, ein anderer sagte, er wäre der Erste, der ihn unter Umständen selbst umstürzt, die Demokraten und Socialisten würden ihn jedenfalls stürzen.

All' diesem Gerede gegenüber wird erklärt, daß die deutschen und wohl auch andere Thronsäle außer der gewöhnlichen Besichtigungszeit verschlossen sind und auch dann nur von anständig gekleideten Personen unter Begleitung eines Hoftapezierers besucht werden können.

Festung Oberhaus.

Ein so schönes, geräumiges Gefängniß vor sich sehen und doch keinen einsperren dürfen, das ist eine wahre Tantalusqual.

Fahnenmeier.

Die Ursachen des französischen Unglückes waren, nach Trochu, englischer Luxus und italienische Corruption, welche in Frankreich importirt wurden.

Von „englischem Luxus", den man in Paris nachgeäfft haben soll, wüßten wir nichts als die zahlreichen Pferderennen.

Hat Trochu Recht, so wäre dieß ein Grund zur Abschaffung des Oktoberfestes, um München vor einer ähnlichen Communen-Geschichte zu bewahren.

Pimplhuber,
olympiadenmüder Einwohner.

————————

„Italienische Corruption" soll Paris verdorben haben? Möglich. Demungeachtet werden Einheimische wie Fremde zugestehen, daß es bei Unterzeichnetem immer das beste Gefrorne gegeben hat.

Tortoni,
Boulevard des Italiens.

————————

Mit herzlichem Dank für die freundliche Aufnahme schließen wir unsern diesjährigen Aufenthalt mit dem Wunsche, nächstes Frühjahr in Deutschland recht viel junge Kaiser- und Friedens-eichen vorzufinden, die uns ganz besonders schmecken, ohne daß uns die politische Bedeutung genirt.

**Das cosmopolitische Geschlecht der
Maikäfer.**

————————

In Paris hatten sie zuerst den „rothen Schrecken" und jetzt den sog. „weißen Schrecken".

Und wir hatten am Frohnleichnamstag, als wir den bischöflichen Palast anschauten, einen schwarzen Schrecken.

Ein Passauer.

Der Churfürst von Hessen hat nicht verzichtet, der König von Hannover verzichtet nicht und der Pabst wird nie verzichten.

„Liebe und Entsagung" gibt's nicht mehr, seit Töpfer sein schönes Lustspiel geschrieben hat.

Ist auch die **Germanica Natio** jemals in einem päbstlichen Schreiben „**Nobilissima**" genannt worden?

Ich kann mich nicht erinnern.

Der deutsche Michel,
Genitiv: Michelis.

Beobachtung. Die „gebornen Französinnen", die sich in deutschen Zeitungen so häufig zur Erziehung unserer Kinder anboten, sind nun ganz verschwunden. Wahrscheinlich weil sie sich auf die Resultate in Frankreich nicht wohl berufen können?

Unter die Irreligiosität der Stadt Passau gehört auch das Vorkommniß, daß eine Taufe durch eine Hebamme vorgenommen wurde.

Als aber in Rom eine Kindsmagd den kleinen Mortara taufte, war Alles recht.

Si duae faciunt idem, non est idem!

Ist es möglich, daß ein und dasselbe Land so Entgegen=
gesetztes hervorbringen kann?

Das ist französisches Produkt.

☞ Und das auch!!!

Das Viechtacher Lied von der Gloke.

Festgehangen in dem Thurme
Schwebt die Glocke, wie bekannt.
Bei 'nem lutherischen Wurme
Wird der Strick nicht angespannt.
Meint der Amtmann des Bezirks,
Trotz dem Pfarrer, er bewirkt's,
Braucht er Schlosserbub'n mit Kloben,
Und dann — läuten s' gar von oben!

In seiner Allokution an den Jägerlieutenant und dessen Compagnie sagte Bischof Heinrich: „Ich spreche als Mann, Sie verstehen mich!"

Weiß Gott im Himmel nicht im mindesten! Wenn ich weiß, was er von uns eigentlich wollte, so sollen gleich meine Aufschläge auch schwarz werden.

Ein Secondejäger.

Sechs schwarze Fahnen

am Mittelpavillon! Und warum?! Weil der Bürgermeister nicht dran glaubt.

Abermals sechs!

Und er glaubt noch nicht dran!

So sind sie schon, die „neuen Bürgermeister!"

Kleine Frühstücksplaudereien.

Deutschland ist abermals um einen parlamentarischen Körper bereichert worden, der, was Liebenswürdigkeit und Schönheit der Mitglieder betrifft, alle andern, sowohl den Reichstag als die Landtage freilich tief in den Schatten stellt. In Berlin sind nämlich die 60 Ehrenjungfern, welche bei der Einzugsfeierlichkeit in erster Reihe figuriren, zu wiederholten Berathungen zusammengetreten. Alterspräsidentin ist die Frau Oberbürgermeisterin. Ein Vorsitzender brächte es natürlich nicht über sich, in einer solchen Versammlung strenge Geschäftsordnung zu üben, oder gar eine hübsche Rednerin zur Sache zu rufen. Ganz diätenlos ist dieses Jungfernparlament übrigens nicht, indem bei jeder Sitzung seine Erfrischungen gereicht werden. Der „Militarismus" wird sich über die gefaßten Beschlüsse schwerlich zu beklagen haben.

Der kalt schwitzende Stadtvater. Der „Volksbot" nimmt den nicht mit der Prozession „gegangenen" Magistrat scharf ins Gebet. „Unsere Stadtväter, behauptet er, müßten einst sterben wie wir. Wenn nun für einen Stadtvater jene Stunde kommt, wo seine Kraft niederbricht und kalter Todesschweiß seine Stirne bedeckt" — u. s. w. Nun, dann wird er's vielleicht bereuen und denken: ich wollte ja gern noch 25 Mal mit der Frohnleichnamsprozession gehen! Was aber den „kalten Stirnenschweiß" betrifft, so wäre derselbe jedenfalls auch dann am Platz, wenn Einer gesagt hat: die deutschen Armeen hätten in Frankreich Goldquellen entdeckt und bei der Rückkehr fordern ihn welche auf: sich näher darüber zu erklären!?

Es gibt doch auch noch bescheidene Laien, die über ihre untergeordnete Stellung nicht hinaus wollen. Im Bamberger Pastoralblatt war die Frage: ob zum „ewigen Licht" auch Petroleum verwandt werden könne, bejaht worden. Darauf hin erklärt nun der Spängler Eydam in Würzburg, er könne, ohne dem Urtheil der Herren Theologen vorgreifen zu wollen — (So ist's recht!) — sogleich verbürgen, daß Petroleum sehr praktisch sei, weßhalb er seine Ewige Licht-Petroleum-Lampen von 54 Kreuzern aufwärts empfiehlt. Bravo, Spängler! Deine Bescheidenheit hat Dir geholfen. Hättest Du geschrieen: was soll man in der Kirche immer nur Brennöl nehmen, das ist nicht mehr zeitgemäß, Steinöl thut's auch, das sag' ich als Laie und verlange, daß meine Ampeln genommen werden — so wärst Du mit Recht vom jüngsten Cooperator als arroganter Bursche, der über Dinge reden will, die er nicht versteht, zurecht gewiesen worden. So aber mach' Deinen Preis-Courant bekannt. Wir aber erlauben uns, trotz dem halb unfehlbaren Bamberger Pastoralblatt, die ketzerische Ansicht auszusprechen, daß sich Petroleum für die Kirche nicht eignet, so wenig als die Altarkerzen durch Gasflammen ersetzt werden dürfen.

Vier socialistische Blätter Sachsens, besonders der „Dresdener Volksbote" erklären, daß sie die Handlungen der Commune der Nobilissima Natio überall und gegen Jedermann zu vertheidigen bereit seien. Der Mann verdient beobachtet zu werden, ob und wie viel Petroleum er kauft.

Schönsten Dank dem unbekannten Uebersender des Wiener „Morgenstern". Ganz köstlich sind die Schilderungen der Jesuitencolonie in St. Andrä in Kärnthen, im reizenden Lavanthale. Langsam aber sicher haben dort die „Väter" den ganzen Pfarrklerus, welcher anfänglich und theilweise lange Widerstand leistete, endlich im weitesten Umkreis in ihre Botmäßigkeit gezogen. Die ehedem so wackeren und loyalen geistlichen Herren, welche mit dem Volke in innigster Beziehung standen und sich nach oben und unten einer gewissen apostolischen Unabhängigkeit erfreuten, sind nun, seit etwa Jahresfrist — vollkommen gebrochene Jesuitenknechte. Die gemüthlichen Verhältnisse von früher sind gewichen. Zu spät wird der Klerus in Oestreich (und Bayern) eine schönere Vergangenheit beklagen!

Schüchtern anfangs, doch immer bestimmter berichtet man aus Rom über ein daselbst geschehenes Wunder à la Rimini, geschehen an einem Bilde über der Klosterthüre der Trinitarier. Das bedeutende publicistische Organ in Stadtamhof läßt sich ausführlicher darüber vernehmen. Zur Ehre der Trinitariermönche muß übrigens beigefügt werden, daß dieselben jede Ausschmückung des Mirakels verweigern und die Leute abtreiben, anstatt sie anzulocken. Auch in officiellen Kreisen dürfte, bei der gänzlichen Nutzlosigkeit in politischer und jeder andern Beziehung, ein näheres Eingehen auf die Sache von vorneherein abgewiesen werden.

Der bekannte Hans v. Wachenhusen hat sich in Wiesbaden mit einer Schauspielerin verehelicht. Wir wollen sehen, ob er uns von diesem neuen Kriegsschauplatz aus auch Berichte liefert. Hingegen hat sich in Carlsruhe eine Coloratursängerin mit einem jungen Banquier verlobt, was jedenfalls nicht der unglücklichste Ansatz ist, den sie je zusammenbrachte.

Anpreisungen von Sommeraufenthaltsorten liest man in großen und kleinen Zeitungen. Es werden dabei Klima, Gegend, Verpflegung und Geselligkeit nach Möglichkeit herausgestrichen. Daß man aber, wie es der Wiener „Hansjörgel" in Bezug auf Bruck an der Mur thut, auch auf die „saubern Madeln" aufmerksam macht, um alles hervorzuheben, was „Lebemänner brauchen", ist doch gewiß ächt östreichisch und schwerlich erst seit Kündigung des Concordats möglich geworden. Uebrigens stößt dem vorerwähnten Volksschriftsteller selbst die Befürchtung auf, es könnten die Wiener durch lauter „Jur" und „Hetz" allmälig in ein Stadium des Leichtsinns gerathen, das sie unfähig macht, plötzlich herantretenden Forderungen unserer unheimlichen Zeit männlich zu entsprechen.

Druck der Dr. Wild'schen Buchdruckerei (Gebr. Parcus).

Münchener
PUNSCH.

Ein humoristisches Wochenblatt von M. E. Schleich.

Vierundzwanzigster Band.

Nro. 26. Halbjähriger Abonnementspreis: in Bayern 1 fl. Im Ausland erfolgen die üblichen Postaufschläge. 25. Juni 1871.

Privat-Kabel des Punsch.

Versailles. Die Haltung der Orléans'schen Prinzen war sehr zufriedenstellend. Wenigstens stellte sich Thiers zufrieden.

Deutschland. Herr v. Bolanden hat seit zwei Tagen keinen neuen Roman geschrieben, was, wenn es noch 24 Stunden andauert, jedenfalls Aufsehen erregen wird.

Chiselhurst. „Auf dem Dache sitzt ein Greis,
Der sich nicht zu helfen weiß".

Bukarest. Der Fürst wurde in der Kammer begeistert empfangen. Das heißt: er war begeistert.

Berlin. Das Vorausreiten Wrangels mit dem Oestreicher Gablenz und dem Russen Meyendorf soll eine Demonstration zu Gunsten der „heiligen Allianz" gewesen sein. Möglich, aber offenbar nur mit dem gleichzeitigen Hinweis, daß Preußen dann ein Invalide à la Wrangel sein müßte.

Ein Programm, aber es braucht's Keiner zu halten.

Die Fraktion des Centrums im deutschen Reichstag veröffentlicht zu guter Letzt ein „Programm", mit dem Eingang: Justitia fundamentum regnorum. Folgen sodann zwei kurze Abschnitte über die Ziele, welche sich das Centrum vorsteckt. Nummer 3 aber lautet: Die Fraktion verhandelt und beschließt nach diesen Grundsätzen, ohne daß übrigens den einzelnen Mitgliedern verwehrt wäre, im Reichstag ihre Stimmen abweichend von dem Fraktionsbeschluß abzugeben.

Die Fraktion steht auf der denkbar höchsten Stufe der politischen Entwicklung. Sie hat Grundsätze, aber Niemand ist gezwungen, davon Gebrauch zu machen. Dieser facultative Charakter des Programms datirt vielleicht von der päbstlichen, beziehungsweise Antonelli'schen Nase über die Preußenunfreundlichkeit des „Centrums"? Man wahrt seinen Standpunkt, gibt ihn aber gleichzeitig Preis.

Worauf die Reiche beruh'n, wissen wir aus dem Eingang des Programms; es ist der alte Witz von der Justitia. Was aber eine solche Partei noch für ein Fundamentum hat, weiß der liebe — Fürst Löwenheim-Freudenstein.

***

Für ohnehin nicht gut gebaute Parlamentslokalitäten ist zu bemerken, daß hainbuchene Grobheit eine wenn auch starke, so doch nicht ungesunde Hitze macht, während Kieferheizung blos Rauch verursacht und auch Pech im Gefolge hat.

***

Vom 1. Juli an haben alle italienischen Ministerien ihren Sitz in Rom; auch die fremden Gesandten verlegen ihre Sitze dorthin. Der Papst hat gleichfalls noch seinen Stuhl dort.

Es ist also, wenn Jemand gesetzt werden soll, kein anderer Platz mehr da, als der Index.

***

General Trochu, der ehemalige Vertheidiger von Paris, erklärte in der Nationalversammlung: er habe auf den Beistand von Italien, England und Amerika gerechnet.

Ja um Gotteswillen, bester Herr, wo haben denn Sie das Rechnen gelernt?

Italien, England und Amerika.

———— ◆◆◆ ————

Marl. Was hat denn dieser Trochu immer mit seiner „Rhein-Armee"? Die Franzosen haben ja den Rhein gar nie g'seh'n, außer später beim Sockenwaschen.

Sepperl. Mein Gott, es ist halt die alte Geschichte von dem Fuhrmann. Es thut so Einem wohl, wenn er nur davon reden kann.

— ◆ ◆ ◆ —

Ist dieser Trochu nicht auch Autor eines noch nicht aufgeführten „geheimen Kriegsplanes"? Wie mochte er sich denn damit Mühe geben, wenn er doch überzeugt war, daß englischer Luxus und italienische Corruption die ganze Geschichte schon verdorben hat?

Bei dem Manne scheint's etwas zu „rappeln", wie man sagt. Er thäte am besten, zu schweigen oder höchstens — schwarze Fahnen auszuhängen.

—◆◆—

„Helden laßt die Waffen ruh'n,
Nehmet den Pokal zur Hand" —

dieser Text paßt nicht für die Rückkehr unserer Krieger. Es würde vielmehr besser heißen:

Helden laßt die Podewils ruh'n,
Nehmet jetzt die Werber zur Hand.

—— ━ ——

Bayrische Journalstimmen über die neueste Erklärung Döllingers und Genossen.

„Die neueste Erklärung Döllingers und Genossen, welche offenbar kompilirt und nicht aus Einer Feder geflossen ist, wird nicht verfehlen einigen Staub aufzuwirbeln. Neues aber ist in ihr nicht enthalten, sondern alltägliche Behauptungen, die bald Jedem geläufig sind." — Donauzeitung.

„Dieses neue, von Halsstarrigkeit, infernaler Bosheit und obligater unfehlbarer Bornirtheit strotzende Machwerk wird der Volksbot, sobald die hohe Jubiläumsfeier des hl. Vaters vorüber ist, näher beleuchten." — Volksbote.

„Die Erklärung Döllingers und seiner Genossen gegen die gemein= samen Hirtenbriefe der deutschen Bischöfe ist endlich erschienen und liefert den Beweis, daß die Herren Kaltkatholiken bereits völlig am Berge stehen." — Straubinger Tagblatt.

„Die Erklärung hat nur für die liberalen Blätter besondere Bedeut= ung, insoferne sie wenigstens auf ein paar Tage wieder wissen, womit sie ihre Spalten füllen sollen." — Fränkisches Volksblatt.

„Jämmerlich seichtes, mit perfiden Schmähungen gespicktes Machwerk, das einem Gymnasialschüler einen Dreier zuziehen würde." — Joseph Schmidbauers „Neues bayerisches Volksblatt".

Das Dogma ist nicht die einzige Spaltung. Auch andere Zweifel tauchen auf. Ich weiß zum Beispiel jetzt nicht, soll ich an die Streber'sche Katzenmusik glauben, oder nicht?

Pimplhuber.

Verſchiedene und gänzlich unzuſammenhängende Erziehungs-Methoden in Frankreich.

Vincenz von Paula. Komm, Kleiner, ich will dich in allem Guten und Schönen unterrichten.

Siehſt du, mein Junge, das ſchöne Haus dort? Da haſt du Zündhölz-chen, das zündeſt du an. Deine Schweſter hat ſchon Petroleum hingegoſſen.

Ein Tirolerblatt schreibt: „Merkwürdig ist die Beobachtung, die man hier machen wollte, daß die Witterungsverhältnisse genau mit den Zeitverhältnissen übereinstimmten. Mitte Juli des vorigen Jahres, wo der Krieg zwischen Frankreich und Preußen ausbrach, keine gute Witterung, bis der Friede geschlossen war; dann wieder schlechte Witterung, so lange der Bürgerkrieg dauerte."

Nun, wir dächten: von Mitte Juli des vorigen Jahres an wären auch noch andere Dinge vorgekommen, die mit dem schlechten Wetter zu vergleichen für sie noch schmeichelhaft wäre.

Neue Aesthetik.

Anbeter. Ich liebe Sie so sehr — schneiden Sie mich auf, und Sie werden Ihr Bild sehen!

Dame. O Sie Mu— Wildfang wollt' ich sagen.

Tatschler. Der deutsche General Fabrice hat ja in Versailles einer Soirée des Hrn. Thiers beigewohnt? Mag auch nicht die angenehmste Aufgabe sein, in der Situation Unterhaltung zu pflegen.

Pimplhuber. Ich würde da nur ein einziges Wort sprechen, und das heißt: „Bezahlen"! Kommt Einer auf mich zu und sagt: Na, enfin haben wir ja doch schöneres Wetter? — Bezahlen! — Dürfen wir Ihnen nicht den Café im Garten anbieten? — Bezahlen! — Haben Sie Familie zu Hause? die wird sich auf Ihre Rückkunft freuen! — Bezahlen! — Ich habe die Ehre, Ihnen hier die Prinzen von Orleans vorzustellen, die vielleicht nächstens den Thron besteigen. — Bezahlen!

Sonst heißt es: Do ut des.

Zu den Feldherrn aber sagt das dankbare deutsche Vaterland: Doto, quia dedisti.

Bei der Jubiläumsversammlung im Glaspalast trat ein frei=
williger Etymologe, der sogar einen Druck auf die Universität
ausüben soll, mit der Behauptung auf: die Worte alt= und
neukatholisch seien ein sprachlicher Unsinn, denn katholisch
heiße allgemein.

Nun, katholisch heißt eigentlich: sich über das Ganze, d. h.
die ganze Erde erstreckend, im Gegensatz zur Bezeichnung nach
Nationen. So gut man also sagen kann: altenglisch, altdeutsch,
kann man auch sagen altkatholisch, d. h. von Alters her sich über
das Ganze erstreckend, und neukatholisch, erst neuestens allgemein
geworden oder werden wollend. Warum das ein „sprachlicher
Unsinn" sein soll, darüber ist der Mann den näheren Beweis
schuldig geblieben. Pflanzenöl ist altallgemein, Petroleum neu=
allgemein.

Kleine Frühstücksplaudereien.

In der „Neuen Freien Presse" gibt ein Herr W. v. R. (in Wien
ist alles „von") unter dem Titel „Streifzug durch Deutschland" ein
Feuilleton aus München, von dem man wirklich nicht weiß, ist die Fad=
heit des Inhaltes größer oder die Schamlosigkeit, womit der Scribler
sein Zeug als Schilderung einer deutschen Stadt auszulegen wagt. In
Betreff des Nichtausbau's des Marimilianeum löst er sich von einem
„Eingebornen" sagen: „Wir hatt'n halt kein Geld, lassen's nur erst das
viele französische Kriegsentschädigungsgeld kumma". Das „Lolahaus"
gibt ihm Stoff zu spezifisch Wienerischer Geschichtsphilosophie. Einen
dicken Freund im Hofbräuhaus will er gefragt haben, ob's denn in
München gar kein gutes Bier gibt, worauf ihn derselbe in ein Cafe
gewiesen habe, wo man Schwechater schenkt. Nun, an Esprit ersticken
derlei Donau=Pariser nicht.

Es scheint fast als ob, seit der Pabst unfehlbar ist, unterschiedliche
Bischöfe dafür eingebüßt hätten. Auch der von Mainz hat sich, wie man
im gemeinen Leben sagt, arg „verhauen", indem er an Firmlinge eine
zornige Ansprache hielt und darin die badischen Sonntags=Zeich=
nungsschulen als Teufelswerk bezeichnete. Allgemeines Erstaunen
und Kopfschütteln; die Pathen schämten sich förmlich für den Bischof vor
den Firmlingen. Zeichnen ist keine knechtliche Arbeit, die Zeichnungs=
stunden fangen immer erst nach beendetem Gottesdienste an und fallen
an höheren Feiertagen ganz aus, was soll also da der Teufel dabei zu
thun haben?

Deutschland emancipirt sich immer mehr von Frankreich. Das chemisch präparirte Papier für Photographien wurde bisher fast ausschließlich aus einer Fabrik in Paris bezogen. Zur Herstellung dieses wichtigen Produkts in großem Maßstab gehört einmal gänzliche Metallfreiheit und anderseits Metallreichthum. Das Wasser muß nämlich von metallischer Beimischung gänzlich rein sein, die Unternehmer hingegen müßen ausreichendes Metall besitzen. Eine im Sächsischen neu entstehende Fabrik soll in beiden Richtungen entsprechen. Hoffentlich werden die Anhänger der Herren Bebel und Liebknecht keinen Petroleumstrich durch die Rechnung machen.

———

„Wiener Takt". Der Hansjörgel führt es mit Befriedigung als einen besonderen Beweis des Wiener Taktes an, daß zu den Einzugs-Feierlichkeiten in Berlin kein Extrazug arrangirt, und auch kein Ballon von einem Wiener gemiethet wurde. Uebrigens versichert der brave Hansjörgel, daß er den Berlinern ihre Festesfreude gerne vergönnt; die Wiener würden's ebenso machen.

———

Das „Fränk. Volksblatt" ist natürlich sehr entrüstet darüber, daß in Viechtach beim Begräbniß eines Protestanten von Bezirksamts wegen die Glocken in Bewegung gesetzt wurden. Was, ruft das Blatt aus, würde man sagen, wenn ein solcher Gewaltakt an einer protestantischen Kirche oder an einer Synagoge begangen worden wäre! Da möchte einem freilich das Schnabahüpfl einfallen:

Dös is a G'schicht,
Und bös is verkehrt,
Wenn ma' drunt' in der Synagog'
Gebetläut'n hört!

———

Zu Anfang des neuen Semesters effectuiren

 alle Postanstalten Deutschlands

halbjährige Bestellungen.

Preis in Bayern 1 fl., in Preussen 23 Sgr., in Oestreich 1 fl. 85 Nkr., in der Schweiz 3 Frcs. 20 Cent.

———

Druck der Dr. Wild'schen Buchdruckerei (Gebr. Parcus).

Münchener

PUNSCH.

Ein humoristisches Wochenblatt von M. E. Schleich.

Vierundzwanzigster Band.

Nro. 27. Halbjähriger Abonnementspreis: in Bayern 1 fl. Im Ausland erfolgen die üblichen Postaufschläge. **2. Juli 1871.**

In der Antwort an die germanische Beglückwünschungs-Deputation erklärte der Papst, daß er Nichts beutsch verstehe — (was wir bereits lange gemerkt haben) — da aber lateinisch oder französisch den meisten Deputationsmitgliedern ebenfalls unbekannt sein dürfte — (in Bezug auf das Französische ein schlechtes Compliment!) — so werde er ihnen i t a l i e n i s c h antworten!

Zwischen einem bayrischen Deputationsmitglied und einem Schweizer Thürsteher soll sich vorher folgendes Gespräch entwickelt haben: Verstehen Sie lateinisch oder französisch? — Keines! — Aber doch italienisch? — Da versteh' ich noch eher lateinisch oder französisch.

— • • • —

Graf Beust that den merkwürdigen Ausspruch: Die Prosperität und das Ansehen Oestreichs hätten durch die Nichtbetheiligung am Kriege nur gewonnen.

·Sehr wahr. Ich glaube aber, daß dieß bei F r a n k r e i c h, wenn es sich nicht betheiligt hätte, n o c h m e h r der Fall wäre.

Thiers,
Beust von Frankreich.

Kaiser Napoleon soll zu dem Führer der ihm huldigenden Kanalräumer von Greenwich gesagt haben: „Ich fühle mich Ihrer Zunft um so mehr verbunden, als es gerade auch ein Engländer war, der meiner Frau den Abzug aus Frankreich offen gehalten hat."

———•••———

In Anbetracht der 400,000, meist falschen Denunziationen, welche bei der Pariser Regierung eingelaufen sind, ist es eine wahre Herzens=erleichterung, daß die neueste päpstliche Bezeichnung „nobilissima" für die gallische Nation doch keine Entscheidung ex cathedra bildet, son=dern cum grano salis zu nehmen ist.

———•••———

An Allem sind die Preußen Schuld! Nach Trochu auch an der Commune und der Verbrennung von Paris.

Es ist ein wahres Glück, daß er ihnen wenigstens seinen geheimen Kriegsplan nicht in die Schuhe schieben kann!

———•••———

Rochefort zittert fortwährend wie ein Espenblatt.

Da sollte er sich doch lieber sein eigenes Blatt zum Muster nehmen, das hat nicht gezittert.

———•••———

Wenn Etwas in die Passauer Zeitung eingewickelt ist, ist es dann auch eine Sünde, sie zu halten?

———•••———

Die norddeutsche Armee bekommt nun weißeres Brod. Es ist nicht mehr der frühere Commißteig, es sind aber auch keine Semmeln, sondern ein Mittelding, eine Art Compromißbrod.

———•••———

Die Grundursachen der Commune=Pest.

„Das Leben ist der Güter höchstes nicht" — das ist bekannt, denn es steht eher niedriger als der Güterwerth im Allgemeinen.

„Der Uebel größtes" aber soll die Schuld sein? Gott bewahre. Nach der Wohllust, womit das neue französische An= lehen in ganz Europa aufgenommen wird, klingt das lächerlich. Der gegen Döllinger aufgelegte Protest, der doch nichts kostete, ist nicht so froh und freiwillig unterzeichnet worden, als jetzt in Frankreich die Subscriptionsbogen; da heißt's in der That: „Mit Freuden", „von Herzen". —

Nein, der Uebel größtes ist der liberale Katholizismus, so lautet der neueste nationalökonomische Satz, den unsere Rompilger mitgebracht und wahrscheinlich nicht ohne Mühe über die abgeris= senen Bahnstellen und Uferdämme herübergeschleppt haben. Ja, er ist noch schlechter als der Communismus, denn — er (der liberale Katholizismus nämlich) — erzeugt denselben, den Com= munismus.

Wer etwas Schlimmes erzeugt, ist natürlich noch schlimmer als das Erzeugte, da heißt es: Filio malo pater pejor. Wer hingegen etwas Gutes hervorbringt, ist folgerichtig noch besser als sein Produkt, was für manchen Dogmenvater keine kleine Schmei= chelei sein mag.

Also der „liberale Katholizismus" erzeugt den Communismus! Der hl. Vater hat dieß seiner Zeit dem seligen Grafen Montalem= bert, der auch ein liberaler Katholik war und deßhalb nur ein Requiem untergeordneten Ranges erhielt, selbst gesagt. Welch' ein Glück für Montalembert, daß er gestorben ist, sonst wäre dieser große, edle, geniale Mann vielleicht jetzt bei der Commune gewesen und als Petroleur erschossen worden. Wie die russischen Nihilisten, die ihre Existenz schon vor Jahren durch großartige Brandstiftungen signalisirten und bis vor Kurzem gleichsam an

der Spitze des Communismus marschirt sind, trotz ihrer Ortho-
dorie so weit gekommen sind und ob die Fenier, die beiläufig die
Ziele der Commune verfolgen, gerade die liberale Nüance des
Katholizismus vertreten, und ob der Brigantaggio, wenn er sich
seuchenmäßig über ein ganzes Land ausbreitet, wie z. B. über
Neapel und Sizilien, etwas Besseres ist als der Communismus
und man gar dabei ein g u t e r Katholik bleiben kann, diese sich
dabei aufdrängenden Fragen an den hl. Vater zu richten, wäre
natürlich unehrerbietig gewesen.

Wenn aber Jemand über die edle, wenn auch nur kanonische
Abkunft, die man ihm zuschreibt, lacht, so ist es sicher nur der
Communismus.

***

Pimplhuber. Es kommt mir vor, als ob bei dem gegenwärtigen
europäischen Entwicklungsproceß der Parlamentarismus gar keinen Zweck
hätte.

Tatschler. Warum denn?

Pimplhuber. Nun zuerst will der Reichstag Alles verweigern,
bleiben aber die Minister ein bischen fest, so wird im Gegentheil Alles
bewilligt.

Tatschler. Sprechen Sie vom deutschen Reichstag?

Pimplhuber. — Nein, vom öst rei chi sch en.

Tatschler. Sie könnten aber auch vom deutschen gesprochen haben.

Pimplhuber. Ja wohl.

***

Dieser Herr Bischof von Passau ist nicht nur ein g u t e r
Hirte für die Infallibilisten, sondern auch für die Altkatholiken,
ja selbst für Protestanten, Juden, Rationalisten u. s. w.

Denn diese Alle w e i d e n sich k ö s t l i c h an seinen Handlungen und Produkten.

Privat-Kabel des Punsch.

Paris. Trochu erzählt in der Nationalversammlung weiter: Auch die Kaiserin Eugenie beruht auf einer preußischen Intrigue; sie ist eine geborne Berlinerin, und spielte früher in der Friedrich Wilhelmstadt die Pretiosa. Da man bei ihr Talent zum Ultramontanismus entdeckte, so wurde sie nach England geschickt, wo eine eigene Anstalt besteht, in der man Spanierinnen macht, und wo früher auch die Lola auf preußische Kosten präparirt wurde, um Bayern zu Grunde zu richten. Nachdem Eugenie vortrefflich gelungen war, wurde sie dem Kaiser Napoleon zugeführt, der richtig in die Falle ging. Ob der kaiserliche Prinz ächt ist, oder ob er von Berlin nachgeliefert wurde, weiß General Trochu nicht zu sagen, doch hat ihm ein Bekannter mitgetheilt, es bestehe daselbst ein kleiner Fröbel'scher Dauphingarten, in welchem Kinder der verschiedensten Physiognomien gesammelt und ernährt werden, um sie gegebenen Falls irgendwo als Thronerben unterschieben zu können. Die Kammer war erstaunt über diesen großartigen Apparat, womit Preußen ganz Europa umgarnt und dankte dem General Trochu für seine höchst merkwürdigen Enthüllungen.

———

Passau. Für den neuesten Hirtenbrief beschließt das Casino eine Danksagungsadresse. Der Inn tritt aus.

———

Europa. Ein Prophet äußerte: wenn es so fortgeht, wird ganz Europa eine Zeichnungsschule auf Staatsanlehen.

———

Marl. Also wird wirklich Keiner mehr kirchlich begraben, der nicht an die Unfehlbarkeit glaubt!

Sepperl. Das hat keine Bedeutung. Wenn sie einmal keinen Solchen mehr sterben lassen, das wird Aufsehen machen.

———

Ich wundere mich über den Passauer Hirtenbrief gar nicht. In einer Zeit, wo man neue Glaubensartikel macht, kann man auch neue Sünden machen.

Pimplhuber,
liest nebenbei bemerkt die „Passauer Zeitung" nicht
fühlt dessenungeachtet sich jedoch von Sünden
nicht frei.

In der Passauer Zeitung ist alter Pappendeckel zum Verkauf ausgeschrieben.

Wenn nun Einer, der solchen braucht, zufällig von dieser Ausschreibung reden hört, hingeht und den genannten Artikel kauft, hat er dadurch nicht die Wirksamkeit einer Annonce in der Passauer-Zeitung thatsächlich festgestellt, ihr also indirekt empfehlenden Vorschub geleistet? Wäre es für ihn nicht besser gewesen, in den Himmel zu kommen, als mit so und so viel altem Pappendeckel in die Hölle?

Hoffentlich erscheint in Bucher's Verlag bald eine Broschüre über die zeitlichen und ewigen Consequenzen des jüngsten Hirtenbriefes.

Wenn es eine Sünde ist, die Passauerin zu lesen, ist es dann ein gutes Werk, sich auf die Donauzeitung zu abonniren?

Wie heißt der Vers im Faust?

„Heinrich, mir graut vor Dir?"

In Anbetracht, daß Heinrich die Tragweite seiner Handlungen nicht recht zu beurtheilen scheint, möchte ich verbessern:

„Mir graut für Dich!"

Am Postschalter.

Hausknecht. Um Gottes willen, Herr Postbeamter!

Beamter. Was ist's denn?

Hausknecht. Ich soll die Donauzeitung holen, Sie haben mir die Passauerzeitung 'geben, ich hab' s' g'lesen, das is eine schöne G'schicht', jetzt dürfen wir heut noch Alle Zwei zum Beichten gehen!

Beamter. Da haben S' noch eine Probenummer vom vergrößerten Nürnberger Anzeiger. Lesen S' die auch noch dazu, damit's wenigstens der Mühe werth ist!

Daß man mit Esels Kinnbacken siegreich um sich schlagen kann, wissen wir. Ob sich aber mit einem Menschen Kiefer anständig parlamentarisch kämpfen läßt, scheint noch die Frage.

Kleine Frühstücksplaudereien.

Die „Dresdener Nachrichten" beklagen sich über die vielen schlechten Reimereien, welche Krieg und Sieg im deutschen Reich erzeugt haben. Unter Anderem ist dem Blatt ein Gedicht zugekommen, in welchem es heißt:
„Und der Soldat ruft aus jedem Gliede
Heil Kaiser Wilhelm und der Friede!"
Zu den schönsten Erzeugnissen der Kriegspoesie gehört aber doch schon ein im Jahre 1866 in München erschienenes, in dem es hieß:
„Schneddere däng, däng, däng,
Die Schlacht zieht sich in die Läng', Läng', Läng'!"

Wir bleiben die Alten! sagte Offenbach und ging nach Paris um — wie sonst — an einer neuen Oper zu componiren. Es geht gewiß nicht lange her, so spielt man in den „Variétés" ein Vaudeville: „La belle pétroleuse."

Die böse Welt! Die Passauer Zeitung weist in ihrer Abonnementseinladung darauf hin, daß das Lesen derselben vom Bischof für eine Sünde erklärt worden sei und benützt dieß gleichsam als empfehlendes Moment.

Die Donauzeitung hetzt ein klein wenig gegen die Verfügung, daß in den Kirchen Gedenktafeln angebracht werden sollen zum Andenken derer, welche gefallen sind bei der Abwehr der Furia francese von Deutschlands Boden. „Wie, meint das bischofstädtische Blatt, wenn etwa gar ein Geistlicher den ganzen letzten Krieg als ein unermeßliches Unglück für die katholische Kirche betrachten würde? So einfältig wäre die Ansicht nicht.“ Statt „Krieg“ ist wohl zu lesen „Ausgang des Krieges!“ Was die Franzosen, namentlich in den oberen Schichten, die Offiziere und Gebildeten für prächtige Katholiken sind, wissen wir. Ihr Sieg hätte also dem katholischen Glauben und der Religiosität gewiß nichts genützt! Der alte Schwindler, der sich jetzt in Chiselhurst Kataplasmen machen läßt, hätte freilich gewisse Aeußerlichkeiten auch ferner und in noch ausgedehnterem Maße benützen können, um seine Intriken zu maskiren. Die französische Corruption selber hätte sich aber nur verallgemeinert. Wir hätten vielleicht ein Stück Kirchenstaat, aber daneben den großartigsten „innern Abfall“, beziehungsweise Glaubens-Bankerott. Dieß unsere Ansicht von dem „unermeßlichen Unglück“.

„Rerum cognoscere causas!“ ist der Wahlspruch aller ernsten Forscher. Eine Anzahl Franzosen ist nun mit diesem Streben zu einem Resultat gekommen und hat dasselbe gelegentlich eines Gratulations-schreibens an Pius IX. einfließen lassen. Der Satz lautet nach dem Volksboten: „Dafür, daß Frankreich die päbstlichen Staaten hat theilen (?) lassen, wurde unser unglückliches Vaterland selbst getheilt.“ Oestreich hat doch seiner Zeit dem Pabst gewiß Nichts zu Leid gethan, im Gegentheil: das Glück Preußens bei Königgrätz wurde namentlich durch das Concordat und seine Folgen erklärt. Das Glück Preußens gegen Frankreich soll nun gerade die entgegengesetzte Ursache haben, nämlich weil letzteres sich vom Pabst abgewendet. — Preußen selbst werden die Erklärungsresultate, zu welchen die verschiedenen Forscher gelangen, natürlich „Wurst“ sein, wie Bismark zuweilen sagen soll.

Ein bewährter Schätzmann in der „Donauzeitung“ Nr. 147 schreibt: „Der letzte Jesuit ist noch mehr werth, als alle deutsch-wissenschaftlichen Professoren miteinander.“ — Da könnte man wirklich neugierig werden was die liberale „Passauerin“ drauf antwortet, wenn's nur keine Sünde wär', sie zu lesen.

Druck der Dr. Wild'schen Buchdruckerei (Gebr. Parcus).

Münchener

PUNSCH.

Ein humoristisches Wochenblatt von M. E. Schleich.

Vierundzwanzigster Band.

Nro. 28. Halbjähriger Abonnementspreis: in Bayern 1 fl. 9. Juli 1871.
Im Ausland erfolgen die üblichen Postaufschläge.

Zu Anfang des neuen Semesters effectuiren

☞ alle Postanstalten Deutschlands halbjährige Bestellungen.

Preis in Bayern 1 fl., in Preussen 23 Sgr., in Oestreich 1 fl. 35 Nkr., in der Schweiz 3 Fres. 20 Cent.

Privat=Kabel des Punsch.

Versailles. Die Nationalversammlung gönnt sich keine Ferien, sondern verspart sich Alles auf den Altweibersommer.

Rom. Victor Emanuel wollte den Pabst besuchen. Es wurde ihm aber gesagt, der Gefangene sei nicht zu Hause.

München. Authentischen Mittheilungen zufolge ist die altkatholische Bewegung schon vor vier Wochen eingeschlafen. Prof. Zenger's Leichenzug wohnten 20,000 Schlafwandler bei. Einem, der die Para= mente haben wollte, wurde erwidert: „Was träumt Ihnen denn!"

Persien. · Wie doch diese europäischen Zeitungen lügen! Die Nachricht von der dahier herrschenden Hungersnoth war furchtbar übertrieben. Im Gegentheil sind mit der letzten Karawane 10,000 Flaschen „Boonecamp of Magenbitter" eingetroffen und wurden 1000 Fäßchen Häringe umgehend in Hamburg bestellt. — Nachschrift: Gestern war bei Hof Diner. Heute ist das diplomatische Corps und die hohe Aristokratie zu einer „Sauren Leber dansant" ins Palais befohlen.

Algier. Die aufständischen Araber werden nächstens aufgefordert, gewisse Bezirke sofort zu räumen, da dieselben den auswandernden Elsässern angewiesen sind. Bei guter Aufführung können sich die Wüstensöhne später als Neu=Elsäßer zweiter Klasse in der Nähe ansiedeln.

Eine Extrabelohnung für Feldherrnkunst ist nichts Neues. Auch ich erhielt eine Dotterdation.

General Schweppermann.

„Die Haare auf Eurem Haupte sind alle gezählt".

Das ist sehr schön, wir wollten aber lieber: die Kriegscontribution wäre gezählt!

Die preußischen Kriegskassa-Beamten.

Hinterlader-Steigerungsgrade.

Positiv. Dreyse.
Comparativ. Chassepot.
Superlativ. Werder.

„Wir haben zwei Milliarden verlangt und fünfe erhalten!"
So lautet der triumphirende Ruf der französischen Presse.

Hoffentlich geht es mit Deutschland, welches fünfe verlangt,
nicht umgekehrt.

Die Pariser Armee hat, nach Thiers, die Civilisation gerettet.

Wie ist das zu verstehen? Die französische Civilisation? Möglich.
Aber dann wäre es für Thiers Zeit, seinerseits wieder diese Rettung
zu civilisiren!

Oder haben auch wir Deutsche uns bei Mac-Mahon zu bedanken?
Wir thun's ja gerne, nur — darf uns dafür nichts abgezogen werden.

Die Zahl derer, welche in Paris während der Herrschaft der
Commune verrückt wurden, beträgt 500.

Wer aber zählt diejenigen, welche nach und in Folge der
Commune noch nicht — gescheidt geworden sind?

Bei der Debatte über das Pabstjubiläum rief ein liberaler Deputirter
einem Carlisten zu: Sie sind ein Schweinigl.

Das habe ich gar nicht gewußt, daß „Schweinigl" ein spanisches
Wort ist! Das muß ich mir gleich notiren.
Philologus.

Nach der spanischen Cortessitzung, in welcher sich die Deputirten beschimpft und geprügelt hatten, wurde Serrano mit der
Bildung eines neuen Ministeriums beauftragt.

Da wäre es doch angezeigter, wenn er mit der Bildung
der Deputirten beauftragt würde?

Dem heiligen Vater soll gar gerathen worden sein, ein Asyl in Corsica zu suchen!

Der Repräsentant der göttlichen Liebe auf dem klassischen Boden der Blutrache! Das möchte denn doch nicht passen.

Zwar — heut' zu Tage geschieht gar Manches!

—————

Früher war es unter Bischof Heinrich eine Sünde, die „Donauzeitung" zu lesen. Jetzt's ist's eine Sünde, die „Passauer Zeitung" zu lesen.

Ich möchte nur wissen, wann in der Diöcese das Lesen einmal eine Tugend ist?

—————

Die Pariser Truppenrevue konnte so lange nicht stattfinden, weil der Boden vom Regen so aufgeweicht war.

Nur vom Regen? Nicht auch vom Blut?

Uebrigens hat der französische Boden auch keine Aussicht, sobald fest zu werden, da die Franzosen immer wieder vom Regen in die Traufe kommen.

—————

Unter der Sonne gibt's nichts Neues, aber in einem Jahrgang, wo so wenig Sonne scheint, taucht doch hie und da ein Novum auf. So heißt es in den hist. politischen Blättern, die Pariser communistische Revolution hätte für Frankreich ihren Vortheil, weil es nun das hinter sich habe, was Deutschland noch fürchten muß, ungefähr wie man von einem Verstorbenen sagt: „Er hat's überstanden und uns steht's bevor". — Wenn aber eine Commune so sicher und nothwendig eintritt wie der Tod, warum schiebt man sie dann dem „liberalen Katholizismus" in die Schuhe? Eine andere Ueberraschung liegt in dem französischen Satze: „Das Ergebniß des neuen Anlehens ist die Wiedergeburt Frankreichs". Eine Schuldenlast von fünf Milliarden — um den Preis möchte auch nicht Jeder „wieder auf die Welt kommen!"

—————

Die bekannte Dionysius = Statue. *)

Will man heut' zu Tage lauter solche Heilige als Bischöfe?

---

*) U. A. auch in der Kirche von Mittersendling, aus dem säfulari=
firten Schäftlarn stammend. Bildhauerarbeit aus der besten Zeit.

In einer boshaften Anwandlung sucht die „Norbb. Allg. Ztg." den Geistlichen zu beweisen, daß sie sich eigentlich in gar kein Parlament wählen lassen könnten, da ihnen das Jus canonicum ausdrücklich verbietet: in palatiis saecularibus disputare.

Hierauf ist zu bemerken, daß das Lokal, in welchem der letzte Reichstag tagte, nur ein Zugloch war und auch der neue Bau kein Palatium, sondern eine Barrake wird.

Bebel und Liebknecht mit ihrem Motto: „Friede den Hütten, Krieg den Palästen" werden gezwungen sein, auch dieses Mittelding in ihren Wahlspruch aufzunehmen, etwa so lautend: „Unterminirung den Bewilligungsbuben!"

----❀----

Domherr v. Lämmers, von Rom zurückkehrend, hatte den Auftrag, dem Stiftsprobst v. Döllinger das noch immer andauernde Wohlwollen des Pabstes zu vermelden.

Der große Döllinger aber gab ihm die wahrhaft niederschmetternde Antwort: „Dieses Wohlwollen kann nur meinem Körper gelten, denn mein Geist ist ja im Banne!"

Da nun der körperliche Döllinger an Umfang und Gewicht äußerst wenig ausmacht, so wird wohl auch das päbstliche Wohlwollen im Verhältniß dazu stehen!

----◆----

Das Größte am körperlichen Döllinger ist die bekannte gebogene Nase, zugleich auch das einzige einiger Maßen „Römische" an ihm.

Wie Schade, daß dieselbe nicht im Stande ist, das so schöne Compliment aus Rom zu erwidern!

----◆----

Kleine Frühstücksplaudereien.

Während die Berichte in den großen englischen und deutschen Blättern das Verhalten der Römer gegenüber den päbstlichen Jubiläumsgästen übereinstimmend als ein passives, höchstens stellenweise humoristisches bezeichnen, melden die Rompilger selbst in Organen wie „Bayr. Volksblatt", „Donauzeitung" von Insulten und sogar gefährlichen Bedrohungen Seitens der „Liberalen". Charakteristischer Weise erklärt aber der Schreiber meistens: „Zwar — mir ist nichts passirt, ich für meinen Theil könnte nicht klagen!" Einige Neulinge haben sogar nicht übel Lust, die Verunreinigung der Treppen, die Taschendieberei, die Zudringlichkeit des Bettelvolks — was doch alles unter der vollen Pabstherrschaft ebenso herrlich geblüht hat — auf Rechnung der gegenwärtigen Opposition gegen Pio IX. zu setzen! O sancta —!

Seit fast Jahresfrist ist der deutsche Pegasus gezwungen, zu galopiren und noch dazu in feldmäßiger Ausrüstung; kein Wunder, wenn das arme Best bereits krumm geht und sogar „räß" zu werden droht. Beim Truppeneinzug in Stuttgart trug ein Triumphbogen folgende Umschrift, an der sich hoffentlich Niemand eine Beule gestoßen hat:
    „Die ihr des Königsruf gefolgt und großes unternommen,
    Des Vaterlandes Retter wart, heißt Euer Fürst willkommen!"
Ein solcher Vers an der Schwelle des klassischen Buchhandels, der privilegirten Wiege von Schiller's, Goethe's u. „sämmtlichen Werken!" — Wohlthuend wirkt in dieser Wüste eine Oase im Algäu, wir meinen einen Festprolog von Allfeld, der dort gelegentlich einer Theatervorstellung zum Besten des Invalidenfonds gesprochen wurde.

Ueber den Widerspruch zwischen Bismark und Antonelli fällt der Reichstagsabgeordnete Ss (Schels?) im „Bayr. Volksblatt" folgendes Verdikt: „Was die Persönlichkeiten anbelangt, so halten wir Antonelli einer Lüge nicht für fähig." Aber —?

Noch eine Autorität: Alban Stolz erklärt, es sei nicht nur Sünde, sondern sogar eine schwere Sünde, nach erhaltener Belehrung eine antichristliche Zeitung dennoch zu lesen. Die „Donauzeitung" scheint übrigens dispensirt zu sein und die Erlaubniß zu haben, jeden Tag, ob Fasttag oder nicht, die „Passauerin" behufs Wiederkäuung zu benützen.

Der ausgezeichnete Schriftsteller Freytag liegt an den Blattern darnieder, während sein Roman „Soll und Haben" die 16. Auflage erlebt. Hoffentlich werden die Blattern auf ewige Zeiten sowohl aus seinem Soll wie aus seinem Haben verschwinden.

Was ist gescheidt? — Mehrere Blätter erzählen: am päbstlichen Jubiläumstag habe der Erzherzog Franz Carl Joseph den päbstlichen Nuntius in Wien zur Gratulation besucht und als er in den Vorzimmern mehrere Wiener Bürger als Vereinsbeputationen antraf, sagte er zu denselben: „Das ist gescheidt!"

Pfarrer Reustle von Mering veröffentlicht eine populär gehaltene „Abwehr", worin sich u. A. eine schlagende Stelle findet. „Man will, sagt Hr. Renstle, nur von einem päbstlichen Lehramt sprechen, aber das seien nur leere Worte, denn der Papst ist es, der lehrt; man sage ja auch nicht: das Pfarramt habe gepredigt, sondern der Pfarrer".

Nachdem unlängst ein Münchener Blatt in den Variolen, die einen Abreßunterzeichner hingerafft hatten, den Finger Gottes erkannte, bezeichnet nun der Bürgermeister von Penzing bei Wien (siehe Wiener Vorstadtzeitung) die Rinderpest als die strafende Hand Gottes. Es ist wirklich abscheulich, wie manche Leute, die sich noch dazu für die einzig richtigen Christen halten, aus der Gottheit eine förmliche Contagienquelle machen!

Die berühmte Romanschriftstellerin Gräfin Ida Hahn=Hahn veröffentlicht einen Rechenschaftsbericht über die Damensammlung zur Gründung einer infallibilistischen Universität. Monatsergebniß 157 fl. Eine Reihe von Gräfinen figurirt dabei mit Beiträgen von 1 fl. 12 kr. Auf diese Art werden die Spenderinnen den Heranwuchs einer Stubentenschaft nach ihrem Sinn wohl kaum erleben!

Da nun, wenn auch nicht ex cathedra, so doch en cercle der sog. liberale Katholicismus als die eigentliche Ursache des Communismus bezeichnet wurde und wir uns neulich freuten, daß Montalembert diese Entdeckung nicht mehr erlebte, die ihn sicher recht geschmerzt haben würde, erhalten wir folgende Bemerkung zugeschickt: Erinnern Sie doch freundlichst neben Montalembert noch an einen anderen geistigen Vater der Commune, an Lacordaire, den „frömmsten" Mönch, wie man ihn nennt, dessen fast übernatürlich schöne Seele von allen bewundert wurde, die ihn kannten, den Wiederhersteller des Dominikaner=Ordens in Frankreich, „dem in der Geschichte der christlichen Wiedergeburt unseres Jahrhunderts eine der ersten Stellen gebührt" — und an sein noch kurz vor dem Tode gesprochenes Wort: „Ich denke zu leben und zu sterben als bußfertiger Katholik und als unbußfertiger Liberaler".

Druck der Dr. Wild'schen Buchdruckerei (Gebr. Parcus).

Münchener
PUNSCH.

Ein humoristisches Wochenblatt von M. E. Schleich.

Vierundzwanzigster Band.

Nro. 29. Halbjähriger Abonnementspreis: in Bayern 1 fl. 16. Juli 1871.
Im Ausland erfolgen die üblichen Postaufschläge.

Die Lenkerin
der auf dem Siegesthor befindlichen Quadriga.

Wohl über'n Rand des Siegesbau's
Sah ich Jahrzehnte sich bewegen.
Vergebens lugt' ich oft hinaus,
Nichts Würdiges zog mir entgegen.

Viel Volk ging unten aus und ein,
Geschmückt, doch nicht mit Siegeszeichen.
Trüb schauten meine Leuen drein,
Sie grüßen gern 'mal ihres Gleichen.

Heut' aber rührt sich's laut und weit,
Mein Löwe rechts erhebt die Tatze,
Bekränztes Eisen steht gereih't —
Wir sind, scheint's, endlich doch am Platze!

Dieß Thor entstand, um à tout prix
Die Siegesgöttin einzulassen.
Fortunen ähnlich scheint auch sie
Den, der sie lockt, vorerst zu hassen.

Doch wer, wie ich, so warten kann,
Dem glänzt ein Tag aus jeder Nachtung.
Ich hab's erlebt! Meinem Gespann
Befehl' ich stolzen Haupts nun: Achtung!

Nach der Rückkehr des Herrn v. Pfretzschner sollte im Ministerium in der kirchlichen Frage eine Entscheidung erfolgen.

Soll die Sache am Ende gar beim Geldpunkt angefaßt
werden, weil man gerade den Finanzminister abwartete?

Pimplhuber.

————•••————

Mit wem werden die Juden wohl noch zusammengestellt?

„Polen, Literaten und Juden."

(Berliner Polizeidirektion, bei Berichten über
die Revolution von 1848.)

„Schullehrer, Postsekretäre und Juden"

(Graf Pfeil in seiner Rede über uneben-
bürtige Jagdgesellschaft.)

„Professoren, kgl. Beamte, Knorrblättlseelen, Juden
und Gesindel"

(Bericht des Münchener Volksboten über die
Beerdigung Zengers.)

————•••————

Wenn der Communismus aus dem liberalen Katholizismus
hervorgegangen ist, so bildet „Salatöl" eigentlich den Uebergang
vom Chrysam zum Petroleum.

————————

Antonelli ist Diplomat und jedenfalls feiner Mann. Wenn er
daher etwas desavouirt, so dürfte es die Sprache gewisser deutscher
Blätter sein, welche die Vertheidigung des hl. Vaters an sich gerissen
und auf den allein richtigen Katholizismus ein Abonnement haben.

Diese Presse wäre in der That zu bezeichnen als **Faex de faece.**

Ein feinerer deutscher Lehrer.

————•••————

Passau's Bischof warf seiner Zuhörerschaft in einer Predigt vor: Während der Siegesnachrichten folgte in Passau ein Rausch dem andern.

Nun, wenn die Räusche noch im Stande sind, sich zu folgen, gänsemarschmäßig, einer dem andern, dann sind es immer noch ordentliche, bei der Stange bleibende. Aber Mancher benimmt sich oft schon Vormittags so, als ob er drei zugleich hätte!

Ein guter Hirte läßt sein Leben für seine Schafe.

Manchmal macht er ihnen auch Grobheiten.

Wirthschaftliche Beobachtung.

Verstreute Körner aus dem Passauer Predigtmagazin: „Saufgelage“, „Rausch“, „gefressen“, „gesoffen“, „verputzt“, „durch die Gurgel gejagt“, „Saufereien“, „Unzucht“, — nun, wenn ein Lehramt nur wenigstens so ausgeübt wird, daß auch der Gröbste noch was lernen kann!

Wenn die Passauer während der Kriegs- und Siegeszeit wirklich einen Rausch nach dem andern hatten, so wäre es interessant zu wissen, wie viele Sardellen, Häringe und Bulleriche daselbst verbraucht wurden? Sie würden dann überhaupt gut thun, beim nächsten Krieg einen pikanten Consumverein zu bilden.

Ein Statistiker.

„Die Preßfreiheit und den Galgen daneben“ sagte Herr v. Thadden-Triglaff.

„Die Grundrechte und den Index darunter“ — denkt sich die — Centrumsfraction.

Als wir im Jahre 1848 in der Nationalversammlung erschienen, hieß es: „Zu spät!"

Und da wir im Jahre 1871 wieder kommen, ruft man: „Zu früh!"

Der Chronometer, der uns die rechte Stunde zeigt, scheint auch noch nicht abgezogen.

Uebrigens — wir sind glücklich, nur in Frankreich wieder leben zu dürfen. Und das hat mit ihrem Siegen — die Barbarei gethan.

Die Orléans'schen Prinzen.

Nach Heinrich schriebe man ja statt „Passauer" eigentlich richtiger Passaufer?

Orthodox — nein graphus.

Nächstenliebe und ihre Ursache.

Infallibilist. Recht guten Morgen, Herr Professor, habe die Ehre! Freut mich außerordentlich, Sie so wohl zu sehen.

Professor. Das wundert mich, daß Sie mich grüßen.

Infallibilist. O ich bete sogar täglich für Sie, daß Sie gesund bleiben und recht lange leben.

Professor. Das ist aber edel —

Infallibilist. Na, wissen Sie — Ihr Begräbniß wäre ja doch nur eine neue Verlegenheit!

Feiertags=Logik.

Pfarrer. Wo gehst d' denn hin? In's Wirthshaus? Hast d' wieder dein Messer bei dir? Natürlich! Du machst schon einmal Einen unglücklich und dich selber dazu. Gib's doch auf!

Bursche. Schau'n S' Herr Pfarrer, dös is jetz' ganz gleich! Dafür les i d' Passauer Zeitung nöt! Wenn i mi auf die abonnirt hätt', war's a schwere Sünd', und wenn i a bisl zustich, is's halt a a schwere Sünd'. Engel san m'r alle mit ein= ander nöt. Und eine Schwäche muß der Mensch hab'n. Und wenn man sich eigens auf eine Todsünd' abonnirt, is's ja doch noch ärger als wenn man's dem Zufall überlaßt.

Privat-Kabel des Punsch.

Chislehurst. Der Kaiser Napoleon ist nun von seinem Blasenleiden gänzlich geheilt. Nur ein Blasen zum Rückzug würde ihm Schmerzen verursachen, wenn er es hören würde. Um Honorar zu verdienen, schreibt Eugenie: „Meine Memoiren vom Sommer 1870". Dieselben erscheinen in deutscher Ueber=setzung unter dem Titel: „Die Crinoline mit Grundeis".

Chambord. Der Gutsherr war hier und besichtigte den Stand der Felder und Weinberge. Trauben gibt's zwar noch nicht, sie sind aber doch schon sauer!

Passau. Gestrige Tagesordnung: „Saufereien und Un=zucht". Heutige: „Unzucht und Saufereien". — Morgiger Ein=lauf: vielleicht ein Hirtenbrief.

Die Comödien der Heinriche gehören zu dem Klassischsten, was wir haben.

Von Shakspeare nämlich.

Wie ein Diplomat „Nein" sagt.

Pius. Ich gehe nach Frankreich.

Thiers. Ich werfe mich Eurer Heiligkeit zu Füßen!

Pius. Wenn er mir nicht aus den Füßen geht, kann ich nicht weiter.

Kleine Frühstücksplaudereien.

Die Berliner Theaterzeitungen bringen die keineswegs erfreuliche Mittheilung, daß man in der neuen deutschen Reichshauptstadt wieder allenthalben die Offenbachiaden aufgenommen habe und die Theilnahme des Publikums eine sehr große sei. Soll der Cultus solcher Waare vielleicht als Fontanelle für Kunst und Geschmack wirken, oder will man die Kraft der eigenen moralischen Gesundheit dadurch beweisen, daß man derlei Eiterstellen ohne Gefährdung an sich duldet?

Freiwillige Beiträge zur Discreditirung der katholischen Kirche in Deutschland. Die „Genfer Correspondenz", von Rom officiell inspirirtes Generalorgan der katholischen Vereine, den einschlägigen Zeitungen gratis zur Verfügung, bedauert, daß Napoleon bei Sedan das Schwert Frankreichs habe aus den Händen geben müssen; Frankreich habe aber deßhalb auf die Mission nicht verzichtet, zu allen großen Thaten den Impuls zu geben. Und da wollen sich verschiedene „Volksboten" noch aufhalten, wenn Bismark den Militäretat herabsetzen will! — Eine in Luxemburg erschienene Broschüre tadelt verschiedene Bischöfe, daß sie in Hirtenbriefen und andern Kundgebungen den letzten Krieg als einen für das deutsche Vaterland geführten bezeichneten. Selbst der Breslauer Dr. Förster, „sonst eine Zierde des deutschen Episcopats", habe sich in Zeitungsphrasen verirrt, wenn er sage: „Gott habe durch Verleihung des Sieges unsere Gebete erhört!" Am besten habe sich der Fuldaer Hirtenbrief von 1870 ausgedrückt, worin ein „völlig gerechter Sieg der gerechten Sache" gewünscht wird, wobei natürlich jeder denken kann, was er will. Auch hätten gute Blätter unbesonnener Weise über die Franzosen allerlei Ehrenrühriges zu berichten, ohne zu bedenken, daß es sich um ein katholisches Volk handle u. s. w. Und da soll die politische Stellung des Clerus keiner Verdächtigung ausgesetzt sein?

Man liest hie und da von einem kleinen Schwindel, den die Liberalen oder Nationalen oder sonstige „Ale" getrieben hätten, indem sie den Festschmuck, den einzelne bayerische Ortschaften zu Ehren des Pabstjubiläums anlegten, als Demonstration wegen des Berliner Truppeneinzugs hinstellten. Das wird nun wieder aufgewogen durch ein artiges Kunststück, vermöge dessen die in Florenz acht Tage später stattgehabte vierfache Feier des Johannis-, Constitutions- und Buchdruckerfestes und der Uebertragung der Leiche des Dichters Ugo Foscolo nach Santa Croce als eine höchst erhebende infallibilistische Sympathiebezeugung der Arnostadt verzeichnet wird.

Keine Kirche, ohne daß der Teufel eine Kapelle daneben hätte. In Mainz erscheint das bekannte Ketteler'sche „Journal", aber auch die Mainzer Zeitung, welche übermüthig genug ist, an den Phrenologen Scheve die Frage zu richten, ob an einem menschlichen Haupt auch ein Merkmal der „Unfehlbarkeit" denkbar sei? Freilich tragen Aeußerungen, wie sie Pius IX. unlängst über die Betheiligung bei Protestanten-Begräbnissen gemacht hat, wesentlich dazu bei, die Stimmung selbst gut-müthiger Leute frivol zu machen.

Frl. Gallmeyer, die fesche Pepi, der Liebling aller wahren und unwahren Oestreicher, soll nun gar als Hofschauspielerin am Burg-theater engagirt sein, und zwar für das Fach der komischen Mütter. An komischen Vätern fehlt's in Oestrich, wo schon so viel Verfassungen, Programme und Ausgleiche zur Welt kamen, ohnehin nicht.

Wunder über Wunder! Nachdem erst unlängst ein solches an einem Bilde in Rom, kurz vor der Ankunft der Pilger bemerkt worden ist, constatirt nun das bayerische „Volksblatt" die merkwürdige Heilung einer bettlägerigen Person am päpstlichen Jubiläumstag. Aber das Hauptwunder, das den Victor Emanuel verhindern sollte, Thron und Kanzlei in der ewigen Stadt aufzuschlagen, ist ausgeblieben!

Das Wiener „Vaterland" brachte dieser Tage einen Schimpfartikel gegen den östreichischen Reichskanzler, der wenigstens das beweist, daß in Wien unten Preßfreiheit herrscht. Zum Schluß wird dem Grafen Beust prophezeit, daß er noch in einem Leprosenhause sterben wird. Freilich, wenn der Finger Gottes Rinderpest und schwarze Blattern hervorbringt, so wäre das „ein nicht mehr ungewöhnlicher Weg" der Ketzerbestrafung.

Zu Anfang des neuen Semesters effectuiren

alle Postanstalten Deutschlands halbjährige Bestellungen.

Preis in Bayern 1 fl., in Preussen 23 Sgr., in Oestreich 1 fl. 35 Nkr., in der Schweiz 3 Fres. 20 Cent.

Druck der Dr. Wild'schen Buchdruckerei (Gebr. Parcus).

Münchener
PUNSCH.

Ein humoristisches Wochenblatt von M. E. Schleich.
Vierundzwanzigster Band.

Nro. 30. Halbjähriger Abonnementspreis: in Bayern 1 fl. 23. Juli 1871.
Im Ausland erfolgen die üblichen Postaufschläge.

Wenn bei Rinderpest, Blattern und Schlaganfällen der „Finger Gottes“ im Spiele ist, wie hat es denn dann unser Herrgott gemacht, als er bei mehreren Jubiläumsfesten schlechtes, bei allen Einzugsfeierlichkeiten aber schönes Wetter sein ließ?

Ein Liebhaber von Ursachen.

In der französischen Nationalversammlung wurde unlängst heftig darüber debattirt, ob Zeitungscautionen einzuführen seien oder nicht.

Da Cautio auch Vorsicht heißt, so würde sich die Einführung derselben allerdings empfehlen, wenn — die Franzosen im Stande wären, in dieser Münze irgend etwas zu hinterlegen!

Thiers hatte schon einige Male Anfälle von Schlafsucht, die nicht wenig Besorgniß erregten.

Es ist traurig, wenn das Schicksal eines großen Landes, wie Frankreich, auf zwei Augen ruht.

Aber noch trauriger wäre es, wenn Gambetta die Dictatur führte, da ruhte es gar nur auf einem Auge!

Vortragsſkizze für den „wilden Mann" in Neuſodoma.

An= und gottverdächtige, im aufeinanderfolgenden Rauſch verſammelte Zuhörerſchaft!

Ihr ſeid eigentlich gar nicht werth, daß ich mit euch perſön=
lich rede, ich ſoll, wenn ich euch zu ſchimpfen habe, eigentlich
nur einen Brief ſchreiben. Ihr verſoffenen Jubilirer, ihr Un=
züchter, es freut mich, daß ihr noch in die Kirche geht, aber
werth ſeid ihr's nicht, man ſoll euch baarfuß draußen ſtehen
laſſen. Wer ein Leumundszeugniß braucht, der ſoll zu mir
kommen! Ich glaube gar, ihr möchtet die Münchener nachmachen,
wo der Bürgermeiſter ſagt: Biſchof läut'! und der Biſchof hat
auch ſchon den Strick in der Hand. Angepumſt! Ueber die Glocken
bin ich Herr, über alle Glocken, habt ihr mich verſtanden, ihr
Sodomiten? Wenn's einmal Pech und Schwefel regnet, werde
ich zum Fenſter herausſehen und fragen, was koſtet's dahier,
wenn man ſich anſäſſig machen will? Schöne Aufführung, das
muß ich ſagen. Und ihr wollt Lämmer ſein? Ich hätte bald
was anderes geſagt, was ihr ſeid. Aber ihr ſollt mich noch
kennen lernen. Wenn ihr nicht parirt, ſchneide ich euch die
Lebensmittel ab. Ja wohl, lacht nur, ihr Rüpel! — Rüpel
hab' ich geſagt! Wenn ein Gendarm da iſt, ſoll er's aufſchreiben.
Und wißt ihr, wie ich das mache? Ich laſſe es für eine ſchwere
Sünde erklären, euren Markt mit Viktualien zu befahren und
innerhalb eines gewiſſen Zeitraumes etwas an euch zu verkaufen.
Jeder Bauer und jede Bäuerin, die ſich dennoch blicken läßt, wird
aufgeſchrieben und dereinſt nicht begraben. Als excommunicati
vitandi werdet ihr bald nicht mehr lachen, wenn die Köchin
in eine andere Diöceſe reiſen muß, um ein Pfund Butter zu
kaufen. Und wenn ich wegen Beförderung gottloſer Zeitungen die
ganze Poſt excommunicire, vom Poſtillon bis hinauf, da wollen
wir dann doch ſehen, ob die Gehälter der Conducteure nicht doch
zu ſchlecht ſind, wenn ſie Herr v. Schlör dafür verpflichten will,
auch noch zum Teufel zu fahren. Man reize mich nicht! Ich
frage nichts nach der Regierung, ich bin die Regierung! Ich
frage nichts nach dem Reich, meine Welt iſt nicht von dieſem

Reich. Und selbst beim Jägerbataillon habe ich noch ein Wort mitzureden. Es gibt einen Fahneneid, und die Aich=Commission für Eidesverbinlichkeiten ist bei mir! Ich werde euch zeigen, wie man Truppen empfängt. Wenn man mit mir con= curriren will, muß man um 5 Uhr aufstehen. Ich würde euch rathen, zu Kreuze zu kriechen, damit wieder Friede wird. Wer Hosensäcke zu flicken hat, soll sich bei meinem Hausmeister melden, wir haben überflüssiges schwarzes Fahnenzeug. Uebrigens sage ich euch: Jaget nicht Alles durch die Gurgel, sondern — trinket hübsch langsam, Amen!

Münchener Blätter melden: Ein vornehmer Russe, allem Anschein nach geisteskrank, veranlaßte an mehreren Plätzen Ordnungsstörungen und wurde durch Gendarmerie entfernt.

Im Ganzen ist das nichts Neues. Vornehme Russen haben schon an mehreren Plätzen, wenn auch nicht gerade Münchens, Ord= nungsstörungen veranlaßt und waren dabei durchaus nicht geistes= krank, sondern wußten recht gut was sie wollten. Was aber das „Entfernen" betrifft, so wollte die „Gendarmerie" nicht recht langen, und mußte Militär beigezogen werden.

Da der Graf v. Chambord in seinem Manifest an die Er= oberung von Elsaß und Lothringen durch seine Ahnen erinnert, somit auch an die Schand= und Brandthaten, von denen die Ruinen am Rhein heute noch schwarz sind, dabei aber doch sagt, daß er die alte weiße Fahne hoch halten wolle, so empfehlen wir ihm, dieselbe vorher waschen zu lassen, etwa bei den gleichfalls legi= timistisch gesinnten Wäscheweibern in Hannover.

Marl. Was heißt denn „Facultät" eigentlich auf deutsch?

Sepperl. So viel ich weiß: Fähigkeit.

Marl. So, und was heißt denn nachher Unfähigkeit?

Sepperl. Auch wieder Facultät. Facultät ist Fähigkeit — je nach dem.

Marl. Ah so, drum —!

„Es darf kein einziger Fehler mehr gemacht werden", sagte Thiers.

Und der österreichische Kriegsminister erklärte bei seiner Budgetdebatte: „Oesterreich=Ungarn dürfe keinen unglücklichen Krieg mehr führen."

Das „Fehler machen" und das „Geschlagen werden" soll überhaupt verboten werden, dann wird's in Europa wieder schöner.

Meine Fahne ist die weiße.

Heinrich V., Wiederhersteller.

Die Fahne, die ich aushänge, ist schwarz.

Heinrich von der Donau.

Und unsere Fahne ist roth!

Der „sanfte Heinrich" des Socialismus.

Wenn sich die drei zusammenstellen, bin ich von selber da, mit meiner Fahne.

Der bekannte Militär=Etat.

Zum neuen Schul=Statut.

Es ist wirklich wahr: das Turnen beeinträchtigt die Freiheit in der Familie.

Ein Sohn der Königin Isabella heirathet eine Tochter des Herzogs von Montpensier und ein Montpensier eine Tochter der Isabella.

Frankreich und Spanien brauchen sich aber ob dieser Fusion nicht zu beunruhigen, es ist eine auf immer Montpensionirte Gesellschaft.

––––––—•••––––––

Berlin. Fürst Bismark beantragt selbst eine reichliche Remuneration für die deutsche **Rederei**.

Nachschrift. Diese befremdliche Nachricht beruht auf einem Druckfehler. Es muß heißen für die deutsche **Rhederei**.

––––––—•––––––

Der Bischof von Regensburg hat den geistlichen Studienlehrer **Hort** ercommunicirt.

Gibt's im bay'rischen Clerus noch mehrere **Hort**, oder entblödet man sich nicht, den einzigen und letzten **Hort** von sich zu stoßen?

––––––—•––––––

Sprichwort bei den Schafen.

(Aus der Bähsprache übersetzt.)

Wenn's die Hirten wohl versteh'n,
Läßt man gern sich weiden, scheeren.
Doch was Zeug thät' wohl gescheh'n,
Wenn die Hirten Schafe wären?

––––––—•••––––––

Elsäßischer Demokrat (ruft demonstrativ). Deficitfreiheit und Schulbrüderlichkeit!

Preußischer Beamter (ergänzend). Und Militärdienstgleichheit.

––––––—•••––––––

Das famose „Programm" der reichstägigen Centrumsfraktion, dessen dritter Paragraph lautet: „Niemand ist verpflichtet, sich an dieses Programm zu halten", hat ein würdiges Seitenstück gefunden.

Der östreichische Minister Jriceck, was me hat Cultus als Ressort seiniges, erklärte dem Linzer Bischof, der die Religions= lehrer den Verfassungseid nur mit Vorbehalt leisten lassen wollte, daß durch diese Eidleistung kein katholischer Religionslehrer ge= zwungen sein soll, gegen sein Gewissen zu handeln.

Da nun der Pabst im Jahre 1868 in feierlicher Allocution an das heilige Collegium, demnach als Lehrer und oberster Sitten= richter sprechend, die östreichischen Verfassungsgesetze für abscheu= lich, für null und nichtig erklärt und gesagt hat, Niemand sei in seinem Gewissen verpflichtet, sich daran zu kehren, so be= deutet die vorhin erwähnte Interpretation des böhmakisch=östreich= ischen Cultusministers Jriceck so viel als:

> Höre, Rudigier, deine Religionslehrer müßen den Verfassungseid schwören, davon kann ich nicht abgehen, aber — sie brauchen sich nicht daran zu halten.

Daß der Bischof nach einer solchen Interpretation auf den „Vorbehalt" gern verzichtete, ist nicht zu verwundern.

———————

Professor Wollmann in Braunsberg hat seine ächt katholische, im tiefsten Herzen wurzelnde Ueberzeugung in einem herrlichen Briefe an den Bischof von Ermeland dargelegt.

Manch Einer hat sich wohl auch anfangs auf das hohe Charakterroß gesetzt, hinterher aber „von Herzen mit Schmerzen" klein beigegeben.

Das ist eben der Unterschied zwischen einem Vielgeschrei=Mann und einem Wollmann.

———————

Kleine Frühstücksplaudereien.

Der Sobieski'sche Marschallstab, womit der Kronprinz von Sachsen belehnt wurde, ist nicht von einem Professor in einem Museum gefunden, sondern auf Ersuchen des deutschen Kaisers vom österreichischen Kaiser aus der Wiener Schatzkammer überlassen. In Wien besitzen sie noch mehr solche Kostbarkeiten, die man bei der großen und freundlichen Güte des dortigen Cabinets im Bedürfnißfall gern zu leihen oder gar geschenkt bekommen dürfte.

Sagt man immer, die Dichter hätten in dieser Kriegsperiode Nichts geleistet? v. Geibel und Gottschall erhielten vom Kaiser goldene Medaillen für ihre Kriegsgedichte. Uebrigens wäre eine Sammlung sämmtlicher Produkte dieses Zeitraums, der guten wie der schlechten, namentlich der letzteren, ganz sicher amüsant und interessant, etwa unter dem Motto: Tamen est laudanda voluntas.

Ueber den „Empfang" des Dresdener Landwehrbataillons, das mehrere Schlachten mitgemacht, schreiben die dortigen „Nachrichten:" Ohne Sang und Klang wurden sie am Bahnhof von einigen Cameraden des Etappencommandos begrüßt und ein Theil von ihnen still durch die Nacht in ein Massenquartier auf hiesiger Galeriestraße geleitet. Langsam ging es die schmalen Treppen hinauf in ein stilles Kämmerlein, wo den tapferen Söhnen des Mars Gelegenheit geboten war, auf einem vielgeprüften Strohsack sich in Morpheus Armen zu wiegen, bis sie am Morgen zum letzten Dienste gerufen wurden. Noch todtmüde, übergaben sie früh ihre Sachen auf der Kammer und da sie keine Zeit mehr hatten, ihre Leibwäsche vor der Uebergabe zu reinigen, erlegten sie die nöthigen 16 Pfennige Waschgeld für die letzte Hülle ihres eigenen Ichs. Nach jenem prunklosen Austritte aus dem Kriegsdienste hatte Keiner von ihnen mehr Anspruch an die Erquickungen und Freuden des Festtages. Bitter waren sie gerührt, als sie von der freudigen Ueberraschung ihrer Leipziger Cameraden Kunde erhielten. Sollte die Hauptstadt nicht auch ihnen noch einen Tag der Freude bereiten? (Auf die Berichte aus Bayern hin werden die als „kut" bekannten Dresdener wohl nicht säumen, den Münchenern nachzueifern.)

Münchener
PUNSCH.

Ein humoristisches Wochenblatt von M. E. Schleich.
Vierundzwanzigster Band.

Nro. 31. Halbjähriger Abonnementspreis: in Bayern 1 fl. Im Ausland erfolgen die üblichen Postaufschläge. 30. Juli 1871.

Privat-Kabel des Punsch.

Barzin. Als man unlängst dem Fürsten Bismark mittheilte: die Tage des Grafen Beust seien gezählt, schüttelte er ungläubig den Kopf und sagte: Da sind eher die Haare auf meinem Haupte gezählt!

Berlin. Dr. v. Mühler hat bei der jetzigen günstigen Jahreszeit seinem Ministerium eine Reinigungscur verordnet. Herr v. Krätzig ist bereits beseitigt.

Paris. Paris ist ruhig, insofern es nämlich darüber ruhig sein kann, daß der Belagerungsstand noch nicht aufgehoben wird.

Rom. Die soeben abgelösten Schweizerposten melden: Nichts Neues. Also noch immer kein Wunder!

Düsseldorf. Der Prinz von Hohenzollern feierte gestern in vertrautem Kreise den Jahrestag seiner bekannten spanischen Throncandidatur. Nachmittags Waldfest, bei welchem es an Toasten und herzlichen Glückwünschen, daß er nicht König von Spanien geworden, nicht fehlte.

Aus Bismark's Varziner Briefkasten.

1) Durchlauchtigster Fürst! Ich wage es, Sie um ein Darlehen von 4 Thalern zu bitten. Zur Sicherheit lege ich einen Pfandzettel auf meinen Ueberrock bei, der selbst ·im Versatzamt auf 6 Thaler gewerthet ist. Im Fall ich besonders unglücklich sein sollte und Ihnen der Rock zufällt, können Sie ihn noch ganz gut für einen Herrn Sohn, der in Heidelberg studirt, richten lassen. Ich weiß selbst, was die Jungens kosten!

Müller,
Buchbindermeister in Stolpe.

2) Wenn Ihnen Berichte über den Stand der schweizerischen Socialdemokratie erwünscht sind, so erbiete ich mich, wöchentlich die genauesten zu liefern. Ich kann mich jeden Augenblick in das Direktorium wählen lassen.

Zwiebelfisch,
ehemal. Schriftsetzer, jetzt in's Fach
der Agitation verschlagen.

3) Herr Fürst! Allgemein hört man, daß Sie so schönes und großes Buchenholz besitzen. Könnten Sie mir nicht etwa hundert Klafter um annehmbaren Preis ablassen? Ich bin überzeugt, daß ich es in München, wenn es von Ihnen ist, theuer anbringe. Sie begreifen, daß auch politisches Interesse dabei ist.

Planer,
Holzhändler.

4) [Anonym.] Sie sind weder preußischer noch deutscher Minister, Sie sind Minister der Pforte, und zwar der Pforten der Hölle. Wenn Sie gegen die Unfehlbarkeit, gegen den Cardinal Antonelli, gegen die Centrumsfraktion und andere göttliche Dinge so fortarbeiten, werden Sie den Finger Gottes bald spüren. Sie haben Oekonomie, denken Sie an die Rinderpest! Sie haben Wälder — die Strafe kommt auch in Gestalt des Borkenkäfers. Sie reiten spazieren, hüten Sie sich in ihrem jetzigen Seelenzustand eine Lerche zu schlagen. Helfen Sie dem Döllinger, so

seien Sie verflucht. An unsern Verfluchungen können nämlich auch Ketzer Theil nehmen. Erklären Sie aber sofort an Italien den Krieg, so dürfen Sie eines herzlichen „Vergelt's Gott" sicher sein.

† † †

Pimplhuber. Neulich ist der französische General Leflö hier durchgereist. Er geht nach Petersburg und zwar geflissentlich durch die Schweiz, Südbayern, über Wien und Polen. Wissen Sie, was mir dabei auffällt?

Talschler. Daß er Preußen so schrecklich ausweicht.

Pimplhuber. Nein, daß er sich in der Geographie so gut auskennt!

Ein französisches demokratisches Blatt und nach ihm mehrere deutsche wiederholen die Behauptung, alle monarchischen Throne seien an den päbstlichen (weltlichen) Thron angelehnt und würden mit diesem umfallen.

Wir Unterzeichnete müßen diese Behauptung auf's entschiedenste zurückweisen, indem die Throne, auf denen wir mit eigenem Leibe sitzen, auch auf eigenen Füßen stehen.

Der Kaiser von China.

Der Doppel=Kaiser von Japan.

Der König von Siam.

Der Chan von Bochara.

Der Sultan.

Die Königin von Taiti.

Dieser Verwahrung schließen sich von ganzem Herzen an:

Georgius, Basileus von Griechenland.

Danilo, Fürst von Montenegro.

Ein bayer. Hauptmann soll seiner Compagnie beim Abschied gesagt haben, man müsse nun den Schwindel wegen der Unfehlbarkeit des Pabstes bekämpfen.

Der Volksbote und seine Verwandten gerathen darüber in große Aufregung.

Unserer Ansicht kommt es nur darauf an, ob die Compagnie dabei gedacht hat:

> „Der Hauptmann, er soll leben,
> Er geht uns kühn voran,
> Wir folgen ihm, wir folgen ihm u. s. w.

Ist dieß nicht der Fall, dann hilft die Rede nichts. Denkt aber die Compagnie wirklich so, dann hilft's dem Volksboten nichts.

Marl. Das ist nicht übel, jetzt fängt der Herr Erzbischof an, Temporalien zu sperren.

Sepperl. Auf seiner Seite ist ja die Schlüsselgewalt. Die Regierung kann höchstens Riegel vorschieben.

„Donauzeitung", „Bayr. Volksblatt" und andere infallibilistische Blätter drucken fast täglich Artikel aus der „Süddeutschen Post" ab.

Ja, erlauben Sie: ist denn das Lesen der „Süddeutschen Post" keine Sünde? ? ? ?

> Einer, der sich nicht gern aus Unachtsamkeit
> ein paar tausend Jahre Fegfeuer zuzieht.

In Ems fand am 18. Juli ein Wolkenbruch statt. Zu einem Bruch muß es in Ems kommen, bald zu einem Wolkenbruch, bald zu einem Friedensbruch.

Ein Kurgast in Gastein, der sich neulich bei einem Spazier=
gang in einen Ameisenhaufen gesetzt hatte, sagte ärgerlich: das
wäre nun dem Moltke schon wieder nicht passirt, der kennt das
Terrain besser.

———————— ••• ————————

Victor Emanuel glaubt sich als König nicht mehr halten zu können,
er will auch Kaiser werden.

Heut zu Tage scheint sich Alles zu potenziren. Der Mensch
fängt erst beim Baron an, der Krieger beim eisernen Kreuz, der Stabs=
offizier beim Feldmarschall, der Fürst erst beim Kaiser.

Anderseits der Katholik beim Jesuiten und der Demokrat erst beim
„Internationalen".

———————— ••• ————————

Merkwürdigen Andeutungen aus Rom zu Folge wäre es
möglich, daß beim Eintritt eines gewissen Ereignisses die Jesuiten
vor die Thüre gesetzt würden und die Kurie den Standpunkt
Döllingers acceptirte.

In diesem Fall möchte ich dann nicht bei der theologischen
Facultät gewesen sein.

Pimplhuber,
Igl., bereits einem gewissen Subjektivmus
verfallener Einwohner von München.

———————— ••• ————————

Zuerst niederschmettern, dann ausziehen, zuerst ful-
minatio, hierauf **privatio** — dieses Verfahren erhält sicher den
Beifall jeder

Räubersynode.

———————— ••• ————————

Unterzeichneter wird in seiner Zurückgezogenheit bei weitem nicht so von Briefschreibern belästigt, wie der aktive Bismark.

Das beste Mittel gegen solche Zudringlichkeiten ist: Man blamire sich, werde gestürzt und versinke in Vergessenheit.

Alle meine Schicksalsgenossen können mir bezeugen, wie ruhig man es in diesem Falle hat.

Manteuffel,
früherer preußischer Ministerpräsident.

An den Pariser Brandstiftungen soll der liberale Katholizismus und an der Wegnahme der römischen Provinzen die Civilehe Schuld sein.

Das ist nicht logisch, sondern ein Unsinn, das behaupte ich **ex me-me.**

Ein Unterschüler.

Es wird dementirt, daß Gambetta mit Thiers eine Unterredung unter vier Augen hatte. Und das kann auch dementirt werden; entweder waren sie, die bekannten großen Augengläser eingerechnet, unter fünf, oder nur unter drei Augen.

In Preußen ist der Minister des Innern Domherr geworden.

Sonderbare Verhältnisse, die mir nicht recht gefallen.

Aber nach neuesten Erfahrungen immer noch besser, als wenn z. B. bei uns ein Domherr Minister des Innern werden könnte!

Pimplhuber,
Abonnent des Pastoralblattes.

Berliner Blätter widerrufen die Nachricht von der auf Lebenszeit an die Münchener Hofbühne gefesselten Mallinger. Von anderer Seite wird die Nachricht aufrecht erhalten.

Nun, wir werden ja hoffentlich die Entscheidung noch erleben, ob Preußen oder Bayern — die Mallinger besitzt.

***

Sonst braucht's nichts? Der Sultan hat befohlen, sofort die ganze türkische Armee nach dem Muster der preußischen umzuwandeln. Pluderhosen und Strammheit, Säbelbeine und Stechschritt — es muß sich reimen.

Kleine Frühstücksplaudereien.

Vor einigen Jahren hatte bekanntlich ein in München sitzender päbstlicher Nuntius die Dreistigkeit, den bayrischen Klerus der Lockerheit (levitatis) zu beschuldigen, weil Einige sich erlaubt hatten, sich einen äußerst bescheidenen Ansatz von Backenbart wachsen zu lassen und das Pastoralblatt warf sich selbst so weit weg, den unverschämten Erlaß abzudrucken! In Rom hingegen dürfen die Kleriker jetzt Schnurr- und Backenbart tragen, sich auch Nachmittags nach ihrer Bequemlichkeit kleiden. Auch in Deutschland wird's nun wohl künftig auf ein Barthaar nicht mehr ankommen, denn die Hauptsache ist ja doch, daß — Einer an die Unfehlbarkeit „glaubt".

Diejenigen, welche — möchten wir sagen — so glücklich sind, nicht mitten in der Geschichte drinn zu stehen, haben oft sonderbare Vorstellungen vom Excommuniciren. So schreiben die „Dresdener Nachrichten": „Wer einen mit der großen Excommunication Belegten grüßt, verfällt in die kleine." Das wäre nicht übel. Wer den der kleinen Verfallenen grüßte, bekäme dann die ganz kleine, und zuletzt träfe, durch lauter Grüße und unvermeidliche Berührungen, sogar noch die HH. Bischöfe eine nur mit dem Mikroskop erkennbare Art von Excommunication.

Soll man denn wirklich nicht mehr ruhig sterben können und auch gestorben noch mit sich krebsen lassen? — In Passau ist der Kreis- und Stadtgerichtsrath Aegyd Dennerl gestorben. Der dortige Stadtpfarrer Freund sah sich in der Donauzeitung zu der „Bekanntmachung" bemüssigt, daß der Sterbende die an ihn gestellte Frage: „Ob er alles glaube, was unsere unfehlbare hl. katholische Kirche zu glauben befiehlt" laut und ausdrücklich bejaht habe. — Wollten Sie damit, guter Freund, auf die gutmüthigen Leser der Donauzeitung den Eindruck hervorbringen, als sei das eine Unterwerfung unter das Dogma der Unfehlbarkeit, so hätten Sie es auf fromme Täuschung abgesehen, denn die Spitze des IV. Kapitels der dogmatischen Constitution besteht darin, daß der Pabst zu einem unfehlbaren Ausspruch der Kirche nicht bedarf, lediglich aus sich selbst, möglicher Weise sogar im Gegensatze zu ihr „zu glauben befiehlt". Der Schwindel, den man den Leuten von dem Lehramt der Kirche vormacht, dauert nun schon fast zu lang!

––––––

Der große Kaulbach'sche Karton, welcher den neuen und absonderlichen Heiligen Peter Arbues als „Ketzerrichter" zeigt, ist nun in Dresden ausgestellt und macht ungeheures Aufsehen. Alle Blätter sind voll von Beschreibungen und Betrachtungen. Das fehlte auch noch!

––––––

Wiederum ist ein deutscher Culturposten eingezogen worden, natürlich auf östreichischem Gebiete, nämlich das deutsche Theater in Lemberg. Dasselbe hatte seit vielen Decennien eine recht achtenswerthe Stellung in der Kunstwelt eingenommen. Jetzt hat, wie gemeldet wird, die deutsche Bevölkerung ihr Recht auf das Theater im Grundbuch löschen lassen.

––––––

Der Münchener „Volksbote" ist wirklich glücklich! Er erhielt den Text einer französisch abgefaßten Votivtafel, welche „Damen von Straßburg" nach Paris zu unserer lieben Frau „vom Siege" schickten. Der Schluß lautete: „Liebe, Glaube, Hoffnung!" Der Tendenz zu liebe mußte die Hoffnung, die sonst immer von Glaube und Liebe in die Mitte genommen wird, hinter der Front marschiren.

––––––––––––––

Zu Anfang des neuen Semesters effectuiren

☞ alle Postanstalten Deutschlands halbjährige Bestellungen.

Preis in Bayern 1 fl., in Preussen 23 Sgr., in Oestreich 1 fl. 35 Nkr., in der Schweiz 3 Fros. 20 Cent.

––––––––––––––

Druck der Dr. Wild'schen Buchdruckerei (Gebr. Parcus).

Münchener
PUNSCH.

Ein humoristisches Wochenblatt von M. E. Schleich.

Vierundzwanzigster Band.

Nro. 32. Halbjähriger Abonnementspreis: in Bayern 1 fl. Im Ausland erfolgen die üblichen Postaufschläge. 6. Aug. 1871

Der mißbrauchte Montalembert.

In der Rede des Bischofs Dupanloup finden wir zu unserer Verwunderung folgende Stelle:

„Die Unabhängigkeit des Papstes, hat der edle Montalembert gesagt, ist die conditio sine qua non für die Freiheit der katholischen Gewissen. Wenn der Pabst, der oberste Richter, das Organ des Gewissens der Katholiken nicht frei ist, so sind wir auch nicht mehr frei."

Weiß Herr v. Dupanloup oder vielmehr — denn Dupanloup weiß es gewiß! — wissen seine Zuhörer, daß gerade Montalembert im letzten Jahre seines Lebens sich mit Unmuth von seinen früheren Gesinnungsgenossen abwandte, daß er über ihre „Versunkenheit" in „römisches Wesen" entrüstet war und ihnen vorwarf, Verräther an den wahren Interessen des Katholizismus zu sein?

Wissen die Beifall klatschenden Mitglieder der Versailler Nationalversammlung, daß der edle Montalembert am 7. Nov. 1869 wörtlich schrieb: „C'est du Rhin aujourd'hui, que nous vient la lumière"? Also vom Rhein her hoffte Montalembert Rettung und Erleuchtung, wo die „Sieger" wohnen, von denen der Bischof von Orleans meint, daß sie durch das Gewicht ihrer Fehler bald und schnell gestürzt werden.

Wissen die Franzosen auch, daß der hl. Vater einer Deputation ihrer Landsleute den nämlichen edlen Montalembert als einen liberalen Katholiken bezeichnete, nachdem er unmittelbar vorher den liberalen Katholizismus noch unter den Communismus gestellt hatte? Daß bei dieser Gelegenheit der Pabst dem sel. Montalembert noch im Grabe vorwarf, er habe die Betheiligung an protestantischen Leichenbegängnissen gutgeheißen, sei nur nebenbei bemerkt.

Ja, der Pabst soll frei sein, aber nicht nur äußerlich frei, sondern auch innerlich, frei von irdischen Herrscherbegierden, frei von Vorurtheilen, frei im Herzen, frei im Kopfe!

Man citire keinen falschen, keinen verstümmelten Montalembert, nicht den Montalembert vor 1869. Damals waren noch andere Zeiten!

Was ich nicht sein möcht',

oder wovon ich doch wenigstens höchstens den Gehalt haben möchte.

Cultusminister in Deutschland,

Kriegsminister in Frankreich,

Minister des Innern in Oestreich,

Minister der auswärtigen Angelegenheiten beim Pabst,

Justizminister in Griechenland,

Ackerbauminister in Persien,

Finanzminister in Spanien, Italien ꝛc. ꝛc. ꝛc. ꝛc. ꝛc. ꝛc. ꝛc. ꝛc. ꝛc. ꝛc. ꝛc. ꝛc.!

Pimplhuber,
Einwohner von München, was auch schon
bald ein schwieriger Posten wird.

Der Fürst von Hohenlohe-Waldenburg auf Kupferzell läßt in die Allgemeine Zeitung mit großen Lettern inseriren: „der Altkatholizismus komme ihm vor, wie ein Messer ohne Klinge, dem der Stiel fehlt."

Schnöde Menschen würden ihm vielleicht entgegnen: er solle keine so alten Witze aufwärmen. Unterzeichneter erlaubt sich jedoch, Sr. Durchlaucht zu Ihrem äußerst glücklichen und frappanten Einfall ehrfurchtsvoll Glück zu wünschen. Wenn denn ein Hohenlohe Minister sein muß, so wäre es unstreitig am besten der von Kupferzell! — Aber schnell!

Ein Esel ohne Ohren, dem auch
der übrige Körper fehlt.

⁂

Wenn ich Audienz gehabt und mich der hl. Vater über sein Recht, Fürsten abzusetzen, beruhigt hätte, hätte ich gesagt:

„Heil'ger Vater, wollt ihr mir nicht auch
Vom Syllabus ein kräftig Wörtlein sagen?"

Der Schüler im „Faust".

⁂

Wie einer seine innersten Wünsche verräth. Gelegentlich der Mittheilung, daß ein die Infallibilität verwerfender Schweizer Pfarrer von Amtswegen entfernt worden sei, ruft das St. Bayer. Volksblatt aus: „Endlich einmal eine katholische Polizei! — Ah so! Also das fehlt! Ein „Burchtorff" wäre schon recht, nur müßt's ein „katholischer" im Sinne des Stadtamhofer Blattes sein. Brave Freiheitskämpfer

⁂

Wenn der Pabst in einer falliblen Privatunterredung wieder so was von veralteten Rechten spricht, soll nur gleich Einer die Geistesgegenwart haben und sagen: „Heiliger Vater, darf ich Ihnen keinen Lehrstuhl anbieten?"

⁂

Vom Bismark.

Höchst merkwürdig sind die Enthüllungen, welche die „Donau-Zeitung" über Bismark bringt.

Derselbe war bekanntlich früher der Fortschrittspartei ein Dorn im Auge; selbst nach 1866 mochte sie ihn noch nicht leiden und auch der preußische, nun deutsche Kronprinz sei ihm innerlich Feind gewesen.

Bismark ist aber nicht der Mann, der sich durch so was abschrecken läßt. Was thut er? Er tritt nun ebenfalls in den Bund der Freimaurer.

Dadurch schlägt er mehrere Fliegen mit einem Schlag: er erfährt alle Pläne dieses Geheimbundes, wird mit König Wilhelm, dem Kronprinzen und andern Revolutionären und Feinden der Monarchie guter Bruder und die gesammte liberale Presse darf Nichts mehr gegen ihn sagen.

Daß Bismark Ehrenmitglied der Pariser Commune war, hat Trochu schon bewiesen. Ohne Zweifel ist er kürzlich auch der „Internationalen" zahlend beigetreten. Neuesten Erhebungen zufolge scheint sich sogar herauszustellen, daß er unlängst in Berlin mehrere Tage als strikender Maurergeselle gearbeitet hat.

———

Am römischen Hofe beginnen bereits die Machinationen zur nächsten Pabstwahl. Cardinal Antonelli hat seinen Candidaten, die Jesuiten den ihrigen auch. Deßgleichen hält Frankreich einen Begünstigten in petto und Italien arbeitet darauf hin, einen Freund des Ausgleichs durchzusetzen. Wahrscheinlich ist auch Bismark nicht unthätig.

Bei diesem Widerstreit weltlicher Interessen schien es uns schicklich, daß man den heiligen Geist, der doch die Unfehlbarkeit zu geben hat, nicht gar zu lange warten läßt.

———

Der französische Oberst Stoffel wird auf ein Monat eingesperrt, weil er den Aufsatz: „Wir sind das eitelste, gimpelhafteste Volk von der Welt" u. s. w. ohne Erlaubniß veröffentlichte.

Da sieht man wieder die angeborne und nie zu verkennende Artigkeit. Selbst wenn die Franzosen sich selbst Gimpel heißen wollen, sollen sie beisetzen: „Mit Erlaubniß!"

———————

Nachdem die Franzosen vor 200 Jahren die Kaisergruft in Speier geplündert, vor 100 Jahren die Särge ihrer eigenen Könige aufgerissen, fangen sie in unserer Zeit an, die Ruhestätten und Denkmäler der im letzten Kriege gefallenen Deutschen zu verwüsten und zu schänden.

Man müßte sie für geborne Grabschänder halten, wenn sie nicht erst kürzlich in Rom „nobilissimi" gesprochen worden wären.

———————

In 8 Jahren wurden an der Kölner Börse 10 Silbergroschen für den Dombau angesammelt. Auf diese Nachricht hin soll das dortige Domkapitel seinen Vorsatz, auch für den Peterspfennig eine Büchse aufzustellen, aufgegeben haben, da eine solche Summe in 8 Jahren doch zu wenig oder — zu viel sein dürfte.

———————

An das (Iphi=) Genie des Hrn. Thiers.

„Vergebens machst du viele Worte,
Der And're hört von Allem nur das Nein!"

Thoas IX.

———————

In einer neulich stattgefundenen Audienz sagte der Pabst: „Das päbstliche Recht, Fürsten abzusetzen und Völker vom Eid der Treue zu entbinden, sei eine Folge des damals geltenden öffentlichen Rechts und des Uebereinkommens der christlichen Nationen gewesen."

Man bittet dringendst um schleunige Mittheilung darüber: in welcher Bibliothek ein solches „öffentliches Recht" von damals zu haben ist und wo sich das Archiv befindet, in welchem ein solches Uebereinkommen der christlichen Nationen aufgefunden und copirt werden könnte. Auch wäre es höchst interessant zu wissen, von welchem Fürsten jenes öffentliche Recht sanktionirt und dieses Uebereinkommen der Nationen zugegeben worden ist.

Warnung.

Wer sich nicht zur rechten Zeit auf einen modus vivendi einläßt, der kann irgend einem modus moriendi gar nicht entgehen.

Der hl. Vater soll einer Deputation gegenüber erklärt haben, das alte päbstliche Realrecht, Könige abzusetzen, nicht mehr aus-üben zu wollen.

Warum läßt er denn das nicht beim Notar verbriefen und uns die ordentliche Anzeige machen?

Urbs et orbs.

Von der öſtreichiſch-ungariſchen Grenze. Ein Feldmarſchall-Lieutenant begrüßte den vorbeireiſenden Kaiſer von Rußland. Wenn er dabei nicht von einem neuen polniſchen Landwehroffizier als Ordonnanz be-gleitet wird, so iſt es nur, weil die Uniform noch nicht fertig war. Im Uebrigen ſind die öſtreichiſchen Bedeutungen zu allen Mächten ausgezeichnet.

Kleine Frühstücksplaudereien.

In den englischen Schulen in New-York ist der Unterricht im Deutschen obligat; hingegen in den deutschen Schulen das Englische. Dieß ist sehr erfreulich in nationaler Beziehung, zur Reinhaltung der gegenseitigen Sprachen trägt jedoch diese herzliche Wechselbeziehung nicht bei. Die Angelsachsen sprechen dann ihr Englisch mit obligaten deutschen und die deutschen ihr „German" mit obligaten englischen Brocken. Eine Spur von ähnlicher Mischung hat auch der letzte Krieg zur Folge. Man kann altbayrische Soldaten in Eisenbahnwägen theilweise französisch conversiren hören. Auch die Pariser haben Einiges behalten, besonders das Wort: Nix. Und der Gewinn bleibt ihnen am Ende dauernd — nix!

Während der Herrschaft der Commune wollte man das berühmte Theater Français in eine Kaserne umgestalten; die Logen sollten zu Gemächern der Frauen der Nationalgarden werden, denn es war gut, daß die so lange durch Schminke verpestete Luft durch die patriotischen Gerüche der föderirten Bürgerinnen gereinigt wurde. Es blieb den Direktoren nur übrig zu spielen oder ihr Theater in eine Kaserne verwandelt zu sehen. Würden sie sich zu Letzterem entschlossen haben, so wäre das Theater am 22. Mai von den Föderirten mit Petroleum behandelt worden. Sie entschlossen sich zu spielen und thaten dieß durch zwei Monate bei einer Abendeinnahme von 50 und 80 Francs! Und doch war das Haus stets bis an die Decke gefüllt. Aber von welchem Publikum? Mächtige Götter! Man mußte diese armen Schauspieler sehen, wie sie von den grotesken Kerlen, die weder ihren Schleppsäbel ablegten, noch ihr Käppi vom Kopfe nahmen, die Verse Molière's recitirten. Sie und die reizenden jungen Mädchen, die Frl. Croizette, Tholer und Reichenberg, spielten alle ihre großen und kleinen Rollen mit entsetzter oder verbitterter Miene vor diesen finsteren Dummköpfen ab, die es in ihrer Macht hatten, ihr Theater in Brand zu setzen. Von der Bildung dieses Publikums gibt der Ausruf eines föderirten Obersten Zeugniß, der galonnirt vom Wirbel bis zur Zehe, rasselnd und klirrend den Oberstensitz verließ und mit Muth ausruft: „Und wenn man bedenkt, daß diese infame Literatur uns vom Kaiserthum hinterlassen worden!" (Das Wort bezog sich auf ein klassisches Stück aus dem 17. Jahrhundert.) Ein anderer Stammgast des Theatre Français war ein gewisser Marigot, der sich den bescheidenen Titel: „Kommandant des Theatre Français" beigelegt hatte. Er kam in's Theater stets betrunken und wollte immer den „Lion amoreux" aufgeführt haben; falls dieß nicht bald geschehe, wollte er den Direktor verhaften. „Ich verhafte dich", schrie er den Controleur an, „ich verhafte den Sekretär, ich verhafte die ganze Welt!" Dies trieb er so fort, bis die Truppen in Paris einrückten und ihn selbst verhafteten.

In Leipzig erregen die Schilderungen, die Heinrich Laube über seine Theaterführung in Leipzig, seine dabei gemachten Erfahrungen, seine Erlebnisse, die Intriguen, die Hindernisse, welche ihm dabei der Bürgermeister von Leipzig, einzelne Rathsmitglieder und wohllöbliche Stadtverordnete in den Weg legten, in der N. Fr. Pr. veröffentlicht, großes Aufsehen. Namentlich pikant sind die Mittheilungen, die er über die Art und Weise gibt, wie ihm der Bürgermeister das Leben sauer zu machen wußte, wie er besonders das Leipziger Tagblatt, das Organ der Stadt Leipzig, benützte, um die Führung des Leipziger Theaters, also eines städtischen Instituts, zu erschweren. Der Dünkel eines Theils des Leipziger Publikums, sein Hochmuth, seine Klatsch- und Scandalsucht werden chargirt gezeichnet. Ein so scharfer Beobachter wie Heinrich Laube hat die Schwächen der Leipziger bald erkannt und die Streiche, mit denen er diesen Theil der Seestädter geißelt, sind seine Rache. Natürlich trümmen sich die von so scharfen Schlägen Getroffenen. Heinrich Laube hatte unter Anderem gesagt, es werde nicht in jeder Stadt einen eitlen Bürgermeister geben, der „seinen Spaß" höher stellt, als die Interessen des Instituts. Ferner beklagt Laube, er habe unter einem ordinären Klatschwesen zu leiden gehabt, welches geflissentlich geschürt und bis zur Proklamirung des Faustrechts von dem Tagblatte, dem Organ der Stadtbehörde, gesteigert wurde. Das also gekennzeichnete Amtsblatt erklärt nunmehr Herrn Laube für einen ganz gewöhnlichen Lügner. Mit dieser amtsblättlichen Replik endigt ein Verhältniß, das noch vor wenig Jahren als der Anbruch einer neuen Aera des deutschen Schauspiels gepriesen wurde!

Zur deutschen Spaltung. Der Tenorist Wehlen, aus Oestreich gebürtig, tritt in Hannover an den Postschalter und fragt: Ist kein Brief da für den Tenoristen Wehlen? — Postbeamter: Poste restante? — Wehlen: Nein, ich bin Katholik!

In einem größeren Augsburger Blatte fanden sich unlängst einige Bemerkungen über die sogenannte „Urzeugung". Nun stand aber in Folge eines Satzfehlers: „Ueberzeugung". Man denke sich nun die komische Wirkung der nachfolgenden Behauptung, daß physikalische und chemische Untersuchungen, sowie die häufigsten und ausgedehntesten Experimente die Unhaltbarkeit einer solchen (nämlich einer Ueberzeugung) bewiesen hätten.

Druck der Dr. Wild'schen Buchdruckerei (Gebr. Parcus)

Münchener
PUNSCH.

Ein humoristisches Wochenblatt von M. E. Schleich.

Vierundzwanzigster Band.

Nro. 33. Halbjähriger Abonnementspreis: in Bayern 1 fl. Im Ausland erfolgen die üblichen Postaufschläge. 13 Aug. 1871.

Es ginge schon, aber —

Beschließer. Sappera, da will ich eben Temporalien sperren, und geht mir der Schlüssel nicht um!

Vorübergehender. Ja, wissen Ew. Gnaden: in dem alten Schlosse da ist eben im Laufe der Zeit auch Manches geändert worden.

———✦———

In Schwandorf sagte ein Infallibilist, er wäre in einem gewissen Fall der Erste, der den Thron umstürzt.

Und in Schwandorf begrüßt der König von Bayern auf jeden Fall den Kaiser.

Wenn das nicht ominös ist? Qui capere potest, capiat.

Unus,
qui cepisse coepit.

———◆———

Einen originellen Druck= (oder Schreib=) Fehler wies un=
längst die Donauzeitung auf, indem sie zu lesen gab: „Selbst
der arrangirteste Nationalliberale wird zugeben u. s. w.",
statt: der enragirteste. — Wahrhaft grausam aber ist es,
wenn das bischöfliche Blatt spottet: „Amnestien, erweiterte Volks=
rechte, Garantien der Freiheit, das sind Dummheiten, welche die
politischen Kinder von 1815—1849 verlangt haben."

Die Ironie steht dir schlecht, Lucas! Von „Garantien'
der Freiheit" sprechen und zugleich verlangen, daß es die Leute
glauben sollen, wenn man ihnen sagt: das Lesen von gewissen
Zeitungen sei eine Todsünde — der Widerspruch ist denn doch
zu groß! Auf dem Standpunkt des Passauer Hirtenbrief's stehen
und dennoch „erweiterte Volksrechte" verlangen, ist eine Heuchelei,
oder wirklich und ohne Spaß eine Dummheit.

* * *

Dieser Tage war's ein Jahr, daß Frankreich Baden zu verwüsten
und nicht einmal die dortigen Frauen zu schonen drohte.

Wie wäre es denn, wenn zur Feier der Nichterfüllung dieser Droh=
ung unsere sämmtlichen deutschen Frauen und Jungfrauen den Pariser
Chignon ablegen möchten?

Man sollte glauben: wenn etwas nicht nur unnational, sondern
auch unappetitlich ist, sollte es sich dermalen in Deutschland doch nicht
mehr halten können.

Uebrigens bedarf es nur eines Winkes, dann nehmen wir die
Sache in die Hand, natürlich nur mit Humor.

Mehrere deutsche Schusterbuben,
welche wegen ihres häufigen Aufenthaltes auf der
Gasse sehr wohl als Vertreter der öffentlichen
Meinung gelten können.

* * *

Privat-Kabel des Punsch.

Madrid. Die Ministerkrisis dauert fort, weil Niemand die Finanzen übernehmen will. Es gibt nämlich keine Finanzen.

Chiselhurst. Es geht ein finst'rer Geist durch dieses Haus, und schleunig will das Schicksal mit uns enden. Wer noch **billige Diamanten kaufen will, beeile sich.**

Versailles. Trochu erzählt im gesetzgebenden Körper: es sei nun deutscherseits constatirt, daß sich unter unsern afrikanischen Truppen noch Bayern befinden. Woher man nur das weiß? Offenbar von den **vielen Preußen,** welche sich unter den aufständischen **Arabern** und **Kabylen** befinden. Z. B. der Häuptling des Stammes Beni Schwerenöther sei ein verkleideter Potsdamer und habe eine Generalstabskarte der Wüste Sahara, wodurch er sich in derselben besser auskennt, als selbst die Eingebornen. Auch wisse er sich, von Berlin her, im Sande sehr gut zu bewegen. (Großer Beifall auf der Rechten.)

Westfalen. Micheli's Freunde versichern, er werde sich auch durch die größte Paderbornirtheit nicht irre machen lassen.

Regensburg. Soeben ist per Eisenbahn von Nürnberg her ein **großer alter Herr** angekommen, der mit vielen in jüngster Zeit ausgestellten Porträts große Aehnlichkeit hat, aber **gänzlich unbekannt** ist. Einen Paß wollte man ihm nicht abfordern und Visitenkarte gab er keine ab. Der Unbekannte reiste alsbald nach Salzburg weiter, wo man vielleicht Näheres von ihm weiß.

Die ganze Welt ist lange und übermüthig genug auf Deutschland herumgetrampelt, jetzt ist die Zeit da, wo sich Deutschland
auch mitunter einen Spaß erlauben darf.

Einige sehr reiche Deutsche haben von den Wallachen die
Bezahlung von Eisenbahncoupons zu fordern. Bezahlen ist aber
eine lästige Sache. Was thun die Wallachen? Sie lassen sich
von ihrer Kammer einen Syllabum beschließen, wornach es ein
verdammenswerther Irrthum sei zu glauben, daß diese Coupons
je bezahlt werden würden.

Was thut der deutsche Reichskanzler? Er mischt sich nicht
gerne in fremde Glaubens= oder Creditsachen, sondern — tritt
die Forderungen der deutschen Couponbesitzer an den Sultan ab.

Die hohe Pforte soll durch dieses plötzliche und großmüthige
Geschenk so überrascht und gerührt worden sein, daß nächstens ein
Pascha mit wenigstens drei Roßschweifen in Berlin eintreffen wird,
um durch Wedelung mit allen Dreien den tiefgefühltesten Dank
des Großherrn nebst Familie auszudrücken.

Der Socialdemokrat Bebel hielt unlängst in Leipzig eine Versammlung, worin er u. A. Bismarck beschuldigte, er habe sich von Thiers und
Favre für 500 Millionen Francs bestechen lassen, um bei Niederwerfung
der Commune passive Assistenz zu leisten.

Die Sache klingt sehr wahrscheinlich. Die französischen Machthaber
und Generale haben bekanntlich für die Uebergabe von Metz und Paris,
für den Friedensschluß und anderen Verrath vom Kaiser Wilhelm und
Bismarck viele viele Millionen erhalten, sie können also ihrerseits leicht
wieder ein halbes Milliardchen springen lassen, um Bismarck zu „losen.“
Daß die Welt vom großen Geldverkehr lebt und das Kapital hin und
her wandern muß, will einem „ehrlichen Socialdemokraten“ freilich nicht
einleuchten.

Bei einem Festmahl in Kissingen bemerkte General v. d. Tann: Unser Weg nach Weissenburg und Wörth sei etwas weit gewesen, über Kissingen.

Gut gesagt. Solche Umwege haben manchmal ihren Reiz. Nur auf den über Fulda nach Rom möchte ich unter den gegenwärtigen Verhältnissen nicht toastiren.

Ein Heidelberger.

Beust (zu Bismarck).

Weil sich die Fürsten gütlich besprechen,
Wollen auch wir jetzt Worte des Friedens
Harmlos wechseln mit ruhigem Blut:
Denn auch das Wort ist, das heilende, gut.

Bismarck.

Ob nach Gastein ich, läßt sich nicht sagen,
Denn ich litt nie am Schusse der Hexen.
Kannst mir's ja nachher schicken als Note,
Denn auch dein Styl ist, dein schreibender, gut.

Wir sind doch ganz das Gegentheil, wenn auch nicht von den Chinesen, so doch von den Albanesen.

Aus Albanien wird gemeldet, an eine Abrüstung sei nicht zu denken, bevor nicht eine Steuerverminderung eingetreten sei.

Und bei uns gibt's keine Steuerverminderung, wenn nicht eine Abrüstung vorhergeht.

Germanus.

Pius IX. hat sich schon wieder geäußert, allerdings nicht ex cathedra, sondern nur eine fehlbare Privatmeinung, und zwar in Bezug auf Deutschland und seine dermalige geistige Bewegung.

Da ließ sich nun, der Schles. Volkszeitung zufolge, der Pabst also vernehmen: „Nur wer Glauben besitzt, hat auch Gewissen, ein Mensch ohne Gewissen kann nur ein schlechter Staatsangehöriger sein."

Ganz richtig! Nur müßte da nach deutschen Lehrbüchern der Logik die Zwischenfrage eingeschaltet werden, ob man, um überhaupt ein Gewissen zu haben, an die Unfehlbarkeit glauben muß? Und ob demnach mit Verkündigung derselben erst eigentlich das rechte Gewissen in die Welt gekommen sei?

Das fehlte noch! —

Obwohl es, beim Licht betrachtet, eigentlich auch darauf nicht mehr ankäme.

Wenn der Herzog von Ujest sonst nichts hätte, als Strousberg-Rumänische Actien, dann hieße er wohl besser Ujesses!

Die medizinische Facultät der Universität München hat beschlossen, zu beantragen, daß medizinische Pfuschereien nicht mehr verfolgt werden.

Das zeigt in der That von feinem Taktgefühl. Gegenwärtig, wo Fakultäten selbst — (wir meinen nicht die Mediziner) — manchmal so kläglich pfuschen, wäre es doch anderseits ungerecht, pfuscherische Laien, die dem Staat doch noch was eintragen, zu maßregeln!

In Paris hat sich ein Verschönerungsverein gebildet.

Demselben ist, bei einem Rundgang durch die Stadt, plötz=
lich aufgefallen, daß die Pariser Straßen, um hübsch herzu=
sehen, zu wenig — Schulhäuser besitzen! Diese Zierde soll
sogleich in Angriff genommen werden.

Kleine Frühstücksplaudereien.

Angenehme Aussichten. Die Berliner Montagszeitung kündigt bereits
an, daß der nächste preußische Landtag vorzugsweise durch Streitigkeiten
mit den Ultramontanen ausgefüllt werden dürfte! — Wie Schade,
daß mit Preußen nicht auch parlamentarische Conventionen bestehen,
in Folge deren es z. B. bayerischen Kämpfern möglich wäre, ihre Zeit
auch in einer preußischen Session abzudebattiren. Lasker nach München,
Mahr nach Berlin — wie müßte diese Wechselseitigkeit die Zusammen=
gehörigkeit stärken.

Hilft's Nir, so schad't's Nir. Die Wiener St. Michaelisbruder=
schaft veröffentlicht einen energischen Protest gegen die Verlegung des
italienischen Regierungssitzes nach Rom. Die Bruderschaft wird diese
Annexion niemals anerkennen und fordert alle Gesinnungsfreunde auf,
das Geschehene rückgängig zu machen. Ja, wenn sich das nur so machen
ließe, Bruderschaften hätte Antonelli auch zur Verfügung. Uebrigens trägt
der Vorstand der kampflustigen St. Micheler den ominösen Namen
Frhr. v. Stillfried.

Während einige Franzosen, die sich in Baden=Baden produzirten,
von der französischen Künstlergenossenschaft ausgeschlossen wurden, hat
der gemischte Deutsche Offenbach in Paris bereits unter großem Zulauf
mehrere Opernvorstellungen veranstaltet.

Gewisse Blätter, die sich viel mit dem „Finger Gottes" zu schaffen
machen, melden mit einer Art Genugthuung, daß die Cholera von Ruß=
land kommend bereits in Königsberg sei und in Berlin große Angst
herrsche. Ja, wenn es für Schismatiker und Häretiker eigene Krank=
heiten gäbe!

Warum sollen nur gewisse Leute allein fluchen können? Ein neuer Dichter, sächsischen Ursprungs, ist aufgetaucht. Er nennt sich Vollmar Kunze und ist dadurch in ganz Deutschland bekannt geworden, daß er ein Stück versandte mit einer kleinen Enzyklika als Begleitschreiben, welche beginnt: Verflucht sei jede Direktion, die mir für mein treffliches Stück nicht sogleich 3 Thaler schickt! Ein paar Direktoren schickten ihm einen Thaler, wofür sich Kunze durch Nachsendung von Verbesserungen bedankte, sich auch erbot, noch ein paar Alte dazu schreiben zu wollen, denn ein solches Werk könne nicht lange genug dauern. Man weiß nicht, hat man es mit einem Kauz oder mit einem Schalk zu thun.

———

Der Tenorist Wachtel hat sich zum Gastspiel nach Amerika eingeschifft. Mehreren Verehrern desselben, welche fürchteten, er könnte sich auf dieser etwas langen Reise sein hohes C verderben, entgegnete der Unternehmer, der ihn entführte: „Lieb' Vaterland, magst ruhig sein, wir halten dir deinen Wachtel 'rein." Eine schöne Stimme ist nicht das Schlechteste von den „internationalen Dingen."

———

Also doch ein Wunder. Freilich keines, das dem Viktor Emanuel etwa den Bart versengt hätte, aber doch eine ganz hübsche Erscheinung, die Abends zum Nachhausegehen immerhin eine angenehme Unterhaltung bieten mochte. Am Flüßchen Steinach, in Schwaben, sahen Mehrere, denen 's vorher geschmeckt zu haben scheint, einen großen Heereszug am Horizont, von Nord nach Süd sich bewegend (Aha!). Voran ritt ein alter Mann mit einer Krone auf dem Haupte (Noch Aha'er!). Es folgten ihm so viele Offiziere, Reiter und Fußgänger, daß den unten stehenden Schwaben ganz bange geworden sein mag: der Genuß der Erscheinung möchte ihnen am Steuerbüchle ausgehen. Endlich kam der gekrönte alte Herr an einen Felsen angeritten (am Aha'esten!) und da verwandelte er sich in einen gewöhnlichen Offizier, (warum nicht gleich gar in einen Gefreiten?) mit verstümmeltem Haupte. Letztere Angabe ist nicht klar, das Bild muß aber, wenn 's auch an die Apokalypse nicht hinkann, doch sehr interessant gewesen sein. Das „deutsche Volksblatt" und der „badische Beobachter" beschreiben die Geschichte genau, das „Vaterland" bringt sie jetzt auch, doch wird hoffentlich keine allgemeine Glaubensverpflichtung daraus.

———

———

Druck der Dr. Wild'schen Buchdruckerei (Gebr. Parcus).

Münchener
PUNSCH.

Ein humoristisches Wochenblatt von M. E. Schleich.

Vierundzwanzigster Band.

Nro. 34. Halbjähriger Abonnementspreis: in Bayern 1 fl. 20 Aug. 1871.
Im Ausland erfolgen die üblichen Postaufschläge.

Eine gute Natur.

Seebäder sind frisch, kalt, aufreizend, die Nerven weckend.

Bismark beschloß, ein Seebad zu gebrauchen.

Gasteins Quellen sind warm, fast heiß, wirken beruhigend, die Nerven besänftigend.

Bismark gebraucht, wenn's sein muß, auch Gastein.

Er hat „seine Nerven“, aber solche, die sich nach ihm richten. Will's die Politik, daß sie sich reizen lassen müssen, lassen sie sich reizen; muß er irgendwo hin, wo sie beruhigt werden, lassen sie sich beruhigen. Er ist sogar im Stande, umgekehrt aus Gasteiner Brunnen Aufregung zu schöpfen, und aus Seebädern Beruhigung.

—•••—

Etymologisches. Kommt das wälsche **Nardi** vielleicht von dem östreichischen „Naderer“?

Aus Ischl ging folgende Depesche nach Wien:

An die Herren Neck und Tscheck —
's ist vorbei, sonst hat's kan Zweck.

—•••—

Angesichts gewisser Artikel, welche gewisse Unfehlbarkeit treibende Blätter fortwährend abdrucken, möchte ich nun einmal bestimmt wissen:

> Ist es keine Sünde, die „Süddeutsche Post" und demokratische Blätter überhaupt zu lesen?

> Sind Kolb's Schriften auf dem Index, oder nicht; wenn nicht, warum nicht?

Ich möchte überhaupt bald wissen, was Sünde und was Tugend und was Wurst ist.

Unus pro multis.

———•———

Marl. Mit dem Bischof von Paderborn ging's gerade wie mit dem Pabst.

Sepperl. Wie so?

Marl. Na, es hat geheißen: er sei gefangen, und war nicht wahr.

———•———

„Kurasch!" sagt der „Volksbot". Ich würde die ganze Universität excommuniciren, den ganzen Magistrat excommuniciren, überhaupt alle ganzen Leute excommuniciren. Was liegt denn d'ran?

Kein Kurasch?

Der bekannte Feldscheerer,
der die ganze Compagnie darauf gehen ließ.

———•———

„Prüfet Alles und das Beste behaltet."

Nun, letzteres läßt sich nach der neuen Zusammensetzung des Ministeriums Herrn v. Lutz gerade nicht vorwerfen!

———•———

Die infallibilistischen Blätter drucken mit Triumph Artikel aus offiziösen und nicht offiziösen preußischen Blättern nach, worin gesagt wird, daß man die Unfehlbarkeit in dem (protestantischen) Norden nicht für so staatsgefährlich halte.

Nachdem die Ultramontanen bei Berathung der Versailler Verträge erklärt haben, daß ihnen Rom in politischer Beziehung nichts einzureden habe, so könnten ja jetzt auch die süddeutschen Altkatholiken sagen, daß sie sich in religiösen Dingen von Berlin nichts vorschreiben lassen?

Es geht mich Nichts an, ich meine nur.

Pimplhuber,

k. Alt-Einwohner der bereits neuen
Stadt München.

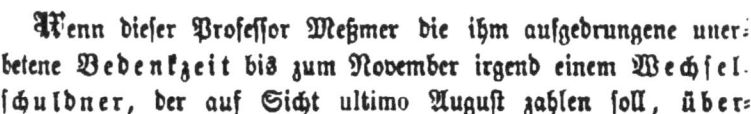

Wenn dieser Professor Meßmer die ihm aufgedrungene unerbetene Bedenkzeit bis zum November irgend einem Wechselschuldner, der auf Sicht ultimo August zahlen soll, überlassen könnte!

So ungerecht sind nicht nur die menschlichen Güter, sondern auch die Fristen vertheilt.

Unus ex debitoribus nostris.

Der französische Hr. Finanz-Minister wird ersucht, wenn er in der Versailler Nationalversammlung die Bezahlung der dritten halben Milliarde constatirt, sich nicht zu versprechen, und etwa zu sagen: die halbe dritte sei bezahlt. Es wäre zwar nur eine Milliarde Unterschied, aber ohne Genehmigung könnten wir selbst dieses kleine Manco nicht passiren lassen.

**Die deutsche Kriegs-Contributionsgeld-
Zählungs-Commission.**

In Frankreich soll nun wirklich eine Junggesellensteuer eingeführt werden.

Der Gedanke ist gut und verspricht ein bedeutendes Erträgniß. Bleibt nämlich Einer ledig, nun so entrichtet er dafür einen bedeutenden Ertrag. Heirathet er aber nach dem Erscheinen des neuen Gesetzes, so läßt sich ganz gut annehmen, daß er es nur thut, um der Junggesellensteuer auszukommen und man bestraft ihn wegen Unterschlagung derselben.

Von den Pariser Communisten wurden bekanntlich auch 6 Jesuiten hingerichtet. Die Särge derselben sind bereits das Ziel von Wallfahrten, der Schauplatz von Wundern und ein Münchener Blatt erzählt allen Ernstes, daß eine Dame von einer Unterleibskrankheit geheilt worden sei. Man denkt in Rom bereits an die Beatification dieser Märtyrer.

Da mit den Jesuiten zugleich auch eine Anzahl von Polizeileuten (Pariser „Durchtorffianer", um mit gewissen Organen zu sprechen) erschossen wurde, so dürften dieselben wohl auch einigen Anspruch haben, in Rom begünstigt zu werden. Auch einen jüdischen Geldspekulanten, Namens Jecker, hat man mit Obigen hingerichtet. Wenn zum Heiligen Nichts gehört, als füsilirt zu werden, so hat er diese Bedingung erfüllt, und mehr als sterben konnten ja die andern auch nicht. Nur gerecht!

Was ist dringendes Bedürfniß? Daß die französische Regierung über Hals und Kopf Gewehre fabriziren läßt, um in Jahresfrist 500,000 zu haben, und daß Louis Napoleon die Artilleriewerkstätten bei London fortwährend der genauesten Prüfung unterwirft. Beide haben's offenbar gleich nothwendig!

Aus der diplomatischen Welt.

Pius IX. ist über Deutschland so erbost, daß in seiner Gegenwart die Worte „Bismark" und „Wilhelm" gar nicht ausgesprochen werden dürfen.

Diese Nachricht ist ganz verläſſig und rührt von einem Kämmerer her, der den Pabſt, als derſelbe unlängſt über Bismark eine Meinung äußern wollte, vorher selbst hinausbegleitet hat.

———◆———

Die italieniſche Regierung will dem Pabſt den Quirinal zurückgeben und für Viktor Emanuel selbst einen Palaſt bauen. Nur fehlt es hiezu an einem Platz.

Das heißt: nicht an einem Bauplatz, sondern an einem Platz, wo man das dazu gehörige Geld fände.

———————

Die Rumänen an ihren Fürſten.

Und wenn du auch nach Sinai gehſt, unſer Geſetzgeber wirſt du doch nicht mehr!

———◆·◆———

In Rom sind mehrere frühere Banditen, die über 40 Jahre ohne Unterſuchung, also vorſichtshalber im Kerker ſaßen, nunmehr befreit worden. Einer der würdigen Greiſe, Namens Gasparoni, iſt ein Verwandter Antonelli's.

Nun, dieſe Herren könnten ja gleich eine „Räuber-Synode" veranſtalten?

———◆◆◆———

Hamburg. Von der hiesigen Sternwarte aus wurde im Mond folgende Inschrift entdeckt: „Hier het Bißmark Nir to seggen."

Einen goldenen Thron habe ich auch gehabt, war aber doch nicht glücklich.

Rex Midas.

In Java, erzählt eine amerikanische Zeitung, that kürzlich eine Frau ihrem Manne etwas Strychnin in das Bier, um — nach erfolgter Wirkung — einen anderen Mann zu heirathen. Wie groß war aber ihr Verdruß, als die Wirkung ausblieb und sie zu der Ueberzeugung kam, daß sie sich vergriffen und leider nur Stärke in das Bier geschüttet habe. So glaubte auch der Bonapartismus das biertrinkende Deutschland vergiftet zu haben — statt dessen hatte er ihm erst Stärke gegeben.

Der Münchener Volksbote behauptet, der ausgebrochene Pascolini werde sich der Fortschrittspartei oder den Neuprotestanten zur Verfügung stellen.

Nun, wir haben keinen Beruf, die Fortschrittspartei oder die „Neuprotestanten" gegen diese Insinuation zu vertheidigen, dächten aber, es gäbe doch wohl auch noch manch' ein anderes Fähnlein, unter welchem Giovanni Pascolini nicht der erste Kämpe wäre, der einen so wohlklingenden Namen hat? Vielleicht würde ihn auch der alte Römer Gasparoni als „figlio" an die Brust drücken.

Kleine Frühstücksplaudereien.

Ein schon mehrfach als Schriftsteller aufgetretener Beneficiat in Ingolstadt gibt in einer Broschüre ein radikales und zuverlässiges Mittel an, um die „liberale" und religionsfeindliche Presse — (man weiß was heut' zu Tage Alles unter „religionsfeindlich" verstanden wird!) — zu vernichten. Es ist nämlich die Excommunication nicht nur aller Abonnenten, sondern auch des Redakteurs, Verlegers, der Mitarbeiter, Setzer, Drucker und Colporteurs. Warum nicht auch der Farbfabrikanten, Papiermüller, Lumpensammler, Schriftgießer? Uebrigens kann der Herr Beneficiat auch unangenehm werden, indem er z. B. schreibt: „Wie den Soldaten des excommunicirten Napoleon auf Rußlands Eisfeldern die Musketen entfielen, so werden den Lesern die Blätter excommunicirter Redakteure entfallen." Das wäre freilich eine unheimliche Geschichte, wenn Einer auf einmal blaß wird, zu zittern anfängt und — die Passauer Zeitung oder was Aehnliches fallen läßt! — Und dabei verlangt die Donauzeitung doch „Preßfreiheit" und „erweiterte Volksrechte".

Man weiß, daß der hl. Vater bedeutende Summen aus dem Peterspfennig zur Unterstützung verwundeter und verarmter Franzosen verwendet hat. Nun hört man auch, daß die vielen prachtvollen Paramente, welche jüngst aus Deutschland kamen, und deren Ausstellung im Vatikan der Münchener Domherr v. Overkamp besorgte, nach Frankreich gewandert und verschiedene arme Gemeinden damit beglückt worden sind. Dagegen ist nun im allgemeinen Nichts einzuwenden; wenn aber deutsche Geber etwas den Franzosen vermeinen, so könnten sie's ihnen wohl selbst geben, um etwaige Dankbarkeitsgefühle, wenn die Franzosen deren fähig sind, der deutschen Nation zu Gute kommen zu lassen. Uebrigens sind wir neugierig, ob der Pabst den goldenen Thron, den er nächstens bekommt, etwa dem Grafen Chambord oder gar dem Herrn Thiers verehrt? (Nachschrift. Der Pabst hat dafür gedankt. Das Geld soll dazu verwendet werden, um italienische Seminaristen vom Militär loszukaufen. Für Sparpfennige deutscher Dienstboten auch kein übler Zweck.)

Unbegreiflich, wie man dabei so alt werden kann! Der k. sächsische Cultusminister, Hr. v. Falkenstein, hat wegen seines hohen Alters um Enthebung von diesem Posten nachgesucht und ist denn auch der seltene Cultus-Greis in Gnaden enthoben worden. Scheinen noch gemüthliche Verhältnisse zu herrschen, bei den „kuten" Sachsen.

———

Den Weitpreis der Dummheit hat doch wieder das Stadtamhofer Volksblatt errungen, indem es bei Besprechung eines gewissen „Desaveu" ausrief: der Redakteur des Punsch wolle eben seinen — Fünfguldensitz nicht auslassen!

———

Seit einiger Zeit finden sich in Nordamerika eine große Anzahl von „Fürsten", „Grafen" und „Baronen" aus Europa ein. Dieselben sind fast alle — Betrüger, welche den titelsüchtigen Amerikanerinnen den Hof machen, oft eine reiche Heirath durchsetzen und dann die betrogenen Opfer schmählich verlassen. Mehr als eine dortige Zeitung warnt ernstlich das Publikum vor dergleichen unblutigen Raubrittern.

———

Es geht nichts über Parteidisciplin und Strategie! Die Donauzeitung schreibt: „Wir wollen ja sehen, was in der nächsten Kammer die Patrioten wieder Geistreiches machen werden!" — Ja wohl. Zuerst aber müssen wir die nächste Kammer sehen!

———

Zu Anfang des neuen Semesters effectuiren

☛ alle Postanstalten Deutschlands halbjährige Bestellungen.

Preis in Bayern 1 fl., in Preussen 23 Sgr., in Oestreich 1 fl. 35 Nkr., in der Schweiz 3 Fres. 20 Cent.

Druck der Dr. Wild'schen Buchdruckerei (Gebr. Parcus).

Münchener
PUNSCH.

Ein humoristisches Wochenblatt von M. E. Schleich.

Vierundzwanzigster Band.

Nro. 35. Halbjähriger Abonnementspreis: in Bayern 1 fl. 27. Aug. 1871.
Im Ausland erfolgen die üblichen Postaufschläge.

Kaiser Wilhelms Extrapost
von Salzburg nach Gastein.

Seht ihr zwei Rosse vor dem Wagen
Und diesen östreich'schen Postillon?
Bald wird sein Körper überschlagen
Vor lauter Rausch — da liegt er schon.

Graf Lehndorf legt ihn in den Graben —
Schlaf' wohl du junger Postillon.
Bald hört den Omnibus man traben,
Der leiht uns einen andern schon.

„Mein Kutscher war zu schwer beladen,
Gib uns den deinen, thu' dich um!"
Da spricht der Conducteur: „Ew. Gnaden,
Verzeih'n S', der meine is zu dumm!"

O Oesterreich, wenn's nur dem Wagen
Des Staats bei dir nicht auch so geht!
Ein Kutscher ist hoch anzuschlagen —
Denkt sich die deutsche Majestät.

Der Umstand, daß der deutsche Kaiser in Gastein bei einem „Bruder Straubinger" wohnt, soll wahrscheinlich auf die Arbeiter einen versöhnenden Eindruck machen? Aber die Zeit, wo die Handwerksburschen gemüthlich waren, ist vorüber. Alles muß abgeschafft werden, selbst das Schaffen.

Ein ehrlicher Socialist.

···

Krieg und Landbau bilden immer einen Gegensatz. Während beim Getreide das Messen abkommt und die Angabe des Gewichts an die Stelle tritt, wird bei den Kanonen die Bezeichnung nach Pfündern abgeschafft und die nach dem Maß eingeführt.

Nun, wenn sich auch Mars messen will, wenn uns nur Ceres immer gewogen bleibt.

—

Pimplhuber. Wissen Sie, was eine recht ungesunde Arbeit sein muß?

Talschler. Nun, die Spiegelfabrikation?

Pimplhuber. Nein, sondern der höhere diplomatische Dienst in Preußen, besonders in der Nähe Bismarcks. Der macht offenbar Rheumatismus und schwächt die Schleimhäute.

Talschler. Wie so?

Pimplhuber. Nun wissen Sie denn nicht, daß sein ganzer diplomatischer Stab gezwungen ist, heuer die Kur in Gastein zu gebrauchen?

— ·•· —

Beim Versailler Kriegsgericht deponirte ein Angeklagter, die Föderirten hätten im Industriepalast Zink-Schwärmer mit Petroleum vorgefunden, welche für die Preußen bestimmt waren.

Es gibt doch mitunter sonderbare Schwärmer für Preußen.

—————

Das Münchener Pastoralblatt bringt unter dem Titel „Trost und Lehre aus der Geschichte" einen Leitartikel über die vermeintlich trübselige Lage des Oberhaupts der Kirche, wobei natürlich die Hoffnungen auf eine bessere Wendung entwickelt werden. Petrus, heißt es darin, der in allen seinen Nachfolgern lebt und leidet, kann mit mehr Recht als alle andern die Worte sprechen:

> O fortes majoraque passi
> Mecum saepe viri, nunc pellite curas.

Man sollte glauben, die „Andern", die diese Worte mit weniger Recht gesprochen haben, wären etwa auch kirchliche oder doch wenigstens politische Kämpfer gewesen. Nun ist aber das Citat nur die Parodie eines Satzes, womit Horaz eines seiner lebenslustigsten Lieder („Laudabunt alii") abschließt, indem er den betrunkenen Teukros, dessen Schläfe von Wein ganz naß sind — dem die Augen tropfen, würden wir sagen — sprechen läßt:

> O fortes &c., nunc **vino** pellite curas!

Zu deutsch: O ihr Tapfern, die ihr oft schon Aergeres mit mir durchgemacht, vertreibt jetzt die Grillen mit Wein!

Das Wort vino ist aus pastoralen Rücksichten weggelassen, weil sich natürlich eine so unbegränzte Fiduz auf das „Schöppeln" im Munde eines trübseligen Petrus sonderbar ausnehmen müßte.

Von Profanationen hat man bisher viel gehört. Daß aber etwas Profanes zu einem heiligen Zweck adaptirt wird, also eine Art Fanation, ist auf lyrisch-theologischem Gebiete originell genug.

Aber Aufseher, wie könnt' ihr denn den Pascolini so frei herumlaufen lassen?

— Er war auf Ehrenwort frei, und doch brennt er durch.

Die ganze kirchenfeindliche Presse soll man ercommuniziren, mit Verlegern, Redakteuren, Correspondenten, Druckern, Setzern, Rabtreibern u. s. w.

Die ganze Universität soll man ercommuniziren, mit Professoren, Privat-Docenten, Assistenten, Sekretären, Pedellen u. s. w.

Den ganzen Magistrat soll man ercommuniziren, mit rechts- und unrechtskundigen Räthen, Schreibern, Marktinspektoren, Aufschlägern, Bierbeschauern, Laternanzündern, Stadthausern u. s. w.

Alles muß verexcommunizirt werden! Je mehr Leute ausscheiden oder ausgeschieden werden, desto besser!

Der bekannte Feld-Scheerer,
der lieber die ganze Compagnie darauf
gehen lassen wollte.

Die fünf alten Räuber, welche mit ihrem Hauptmann Gasparoni unlängst in Rom untergebracht worden, gehörten während ihrer einstigen Thätigkeit offenbar zu den Communisten.

Es muß also noch früher in dieser Familie ein liberaler Katholizismus geherrscht haben, denn aus diesem wird ja nach päbstlicher Doktrin erst der Communismus erzeugt.

Antonelli, der mit Gasparoni verwandt ist, weiß vielleicht Näheres.

Aufforderung.

Dem G. Pascolini, welcher sich ipso facto aus der Strafanstalt ausgeschlossen hat, wird hiemit eine unerbetene Bedenkzeit von 3 Wochen gewährt, innerhalb deren er zurückzukehren und die Unfehlbarkeit der diesseitigen Aufsichtsmaßregeln anzuerkennen hat. Auch wird derselbe vor frevelhaftem Gebrauche der mitgenommenen Zimmermannskleidung gewarnt. Wenn er nicht zurückkehrt, wird er von hier aus auch nicht begraben.

Während der Anwesenheit des deutschen Kaisers sind die adeligen Damen, größtentheils „böhmisches", in demonstrativer Weise von Ischl fortgereist.

> Man weiß, ihr seid stets tschekisch,
> Doch — werdet nicht zu neckisch!

∗∗∗

Der schnell berühmt gewordene Kupferzeller Hohenlohe, Mitarbeiter der Allgemeinen Zeitung unterm Strich, der den famosen Witz mit dem Messer ohne Klinge, woran der Stiel fehlt, nacherfunden hat, ist — Generaladjutant des Kaisers von Oestreich!

Von demselben soll wieder folgendes Bonmot bevorstehen: Wissenschaft ohne Glaube ist ein ungeschäftetes Gewehr ohne Lauf, dem das Schloß fehlt, also ein bloßer Riemen, an dem Nichts ist.

∗∗∗

Es ist eben ein Unterschied zwischen „Batterie" und „Batterie".

Der alte Garibaldi, den die preußischen Batterien vor einem Jahre lahm gelegt haben, befindet sich von seinem neuesten Krankheitsanfall in Folge der Anwendung von Electricität besser, indem er sich wieder rühren kann.

∗∗∗

Wien und Pest. Durch unliebes Versehen ist versäumt worden, am 18. August, dem Jahrestag des Abschlusses des östreichischen Concordats, eine Feier, etwa durch Häuserverzierung, Beleuchtung u. s. w. zu veranstalten. Es wird nächstes Jahr nachgeholt und dann gleich auch der Ausgleich mitgefeiert.

∗∗∗

In Rumänien müßen alle Eilwägen von Kavallerieeskorten begleitet werden.

Nun, so sicher als diese Eilwagenrouten wären meine bereits er=
bauten Bahnstrecken auch gewesen.

Strousberg,
Doktor der wahren Philosophie.

Gegen gutes Honorar sucht man einen geschickten Sozialisten,
welcher sich der Aufgabe unterzöge, den 2c. Professor Friedrich
zum Strikemachen zu bewegen.   D. U.

Kleine Frühstücksplaudereien.

Was Artigkeit nicht thut. Als Bismark jüngst auf dem Wege nach
Süddeutschland durch Leipzig kam, waren auf dem dortigen Bahnhof
eine Menge Leute versammelt, lauter Stockleipziger, um ihn zu begrüßen.
Der fürstliche Staatsmann unterhielt sich mit den kuten Leuten zum
Fenster heraus, erzählte ihnen, sein Urgroßvater sei in Leipzig geboren
— freudiger Zuruf! — und einige Mitglieder seiner Familie seien sogar
an der Leipziger Universität Professoren gewesen — gränzenloser
Jubel der Versammelten! Der berühmte Staatsmann dampfte hierauf
dahin, in der Gewißheit, wieder ein Publikum glücklich gemacht zu haben.
Es ist ja auch für Hochstehende so leicht und kostet so wenig, sie brauchen
nur zu wollen!

Originelle Controlle. Um die Wirkung der großen deutsch=nationalen
Feste in Brünn und Olmütz abzuschwächen, erzählen böhmische Blätter,
bei dem letzten „Tabor“ (tschechische Volksversammlung) in Julienfelde
seien 60,000 Theilnehmer gewesen. Nun constatirt aber der Wiener
Hansjörgel, daß daselbst nicht mehr als 24 Eimer verzapft wurden, so
daß auf einen Böhmaken nur der fünfzehnte Theil eines Seidels käme.
In Erwägung, daß es das nicht gibt, daß ein Böhm' mit einem solchen
Taubenschluck zufrieden ist, in fernerer Erwägung, daß von genanntem
Tabor viele Wenzelskinder im Gegentheil besoffen heimkamen, können
keine 600, geschweige denn 60,000 Theilnehmer dort gewesen sein.

In Oestreich wurden bekanntlich alle Landtage aufgelöst, in welchen die Teutschen, d. h. die Verfassungstreuen, die Mehrheit hatten. Der Staatskörper ist also in der wenig beneidenswerthen Lage, in seinem Innern ungefähr ein Dutzend Verfassungskämpfe spüren zu müssen. Die Anhänger der slavischen Reaction, welche sich selbst die östreichisch-patriotische Partei nennen, haben nun für das kerndeutsche Niederöstreich einen Wahlaufruf erlassen, unterschrieben von: Czestal, Slazik, Persizek, Worobjez, Prohaska.

Lieb' Vaterland, magst ruhig sein,
Mir sprech' me deutsch, sahr scheen und rein.

Das Corps der päbstlichen Zuaven, welches im vorigen Kriege aus Rom nach Frankreich zurückgezogen wurde und bort zur Verwendung gegen Deutschland kam, ist nun als solches aufgelöst. Der Commandant ließ noch einen schmeichelhaften Tagesbefehl verlesen, der also beginnt: „In dem Augenblick, wo Frankreich überfallen und niedergebeugt wurde.“ Also Frankreich ist überfallen worden! Vorläufig kann man das für wahr halten oder nicht; wenn aber erst einmal die päbstlichen Zuaven Glaubensartikel machen dürfen, dann wird's schön.

In Irland, der grünen Insel, wo es weder Kröten noch Schlangen, wohl aber Fenier gibt, ist eine französische Deputation angekommen und enthusiastisch empfangen worden. Es wurden Toaste ausgebracht auf die irisch-französische Verbrüderung. Der bekanntlich nicht ganz unfehlbare Mac Mahon ist der verkörperte Repräsentant dieser sonderbaren Verquickung.

Auf einem Rheinfloß bei Mainz befindet sich ein sog. schwimmender Circus. Zur Künstler-Gesellschaft gehört eine bärtige Negerin, genannt Miß Pastrana. Die Blätter annonciren nun, daß man jeden Vormittag die innere Einrichtung dieses merkwürdigen Circus und auch die Miß Pastrana besichtigen könne; Abends werde dieselbe in Costüm tanzen. Also Vormittags? Wirklich nicht übel! Wenn man bedenkt, was für Bursche sich heut' zu Tage mitunter als Politiker oder gar als kirchliche Vorkämpfer produziren, warum soll sich dann ein Scheusal nicht auch Künstlerin nennen dürfen?

Wiesbaden ist voll von der Höhe — nicht von der Höhe seiner einstigen Stellung als Residenz, nicht von der Höhe des Fremdenbesuches, nicht von der Höhe des dort getriebenen Hazardspiels, sondern von der Höhe Wachtels, des Tenoristen, der vor seiner Abreise nach Amerika dort gastirte.

Das Wiener Burgtheater soll mit Hebbels Nibelungentrilogie, welche aus drei zusammenhängenden Tragödien besteht, eröffnet werden. Wenn das Publikum diesen Brocken verbaut hat, dann kann es alles Nachfolgende leicht riskiren.

Briefranzen.

Herr Redacteur! Als ich in einem hiesigen katholischen Blatte die Denunciation gegen einen Herrn las, der an einer Ecke der Ludwigsstraße mit Prof. Friedrich gesprochen haben sollte, wobei sogar die Zeugschaft eines Geistlichen versprochen wurde, da glaubte ich, etwas Gemeineres könne nicht wohl mehr geschrieben werden. Einen solchen Abgrund von Unanständigkeit hätte ich selbst bei den enfants terribles irgend einer Partei nicht vermuthet. Da erscheint der Beiwagen Nr. 33 zum „Volksboten", mit einer: „Charakteristik des gottverlassenen Volkes." Unter römisch I werden hier über Juden und angebliche Judensprößlinge Enthüllungen gegeben, noch fast frische Gräber mit Koth beworfen und hier lebende Familien, also Frauen und unschuldige Kinder in einer Art gekränkt, daß man sagen muß: Nur falsche Ehrenmänner sind so etwas im Stande! Ich frage die erzbischöfliche Kurie in der Promenadegasse, die doch sonst gleich energisch bei der Hand ist, um Ketzerisches zu verdammen, warum brandmarkt sie nicht auch solche Blätter als unkatholisch? Wir wissen ganz bestimmt, daß der Herr Erzbischof bei Vertrauten, unter vier Augen, darüber aufseufzt. Warum hat er nicht den Muth, sich auch öffentlich von solchen Vertheidigern loszusagen? Sage mir, wer dich vertritt und ich will dir sagen: wie es um deine Sache steht! — — —

(Was diese neue Art persönlicher Angriffe betrifft, so hat der Einsender einen jüngsten Artikel über die Verleihung des eisernen Kreuzes an den Münchener Bürger Radspieler, der alles Vorhergehende so ziemlich übertrifft, wohl nicht gelesen. Und doch haben wir nirgends gehört, daß gewisse Dekanate oder das Bamberger Pastoralorgan ihre ausdrückliche Belobung des betreffenden katholischen Blattes mobilizirt hätten.)

Druck der Dr. Wild'schen Buchdruckerei (Gebr. Parcus).

Münchener
PUNSCH.

Ein humoristisches Wochenblatt von M. E. Schleich.

Vierundzwanzigster Band.

Nro. 36. Halbjähriger Abonnementspreis: in Bayern 1 fl. Im Ausland erfolgen die üblichen Postaufschläge. 3 Sept. 1871.

Privat = Kabel des Punsch.

Paris. Gränzenlose Verwirrung unter allen Parteien. Der preußische Gesandte ist soeben angekommen. Gegenseitig angenehmster Eindruck.

München. Protest = Arie: „Unsere Kinder werden täglich dümmer — o selig, o selig, ein Kind noch zu sein!" Contrebaß im Orchester: Mißtrauen! Mißtrauen! Mißtrauen! Hr! hr! hr!

Versailles. Die Majorität ist so gereizt, daß wenn Thiers heute den Antrag einbrächte: es darf kein einziger Fehler mehr gemacht werden, dieß wahrscheinlich abgelehnt würde.

Rom. Sämmtliche Stadtverschönerungs = und Erweiterungspläne, welche das neue Bauamt ausarbeitet, sind im Voraus auf den Index gesetzt worden.

Chemnitz. Der Augsburger Socialist Most wurde verhaftet. Eingesperrter Most macht sonst Spektakel; der aber ist ruhig.

Melodie:
"Und wenn die Hoffnung nicht wär'!"

oder:

Nette Leute haben nette Wünsche.

Drei Dinge sind es, auf welche gewisse Organe — sie nennen sich katholisch — sehnsüchtig warten, welche sie wiederholt prophezeien und in denen sie, wie es scheint, ihre eigene unangenehm werdende Stellung ersäufen möchten. Diese drei Wünsche sind:

1) Revanche Frankreichs und Contributionen für die deutschen Hauptstädte, namentlich für München.

2) Socialdemokratische Revolution und Abrechnung mit den Mastbürgern.

3) Vorläufig wenigstens Ausbruch der Cholera.

Der Eintritt dieser 3 Zustände dürfte die Bewegung gegen die Infallibilität allerdings etwas schwächen. Wenn alle Schulhäuser mit Zuaven belegt sind, kann das Statut nicht eingeführt werden; wenn die Ehe abgeschafft wird, hört das Verlangen nach passiver Assistenz von selbst auf und während einer Epidemie ist ein demonstrativer Andrang zum Kirchhof, wie beim Zengerschen Leichenbegängniß ohnehin sanitätswidrig. Obige drei Wünsche haben also etwas für sich, indem die betreffenden Eventualitäten dem Altkatholizismus allerdings einen Stoß versetzen und vielleicht sogar das gefürchtete Universitätsjubiläum reduciren dürften.

———•———

Kunstausstellung zum Besten des Invalidenfonds.

Das Loos des Schönen auf Erden
Ist leider — nicht verkauft zu werden.

———•———

Die Einen wollen den Pabst Petrus nennen, Andere wollen ihm den Beinamen des Großen geben und er hat in übertriebener Bescheidenheit abgelehnt.

Warum denn? Ich war gewissermaßen auch Pabst und habe sogar Beides auf meinem Namen vereinigt.

Peter der Große,
durch die Oper „Czaar und Zimmermann"
auch in weiteren Kreisen bekannt geworden.

* * *

Zur Situation.

Der Standpunkt scheint mir folgender zu sein: Die bayerischen Bischöfe sagen zur bayerischen Regierung: „Die Unfehlbarkeit ist ohne unser „Placet" aufgestellt worden, also braucht's auch Euer Placet nicht.

Freilich müßte da zuerst der Satz anerkannt werden: Vor Gott, bez. vor dem Pabst sind wir alle gleich. Ueberdieß will auch der Ministerialerlaß die Bischöfe nicht als coordinirte Paciscenten, sondern als Fleisch von seinem Fleische, als dem Gesetze unterworfene Angehörige des Staates gelten lassen.

Hingegen sagen die jesuitischen Exerziermeister: ihr müßt Gott mehr gehorchen als den Menschen.

Wo aber fängt der Gott an? Beim Katheder oder bei der cathedra? Allerunplacetlichst ist's ein unglückseliges Flötenspiel, das dem alten Miller nie hätte einfallen sollen.

Pimplhuber,
theologischer Jurta-Mobist.

* * *

Monolog eines Gekränkten.

Schmählich! Zuerst die Kastanien aus dem Feuer holen; sagen und schreiben was Andere immerhin gerne gesagt und geschrieben wissen möchten, selbst aber zu sagen oder zu schreiben sich nicht getrauen; die Verantwortung für alle Skandale auf sich nehmen müßen, zahlen und brummen, und zuletzt, wenn's eine schöne Gelegenheit gibt, doch nicht auftreten dürfen, ja sogar sich so= zusagen aus Anstandsrücksichten verstecken müßen, um die An= deren nicht zu compromittiren, so läßt man sich von einer „Volks= partei", die man selbst gegründet hat, nicht behandeln. Das er= tragen Wir nicht länger, da geht Uns zuletzt die Geduld aus, da schlagen Wir den päbstlichen Haussegen unter'm Selbstkosten= preis los und werden Demokrat!

Segen der Gewerbefreiheit! Unterzeichneter führt nicht nur Tücher und Beinkleider, sondern auch fertige Mißtrauens= vota und hatte erst unlängst die Ehre, von letzterem Artikel ein Stück an den Magistrat abzugeben.

Ußmeier,
Kaufmann und Mißkredit=Lieferant.

Was man schwarz auf weiß besitzt, kann man getrost nach Hause tragen.

Aber ganz ohne Gepäck reist sich's doch noch viel bequemer.

Ein preußischer Tourist in Gastein.

Nichts aufschreiben, ist reiner Geist; aufschreiben ist Papier; Aufgeschriebenes nicht halten, ist — Lumperei.

Der Philosoph von Gastein.

Abermalige dringende Frage.

Ist es keine Sünde, demokratische, sozialistische Zeitungen zu lesen? Ja sogar Artikel daraus abzudrucken und Resolutionen communistischer Versammlungen unter katholischer Etiquette zu verbreiten?

Sollen in der Ewigkeit Passauer Diözesanen wirklich wegen einer Lektüre bestraft werden, die anderen unbeanstandet hingeht?

Kann das in dem einen Schafstall gleichgültig sein, was in dem daneben liegenden für schädlich gilt?

Schon vom landwirthschaftlichen Standpunkt aus wünscht man bis zum nächsten Oktoberfest Aufklärung.

Aus den großen Vorkehrungen, welche allenthalben in Berlin, Frankfurt, Leipzig u. s. w. getroffen werden, scheint die Cholera das einzige Wesen zu sein, welches die Hausherren, wenn es eingezogen ist, nicht zu steigern wünschen!

Ein Pariser Gemeinberath, welcher den durch die communistischen Brandstiftungen erwachsenen Schaden berechnete, rief aus: Nein, eine solche Petroleumsteuer braucht man selbst im deutschen Reiche nicht zu bezahlen!

Da sich der Chef der französischen Executivgewalt durch die Nergeleien der Rechten in einem furchtbar gereizten Zustande befindet, so sind mehrere vernünftige Männer der Majorität und der Linken zusammengetreten, um einen parlamentarischen Verein gegen Thierquälerei zu gründen.

Die demokratische Südd. Post schreibt: „Der Krieg ist die Lebensbedingung der Dynasten. Für die Freiheit ist die Bedingung der Friede.

Frage: Hat Nordamerika keinen Krieg geführt? Man sagt: einen ziemlich bedeutenden, der beim Lichte betrachtet nur den pekuniären Eigennutz zur Grundlage hatte! Sind die Südstaaten, welche daran Schuld sein mochten, keine Republiken?

Sind die spanischen Kleinstaaten Südamerikas, die unaufhörlich mit einander Krieg führen, keine Republiken?

Unverträgliche Sünder sind wir Alle zumalen! Im Monarchismus liegt so wenig die Ursache der Kriege, als der liberale Katholizismus der Vater des Communismus ist, wie ein Unfehlbarer kürzlich irrthümlich meinte.

Homines sumus! Darin liegt unser ganzer Jammer, und wenn man will, auch all' unsere Freude.

Pimplhuber,
Philosoph, wenn er nämlich dazu Ruhe hat.

Beim Vorschreiten der zweiten Jahreshälfte ersuchen wir alle hohen Nationen und verehrungswürdigen Bevölkerungen, welche heuer noch in dynastischer Beziehung Veränderungen oder Neuerungen vornehmen wollen, dieß wenn irgend möglich zu beschleunigen, da wir sonst für richtigen Vortrag in unserem Kalender nicht gutstehen können.

Die Redaktion des Sulzbacher Kalenders.

An die Titl. HH. Franzosen, Spanier,
Rumänen, Braunschweiger, u. s. w.,
u. s. w.

Die Münchener Hafnergesellen haben sich mit ihren Meistern in sehr freundschaftlicher Weise ausgeglichen.

Kein Wunder, wenn von allen Arbeiterklassen die Hafner am versöhnlichsten und gegen die Gesellschaft am wenigsten erzürnt sind. Sie wissen es ja: der eine bricht's Schüsserl und der andere 's Haferl.

Kleine Frühstücksplaudereien.

Das vom Bamberger Pastoralblatt wegen seiner Haltung belobte und von altbayerischen Dekanaten mit Danksagungen beehrte Münchener Organ bringt die Beschlüsse des Dresdener Socialisten-Congresses wörtlich und ausführlich, ohne ein Wort der Kritik, mit stillschweigender Consentirung, ja unter Hervorhebung verschiedener Stellen zur Kenntnißnahme seiner Leser. Gehört das auch zum katholischen Volksverein?

Der Augsburger Abendzeitung hatte ein Correspondent geschrieben: „Die Mallinger sei von München abgereist, ohne engagirt worden zu sein; wer sie jetzt und früher gehört, könne das nur billigen." In hohem Grade komisch ist nun die Art und Weise, wie der Gatte der Künstlerin als Ritter für sie eintritt. Diese „Nachricht", schreibt er der Abendzeitung, sei erfunden, die Redaktion solle ihm den Correspondenten nennen, er werde ihn gerichtlich belangen. Es erinnert dieß an einen Lustspieldichter, der einmal im Münchener Tagblatt jeden für einen Schurken erklärte, der behauptete sein Stück sei durchgefallen. Was übrigens Frau Mallinger betrifft, so erinnert sich das Publikum noch sehr wohl der Annonce, womit sie durch den Auktionator einen als Geschenk Seiner Maj. des Königs bezeichneten Flügel zum Verkaufe ausbieten ließ. Da las man dieser Tage von der Lucca schon rührendere Beweise von Dankbarkeit gegen den König von Preußen.

Eine recht originelle Paraphrase der glücklich hergestellten deutschen Einigkeit finden wir im „Berliner Theaterdiener". Die Agentur Entsch kündigt darin ein Volks= und Ausstattungsstück an, betitelt: „Rückblicke oder: Von Berlin nach Versailles", von E. Jacobson. Musik von G. Lehnhardt. 1. Bild: Es geht los! 2. Bild: Adieu Berlin! 3. Bild: In Feindes Land. 4. Bild: Napoleon I. 5. Bild: Sieg oder Tod. 6. Bild: Berlin in Versailles. 7. Bild: Der Waffenstillstand. Der Ver= leger fügt nun bei: Ich mache die resp. Direktionen auf den äußerst günstigen Umstand aufmerksam, daß die „Rückblicke" mit leichter Mühe überall lokalisirt werden können, und die Situationen eben so gut in jeder anderen Stadt Nord= und Süd=Deutschlands vorgehen können. Es bliebe nur übrig, dem Dialekt eine lokale Färbung zu geben und dem zweiten Titel an der Stelle des „Berlin" den Namen der Stadt zu substituiren, wo das Stück spielt, also „Rückblicke oder: Von München nach Versailles" — „von Hamburg nach Versailles ꝛc." So ist's recht! Berlin, München, Hamburg — Alles Eins! Soweit die deutsche Zunge reicht, muß Alles „Wurst sein". Oestreicher folgt uns, wenn ihr die „Rückblicke" ebenfalls aufführen wollt!

––––––––––

Der fruchtbare Schriftsteller Bolanden, der dem infalliblen Pabst mit Romanen zu Hilfe kommt, hat schon wieder einen fertig, betitelt: „Der alte Gott", ein Pendant zu seinem letzten Roman: „Der neue Gott". O Götter!

––––––––––

Hübner's vergleichende statistische Tabellen zählen an 1500 Theater für die ganze Erde auf. Die größte Zahl fällt natürlich auf Europa, wo= selbst u. a. Frankreich 340, Italien 300, Spanien 170, Großbritannien und Irland 160 und Oestreich ebenso viele Bühnen haben soll. Jedoch kann diese Zahl erst verstanden werden, wenn man sie zur Bevölkerungs= zahl in Beziehung setzt. Es kommt nämlich auf je 75,000 Italiener ein Theater, während in Frankreich erst 110,000, in England 184,000, in Oestreich 234,000, in Rußland ungefähr 1½ Millionen und in der Türkei 2 Millionen Einwohner eine Bühne haben. Jedenfalls ist Italien auch das mit Theatern gesegnetste Land der Welt.

––––––––––

Druck der Dr. Wild'schen Buchdruckerei (Gebr. Parcus).

Münchener
PUNSCH.

Ein humoristisches Wochenblatt von M. E. Schleich.

Vierundzwanzigster Band.

Nro. 37. Halbjähriger Abonnementspreis: in Bayern 1 fl.
Im Ausland erfolgen die üblichen Postaufschläge. **10. Sept. 1871.**

Privat-Kabel des Punsch.

Chiselhurst. Jahrestag von Sedan! Wenn einer leben will, und
doch nicht sterben kann — nein, wenn einer sterben könnte und doch
leben will — nein, wenn er lebt und nicht sterben will, wenn er auch
könnte — kurz, die Hauptsache ist, daß einer so viel hat', daß er leben
kann, bis er stirbt.

Paris. Ein für Frankreich nicht mehr ungewöhnliches Eisen-
bahnunglück: es sind nämlich die letzten 100 Millionen der
dritten halben Milliarde nach Deutschland abgegangen.

Oestreich. Minister Hohenwart nannte die Deutschen eine „noch
immer Achtung gebietende Partei" und reiste hierauf zur Begrüßung
des Kaisers Wilhelm nach Salzburg.

Rom. Die Regierung Victor Emanuels hat soeben die Frech-
heit (l'impudenza), einen Commissär für die Arbeiten zur Verlegung der Hauptstadt zu ernennen. Die Verlegung wird auf
den Inder gesetzt, die Arbeiten werden auf den Inder gesetzt und
der Commissär kommt auf einen über diesen beiden Inderern
construirten höheren Inder.

Gaſtein. Die Kur hat dem Fürſten Bismark gut angeſchlagen, d. h. nicht die Kur, die ihm von Beuſt gemacht wurde, ſondern die Kur, die er gebraucht hat.

———————

Paſſau. Der wilde Mann wird immer wilder. Die „Donau=zeitung" ruft aus: Rettet nur um Gottes willen den Feldzugsplan!

In Braunsberg, wo ein ſicherer Dr. Wollmann, der nicht an die Unfehlbarkeit glaubt, katholiſchen Religionsunterricht gibt, ſind die Väter derjenigen Schüler, welche ungeachtet dieſes ſchreck=lichen Umſtandes am dortigen Gymnaſium bleiben, mit Ex=communication bedroht worden.

Was hab' ich denn geſagt? Alles muß verexcommuni=cirt werden!

Im Uebrigen bitt' ich um den Sigl'ſchen Hausſegen.

Ein Volks=, Milch= und
Ehrenmann.

~~~~~~~~

Die Donauzeitung ſchreibt: „Der Sturm bricht los, ſchließen wir unſere Reihen." Hingegen ſagen ihre Münchener Genoſſen: „Der Lutz'ſche Erlaß iſt ein Sturm im Waſſerglas".

Was iſt nun richtig? Waſſerglas oder nicht? Zur Paſſauer Scene paßte jedenfalls am beſten ein Glas Waſſer!

Bismark soll schon wieder schlaflose Nächte haben.

Vor dem Jahre 1866 war er bekanntlich schlaflos aus Furcht vor Oestreich.

Nach dem Jahre 1866 war er schlaflos aus Furcht vor der drohenden Macht Frankreichs.

Jetzt soll er schlaflos sein aus Angst vor dem nächsten Wohnungswechsel in Berlin.

Wir glauben, daß Bismark in letzterer Beziehung besser schläft, als so manche Partei in Berlin.

Die Unglücksfälle auf den deutschen Eisenbahnen mehren sich in neuester Zeit so, daß die Gewährung freier Fahrten auf denselben für die Reichstagsmitglieder nicht so sehr eine Vergünstigung als vielmehr eine Rücksichtslosigkeit gegen das Leben dieser ehren=werthen Männer zu sein scheint.

Socialistische Nationalökonomie.

Der Berliner Maurerstrike ist zu Ende, die Gesellen haben verloren, das Ersparte ist eingebrockt, die Zuschüsse sind zugesetzt — für Nichts, denn die Meister haben nicht nachgegeben und brauchten auch nicht nachzugeben.

Also und in Consequenz dessen sind die zur Arbeit zu=rückgekehrten Maurer von den Agitatoren aufgefordert worden, wöchentlich einige Silbergroschen abzugeben, um — nun die Tischler zu unterstützen, welche jetzt anfangen wollen zu striken, um zum gleichen Resultat zu gelangen.

Proletarier aller Länder — laßt Euch doch nicht gar so ein=fältig betrügen, nicht vom „Kapital", sondern von Kapital=Lumpen!

Das eigentliche Endergebniß der Gasteiner Verhandlungen, wenn man es kurz und präcis zusammenfassen will, besteht in dem Satze:

> Daß der Friede ein sehr angenehmer Zustand ist, während der Krieg manche Nachtheile für die Bevölkerungen mit sich bringt.

Man war nun lange darüber im Zweifel, ob man dieses Resultat an die übrigen Mächte in einer gemeinsamen Note hinausgeben, ob man sie förmlich einladen solle, diesem wichtigen Beschluß beizutreten, oder ob gelegentliche Mittheilungen durch die Gesandten sowohl Deutschlands wie Oestreichs hinreichend wären. Man glaubt, daß vielleicht letzteres genügt, um etwaige mißtrauische Combinationen fern zu halten. Italien ist nicht als Paciscent mit Verbindlichkeit beigetreten, sondern hat nur auf Einladung erklärt, daß es ganz derselben Meinung sei. Rußland ist die Zustimmung offen gehalten. Jedenfalls wird auch noch auf die Schlußmeinung Andrassy's und Hohenwart's gewartet, so daß Europa endgiltig erst aus Salzburg erfährt, was im Allgemeinen besser sei: der Krieg oder der Friede.

Herbstliches aus Passau.

Es kann allerdings Manches reif sein, aber warum denn gerade für Oberhaus? Es gibt ja auch noch andere Häuser?

In Metz ist eine offizielle „Zeitung für Deutsch-Lothringen" erschienen. Zweck des Blattes ist Befestigung des Friedens und Vertrauens.

Sind Frieden und Vertrauen noch nicht zu haben, so genügt einstweilen die Befestigung von — Metz selbst.

Gleichzeitig mit dem Congreß deutscher Strafhausbeamten soll dem Vernehmen nach auch eine Versammlung von Ex-Sträflingen stattfinden und folgende Themen zur Berathung kommen:

1) Die „Beurlaubung der Strafgefangenen", Vorzüge des selbstgenommenen Urlaubs auf unbeschränkte Dauer.

2) „Einheitliche Leitung" der Stricke aus zusammengebundenen Bettlacken, somit möglichst gleicher Befreiungsmodus.

3) Bewegung der Gefangenen in freier Luft; am gesündesten ist es, wenn sie diese Emotionen nicht mehr in ihrer Eigenschaft als Gefangene machen. Wenn der Mensch frei ist, ist es die Luft auch.

4) Beschaffenheit der Kleidung. Wie kommt ein Entsprungener leichter durch, in schwarzer Wichse à la Sonnendorfer, als Maurer à la Badinguet, oder als Zimmermann, wie Pascolini?

5) Ist eine Trennung der Gefangenen zu empfehlen? Allerdings; jeder ist froh, dem es gelingt, sich von den übrigen auf Nimmerwiedersehen zu trennen.

6) Vortrag über die Frage, ob es wünschenswerth sei, daß der bekannte Particular-Rechtssatz: „Die Nürnberger hängen keinen u. s. w." in das deutsche Reichsgesetzbuch aufgenommen werde.

———

Hohe Bekanntschaft. Das Münchener Vaterland enthält unter seinen Sammlungen eine Gabe von „einem ehem. erblichen Mitglied der ersten Kammer der Stände des Herzogthums Nassau, auf dem Rechtsboden südlich des Mains beharrend". Also südlich des Mains lauter Rechtsboden! Freilich mitunter stark abgeholzt, so daß die ihn Cultivirenden eine Art Rechtsfilzler darstellen.

———

Auf Corsica besteht bekanntlich die Blutrache als sociale Einrichtung.

Wenn nun wirklich z. B. ein Syllabus die Nothwendigkeit,
Ehrenhaftigkeit und Zweckmäßigkeit der Blutrache als verdammens-
werthen Irrthum verworfen hätte, so würden die Corsen
der Unfehlbarkeit und dem was daranhängt, deßhalb doch keine
Opposition machen, sich aber natürlich bei Gelegenheit nach wie
vor bluträchen. Nur keinen Lärm, nur keine formale Häresie,
nur keine Störung der Einigkeit. Dafür sind aber auch die
Corsikaner besser angeschrieben, als mancher sog. wissenschaftliche
Bezirk.

Ueberdieß wählen sie jetzt auch noch den berühmten Rouher,
der gerufen hat: Niemals werden die Italiener Rom haben.

————••————

Am 2. September soll Jemand in sein Tagebuch geschrieben
haben: Es ist besser, den Tod dort zu suchen, wo man ihn nicht
findet, als ihn dort zu finden, wo man eigentlich n i c h t s zu
s u c h e n h a t.

————•••————

In Washington ist folgendes Kabeltelegramm eingetroffen:

Europa, den 1. September. Die Gesammtstaatsschulden unseres Welttheils betragen jetzt 28,600 Millionen Thaler. Etsch,
etsch, Amerika! Da kannst du nicht mehr nachkommen!

————••————

In Dresden war vom Truppeneinzug her noch eine Statue der Germania stehen geblieben. Da das von Brettern zusammengenagelte Postament immerhin angenehmen Schutz gewährte, so dachten Nachts einige Obdachlose: „Lieb' Vaterland magst ruhig sein, wir schlüpfen gleich daher hinein!" Da kam aber die Polizei und sang: „Freunde seht, es dämmert der Morgen" und führte die Inhaber dieses „Unterstützungswohnsitzes" in ein solideres Gebäude. Die Germania selbst aber wurde abgebrochen, denn ein Deutschland auf nothdürftig construirter, hohler Grundlage könnte nur den Socialismus anlocken!

, Bei getrübtem Wohlbefinden sieht der Mensch oft alles umgekehrt.

Spaßig wär's nun, wenn sich der Bischof geirrt hätt', und im Gegentheil das Lesen der „Donauzeitung" eine Sünd' wär.

Jedenfalls soll die Geschichte bald in Ordnung kommen, sonst les' ich gar nichts mehr, sondern trinke nur noch, um Se. Gnaden wenigstens in dieser Beziehung nicht Lügen zu strafen.

Ein Passauer Privatier.

Kleine Frühstücksplaudereien.

Der Volksbot' bringt zum Regierungsjubiläum des hl. Vaters wieder einen Champagnerthaler mit dem wirklich treuherzigen Motto: „Für den hl. Vater Pius IX. Alle Ehre und Achtung vor dem Volksboten und Dr. Sigl, den standhaften Vertheidigern des Bayerischen Thrones — des Vaterlandes — und der katholischen Religion. Von einem Altbayer und Tausenden mit ihm 3 fl. 30 kr."

Der Volksbot' findet es charakteristisch, daß der alte römische Räuberhauptmann Gasparoni, der unlängst amnestirt wurde, gebeten hat, wieder in sein Gefängniß zurückkehren zu dürfen, da er sich in die neue Ordnung der Dinge nicht zu finden vermöge. Ja wohl, charakteristisch ist's allerdings, wer aber dadurch zu vortheilhafter charakterisirt wird, das alte oder das neue Regiment? Wenn es wahr ist, daß mit der italienischen Regierung eine solche Menge Gesindel in Rom eingezogen ist, so müßten ja so einem gedienten Raubgreis, wie Gasparoni, die Thränen der Rührung über die Wangen träufeln, wenn er den herrlichen Nachwuchs sieht? Und ihrerseits hätten gewiß auch jüngere Spitzbuben so viel Pietät gegen ein ehrwürdiges Vorbild, daß sie ihm die paar Maccaroni und Cigaretten, die der Alte noch braucht, gerne reichen würden. Aber nichts von alle dem: Gasparoni zieht sich definitiv zurück, die Zeit ist eine andere geworden.

———

Befriedigung und sogar Beruhigung hat es in Ischl gewährt, daß der deutsche Kaiser sich überall nur das Prädikat „königlich" bei= legte. Das Papier, auf welchem die Wohnungsbestellung bei Bauer einlangte, trug den Stempel: „königl. Hofmarschall=Amt"; der Diener, welcher zur Besprechung mit dem Hotelbesitzer Hrn. Bauer in Ischl an= kam, wurde mit dem Prädikat „königlicher Diener" angemeldet.

———

In Schandau (Sachsen) wurde der Redacteur der „Nemesis" zu 7 wöchentlichem Arrest verurtheilt, weil er einen Pastor einen „schlauen Loyoliten", d. h. Jesuiten genannt hatte. Nun, da haben unsere Blätter doch noch etwas mehr Freiheit, als so eine sächsische „Nemesis". Hier nehme' sie's leichter, dort nehme' sie's schärfer.

Zu Anfang des neuen Semesters effectuiren

☞ **alle Postanstalten Deutschlands** halbjährige Bestellungen.

Preis in Bayern 1 fl., in Preussen 23 Sgr., in Oestreich 1 fl. 35 Nkr., in der Schweiz 3 Frcs. 20 Cent.

Druck der Dr. Wild'schen Buchdruckerei (Gebr. Parcus).

Münchener
PUNSCH.

Ein humoristisches Wochenblatt von M. E. Schleich.
Vierundzwanzigster Band.

Nro. 38. Halbjähriger Abonnementspreis: in Bayern 1 fl. Im Ausland erfolgen die üblichen Postaufschläge. 17. Sept. 1871.

Privat-Kabel des Punsch.

Versailles. Die Nachrichten aus Algerien lauten jetzt so beruhigend, daß Thiers beim Lesen derselben regelmäßig einschläft.

––––––

Niederbayern. Die Verdammung und das Verbot der Passauer-zeitung scheint in unserer Diözese nachgerade in die Liturgie aufgenommen zu werden. Wenigstens wurde am letzten Frauentag der betreffende Hirtenbrief vor und nach der Predigt verlesen.

––––––

London. Die Königin befindet sich auf dem Wege der Besserung, der Prinz von Wales aber nicht.

––––––

Fulda. Vorige Woche hätte man statt: „in Fulda" schreiben können Infulda.

––––––

Rom. Die neue Baukommission ist in Thätigkeit; man hat bereits den Bau der neuen „Anathema-Straße" begonnen. Alle Maurer, welche frei sind, sollen nach Rom kommen.

––––◆◆◆◆––––

Die Donauzeitung schrieb neulich: Der Bischof von Passau werde durch seine nächste Predigt zeigen, daß er kein Narr sei. Und sie hatte recht. Er ist nicht nur kein Narr, sondern sogar was man im Altbayrischen ein „Schlaucherl“ nennt. Von einer Stelle der Predigt sagt nämlich die Zeitung:

> „Redner erinnert an die Tendenzprozesse unserer Zeit, wo vor der Verhandlung schon das Urtheil fertig sei. Von Recht und Gesetz sei keine Rede mehr! Es genüge, daß Jemand der herrschenden Gewalt nicht diene, mit andern Worten, daß er staatsgefährlich sei.“

Nun, das klingt nicht übel. Wenn der Bischof den Passauern vorwirft, sie seien Unzüchter und kämen von einem Rausch in den andern, so ist das nur göttliche Grobheit; wenn er aber sagt: von Recht und Gesetz ist keine Rede mehr, so dürften sich die Consuln eine nähere Erklärung ausbitten. Doch halt —

> „Der Bischof, erzählt die Donauzeitung, bemerkte wiederholt, daß er im Allgemeinen spreche. Uebrigens habe auch Bayern seine Tendenzprozesse gehabt, er erinnere an Beer und Eisenmann.“

Er spricht im Allgemeinen! Er meint nicht gerade Bayern, sondern auch Frankreich, Rußland, Japan, die Heimat der Martyrerprozesse, Persien, wo es ganz besonders niederträchtig zugehen soll. Uebrigens meint er schon Bayern auch, aber nicht das jetzige, sondern das frühere, wo Beer und Eisenmann eingesperrt wurden! Der gute Eisenmann, nun muß er sogar noch in Passau herhalten. Als Bischof Heinrich seinen Stuhl bestieg, war die Partei, der er angehörte, in Bayern allmächtig und es ist nur zu verwundern, daß er nicht damals schon dem König Ludwig ein warnendes Wort zurief und ihn aufforderte, die Opfer seiner Tendenzprozesse frei zu lassen, er hätte dem armen Eisenmann dadurch 5 bis 6 Jahre an seiner Haft ersparen können!

Jetzt weiß man, warum Prinz Napoleon in den deutsch-französischen Krieg nicht eingegriffen hat!

Auf seine Frage: ob er mit 50 bis 150 tausend Italienern über den Mont-Cenis nach Belfort oder über die Alpen nach München gehen solle, erhielt er keine Antwort.

Es muß ein peinliches Gefühl sein, wenn Einer sonst keine Schmerzen hat!

<hr />

Römische Wohnungsnoth.

Den ersten Fehler haben offenbar Romulus und Remus begangen, als sie den Stadt-Bauplan anlegten, ohne auf die Bedürfnisse einer zahlreichen Diplo- und Bureaukratie Rücksicht zu nehmen. Man dachte damals eben, der König mache die Geschichte ganz allein, oder habe höchstens eine Nymphe als Rathgeberin. Daß bei Victor Emanuel auch andere Dienstes-Branchen dazu kommen würden, konnte man nicht wissen. Sonst wäre es dem seligen Quirinus gewiß nicht darauf angekommen, einen achten Hügel dazu zu nehmen. Es ging mit Rom, wie mit der Anlage von Bahnhöfen überhaupt. Man hatte eben Anfangs nirgends einen Begriff, was für Wechsel und Geleise nothwendig werden würden.

<hr />

In der englischen Armee dürfen Bärte à la Kronprinz, in der östreichischen darf Alles mit Ausnahme der Knebelbärte getragen werden. Den Klerikern in Rom sind Backen- und Schnurbärte erlaubt.

Nur in der Münchener Diözese herrscht noch das traurige Bartedikt des Monsignor Gonella.

Oder ist es vermittelst namenloser Extrabeilage — (ein nicht mehr ungewöhnlicher Publikationsweg) — zurückgezogen worden?

<hr />

Zwei Domherren und ein Regierungspräsident — wenn die nicht ausreichen, um einen zu beruhigen, dann hilft nur mehr ein warmer Hafendeckel.

Einer der auf die alten Hausmittel schwört.

———•❊•———

In Constantinopel ist ein Mahmud zum ersten Minister ernannt worden.

Ob dieß die Einführung vorsündfluthlicher Zustände in der Türkei bedeutet, wollen wir abwarten.

———•—•———

Tatschler. Ist es denn wahr, daß der Bischof den Präsidenten verflucht hat?

Pimpshuber. Verflucht nicht. Er suchte ihn im Gegentheil auf offener Straße zu benebetten.

———•❊•———

Schluß der Gasteiner Conferenzen.
Spielt in Salzburg.

Bismark. Also: es bleibt dabei: wir machen Nichts ab!

Beust (einschlagend). Abgemacht!

———•❊•———

Ein freilich unschönes Räthsel lautet: „Was ist heikel? — Wenn Einer eine nicht näher zu bezeichnende Substanz verspeist und plötzlich aufhört, weil — ein Haar b'rin steckt.

So könnte man auch fragen: was ist gewissenhaft? Wenn ein französischer Deputirter gegen ein Pariser Lotterieanlehen spricht, weil sich die Stadt Paris mit unmoralischen Finanzoperationen nicht abgeben dürfe!!!

Paris soll sich plötzlich an der Unmoralität eines Prämienanlehens stoßen! Nein, das geht noch über obenerwähntes Haar!

———•❊•———

Die „Donauzeitung" sagt über den Lutz'schen Erlaß: „Die Würfel sind gefallen."

Möglich. Aber auf zwei Augen steht die ganze Frage gewiß nicht.

Fauſt=Scene.

Famulus (dem Bischof nachlaufend). Verzeiht, ich hört' Euch deklamiren?

Heinrich. Allein der Vortrag macht des Redners Glück,
Der Präsident geht zu schnell — ich bleib zurück.

Der Pabst Urban VI. soll, wie in historischen Feuilletons hervorgehoben wird, die Cardinäle, die gegen ihn waren, haben in Säcke nähen laſſen.

Wenn ein Pabst die Cardinäle ohnehin im Sack hat, geht die Geschichte ruhiger herunter und braucht's kein Nähen mehr.

Aeber die Verhandlungen in Fulba schwebt noch Dunkel.

Es iſt nur zu fürchten, daß dieses Dunkel nicht weggeht, auch wenn die Verhandlungen bekannt werden.

Gescheidtheits-Zeugniß.

Kinder und Narren ſagen die Wahrheit.

Wer aber ſo viele Unwahrheiten hinter einander vorbringt, kann demnach kein Narr ſein.

Psychiatricus.

Wer ist ein größerer Feldherr, Prinz Napoleon oder Hannibal?

Hannibal ging über Schneizlreut nach Italien. Prinz Napoleon aber wäre von Italien über Sauerlach nach München gegangen.

Hannibal ging wirklich, der genannte Prinz wäre aber nur gegangen. Dieß wird jedoch dadurch ausgeglichen, daß letzterer keine Soldaten hatte und überdieß keine Erlaubniß von Oestreich.

Für Frankreich ist der Prinz Napoleon jedenfalls eine Art von Hannibal. Denn er ist und bleibt ante portas.

———— •••• ————

In der hl. Schrift ist die Rede von einem Glauben, der Berge versetzen kann.

Prinz Napoleon aber ist ein Freigeist, er glaubt Nichts, weil ihn Berge einfach — nicht geniren.

———— •••• ————

Die päbstliche Regierung hat zwei offiziöse Organe, für das religiöse Fach die „Civiltà", für das politische den „Osservatore Romano". Letzterer feiert nun den Jahrestag von Sedan mit einem Leitartikel, bei dem man die Hände über dem Kopf zusammenschlagen möchte. An diesem Tage, heißt es, wurde Napoleon endlich von dem Schicksal erreicht, das er verdiente. Er ist der Urheber alles Unheils, er hat die Kirche verrathen, er mußte zu Grunde gehen u. s. w. u. s. w.

Mein Gott, wie ist uns denn? Wie oft hat denn der Papst ausgerufen: „Ich segne den Kaiser, die Kaiserin, den kaiserlichen Prinzen?" Und wie lang ist's denn wohl her, daß er zum letzten Male die Vollkraft seines Segens über das kaiserlich napoleonische Haus ausschüttete? Wann hat er die letzten von ihm selbst geweihten Gegenstände nach Paris geschickt. Und jetzt? Miramur, miramur! Valdo miramur!

———— •••• ————

Bei dem bekannten, selbst von Kolb bemerkten und beklagten Mangel an guten Nationalliedern wäre der berühmte Ausspruch des Fürsten von Sondershausen: „Ne Kinder, hier bin ick Souverän, hier hett Bismark nir to seggen" ganz besonders geeignet, als Grundlage für ein Volkslied zu dienen, etwa mit folgendem Gedankengang.

„Hier hett Bismark nir to seggen"
Sagt, wie heißt doch wohl das Land?
Ist's wohl gar beim Sonnenflecken,
Hinterm Merkur, linker Hand?
Dort ist zwar der Umlauf stark,
Aber nicht der Bismark.

Auch an Grönlands kalten Ecken,
Wo man brennt beim Tage Licht,
Hett der Bismark nir to seggen,
Selbst in der Sahara nicht.
Wenn die Mohren schwarz wie Wichs,
Fragen sie nach Bismark Nix.

Auch im Harem, wo sie stecken,
Sultans schöne Weibelein,
Hett der Bismark nir to seggen,
Kein Eunuch läßt ihn hinein.
Wo Vesuvii Flamme leckt,
Da wird gleichfalls nir gesagt.

Wenn zwei Liebende sich necken
Und spazieren in den Wald,
Hett der Bismark nir to seggen,
Wenn sie sich versöhnen bald.
Bei den Mächten des Geschicks
Wett' ich drauf: er seggt ooch Nir.

Und so gibt's noch hundert Stellen
Wo der Bismark nicht gebeut.
Selbst im Seebad thun die Wellen
Wenn er drinn is, was sie freut.
Bismark, es klingt gar so nett,
Wenn er „nir to seggen hett."

Kleine Frühstücksplaudereien.

Eine der großartigsten und wirklich von einem höheren Gesichtspunkt zeugenden Maßnahmen des östreichischen Ministers Hohenwart war die Verfügung, daß die Drehorgeln die Wacht am Rhein nicht mehr spielen und die Turner und Liedertafeln keine deutschnationalen Lieder vortragen dürfen. Nun spielte aber in Salzburg sogar eine kaiserlich königliche „Musik-Banda" das „Heil dir im Siegerkranz". In Oestreich geht's mit dem „Hochverrath" wie in Passau mit den Sünden — man weiß nicht mehr, wie man dran ist. Uebrigens sollen sich die Drehorgeln die „Wacht am Rhein" und ähnliche Melodien nur wieder zulegen, sie haben ein Recht dazu. Wenn nämlich ein Leiermann die „Wacht am Rhein" spielt, so ist's ein Verbrechen. Verbrechen aber gehören in die Kategorie der Morithaten, und die dürfen sie spielen.

Hat der Ortsname Giesing eine symbolische Bedeutung oder nicht? Unlängst machte das „Vaterland" darauf aufmerksam, daß der Königszug von der Lokomotive „Giesing" geführt worden sei. Heute rühmt es: daß sich in Giesing wieder ein neues katholisches Casino, das sechste, gebildet habe. Was dem Einen recht, ist dem Andern billig!

Ein braver General! Der französische General Faidherbe hat eine Rede gehalten, in der es u. A. heißt: „Nicht durch einen Militarismus, der uns zu der socialen Lage Deutschlands zurückwirft, können wir uns wiedererheben, sondern durch eine Reform in unsern Sitten, durch vernünftige und freisinnige Institutionen, durch Arbeit, Verbreitung von Kenntnissen, durch eine gesunde Literatur, die uns in Europa Ehre macht, anstatt daß ihm die jetzige nur Aergerniß gibt, und endlich durch — Geduld. Ja, Geduld ist die Hauptsache. Und mit der versprochenen guten Literatur wollen wir uns gegenseitig die Zeit vertreiben.

☞ Zu Anfang des vierten Quartals effektuiren die Postanstalten auch vierteljährige Bestellungen.

Preis in Bayern 30 kr.

Druck der Dr. Wild'schen Buchdruckerei (Gebr. Parcus).

Münchener
PUNSCH.

Ein humoristisches Wochenblatt von M. E. Schleich.

Vierundzwanzigster Band.

Nro. 39. Halbjähriger Abonnementspreis: in Bayern 1 fl. Im Ausland erfolgen die üblichen Postaufschläge. 24. Sept. 1871.

Privat-Kabel des Punsch.

Madrid. Wegen plötzlich eingetretener Beliebtheit des Königs Amadeus wird der beabsichtigte Thronwechsel auf ein anderes Mal verschoben,

---

Torquay. Der Kaiser Napoleon ist in hiesigem Seebad eingetroffen, um seinen Sohn frühzeitig gegen die Wirkung der Sturzwellen abzuhärten.

Die Mainzer Versammlung, sagte Ketteler, vertrat vierzehn Millionen Katholiken! Wer's nicht glaubt, der lese folgendes

Zeugniß.

Da sich bei der Mainzer Katholikenversammlung in Wirklichkeit 200 zugereiste Theilnehmer befanden, so bin ich auf geehrtes Verlangen mit Vergnügen bereit, der Wahrheit gemäß zu bezeugen, daß, wenn man auf Einen 70,000 Katholiken rechnet, allerdings 14,000,000 daselbst verteten waren.

Adam Riese,
Rechnungsrath.

Die Pforten der Hölle und der Champagner.

～～～

Die Katholiken-Versammlung in Mainz faßte in ihrer Haupt-versammlung u. A. folgende Resolutionen:

Die Besitzergreifung Roms durch die Truppen Victor Emanuels ist ein Raub.

Der Triumph der Politik Cavours ist eine Schmach des Jahrhunderts.

Die Haltung der europäischen Regierung ist eine Ungerechtigkeit, eine Zerstörung des Völkerrechtes. Die Katholiken (der Versammlung) weisen die abgeschmackten Entstellungen des Unfehlbarkeits-Dogma's mit Abscheu zurück.

Raub — Schmach — Ungerechtigkeit — Abscheu! Die Versammlung kann sich nur in tief gekränktem Rechtsgefühl, in heiligem Zorn getrennt haben.

Nachmittags drei Uhr fanden sie sich auch zusammen, um von Worten und Resolutionen zu einer That überzugehen.

Diese That aber war — ein Festessen von 400 Gedecken. Toast auf Toast — die Gesellschaft bewegte sich, wie der Volks-bote schreibt, in der gehobensten Stimmung. Was ge-hobene Stimmung bei einem Festessen heißt, wenn einmal die Toaste losgegangen sind, weiß so ziemlich Jeder. „In den spätern Stunden wurde auch dem Humor und der Heiterkeit ihr Recht eingeräumt, und nur langsam leerten sich die weiten Räume des Festsaales!"

Hört es, ihr empörten und unterdrückten Katholiken Deutsch-lands: Der heilige Vater ist beraubt, ist gefangen. Sein Leben ist bedroht, sowie er die Schwelle überschreitet. Seine Ein-künfte sind ihm genommen. Wen rührt es nicht, wenn er das harte Loos bedenkt, das einen Greis trifft? Schmach, Ungerechtig-

keit, Abscheu, Protest, Kriegserklärung — und doch
schmeckt ihnen ein Festessen!

Wohl mit schwerem Herzen mag mancher seinen Rehbraten,
seinen Lachs, seinen Hühnersalat hinausgenommen haben, manche
treue Schneethräne fiel auf den Römer oder in den Champagner,
den die nobilissima Natio für uns Barbaren noch immer ansetzt.
Aber — es muß doch fidel gewesen sein. Nachdem die besten
Redner vom Rhein, von der Donau und vom rechten Jsarufer
sich und andere hatten leben lassen, ging es in späteren Stunden
— (das Essen begann um 3 Uhr, also ungefähr von 8 bis 12
Uhr) — erst recht an, denn da bekamen, wie „katholische"
Zeitungen berichten, Humor und Heiterkeit ihr Recht. Diese
Masse von Ungerechtigkeit und Schlechtigkeit der Welt, dieser arme
Gefangene — und dennoch diese Heiterkeit! Wie herzlich
mag gelacht worden sein über den alten Döllinger, der nur mehr
aus Gehirn, Haut und Knochen besteht, weil er 50 Jahre lang
seinen Leib gezwungen hat, der Sklave eines Tag und Nacht nicht
ruhenden Geistes zu sein. Der Narr, was wollte er denn
eigentlich? Immer lesen, immer excerpiren, immer lernen und
wissen, und am Ende doch nicht glauben, was die Bischöfe sagen!
Es ist wahr: er ist fromm, er ist sittenrein, er ist würdig, aber
er will gescheiter sein, als 400! Das ist eine Ketzerei. Vier=
hundert sind immer mehr als Einer; Zahlen beweisen, sagt Greil.
Also hinaus mit ihm, anathema, er sei ausgestoßen. Am fünfzigsten
Jahrestag seines ersten Meßopfers soll sich ihm keine Kirchenthüre
öffnen, kein Altar sei ihm gedeckt, Fluch dem Diener, der ihm
Wein einschenkt, was er thut ist Sacrilegium. Hu, es ist schauer=
lich, das Alles so zu überdenken!

Und doch diese Heiterkeit, dieser Humor in Mainz, und noch
bis in die spätesten Stunden, wenn die armen Excommunicirten
schon lange ihr Lager aufgesucht haben und vielleicht von Reue
und Gewissensbissen gequält werden, vielleicht — vielleicht
auch nicht!

„Nur langsam leerten sich die weiten Räume des Festsaals."
Die „weiten Räume" so mancher Theilnehmer hatten sich offenbar

schneller gefüllt. Nur langsam, meine Herren, daß keiner fällt. Es sind traurige Zeiten gegenwärtig, indeß: ecco quam bonum! Ha, ich wittere Morgenluft, sagt das erste Versammlungsmitglied, das den Fuß ins Freie setzt. Alle erschrecken, doch — es thut nichts. Nur hübsch beisammen bleiben, nur beim späten Nachhausegehen keine Trennung, kein Schisma. Bitte Herr Doktor, darf ich mich ein bißchen einhängen?

Jemand fragte einmal: wie tief geht denn eigentlich die geweihte Erde? So möchte man auch hier fragen: wie tief geht denn eigentlich bei gesunden Infallibilisten der Schmerz und die sittliche Entrüstung?

An Austria.

Siebzehn Landtage auf einmal! Wenn Sie das aushalten, Frau Bas, dann sind S' g'sund. Mich bringt fast ein einziger um.

Bavaria.

Pathologisches. Weiches Gehirn und ein harter Kopf, verträgt sich das mit einander? — Warum nicht.

In Folge des Ausgleichs muß man künftig sagen: Oestreich=Böhmen= Polen=Ungarn.

Gibt es so einerseits einen ungarischen und anderseits einen östreichisch=böhmisch=polnischen Reichstag, dann ist der Monarchie geholfen, oder es braucht ihr wenigstens nicht mehr geholfen zu werden.

Authentischen Berichten zufolge predigte der Bischof von Passau:

Die alten Römer haben den Grundsatz aufgestellt, daß jeder Mann so lange als rechtschaffen angesehen werden soll, bis nicht das Gegentheil bewiesen ist. Erst später sei die „Staatsgefährlichkeit" aufgekommen, von dieser Zeit aber datiren auch die Bürgerkriege und der Verfall Roms.

Halten zu Gnaden, Herr Bischof! Schon Romulus, der Erbauer Roms, huldigte dem Princip der „Staatsgefährlichkeit", indem er seinen Bruder Remus todtschlug, weil er fürchtete, derselbe könnte ihm in der Herrschaft der zu gründenden Stadt Concurrenz machen. „So geht es Jedem, der über meine Mauern springt" — schöner könnten Präventivpolizei und Tendenzprozeß gar nicht inaugurirt werden. Und was wollte denn Tarquinius seinem Sohne Sextus zu verstehen geben, als er die höchsten Mohnköpfe abhieb? Warum ließ Brutus seine Söhne hinrichten? Warum hat das römische Volk den Coriolan verbannt? „Staatsgefährlichkeit", Herr Bischof, nichts anderes gab den Anlaß zu all' diesen Vorkommnissen. Se. Gnaden unterscheiden zwischen „alten Römern" und „erst später". Die von „erst später" sind auch alte Römer, und auf die Bürgerkriege folgte nicht der Verfall, sondern die höchste Blüthe des römischen Weltreiches: die Augusteische Periode. Die alten Römer lassen daher um Entschuldigung bitten, wenn sie für dieses Mal nicht dienen können, als Beweismaterial nämlich. Was die mittleren und neueren Römer betrifft, so danken sie dem Herrn Bischof dafür, daß er sie nicht citirt hat. Sie hätten sonst bitter werden müssen.

————

Ernteberichte aus Frankreich melden: Der Ertrag an Stroh ist ausgezeichnet.

Und das war gut. Denn die Nationalversammlung will bei ihrem Zusammentritt auch wieder was zu dreschen haben!

————

In Pilsen wurde der Raubmörder Janecek hingerichtet.

Auffallend bleibt, daß sich von den Ministern Habietinek und Jricek keiner für seine Begnadigung verwandte. In dem jetzigen Augenblick müßen die „neken" und „ceken" so zusammenhalten, daß nicht einmal die Namensendung in unliebsame Verbindung gebracht werden darf. Und der Strick ist eine unliebsame Verbindung.

Ein wahrer Oestreicher von der Prager Kleinseite.

Der Herr Bischof von Passau predigt gegen die Theorie von der „Staatsgefährlichkeit".

Wie ist es nun aber mit der Indexcongregation? Läuft diese der Freiheit und Menschenwürde weniger zuwider? Oder ist die Idee einer „Kirchenstaatsgefährlichkeit" eher zu acceptiren?

Nicht nur die irdischen Güter, nicht nur die geistigen Anlagen und Talente — auch die Passionen und Neigungen sind ungleich vertheilt.

Wenn z. B. doch Pascolini den unwiderstehlichen Drang in sich fühlte, sich gefangen nehmen zu lassen, wenn er die fixe Idee hätte, für einen Kerker reif zu sein und irgend einem Brigadier zuriefe: „Arretiren Sie mich!" Wie dankbar wäre jeder Gendarm dafür.

Aber Bacherl hat recht:

Die sich stellen, will man nicht,
Und die man will, die stellen sich nicht.

Bei der Mainzer Versammlung redete ein Zungenbesitzer Folgendes:

Die Franzosen mußten geschlagen werden, weil sie gottlos sind. Und wenn nur eine Armee von Knaben gegen sie marschirt wäre, sie wären doch geschlagen worden."

Waren denn aber die Franzosen im Jahre 1859, wo sie der subalpinischen Regierung zu Hülfe zogen, noch fromm und waren die Oestreicher damals, wo sie eben das Concordat abgeschlossen hatten, gottlos?

O sancta — Stupitas!

Oestreich und Preußen wollen von nun an durch festes Zusammenhalten für Europa eine Burg des Friedens sein, was jedoch jedenfalls cum grano salis, d. h. mit einem Körnchen Salz zu nehmen sein dürfte. Und darin besteht eben das Resultat von Salzburg.

Der Bischof von Passau ist meiner Ansicht nach schwer zu behandeln. Er will durchaus immer sitzen und gerade für seinen Zustand wäre viel Bewegung am gesundesten.

Aesculapius.

Kleine Frühstücksplaudereien.

Bismark. Die in Rom erscheinende Civiltà cattolica schreibt: „Weder die Feste beim Einzuge der Truppen noch die Freude über die vom Kaiser erhaltene Belohnung im Werthe von 3,750,000 Francs wandten Bismark's Sinn von einem neuen Kriege ab. Diesen erklärte er der katholischen Kirche und dem heiligen Stuhle."

Um einem bringenden Bedürfniß abzuhelfen, vermittelt der Volksbot' wieder zwei Mißtrauensvota für den Herausgeber dieses Blattes. Gleichzeitig meldet „der vielgeliebte Sohn" eine Vereinigung der „beiden patriotischen Fraktionen", bei welcher nur Dr. Martinus und Dr. Sepp fehlte, welch' Letzterer, um als Professor reaktivirt zu werden, die Unterstützung Bismarks angerufen habe. Gewiß eine elende Verdächtigung, aber das scheint nachgerade neumedisch=katholisch zu sein.

———

In der neueren Zeit tauchen oft absonderliche Zeitungsnachrichten auf, z. B. daß den bayerischen Beamten durch neuesten Erlaß der Eintritt in den Freimaurer=Orden verboten worden sei, daß in Passau keine antiklerikalen Telegramme mehr angenommen werden, indem der Bischof daselbst die Censur ausübe u. s. w. Neuestens liest man: wegen Aufführung eines antirömischen Tendenzstückes wolle die bayrische Kammer den Zuschuß zum Hoftheater streichen. Hat Jemand über den „Zuschuß zum Hoftheater" schon eine Debatte gehört oder einen solchen im Budget angeführt gefunden? Der Zuschuß zum Hoftheater ist ein Onus der Civilliste und letztere steht ein für allemal fest. Das wäre das Wahre, wenn ein sparsamer Budgetreferent den Münchnern auch noch an ihren Tenoristen oder anderen Kräften was streichen könnte.

———

Die Donauzeitung erschien kürzlich mit einem Leitartikel über das „bayerische Staatsbauwesen" an der Spitze und einem dicken schwarzen Rand um die ganze Seite. Der schwarze Rand bezieht sich aber nicht auf das bayrische, sondern auf das italienische Staatsbauwesen, indem er die an dem betreffenden Tag erfolgte Besitznahme Roms durch die Königlichen andeuten soll.

———

Der Pariser Clavierfabrikant Erard gibt dem Concertunternehmer Ullmann keinen Flügel, der Pariser Figaro proscribirt eine Sängerin, die mit Herrn Ullmann in Deutschland reist, Herr Ullmann selbst, denn auch er ist Deutscher, richtet einen beißenden Brief an „Figaro". — Zur Erklärung dieser sich häufenden pikanten Erscheinungen mag es dienen, daß Herr Ullmann — gegenwärtig mit einer Künstlergesellschaft in Deutschland herumreist. Die betr. Annoncen sind auch an Münchens Straßen=Ecken angeschlagen.

———

☞ Zu Anfang des vierten Quartals effektuiren die Postanstalten auch vierteljährige Bestellungen.

Preis in Bayern 80 kr.

———

Druck der Dr. Wild'schen Buchdruckerei (Gebr. Parcus).

Münchener
PUNSCH.

Ein humoristisches Wochenblatt von M. E. Schleich.

Vierundzwanzigster Band.

Nro. 40. Halbjähriger Abonnementspreis: in Bayern 1 fl. Im Ausland erfolgen die üblichen Postaufschläge. **1. Oft. 1871.**

In Rom will die italienische Regierung ein großes Finanz-Ministerium erbauen.

Darauf hin erschien folgender kleine Syllabus:

Urbi et orbi!

§ 1. Es ist ein verdammenswerther Irrthum, wenn Jemand der subalpinischen Regierung Geld borgt.

§ 2. Alle von ihr zu emittirenden Anlehen sind abscheulich, naturwidrig, null und nichtig.

§ 3. Sollte es ein italienischer Finanzminister dennoch jemals dahin bringen, Schulden zurückzubezahlen, so ist er — „ein verfluchter Kerl“.

* * *

Der bekannte Leitphrasenheld der Donauzeitung droht jeden niederzu-schießen, der sich von nun an in Feindes Lager schleicht. Stahlläufe treffen schnell, aber Stahlfedern noch schneller.

Da uns gegen seine tödtliche Waffe Nichts zu Gebote steht, als ein armer Gänsekiel, so ernennen wir ihn sterbend noch zum bayrisch patriotischen Victor Hugo und Fraktionsglöckner von Notre-Blâme de Munich.

Zeitläufe.

Am 28. Sept. Nachmittags lasen wir im Münchener Pastoralblatt und merkwürdiger Weise gleichzeitig im Volksboten, der uns
als Nebenhirte gesetzt zu sein scheint, ein erzbischöfliches Schreiben
an den Hrn. Cultusminister, dat. vom 26. September, also ganz
curienwarm veröffentlicht. Recht so, die frische Luft der Oeffentlichkeit ist das Beste für politische Schäden. Die kleine Correktur,
die der Verfasser dem Adressaten gleich Eingangs zukommen läßt,
daß man sage: „unfehlbares Lehramt", nicht „persönliche Unfehlbarkeit", ist wiederum dahin zu berichtigen, daß der erste dem
Concil vorgelegte Entwurf wirklich die Ueberschrift hatte: „Von
der persönlichen Unfehlbarkeit". Weiters werden den lebenden
Autoritäten, auf welche sich Hr. v. Lutz bezieht, andere Autoritäten entgegengesetzt, z. B. der selige Klee, der selige Kreittmayr,
wobei nur fraglich bleibt, wie sich diese Seligen verhalten würden,
wenn sie jetzt noch lebten. Der Bischof zittert für unser theures
Vaterland, das gerade als „katholisches Bayern" eine so glorreiche
Vergangenheit hat. Nun, das ist ja eben die Geschichte vom
Churfürstenthum, dem übrigens Oestreich seine glorreichen
Thaten schlecht belohnte. Der Minister habe, bemerkt das Schreiben, nachzuweisen unterlassen, inwiefern durch die „Neuerung"
die Beziehungen zwischen Staat und Kirche alterirt worden seien.
Kleine Verwechslung zwischen Perfect und Futurum! Die Be-
ziehungen müßen alterirt werden, sobald der Pabst einmal auf
dem Gebiete der Sitten einen irreparablen, mit bestehenden
Gesetzesbestimmungen nicht vereinbarlichen Beschluß faßt. Das
Stärkste im ganzen Aktenstück ist die erzbischöfliche Behauptung, daß die Unfehlbarkeit mit beinahe vollständiger
Einstimmigkeit votirt worden sei!!

Von 600 am 14. Juli in Rom noch anwesenden Bischöfen
blieben 70 von der Sitzung ferne, 62 stimmten nur mit Vorbehalt
bei und 88, darunter unser Hr. Erzbischof, sagten entschieden Nein.
Und das nennt der Oberhirte beinahe vollständige, d. h. eine solche
Einstimmigkeit, bei welcher die Widerstrebenden gar nicht in Betracht
kommen! Wie man, auch bei nachträglicher Umwendung, sein eigenes,
laut feierlicher Erklärung aus innerstem Gewissensdrang abgege-
benes Votum derartig despektiren kann, ist bewundernswerth.

Die römische Curie hat alle Ursache zu triumphiren, über ihre
Opponenten im Concil nämlich. Ueber Bayern in seinem der-
maligen Umfang kann sie nicht triumphiren.

Der neue Präsident der bayr. Kammer, Frhr. v. Ow, hielt nach seiner Wahl eine warm empfundene Ansprache, worin er zuletzt erklärte, dieses schwierige Amt „in Gottes Namen" übernehmen zu wollen — (nicht: „im Namen Gottes", was dem Sinn nach freilich dasselbe ist, aber demonstrativer geklungen hätte).

„Da erhob, schreibt das sich besonders katholisch fühlende Stadt-amhofer Blatt, ein gewisser Kraussold, protestantischer Pfarrer und neuestens Busenfreund des alten Döllinger, der diesen Kraussold in die Gesellschaft des Glaspalastes eingeführt hat, ein muthwilliges Hohngelächter".

So viel Worte, würdiger Redakteur, so viel Lügen! Höchstens ist wahr, daß Döllinger alt und Kraussold protestantischer Pfarrer ist. Aber Kraussold ist nicht Döllinger's Busenfreund, Döllinger hat ihn nicht in den Glaspalast eingeführt und in der Kammer hat Niemand von einem Hohngelächter etwas gehört, wenigstens jetzt noch nicht, bei der Antrittsrede des Präsidenten.

Wenn schon die Anwesenheit eines der beiden in der Kammer sitzenden, allerdings wiß- und hörbegierigen Pastoren hinreicht, um jeden Akt unkatholisch, jeden Ort ketzerrüchig zu machen, so ist es auch mit der Michelskirche nicht mehr sauber. Der heilige Geist kommt dann vielleicht gar nicht über den Landtag, denn — Lampert hat dem Hochamt beigewohnt.

Der „alte Döllinger"! Gibt es für die neue Theologen-Generation kein viertes Gebot?

———◆◆◆———

Frage. Welcher Punkt des Altkatholikenprogramms ist wohl dadurch widerlegt, daß man „Zierngiebl" wie Zürnkübel schreibt? Eine Bedeutung hat der Witz, aber ich hab's noch nicht herausgebracht.

Ein Freund gediegener Polemik.

———〰〰〰———

Gründe wie Brombeeren! Brombeeren gibt's nicht mehr, aber Gründe! Ein Münchener Infallibilistenblatt führte gegen die Katholikenversammlung an, daß derselben wahrscheinlich auch Juden beiwohnen werden. Die Postzeitung hingegen meldete aus dem Algäu, daß die Einlader zu der neuprotestantischen Versammlung häufig „Lumpensammler" genannt werden.

Ja, das ist's! Man kann die Sache nicht besser auf den Kopf treffen. Wahrscheinliche Juden und gesammelte Lumpen. Uebrigens leben sowohl Theilnehmer, wie Berichterstatter und Kritiker in einer argen Täuschung. Sie träumen alle mit einander, denn die Bewegung war, wie die Donauzeitung bereits vor drei Monaten constatirte, damals schon vollständig eingeschlafen.

———

Erster Einw. Aber Herr Blaubock, warum machen Sie gar so ein wildes Gesicht?

Zweiter Einw. Ach wegen Michaelis.

Erster Einw. So, haben Sie noch keine Wohnung?

Zweiter Einw. Was Wohnung — den Prediger mein' ich.

Erster Einw. Richtig! Ja, das ist auch eine unangenehme Geschichte, an dem Ziel.

———

Der König von Spanien hat den Gebrauch eingeführt, anstatt niederer Orden Cigarren zu vertheilen.

Der Gedanke ist gut. Und wie hübsch wäre das, wenn ausgeschrieben stünde: N. N. hat die Erlaubniß erhalten, die ihm von Kaiser oder König So und So verliehenen Cigarren annehmen und rauchen zu dürfen.

———

Dem neulichen römischen Versuche, die Pariser Commune und den Communismus vom liberalen Katholizismus herzuleiten, hat nun ein muselmännischer Dogmatikus, nämlich Abd-el-Kader eine andere Erklärung entgegengesetzt, auch nicht ex cathedra, sondern ex Fußboden, mit gekreuzten Beinen. Der würdige Emir sagt nämlich: Der Communismus und die mit ihm verbundene Barbarei komme vom Genuß des **Pferdefleisches.**

Die Sache hat etwas für sich: Leute, die sich hie und da nur ein Filet de Cheval oder eine Roßzunge kaufen können, kommen auf allerlei Gedanken. Die Definition Abd-el-Kaders ließe sich vielleicht sogar noch weiter fassen: **Gar kein Fleisch,** jedoch ohne vorhergehenden Fisch, indem auch keine Mehlspeise nachfolgt, führt am allereheſten auf communiſtische Gedanken.

Drum, wer den Urſachen der Dinge nachforschen will, der laſſe ſich vor Allem — den Speisezettel geben.

Halbheiten taugen nichts.

Manchmal aber doch, und gerade wenn ſie ſich recht oft wiederholen. Im nächſten März bezahlt z. B. Frankreich die vierte **halbe** Milliarde an Deutſchland.

Graf Beust erklärt, Oeſtreichs Verhältniß zu Preußen ſei herzlich, ohne daß dadurch die Beziehungen zu Frankreich im geringſten geſchwächt würden.

Das iſt das Rechte! Ganz ſo iſt es bei mir auch der Fall.

Jean Jacques Offenbach.

Der freiresignirte Socialistenführer Schweitzer, der sich nun ganz der Theaterschriftstellerei widmet, hat schon wieder ein neues Stück geschrieben, wofür Direktor Ascher in Wien das Aufführungsrecht erworben hat.

Wie würde es Herrn v. Schweitzer gefallen, wenn nun, entsprechend seiner eigenen Theorie, nicht nur die Schauspieler, sondern auch die Lampenanzünder, Coulissenschieber, Feuerwächter und Billeteurs zu ihm kämen und einen gleichmäßigen Antheil am Ertrag, beziehungsweise an den Tantièmen verlangten? Die Zinsen seines geistigen Kapitals, nämlich die Ehre und den literarischen Ruhm, würden sie ihm lassen, aber: vom Materiellen das Materielle, wäre ein gerechtfertigtes socialistisches Verlangen.

Ob Herr v. Schweitzer es nicht doch vorzöge, in diesem Fall das Lohnsystem zu adoptiren?

Eines möchte ich wissen: Wo sind denn eigentlich die „Postzeitungskatholiken" hingekommen? Von dieser Sekte hört man ja jetzt gar nichts mehr?

> Einer, der sich über die Entwicklung
> der Geschichte auf dem Laufenden
> erhalten möchte.

Zur Farbenlehre. Die „katholische" Presse nannte den Congreß im Glaspalast „rothe Schreier", eine „rothe Versammlung". Das erzbischöfliche Schreiben hingegen spricht von einem „bunten Häuflein".

Es scheint also fast, daß Manchem bei längerem Hinsehen grün und gelb vor den Augen geworden ist.

Privat-Kabel des Punsch.

Petersburg. Da die russische Regierung das Resultat der Salzburger Entrevue freudig zu begrüßen wünscht, so ist vom Fürsten Gortschakoff die Frage ergangen, wo er dasselbe sehen könne.

Wien. Benedek soll an Hohenwart geschrieben haben: Ew. Excellenz haben gewiß auch ein' geheimen Feldzugsplan, das merk' ich aus dem Ganzen.

Geflügelte Fragen.

Von Berlin an Beust. Wie stehen Sie?

Beust's Rückantwort. „Fester als je!"

Drahtduplik. Herrje?

Kleine Frühstücksplaudereien.

Der Nürnberger Anzeiger schreibt: der Abgeordnete Schleich hat gegen die Deggendorfer Versammlung einen Protest erlassen und gleich darauf bei der Präsidentenwahl mit den Ultramontanen gestimmt. Hingegen berichten Donauzeitung und Volksbote: Der Farbenwechsler Schleich stimmte beharrlich mit den Fortschreitern. — Arme öffentliche Meinung, wie thust du dich so schwer!

In dem gegenwärtigen östreichischen Nationalitätenstreit hält die in Berlin erscheinende „Germania" entschieden zu den Tschechen, hingegen die Prager „Bohemia" zu den Deutschen. Drum: bei Allem, was eine lateinische Aufschrift hat, muß man sich den Inhalt genau besehen!

Die von Döllinger, Schulte, Reinkens, Huber u. f. f. gegen die
Infallibilität in's Feld geführten Beweisgründe werden vom Volksboten
in folgender wirklich schlagenden Weise paralysirt. „Wir würden, schreibt er,
nun vorschlagen, da man statt des Cruzifixes in diesem modernen Glas=
tempel (dem Glaspalast) die Büste der Germania angebracht hat, daß sich
die Herren Schleich und Sepp bei der nächsten Versammlung als die
Heiligen Martin und Joseph auf beide Seiten stellten, um zugleich den
Vorwurf zur neuen Litanei der tollen Heiligen zu machen. Als Gegen=
stück könnte man dann auf der andern Seite des Glastempels die Büste
der Bavaria anbringen und auf beiden Seiten dann die Herren v. Schauß
und Fischer oder Dr. Völk." — Was so ein vielgeliebter Sohn oft für
Einfälle hat und wie gut sie ihm anstehen!

Zwischen der jetzigen und der Zeit des ersten Napoleon wurde von
einem Demokraten große Aehnlichkeit gefunden, nur mit dem Unterschied,
daß ein Offizier, der damals, wie jetzt Hauptmann v. Plötz, den Soldaten
ein geringeres Ehrgefühl zugesprochen hätte, unfehlbar cassirt worden wäre.
Dem Manne, nämlich dem Demokraten, ist geholfen; v. Plötz wurde
entlassen.

Das Stadtamhofer Volksblatt schreibt: „Seit die Liberalen Zwirn,
Leim und Knieriem als Kirchenväter in München sitzen, ist die Ver=
wirrung der liberalen Geister besiegelt". Also die ganze Glaspalastver=
sammlung läßt sich zusammenfassen in die eine Bezeichnung: „Lumpazi=
vagabundus!" Wieder ein ausgezeichnetes Argument!

„Fernes Leuchten", Erzählungen von Bernard Wörner (einem bay=
rischen Beamten) ist in zweiter Auflage erschienen. Wir haben die
Produkte dieses fruchtbaren Schriftstellers, der so zu sagen auf beiden
Erdhälften Wurzeln gefaßt hat, denn bei den Deutschen in Amerika ist
er vorzüglich beliebt, schon in früheren Jahrgängen rühmend hervorgehoben.

☞ Zu Anfang des vierten Quartals effektuiren die
Postanstalten auch vierteljährige Bestellungen.
Preis in Bayern 30 kr.

Druck der Dr. Wild'schen Buchdruckerei (Gebr. Parcus).

Münchener

PUNSCH.

Ein humoristisches Wochenblatt von M. E. Schleich.

Vierundzwanzigster Band.

Nro. 41. Halbjähriger Abonnementspreis: in Bayern 1 fl. Im Ausland erfolgen die üblichen Postaufschläge. 8. Okt. 1871.

Privat-Kabel des Punsch.

Petersburg. Rußland erhält auf Neujahr ein ganz frei-
sinniges Preßgesetz. Die Colportage aller Blätter wird
nicht nur gestattet, sondern die Polizei hat sich, wie uns ein
Demokrat erzählt, sogar erboten, jedem Jungen, der Zeitungen
verkaufen will, eine Mütze und ein Paar Pelzhandschuhe zu liefern.

———

Schweiz. Seit der Friedensfeier in Zürich wurde Niemand mehr
in hervorragender Weise hinausgeschmissen. Bei der letzten Festversamm-
lung ging's in Lausanne jedoch wieder an. Man hofft nun, daß wenigstens
bis zum nächsten Friedensfest keine Schlägerei mehr vorkommt.

———

Deutschland. Es soll dahier im Werk sein, einen allgemeinen
Verein zur Vertreibung der Jesuiten zu gründen. Die Theilnehmer hoffen von politischen Beschränkungen befreit zu werden,
da es offenbar ein Verein zum geselligen Vergnügen ist.

———

Passau. In unserer Stadt gibt's immer was, das Aufsehen
macht. Jetzt sind Kunstreiter da, die hie und da einen Auflauf
verursachen.

Was würde ein nichtumgefallener Patriot sagen, wenn Jemand schriebe: „Die Versailler Verträge seien in der bayerischen Kammer mit beinahe vollständiger Einstimmigkeit angenommen worden?"

Das ist — nicht wahr! würde er sagen, und er hätte Recht.

Wenn man aber die Concilsstimmen genau zusammenrechnet, so ist die Unfehlbarkeitslehre mit einer noch knapperen Zweidrittels-Majorität durchgedrückt worden. Und doch las man unlängst von „fast vollständiger Einstimmigkeit"!

Ja, Schaf, das ist was Anderes!

* * *

Bei den vorgekommenen vielen Verletzungen sollten nun die Altkatholiken iu ihrem Cultus anstimmen: **Domine salvum fac Placetum regium nostrum!**

Ein Freund sinniger Ritnen.

* * *

Bavarica.

In Oberaudorf war letzten Sonntag unter Leitung des Herrn Zander eine Bauernvereinsversammlung mit Tyrolergästen, und wurde hiebei der bayrisch-patriotische Verein frisch und lustig in einen „katholischen" verwandelt. Der Volksbot' gebraucht selbst den Ausdruck „verwandelt". Ob die Tyroler Gäste für den „Krieg", der angeblich „erklärt" sein soll, ein Scharfschützencorps zugesagt haben, wissen wir nicht.

Uebrigens ersuchen wir die Verwandlungskünstler, welche nebenbei auch in Mißtrauensvoten machen, beim Verschleiß derselben doch auch die Augsburger Postzeitung zu berücksichtigen, damit dieselbe nicht immer gezwungen ist, dem „geliebtesten Sohn" in München nachzudrucken.

* * *

In dem neu vollendeten deutschen Reichstagsgebäude in Berlin ist bereits zur Prüfung der Akustik Probe gesprochen worden.

Eine offizielle Person trat auf die Rednerbühne und rief: „Meine Herren, es wird eine bedeutende Erhöhung der Tabak=steuer und anderer Abgaben nöthig werden."

Allgemeines Geschrei, selbst der Nächststehenden: Nicht verstanden! — Keine Silbe!

Hierauf sagte derselbe Redner: „Die Reichsgewalt glaubt end=lich zu einer Herabsetzung der Präsenzzeit und einer Verminderung des Militäretat schreiten zu können."

Allgemeiner Ruf: Bravo! Sehr gut. Das hören wir mit Vergnügen!

—

„Ein Haus, das in sich selbst uneins ist, wird zerfallen." Die Donauzeitung verdächtigt Jörg's Charakter und hetzt den ersten Präsidenten gegen den ersten Sekretär. Hingegen wird das Stadtamhofer Volksblatt vom Passauer Bischof belobt und neckt mit diesem Triumph die Donauzeitung, während hinwiederum Lukas den Stadtamhofer sowie auch das Münchener Vaterland vermöbelt. Endlich bedauert Sigl seinen Freund Lukas wegen des bei ihm eingetretenen „Gemüthsleidens".

Kindlein, liebet einander, ihr seid es werth!

Das deutschmörderische Journal „l'Antiprussien" in Lyon benennt sich von nun an: le Chàtiment, die Züchtigung.

Ja, wir werden die Züchtigung fühlen! Unter Anderm wird uns Deutschland schon im nächsten März die fünfte halbe Milliarde heruntermessen!

Die „Augsburger Poſtzeitung" wirft ſich nunmehr mit großer Todesverachtung für die Jeſuiten in's Zeug.

Gleichzeitig deducirt ſie wiſſenſchaftlich: der Janſenismus ſei berüchtigt durch ſeine Heuchelei; bei keiner Häreſie treffe man ſie in gleichem Höhengrade.

Es lebe die Aufrichtigkeit der Poſtzeitung! — —

In dem erzbiſchöflichen Antwortſchreiben heißt es: „Wenn auch die Biſchöfe den § 58 wirklich verletzt hätten, ſo hätte deßhalb die Staatsregierung doch noch kein Recht, eine Reihe anderer Paragraphen zu verletzen."

Logiſch, juriſtiſch richtig und doch dabei ungeheuer gemüthlich!

Regiſtratürliches.

Das iſt auch neu, daß eine hohe Stelle eine andere hohe Stelle öffentlich um Erledigung der Retardaten erſucht.

Wer geſund bleibt, kann noch excellente Dinge erleben.

Kleine Blumenleſe der paſtoralen Jronie.
(Aus dem neueſten erzbiſch. Bouquet.)

„Morſche Baſis" — „Unterſtellung" — „da ſich Euere Excellenz bereits mit theologiſchen Fragen beſchäftigt haben" — „gefälligſt nachzuleſen" — „wie es Euere Excellenz über ſich gewinnen konnten" — „Ihre mir nicht vollſtändig klaren Worte" — „auch das blödeſte Auge". —

Vorschläge zum Cultusbudget.

1) Verlegung der Universität nach Deggendorf.

2) Aufhebung des Professorenthums und Einführung armer Katheder-Brüder.

3) Versteigerung sämmtlicher Laboratorien.

4) Das gesammte Universitätsvermögen wird unter die bewährte Verwaltung des Bischofs von Passau gestellt, der Alles auszubezahlen hat.

5) Möglichst billige Jubiläumsfeier, lediglich bestehend in einer Jesuitenmission.

In einem norddeutschen Coupé.

1. Passagier. Wir verspäten uns wieder. Warum heißt man dann diesen Zug doch Schnellzug?

2. Passagier. Weil's eben hie und da einen oder mehrere Wagen herausschnellt.

Ein recht braver und gewiß ganz ächter „Katholik" constatirt im Münchener „Vaterland", daß er mit seinen Zweifeln wegen einer Einigung der patriotischen Fraktionen Recht gehabt habe. „Wir kannten unsere Leute und die — Verhältnisse besser, als wir darüber drucken lassen konnten."

Merkst es, verstehst es? Die „Verhältnisse!" das heißt nichts anderes, als: die Regierung und gewisse patriotische Abgeordnete — na ja, es läßt sich ja nicht drucken.

Solches Verfahren gegen die eigene Partei, solche Verdächtigungen sollen christlich, sollen katholisch sein? Das wird vom Bamberger Pastoralblatt belobt, dem wird von Dekanaten Anerkennung gezollt?

Edle Menschen.

Kaiser Napoleon wird nächstens von Chislehurst eine Kund-gebung an die Franzosen erlassen, worin er dieselben beschwört, zu seinen Gunsten nicht zu conspiriren, sich nicht unglücklich zu machen, sondern Alles der Zeit zu überlassen.

Auf diese Nachricht hin beeilte sich auch die Königin Isabella ein Manifest vorzubereiten, worin sie den Spaniern zwar für die vielen Beweise von Sympathie dankt, jedoch von einer Schild-erhebung oder gewaltsamen Restauration ihrer Person abmahnt und auf die Zukunft vertröstet.

In Folge dessen fühlt sich auch der König von Hannover gedrungen, von Hietzing aus die Hannoveraner zu beschwichtigen und zur Ruhe zu verweisen. Er anerkennt ihren Heroismus, wenn sie der Uebermacht Bismarks ihre Brust darbieten wollten, betont aber ausdrücklich, daß Zuwarten gegenwärtig des Welfen erste Pflicht sei.

Wo Alles temporisirt, kann der Churfürst von Hessen allein nichts überstürzen. Er beschwört daher seine Casseler, nicht vorschnell in die Fußstapfen der Vendeer zu treten und etwa die Preußen durch eine Revolution zu entfernen. Wenn die Legitimität über-haupt wieder zur Geltung kommt, werde auch er zurückkehren, vorderhand aber in Böhmen bleiben, wo auch gute Menschen hausen.

Von Luzern wird gemeldet, daß in der Nähe des Vierwaldstädter-sees abermals drei Männer ein feierliches Bündniß gegen den Kaiser abgeschlossen haben, nämlich Lord Lyons, Herr Drouyn de Lhuys und Fürst Gortschakoff.

Auf Vorschlag des Franzosen sollen sich jedoch die Drei nicht Eid- sondern bloß „Ehrenwort-" Genossen nennen.

Zeitläufe.

„Ei so — mach' uns doch keinen blauen Dunst vor." Ein Einsender im baur. Kurier will behaupten, die Abstimmung vom 18. Juli in der öffentlichen Concilssitzung sei die „allein entscheidende" gewesen und da hätten von 535 Vätern 533 Ja gesagt. Diese lediglich ceremonielle Sitzung repräsentirte aber nur mehr ein Rumpfconcil. Die Entscheidung fiel in der Generalcongregation vom 14. Juli, wo es hieß daß alle, die der nächsten öffentlichen Sitzungsfeierlichkeit beiwohnen, zur Unterwerfung aufgefordert würden. Nachdem nun viele erklärt hatten, daß sie es nicht über sich bringen könnten, palam et in facie Patris, öffentlich und dem Pabst in's Angesicht Nein zu sagen, reiste die ganze Opposition, unter feierlicher Erneuerung ihres „Non placet" aus der ewigen Stadt. Und nun will hinterher Motivirung und Abstimmung von 88, beziehungsweise 150 Bischöfen, auf dem Weg der Escamotage als „außerconciliarisch" dargestellt, die Gesammtsitzung und vollzählige Abstimmung unter den Tisch geworfen werden! Was der Hülfsgelehrte des „Kurier" vom Nichtverstehen sagt, können wir leicht übergehen, wenn er aber den Vorwurf der „Wandlung" erhebt, so bedenke er, daß er einen Concilsvater vertheidigt, der den Standpunkt, den er in Rom die ganze Zeit hindurch eingenommen, den er beim Abschied mit wuchtigen Worten hervorgehoben, über den er sich noch in München freundschaftlich mit Döllinger unterhalten hat, nach einem halben Jahre mit Strafen zu belegen anfing. Die Firma „zur Consequenz" wird sich das Palais in der Promenadestraße wohl selbst nicht beilegen wollen.

Kleine Frühstücksplaudereien.

Kritisches Bestreben. Die Einen schreiben: Die Altkatholiken haben mit ihren Besprechungen sehr heimlich gethan und namentlich keinen katholischen Reporter zugelassen. Die Andern hingegen melden: Der Zutritt zu den Versammlungen war leicht zu erlangen. Die Einen heißen es ein „Bierconcilium". Ein Anderer erzählt hingegen: im Glaspalast habe so ein altkatholisches Kirchenlicht geäußert: Wenn nur Bier da wäre! Also doch eigentlich kein Bierconcil!

Döllinger am Biertisch. Benefiziat Reindl schreibt: Um die Constitution vom Primate allseitig zu discutiren verwendeten 700 Bischöfe zwei volle Monate; der „Heros" Döllinger aber ist nach zweitägiger Berathung mit seinen Getreuen am Biertisch mit seinem „Verdammungs= urtheil" fertig.

———————

Hört Bauern, aus Eurem Steuersäckel, mit Euren sauren Gulden wird das Münchener Hoftheater bezahlt, so lautet's gegenwärtig in den gut (?) katholischen Blättern. Das Hetzmittelchen wäre nicht übel, nur „Schad', daß's nicht wahr ist". — „Es soll, schreibt die Donauzeitung komisch=wichtig wie immer, in Abgeordneten=Kreisen (beim blauen Bod?) das ernstliche (!) Vorhaben bestehen, die Position des Hof= und National= theaters im künftigen Budget zu streichen." Weit davon ist gut für den Strich, eine solche Position gibt's nicht, sondern nur einen Bauetat, da das von der Gemeinde München gebaute, ins Eigenthum des Staates übergegangene Hoftheater auch vom Staate unterhalten werden muß. „Was dieses Nationaltheater, schreibt der würdige Hetzer, dem Lande kostet, davon hat man im Lande noch vielfach nicht die rechte Vorstellung". Schlecht stylisirt, aber desto besser gelogen! Das Nationaltheater kostet „dem Lande" gar Nichts, sondern Alles, was die Einnahmen nicht decken, wird aus der Civilliste zugeschossen. Auch die Sängerin, die schon 52,000 fl. Pensionskosten aufgezehrt haben soll, athmet auf königliche Rechnung. Pathetisch schließt das Organ des wilden Mannes: „Will der Hof ein Hoftheater sich halten, so müssen die entsprechenden Etats= Positionen aus dem großen Buche des Staatsbudgets in die Listen der k. Hofrechnungskammer versetzt werden." — Dumm! dumm! dumm!

———————

In Kairo ist nun auch ein sog. Café chantant, ein Cafehaus mit musikalischen Produktionen entstanden. Der Unternehmer heißt Rosen= boom, offenbar aus einer ganz altägyptischen Familie. Das öffentliche Auftreten nicht nur unverschleierter, sondern auch stark bekolletirter Damen macht übrigens auf die Herren Muselmänner einen eigenthümlichen Ein= druck und erhöht keineswegs ihren Respekt vor der Civilisation.

Zu Anfang des vierten Quartals effektuiren die Postanstalten auch vierteljährige Bestellungen.

Preis in Bayern 30 kr.

———

Druck der Dr. Wild'schen Buchdruckerei (Gebr. Parcus).

Münchener
PUNSCH.

Ein humoristisches Wochenblatt von M. E. Schleich.

Vierundzwanzigster Band.

Nro. 42. Halbjähriger Abonnementspreis: in Bayern 1 fl.
Im Ausland erfolgen die üblichen Postaufschläge. 15. Okt. 1871.

Herr v. Dönniges ist angewiesen worden, nach Rom zu gehen.

Bayern ist also beim Pabst durch den katholischen Grafen Tauskirchen vertreten, einen Georgiritter und statutenmäßigen Vertheidiger der unbefleckten Empfängniß, hingegen bei Victor Emanuel durch den Protestanten Dönniges, einen freisinnigen Anhänger nationaler Einigungsprozesse.

Die beiden Zeitströmungen könnten nicht passender, nicht bezeichnender ausgedrückt und vertreten sein.

Es drängt sich nur die eine Frage auf: ob Bayern nicht zu klein ist, um der Welt eine solche Doppelstellung zur Anschauung zu bringen, und wie ein Atlas als Träger beider Seiten in der ewigen Stadt Posto zu fassen?

Ein Patriot.

An die Napoleonische Kriegserklärung und an das Unfehlbarkeits-Dogma!

Ich sei ich, gewährt's me die Bitte,
In Bund Euriges der Dritte.

Der czechische Ausgleichsvorschlag.

Quem Deus!

Je ärger sich die Resultate auswachsen, je mehr man die entstandenen Verheerungen überblicken kann, um so größer zeigt sich die Aehnlichkeit zwischen der französischen Kriegs- und der päbstlichen Unfehlbarkeitserklärung vom 18. Juli 1870.

Beide Akte beruhten auf vollständiger Unkenntniß der Gegenpartei. Ohne die römische Provocation hätten auch die stolzesten Juristen und die speculativsten deutschen Freigeister sich still und geräuschlos ihres Unglaubens gefreut, ihre Frauen und Kinder aber zur Kirche geschickt und ein und das andere Fest wohl auch selbst durch ihre blasirte Gegenwart verherrlicht. Jeder Entschlafende hätte als in den Armen der Kirche liegend gegolten und wäre es wohl auch nolens volens gewesen. Der unausbleibliche Reformprozeß aber hätte sich vielleicht bis in eine Zeit hinausgezogen, wo das Schicklichkeitsgefühl mehr ausgebildet gewesen wäre, wo alle Stände sich gewisse Umgangsformen angeeignet gehabt und verschiedene Autoren einen besseren Styl geschrieben hätten.

Was die französische Kriegserklärung betrifft, so hätte man ohne dieselbe in Deutschland den Einheitsstaat gewiß immer mehr und immer geschickter bekämpft, die Freunde des föderativen Princips wären gewachsen, der Militärstaat, die wachsenden Budgets hätten zuletzt nicht nur alle particularistischen, sondern auch alle liberalen constitutionellen Elemente gegen sich vereinigt. Da plumpt Napoleon wie der Klotz in den Teich und aus ist's mit der ganzen Querelle Allemande! Bei einer solchen Nachbarschaft hört der Principienstreit auf, da kann man sich nicht eng genug zusammenschließen.

Und das hat Alles der 18. Juli 1870 gethan!

Die Jesuiten galten früher auf ihrem Feld als mindestens eben so geschickte Strategen, wie die Franzosen. Es scheint aber, daß im vorigen Jahre auch sie ihren General Leboeuf gehabt haben.

Vom Tschechenthum.

Es möchte für den ersten Augenblick als eine Art Uebermuth erscheinen, wenn wir in Bayern bei dem gegenwärtigen zerfahrenen Zustande des eigenen Landes uns Zeit nehmen, auch noch über die Krisis im benachbarten Oestreich Betrachtungen anzustellen. Doch ist uns diese Zerstreuung nicht nur unterhaltlich, sondern auch lehrreich. In Oestreich soll es z w e i Dualismen geben, den bisherigen östreichisch = ungarischen, und auf östreichischer Seite auch noch einen speciellen cisleithanischen. Die Böhmen werden gewissermaßen „Ungarn zweiter Klasse", wenn sich's nämlich die Ungarn gefallen lassen, in den Rang von Böhmaken erster Klasse einzurücken. Die Böhmen wollen ihren Staatshaushalt selbst besorgen und an die Cisleithanier ihre Quote für die gemeinsamen Angelegenheiten abgeben. Da aber die Magyaren sich gegenüber nur die andere u n g e t h e i l t e Reichshälfte anerkennen, so haften die Deutsch= östreicher für den richtigen Eingang der böhmischen Beiträge. Das ist das Kurze und Lange vom Ausgleich in finanzieller Beziehung. In politischer Beziehung hätten wir ein Trippel = Wesen. Es ist schon merkwürdig genug, daß die siamesischen Brüder noch leben ; zusammengewachsene Drillinge scheinen jedoch die Leistungsfähigkeit der Natur zu übersteigen.

Die Tschechen, man sollte es kaum glauben, drücken bereits auf Bayern. Gewisse Donaublätter constatiren heuer eine überaus zahlreiche Wallfahrt nach Deggendorf „besonders auch aus Böhmen." Wenn aber die Deggendorfer Frequenz gegen den „Döllinger= Schwindel" und das Ministerium Hegnenberg = Lutz in's Gewicht fällt, so haben auch die böhmischen Patrioten das ihrige dazu beigetragen.

Uebrigens haben wir in Bayern mit analogen Schwierig= keiten zu kämpfen, wie die Deutschen in Oestreich. Dem fiktiven böhmischen Staatsrecht und dem Concordat stehen hüben wie drüben Verfassungsbestimmungen entgegen. Der Volksbot' und Compagnie möchten aus der bayrischen Kammer einen Krönungslandtag machen, der den „Ausgleich" mit der Kurie herstellen und die zweite Verfass=

ungsbeilage lahm legen soll. Das Verhältniß zwischen Staat und Kirche soll lediglich ein förderalistisches werden, wobei letztere Macht die meisten inneren Angelegenheiten, namentlich das Unterrichtswesen sich vorbehält und nur einige gemeinsame Angelegenheiten anerkennt. Erstünde ein bayrischer Hohenwart, um diese Ansprüche zu begünstigen, so würden vielleicht auch bei uns die deutschen Deputirten unter Rechtsverwahrung Strike machen.

Eine solche Situation müßte auch in Bayern ähnliche Wirkung haben, wie in Oestreich, nämlich sofortige außerordentliche centrifugale Kraftäußerungen. Das alte Churfürstenthum würde in der Perspektive auftauchen, wie jenseits das Erzherzogthum Oestreich. Nur hätte der bayrische Souverän nebenbei keine ungarische Königskrone, um sich mit deren Glanze zu trösten. Und am Ende verschlängen die Wellen auch noch die altbayrischen Domänen.

Darum: mit solchen Mächten, wie sie heut' zu Tage den Verfassungen gegenüberstehen: keinen Ausgleich, sonst ist's gleich aus!

* * *

Aus Versailles schreibt man dem Volksboten: „Die große Mehrzahl der Franzosen erblickt in jedem Feind der heil. Kirche auch den Gegner Frankreichs."

Wo müßten dann nach Versailler Logik die Freunde Frankreichs zu suchen sein?

In der Centrumsfraktion des Reichstags können sie nicht stecken, denn dort' ist man „ehrlich bestrebt, an dem Ausbau des Reiches mitzuarbeiten."

In der bayrischen Kammer können sie auch nicht sein, also wo sind sie? Es wäre das interessant zu wissen, besonders jetzt bei Anfertigung der beiderseitigen Mobilmachungspläne.

* * *

Disticha aus dem Orcus.

Wer von der Fremde nur kam, um München zu schau'n, wie
ich's baute —
Einen Begriff von Athen trug er ganz sicher davon.

Doch wer heut' sich beguckt, was auf Maximilian's Prachtbau
Steh'n für Figuren, der hat auch von Abdera ein Bild.

Ein ausgleichsfreundlicher Wiener äußerte unlängst: Dieser Beust
ist zwar ein Deutscher und geht nicht auf nek aus, aber er hängt sich
ein wie ein Zeck.

Allgemein wurde von den Schwarzsehern für den 1. Oktober
in Berlin eine Revolution prophezeit.

Nun hört man aber, daß wegen strömenden Regens Alles
ruhig geblieben ist, die Revolution also wegen ungünstiger Witterung nicht stattgefunden hat, indem diejenigen, welche keine
Wohnung gefunden hatten, es vorzogen, zu Hause zu bleiben.

Jeder kränkliche Staat glaubt gegenwärtig die einzige Hygieine
darin zu finden, daß er sich preußische Exerzirmeister kommen
läßt. Ein paar Jahre Stechschritt und die Großmachtsstellung ist fertig.

Da sind die Koreaner, so grausam sie sich sonst benehmen mögen,
doch ein bescheideneres Völkchen. Sie fühlen, daß sie suchen müssen, auf
die Höhe der Zeit zu kommen, begnügen sich aber mit der Annahme der
— chinesischen Militärorganisation. Wir wissen nicht, ob sie
dabei stehen bleiben wollen, oder ob dieß nur ein Uebergangsstadium
ist. Jedenfalls ist seit Eintreffen des chinesischen Militärbevollmächtigten
Kutsch-Re in Korea, wo man bisher die Haare lose trug, die allgemeine Zopfpflicht eingeführt worden.

Conciliarisches Dilemma.

Die öffentliche Abstimmung vom 18. Juli ist, dem Schreiben des Münchener Hrn. Erzbischofes zufolge, als Ausspruch des heiligen Geistes zu betrachten.

Die Oppositionsbischöfe, welche am 14. Juli mit non placet gestimmt hatten und nachher abreisten, mußten wissen, daß nur noch Infallibilisten übrig blieben und das Dogma vom Rumpf-Concil angenommen werden würde.

Und dennoch haben sie bei ihrer Abreise ihr verneinendes Votum ausdrücklich erneuert.

Gleichzeitig mußte es, wie schon oben bemerkt, ihre Ueberzeugung sein, daß aus der übrig bleibenden Majorität der heilige Geist sprechen würde.

Sie sind also dem heiligen Geist nicht nur aus dem Wege gegangen, sie haben ihm auch ausdrücklich und auf's bestimmteste widersprochen.

Wie reimt sich nun das mit allem Folgenden zusammen?

Geschickte Poeten werden ersucht, ihren Vers hierauf baldmöglichst einzusenden.

Das öffentliche Schlußvermögen.

Ein fortgesetzter Artikel im Münchener Pastoralblatt spitzt sich dahin zu, daß man die Leser schlechter Blätter im Beichtstuhl behandeln und zur Lektüre guter anhalten soll.

Wenn man bedenkt, wie z. B. im „Volksboten", im „Vaterland" u. s. w. Judenermordungen, nächtliche Feuersbrünste in der Nachbarschaft von Fortschreitern u. dgl. besprochen werden, so möchte man fragen: sind das die „guten"?

Ein altes Beichtkind.

Privat-Kabel des Punsch.

Paris. Die Majorität ist monarchisch, aber die Republik hält sich, weil sie nothwendig ist.

***

Madrid. Die Majorität ist republikanisch, aber der König hält sich, obwohl er überflüssig ist.

***

Prag. Um den jetzt schon einlaufenden Gesuchen um den neuen Wenzelsorden einen Damm zu setzen und nur Vollberechtigte zuzulassen, ist für die Aspiranten ein gewisses Kopfmaß bestimmt worden. Wer dasselbe nicht ausfüllt, hat vorläufig keine Anwartschaft.

***

In der tschechischen Landtags-Adresse heißt es: daß die Böhmen es sich immer angelegen sein lassen werden, die geistigen und materiellen Interessen der Deutschen in ihren Schutz zu nehmen.

Die Unterzeichneten stehen nicht an, sich dieser hochherzigen Versicherung ihrer Landsleute anzuschließen.

Die sämmtlichen Schusterbuben, Köchinnen, Ausläufer, Fiaker, Straßen-Musikanten, Bettelleute und sonstige Wenzelskinder, dickuppete, der gemeinsamen Hauptstadt Wien.

***

Kleine Frühstücksplaudereien.

Der Stein der Weisen. Der „östreichische Volksfreund“ schreibt: „Jede Ausgleichspolitik, welche nicht von der Erkenntniß getragen ist, daß Oestreich nur nach katholischen Grundsätzen regiert werden kann, muß scheitern.“ Nota bene: katholische Grundsätze bedeuten hier so viel wie infallibilistische, mit allen Consequenzen.

„Jetzt kann's nimmer fehlen“. Die Donauzeitung erzählt von einer Abendversammlung des kath. Casino, worin von Herrn Winderl mitgetheilt wurde, daß Bischof Heinrich eine Deputation dieser von ihm früher so bitter verfolgten Gesellschaft empfangen und seine wohlwollendste Gesinnung für dieselbe ausgesprochen habe. Hr. Bucher schreibt nun darüber: „Es war wirklich eine frohe Botschaft, die der Hr. Vorstand brachte; die Freude hierüber war in der unverkennbarsten Weise auf allen Mienen ausgeprägt; sie leuchtete so zu sagen aus Aller Augen. Weil's nur so weit ist, jetzt kann's nimmer fehlen, flüsterte einer dem andern zu“. Man denke sich die mit leuchtenden Augen basißende und sich gegenseitig jubelnd zuflüsternde Gesellschaft. So was gibt's in Passau zu genießen.

Wer sich über den Gang der kirchlichen Bewegung genauer informiren will und dabei ein Freund von Psychologie ist, dem empfehlen wir die letzte und vorletzte Nummer des Rheinischen Merkur. Er findet darin verschiedene, zwischen Opposition und Unterwerfung hin und herschreitende Erklärungen von Münchener Professoren der Theologie und eine Recension, die einer derselben über die Ketteler'sche Broschüre verfaßt hat. Sapienti sat.

☞ Zu Anfang des vierten Quartals effektuiren die Postanstalten auch vierteljährige Bestellungen.

Preis in Bayern 30 kr.

Druck der Dr. Wild'schen Buchdruckerei (Gebr. Parcus).

Münchener
PUNSCH.

Ein humoristisches Wochenblatt von M. E. Schleich.

Vierundzwanzigster Band.

Nro. 43. Halbjähriger Abonnementspreis: in Bayern 1 fl.
Im Ausland erfolgen die üblichen Postaufschläge. 22. Okt. 1871.

Zeitläufe.

Die Lutz'sche Interpellationsbeantwortung liegt gedruckt vor
und wird hoffentlich bald auch als Broschüre der civilisirten Welt
zugänglich gemacht werden. Fast scheint es, als ob das früher
gern bespöttelte Axiom, daß Bayern berufen sei, nach Aufgeben
äußerer Großmachtgelüste geistig zu glänzen, nach und nach doch
zu einiger Wahrheit werden sollte. Den Feldzugsplänen und
Capitulations = Entwürfen Moltke's, den Reden und Hand=
lungen Bismark's scheint sich in der öffentlichen Werthschätzung
ein Drittes zugesellen zu wollen: die Action des bayrischen Cultus=
ministers. Seit keine Festungen mehr fallen und die staaten=
bildnerische Thätigkeit des Reichskanzlers vorläufige Ruhe gefunden
hat, wüßten wir nichts, was das Interesse Deutschlands, man
kann in wenig Wochen wohl sagen Europa's, so sehr zu fesseln geeig=
net wäre, als Lutz'sche Staatsschriften. Man sieht, die Manövrir=
und Befestigungskunst hat auch auf geistigem Gebiet ungeheure
Fortschritte gemacht. Die Herz'schen Interpellanten gehören nicht
zum Heerbann des Hrn. v. Lutz, sie stehen nicht unter seinem
Commando. Ihre Interpellation und deren etwas stürmische
Motivirung ist für den letzteren nur ein elementares Ereigniß,
das ihn zwingt, augenblicklich da wo er steht Posto zu fassen und

sich gegen die Unfehlbarkeitsstreiter zu verschanzen. Er hat dieß in fabelhaft kurzer Zeit zu Stande gebracht; der Graben ist tief genug, die Pallisaden sind fest eingerammt; alles nur irgend ver= wendbare Material: Quaestiones, Observationes, Allocutionen, diplomatische Aktenstücke, Katechismen u. s. w. mußten zur schleu= nigsten Befestigung des Standpunktes herhalten; Rechtswissenschaft, Logik, Dialektik, staatsmännischer Geist haben nicht nur das Ganze geplant, sondern auch jedem Detail seinen richtigen Platz ange= wiesen. Vergleicht man dagegen die Veröffentlichungen seitens des Hrn. Erzbischofs, oder gar dessen neuesten Hirtenbrief über die „gräuliche" That auf dem Gasteig, oder die patriotische Stylübung, welche in der Kammer als „Protest" verlesen wurde, von Organen wie „Volksbot'" und „Vaterland" gar nicht zu reden, so muß man sagen, daß die Partie ungleich steht. Einerseits ausgezeichnete Verschanzungen, wenn auch nur improvisirte, keine „Felsen", aber mit weit und sichertreffenden Gründen sowie mit Beweisstücken schwersten Kalibers reich garnirt, andererseits verrostetes Geschütz, bei welchem das Krachen die Hauptsache, in Reserve etwa noch Dreschflegel und Kothwerfer, den Kerntruppen selbst innerlich verhaßt. Gleichwohl ist Herr v. Lutz ein vorsichtiger Commandant, der zur Unterhaltung des Publi= kums nicht sofort eine Feldschlacht liefern wird, wenn auch, um die Gesundheit der Stellung zu erhalten, zeitweise Bewegungen nicht fehlen dürften. Im Uebrigen wird er den Ansturm wohl abwarten, es müßte denn die politische Dysenterie, deren Spuren jetzt schon auffallen, unter den Gegnern noch mehr überhandnehmen. In der düstern Vorahnung, daß die Verhältnisse nicht mehr besser werden, wurde auch im Kriegsrath vom Hauptmann Jörg und seinem Feldprobst ein frischer fröhlicher Angriff vorgeschlagen, aber die Schwaben weigerten sich, die Sturmfahne des heiligen rö mischen Reiches vorzutragen. Alles ist „bis auf Weiteres vertagt". Wenn aber nach Umfluß von 6 Wochen beide Parteien: die der Verfas= sung und die der Infallibilisten ihre Terrains vergleichen, so dürfte das der letzteren kaum das „weitere" sein.

Die gottesdienstlichen Handlungen der „Altkatholiken" werden im neuesten Hirtenbrief wiederholt als Beleidigung Gottes bezeichnet.

Es entsteht da doch die Frage, ob der liebe Gott, wenn irgend welche Menschenkinder, und wären es auch Irrende, die bestimmte Intention haben, einen Gottesdienst zu verrichten, sich dadurch wirklich beleidigt fühlt?

Es ist überhaupt die Frage, ob irgend Jemand, sei es ein Alt= oder Neukatholik, im Stande ist, das höchste und allmächtige Wesen durch irgend einen Vortrag oder ein Schreiben, und wäre es auch noch so schlecht, zu beleidigen? Man kann auf den lieben Gott schimpfen, man kann ihn verhöhnen, aber so was man sagt: „beleidigen" — schwerlich!

———◆———

Die Patrioten und die Interpellationsbeantwortung. Keine Antwort ist zwar eigentlich auch eine Antwort. Ob aber keine Antwort auf eine solche Antwort eine Antwort ist, das ist die Frage.

———◆———

München, 14. Okt. In der Kammer wurde ein Handschuh hingeworfen.

20. Okt. Der Handschuh liegt noch dort. Er wird vielleicht erst im Dezember aufgehoben, wenn inzwischen nicht ausgekehrt wird.

———◆———

Der neueste Hirtenbrief spricht am Schlusse von „den theuren Bewohnern Münchens".

Die Bewohner selbst sind nicht theuer, aber die Wohnungen.

———◆ ◆———

Vor 14 Tagen schrieb die „Donauzeitung": Der Sturm bricht los, ordnen wir unsere Reihen.

Nachschrift. Wegen ungünstiger Witterung hat kein Sturm stattgefunden. —

Gelehrter. Verstehen Sie: das Concordat wird von Rom wie eine Gunstbezeugung betrachtet, nicht wie ein Vertrag mit gegenseitiger Leistung. Da heißt's nicht do ut des —

Bürger. Aha.

Gelehrter. Die Kurie will nichts wissen von „do".

Bürger. Ja, ja, i denk' m'r's schon, daß s' von do nir wissen will.

Gelehrter. Es handelt sich nur um „des!"

Bürger (den Daumen rührend). Ja, ja, um des handelt si's, i glab's.

Der östreichische Unterrichtsminister sagte: der Conjunctiv „Pereat" indicirt mir den Optativ von „Entlassen werden".

Die infallibilistischen Blätter erzählen übereinstimmend, daß Döllinger im entscheidenden Augenblick tief bewegt gewesen und bei Unterzeichnung des altkatholischen Programms blaß geworden sei.

Es ist möglich, daß er erblaßte, es ist sogar wahrscheinlich und es gereicht ihm zur Ehre.

Leider haben wir nirgends gehört oder gelesen, daß Einer von den ehemaligen römischen Opponenten, der ein Verdammungs-Dekret gegen seine eigene Ueberzeugung unterschrieb, dabei erröthet wäre!!

Florilegium sacrum.

Frevelhaft — verpönt — widerrechtlich — schwere Beleidigung Gottes — sündhafte Handlung — verwerfliche Handlung — verabscheuungswürdige That — Gräuel vor dem Angesichte Gottes — offenbarer Gräuel vor dem Angesichte Gottes — — wer bekommt nächstens den ersten Preis im Bouquetbinden?

Dem Bischof von Passau soll in letzter Zeit von Rom aus mit Erfolg Gold geboten worden sein.

Nachschrift. Um den Charakter des Genannten nicht in einem schiefen Lichte erscheinen zu lassen, bemerken wir, daß Schweigen bekanntlich Gold ist.

Hingeworfenes Geographicum
an die Adresse Oestreichs.

Ueber Kremsier gelangt man zwar nach Olmütz, man kann aber auch zurückgehen und dann liegt Nikolsburg ebenso nahe.

Tatschler. Wie gefällt ihnen der neueste Hirtenbrief?

Pimplhuber. Was will man da sagen? Für unsere erzbischöfliche Kurie wär's am angenehmsten, wenn eine gewisse Bibelstelle in Erfüllung ginge.

Tatschler. Welche?

Pimplhuber. Apostelgeschichte 5, 26. Da heißt's: **Abiit Magistratus cum Ministris.**

Privat=Kabel des Punsch.

New-York. Der Tenorist Wachtel ist bereits dreimal aufgetreten und entwickelt in seiner Stimme so viel Metall, daß das Gold abermals im Kurse fällt.

Rom. Herrliches Herbstwetter. Beim Empfang der Nachrichten aus München sagte der Pabst wieder: „Questo mosche, quanto sono fastidiose!"

Prag. Sekunden werden zu Viertelstunden, Viertelstunden zu Tage, Tage zu Ewigkeiten — Böhmen kann Alles, nur nicht warten!

Berlin. Gestern Nachts 11 Uhr rief Bismark: „Also die fünfte Halbe, aber bald, nicht wahr?" — Er sagte dieß jedoch zu keinem Bierkellner, sondern zum französischen Finanzminister und meinte dabei die fünfte halbe Milliarde.

Speier. Um nicht zurückzubleiben, ist auch von hier ein Tiegel Senf nach München abgegangen.

München und Passau. Ich sitze hier, betrübt zum Schein,
Wer mich lieb hat, sperrt mich ein.

Kleine Frühstücksplaudereien.

Das Straubinger Tagblatt schreibt: „Der Herr Cultusminister hat denn also seinen Bandwurm glücklich von sich gegeben und das neueste Produkt der Lutzischen Muse hat Niemanden überrascht. Unter den Mitgliedern der Mehrheit glaubte ich vielfach ein menschlich Rühren über die Anstrengung des Hrn. Lutz zu bemerken. Schrecken und Entsetzen flößt der Bandwurm keineswegs ein." — Wir finden hier wieder dieselbe Großartigkeit der Auffassung, die wir an verschiedenen mündlichen Aeußerungen neuesten Datums zu bewundern haben. Auf diese Art kann es nicht mehr zweifelhaft sein, auf welcher Seite das geistige Uebergewicht und auch der schließliche Sieg sich befinden wird.

Das „bayr. Vaterland" macht aufmerksam, daß die Handverbrühung des Professors Reischl wohl eine Strafe für das sei, was der Leidende „mit den nämlichen Fingern schon gegen die Unfehlbarkeit geschrieben habe." Daß der Verfasser dieser schönen, christlichen und wahrhaft katholischen Randbemerkung erst unlängst empfangen und nebst seinen Bestrebungen gesegnet wurde, das — „ist uns ein großer Trost".

Von vornherein abgeschnauzt! Richard Wagner läßt demnächst seine „Gesammelten Schriften und Dichtungen" in Leipzig erscheinen. Der ausgegebene Prospektus bringt eine Art Vorrede des Autors, worin derselbe sagt, daß „von einem Urtheil der Unkunstverständigen durchaus nicht die Rede sein könne."

In Theaterblättern lesen wir: in Bologna herrscht große Aufregung. Und warum? Will man wieder päbstlich werden, oder will man Victor Emanuel stürzen? Nichts von alledem. Die Aufregung herrscht wegen bevorstehender Aufführung des Wagner'schen „Lohengrin". Die italienische Musik ist bekanntlich das direkte Gegentheil der Wagner'schen und es ist allerdings höchst interessant, zu erfahren, welchen Eindruck letztere auf italienische Ohren gemacht hat. Am Ende verliert man in Italien den Geschmack an der bisherigen leichten Modulation. Es wäre nicht der geringste Sieg des mit Gigantenschritten überall vormarschirenden Germanenthums.

Die „Donauzeitung" schreibt anläßlich der Interpellationsbeantwortung: „Mögen die katholischen Abgeordneten sich auf der Höhe der Situation befinden, die Größe ihrer Mission steht auf gleicher Stufe mit der Schwere ihrer Verantwortung." Also eine Größe und eine Schwere auf einer Stufe stehend, und darüber die Abgeordneten auf der Höhe der Situation — eine halsbrecherische Gruppe.

— ·—

Das Supplement zur 11. Auflage des Brockhaus'schen Conversationslericon ist wieder ein wohlthuender Beweis des fortwährend mobilen deutschen Sammelfleißes. Wir treffen da vom Neuen das Neueste aus dem Gebiet der Naturforschung, der Geographie, Nationalökonomie, Statistik, biographische Aufschlüße über die wichtigsten Männer der Gegenwart u. s. w. Herrlich sind im neuesten 7. Heft die Abhandlungen über das deutsche Heer, das deutsche Reich und besonders der Artikel: „Deutsches Volk". Ueber das Verhältniß unseres Stammes zu den Tschechen lesen wir: „In Böhmen sind sämmtliche Landschaften der Bergränder, 3—10 Meilen weit vom Kamme in's Moldaubecken hinein vollständig deutsch. Und auch längs dieses Gebietes zählen selbst czechische Parteigänger noch über 100 deutsch gemischte, d. h. überwiegend deutsche Ortschaften, so daß also zwei Fünftel der angeblichen Unterthanen der Wenzelskrone geborne Deutsche sind." — „Die größte deutsche Sprachinsel liegt inmitten der Czechen auf der Wasserscheide zwischen dem March- und Moldaubecken im Quellengebiet der Iglau und Saßau und der Mittelpunkt derselben ist die Stadt Iglau. In 7 Städten, zumal in Prag, sind die Deutschen überwiegend. Außerdem sprechen alle einigermaßen Gebildeten im ganzen Lande das Deutsche so gut, wie die Deutschen selbst; sie müßen es wohl sprechen, weil sie sonst geistig und materiell nicht existiren könnten!" — Da ist es denn, vom Standpunkt des deutschen Nationalgefühls aus eben so widerlich als auffallend, wenn bayrisch-patriotische Blätter in dem östreichischen Verfassungskampf Partei für die Tschechen nehmen. Verzweifelte Logik, wenn sie dabei für ihren „katholischen" Standpunkt etwas zu gewinnen hoffen. Laßt nur Böhmen siegen, das Hussitenthum wird über Nacht auferstehen.

Briefranzen.

Der Volksbot' wird ersucht, seinem Eisenbahnunglückscorrespondenten in Weiden ein Mißtrauensvotum zu geben. Die Contusionirten befinden sich den Umständen gemäß wohl.

Druck der Dr. Wild'schen Buchdruckerei (Gebr. Parcus).

Münchener PUNSCH.

Ein humoristisches Wochenblatt von M. E. Schleich.

Vierundzwanzigster Band.

Nro. 44. Halbjähriger Abonnementspreis: in Bayern 1 fl. Im Ausland erfolgen die üblichen Postaufschläge. 29. Okt. 1871.

Privat = Kabel des Punsch.

Paris. Im Hotel der auswärtigen Angelegenheiten hörte man gestern ein eigenthümliches Geräusch. Es war der Wegfall der süd= deutschen Gesandtschaften.

Berlin. Ueberspannt sind alle Schulmeister, das ist bekannt. Das Tollste aber haben neuestens die preußischen geliefert! Sie verlangen nämlich Angesichts der vielen aus Frankreich herein= strömenden Gelder, und weil eine Gehaltserhöhung der Beamten in Aussicht steht, für sich — ebenfalls eine Aufbesserung!

Prag. Hr. Rieger, der künftige böhmische Staatskanzler, hat bereits ein Rundschreiben an die auswärtigen Mächte entworfen, worin er die Etablirung Großböhmens als für den europäischen Frieden durchaus nicht bedrohlich darstellt. Preußen insbesondere wird versichert, daß die großböhmische Politik keine Annektirung Preußisch=Schlesiens auf dem Programm habe. Was orientalische Angelegenheiten betrifft, so erklärt der Minister, daß sich im Bereich der Wenzelskrone das persische Insekten= Pulver immer mehr einbürgere.

Wien. Mit dem tschechischen Ausgleich ist's — Nichts. Rieger und Palazky sind eingeladen, nach Wien zu kommen und von diesem Resultat Einsicht zu nehmen. Es steht ihnen auch frei, Bemerkungen daran zu knüpfen.

Chiselhurst. „Das ist die Sonne von Austerlitz!" sagte der erste Napoleon bei Jena. „Das sind die Rheumatismen von Paris und St. Cloud" sagte Napoleon der III., als er sein Asyl wieder betrat. Es riß ihn, wie in den glücklichsten Herrschertagen.

Wenn einmal die Frage wegen des Kirchenvermögens auf's Tapet kommt, dann wird man zum Ueberdruß oft hören: Gebet dem Kaiser was des Kaisers ist und Gott was Gottes ist.

Ich verzichte auf Meinen Theil zu Gunsten des — Volkes.

Der liebe Gott.

Von Neujahr an sind päbstliche Obligationen werthloses Papier, wenn sie nicht in „italienische Rente", das heißt in Schuldscheine eingetauscht werden, welche der excommunicirte Raubkönig ausgegeben und dessen ipso facto ausgeschlossenes Parlament garantirt hat.

Gehört ein solches Aergerniß nicht auch in's Gebiet der Sitten? Könnte die auf diesem Gebiete aufgerichtete oberste Gewalt da nicht Abhilfe treffen? Oder haben die päbstlichen Obligationenbesitzer nicht so viel Consequenz, daß sie lieber ihr Geld verlieren, als ein subalpinisches Schriftstück in die Hand nehmen? Ermannet Euch, es wäre ein großartiger Akt.

Ein Verehrer des Syllabus und —
Nichtbesitzer päbstlicher Obligationen.

Scholastik und Leben.

.... „Im Cirkel'anz,
Wie junge Katzen um den Schwanz.“
Goethe.

Der erzbischöfliche Schreibebrief an den Cultusminister behauptet: das Unfehlbarkeitsdogma sei kein neues, das könne
man beim seligen Klee nachlesen.

Nun beweist aber ein Gottesgelehrter in der Allg. Zeitung,
daß der selige Klee im Gegentheil geschrieben habe: Die Unfehlbarkeit sei nur eine Schulmeinung, kein Glaubensartikel.

Kommt nun die Augsburger Postzeitung und sagt: Ganz
natürlich! wie konnte denn der sel. Klee anders schreiben, damals
war's ja noch kein Dogma?

Könnte wieder der Gottesgelehrte kommen und sagen: dann
dürft ihr euch aber auch nicht auf den seligen Klee berufen.

Könnte wieder der Erzbischof kommen und sagen: Abgesehen
davon, daß wir Alles dürfen, wollten wir ja nur beweisen, daß
es nichts Neues ist.

Könnte und müßte wieder der Gottesgelehrte kommen und
sagen: daß von der Unfehlbarkeit schon früher die Rede war,
wissen wir allerdings. Aber es wurde nur als eine Meinung
angesehen, die man ungestraft verwerfen kann, nicht als ein
Dogma.

Käme dann abermals die Postzeitung und schriebe: Ja, weil
sie eben damals noch nicht dogmatisirt war —

und so wäre der theologische Streit glücklich
immer wieder auf dem alten Fleck angelangt!

Wie viele Menschen unterdeß todt geschlagen, todt gestochen oder todtgeschossen werden, ist für die Frage selbst
ganz gleichgültig.

———⟨⟩———

1866 sagte Bismark: in einigen Jahren bin ich der populärste Mann in Deutschland.

1871 fanden Andere, er sei sogar in Oestreich sehr populär.

1872 könnte er der populärste Mann in Frankreich sein, wenn er — Metz zurückgäbe.

Aber gar zu viel Liebe wird lästig, wenn man zu Hause auch noch einen Kriegsschatz hat.

———

Wenn ich zur Wahl gedrängt würde, ob ich mich für Hohenwart oder Beust entscheiden soll, da würde ich auch ohne langes Besinnen sagen: ich gehe auf die Jagd.

Victor Emanuel.

———

Aus Constantinopel kommt die Nachricht, daß daselbst die Cholera trotz ungünstiger Witterung im Verschwinden ist. Deßgleichen hat sie auch vom Königsberger Bezirk aus keine Fortschritte mehr gemacht, so daß die Erfüllung des sehnlichsten Wunsches eines gesegneten Münchener Blattes: sie möchte auch nach München kommen, in weite Ferne gerückt ist.

Deßgleichen soll der französische Finanzminister bei seiner Rückkehr von Berlin nach Frankreich einem Freunde des angedeuteten Parteiorgans bemerkt haben: daß es heuer und wahrscheinlich auch nächstes Jahr leider kaum dazu kommen dürfte, daß die Stadt München mit einer französischen Contribution belegt wird.

So zerrinnt eine Hoffnung unserer Tantaliden nach der andern. Das Letzte, woran sie sich noch klammern, ist: daß sich die Metzer Militärschlägereien so bedeutend als möglich herausstellen möchten.

———

In der großen öſtreichiſchen Miniſterkriſis dreht ſich das Ganze um Hohenwart oder Beuſt? Andraſſy bleibt ruhig ſtehen.

Und da ſoll der Schwerpunkt nicht in Ungarn liegen?

Mir ſcheint ſchon!

Archimedes.

Naturſpiel. Der deutſcheſte Miniſter Oeſterreichs hatte einen böhmiſchen Namen: Giskra, d. h. Funke. Der böhmiſch'ſte hingegen heißt: Hohenwart, kein Funke von einem Deutſchen.

Zum Andenken an die gegenwärtige ruhmreich beginnende Reichstagsſeſſion ſollte man den vierten Fall anſtatt „Accuſativ" künftighin „Excuſativ" heißen.

Ein Paſſauer Gymnaſiaſt.

Kleine Frühſtücksplaudereien.

Sonſt nichts mehr? In Preußen exiſtirt ein Geſetz, wornach Bühnencontrakte gleich beim Ausbruch eines Krieges gelöſt werden können. Ein Berliner Direktor hatte nun im Juli 1870 fortgearbeitet, im September aber auf einmal aufgehört, die Gagen zu bezahlen. Darob verklagt, behauptet er nun: Der Krieg, den der König nur mit dem Kaiſer der Franzoſen zu führen erklärt habe, ſei mit der Schlacht von Sedan zu Ende geweſen, von da ab habe ein zwei er und neuer Krieg begonnen und er ſchlage zum Zeugen für die Richtigkeit ſeiner Anſicht den Reichskanzler vor. Bismark eidlich darüber vernommen, ob der Krieg mit dem Kaiſer und der mit der Republik ein und derſelbe ſei, das wäre das bischen Zeugengebühr werth geweſen! Der Richter aber hielt es nicht für nothwendig, den Fürſten Bismark zu bemühen. Derſelbe hat ohnehin genug zu thun, um das Reich zu entlaſten, man kann ihm nicht auch noch die Entlaſtung eines beliebigen Theaterdirektors zumuthen. Und ſo mußte letzterer ſeine Vorſtellung vor Gericht ohne dieſes intereſſante Gaſtſpiel bewerkſtelligen.

Wie man so was nur drucken lassen kann! Die „Kölnische Volks-zeitung" erzählt, der Kaiser von Oestreich habe dem König von Bayern in der Kirchenfrage eine Art Warnungsbrief geschrieben, indem die Existenz seines Landes auf dem Spiel stehe! Der Kaiser von Oestreich im gegenwärtigen Augenblick einen Andern warnend, er möge die Existenz seines Landes nicht auf's Spiel setzen, dieses Bild kann nur in „gemüthskranken" Individuen entstehen!

———

Die „Donauzeitung" wurde neulich wegen Beleidigung mehrerer Abgeordneten der Fraktion des „deutschen Hauses" confiscirt. Dieses Faktum erzählt sie in folgender Art: „Wir schickten uns eben an, die Leute, die nicht beigehen wollten, beizutreiben, da schreitet die Polizei ein. Die Deutschhäusler erfreuen sich also des poli-zeilichen Schutzes gegen die patriotische Presse — das ist die Bedeutung unserer Confiscation."

———

Das Münchener „bayrische Vaterland", — (crescat, floreat) — übt sein Lehramt wieder in folgender ersprießlichen Weise. „Die Faunen, sagt es, waren krummnasig, denn sie sind orientalischen Ursprungs wie die Juden. Auch die Teufel malt man krummnasig. Faunen, Teufel und Juden sind zu Allem fähig von wegen ihrer krummen Nasen; die bedeuten nämlich Verschmitztheit. Daß mancher hohe Staats-mann auch zu dieser noblen Gesellschaft gehört, läßt sich nach dieser Theorie wohl annehmen, abgesehen von wirklichen Thatsachen. Sucht sich Einer selbst mit dem Teufel zu verbinden, wenn er nur seinen Zweck erreicht, dann ist er ein Faun, selbst wenn er keine krumme Nase nebst fau-nischem Zugehör hat. Das Münchener Concil war größtentheils ein krumm-nasiges, nach meinem Operngucker zu urtheilen. Musikliebend war jeder Faun von Haus aus, wenn sie auch damals noch keine Wagner'-schen Opern kannten. Vor lauter Musikwahnsinn vergaß oft der alte Faunenkönig, der später durch Herkules mit Krone und Land auch das Leben verlor, sein Vieh zu hüten." — Brav, Lieber! So was zu hören, ist uns „ein großer Trost".

———

Um Gotteswillen viel zu früh! In Oestreich ist ein Buch über den Grafen Beust erschienen, sein Leben und Wirken, in zwei Bänden. Den dritten Band lebt er jetzt erst durch, und wird vielleicht soeben geleimt.

———

Wenn im bayrischen Landtag die Sitzungen zu lange dauern, läßt man sich was Billiges vom Kappler holen. „Tellerfleisch und Bratwürste" das ist die Alternative, vor der sich gewöhnlich der gesetzgebende Körper befindet. Wer sich der Abstimmung enthält, bekommt gar Nichts. Da gaben sie's beim Berliner Zollparlament und Reichstag schon nobler. Der berühmte Restaurateur Müller (übrigens ein geborner Bayer) hatte das Büffet inne und man konnte immer eine aus allen Fraktionen zusammengesetzte, zwar diätenlose aber nicht diätfreundliche Gruppe bei ihm treffen, welche man die „Fraktion Müller" hieß. In dieser Session ist Müller nicht wieder erschienen, was einen Berliner Corresponbenten zu folgender Expektoration veranlaßt: „Es ist das Unerhörte geschehen: es tagt ein Reichstag und es fehlt sein Büffet! Und was mehr noch sagen will: Vater Müller wird Allem Anschein nach nicht wiederkommen. Dunkle Sagen schleichen durch das Haus: es soll einigen der Abgeordneten, die ihre Nächte in dem glänzenden Etablissement desselben Wirths unter den Linden in der liebenswürdigsten Gesellschaft schmausend zu vertrinken liebten, die im Verein mit meiner und deiner Tante sich amüsirten (so heißt man im Norden ein Hazardspiel), fatal gewesen sein, am nächsten Morgen während der Arbeit des Gesetzgebens die wohlbekannte Gestalt des Wirths von wenig Stunden vorher am Büffet auftauchen zu sehen. Und doch fällt es aller Welt schwer, sich von den Fleischtöpfen Müller's zu trennen! Großer Müller! Unvergessen sind deine Möveneier, die du als Kibitzeier das Stück zu 15 Silbergroschen verkauftest! Noch schnalzt so manche Zunge nach deinem großkörnigen Caviar, deinem schnorplichen Cotelettes, deiner zarten Seezunge, deinem Wildschweinskopf, deinem Gänseweißsauer und deinen duftenden Bücklingen! Dein Name ist eingegraben in die Geschichte des norddeutschen Bundes und Mundes! In vielen seiner Gesetze finden sich die Spuren, ob ihre Schöpfer gut gefrühstückt hatten oder ärgerlich über die Leistungen deiner Köchin zur Abstimmung gingen. Möge dein Nachfolger dir gleichen! Allgemein bezeichnet man als solchen den Wirth oder, wie man auf gutes kaiserstädtisches Deutsch sagt, den „Traiteur" Schulze. Möge er kein Maltraiteur sein!"

Nicht fein aber charakteristisch ist, was der Wiener Hansjörgl, sonst kein unbedingter Feind des Ausgleichs, darüber sagt: In dem Kampfe, der zwischen Wien und Prag jetzt mit so leidenschaftlicher Erbitterung geführt wird, spielt auf der böhmischen Seiten der Neid, eine Hauptroll'. Das Provinznest Prag, das Krähwinkel an der Moldau, ist neidisch auf die glänzenden Erfolge, auf den riesigen Aufschwung der alten Kaiserstadt Wien, welches im gegenwärtigen Augenblick, wo Paris trauernd darniederliegt und Berlin vielen Leuten unsympathisch is, den Mittelpunkt des Kontinents, das Mekka der reichen Leut' aus allen Welttheilen bildet, die nach Wien pilgern, um die Pracht des neuen Wiens zu bewundern und an seiner wohlthuenden Gemüthlichkeit sich zu erquicken. Viele von diesen Fremden machen Abstecher nach Pest, — denn Pest mit seiner Wunderbrucken, mit seinem großartigen Leben und Treiben is eine Großstadt; aber nach Prag — dagehen's halt nit. Warum? Weil sie in Prag nir Anderes sehen, als ein fades, langweiliges, einseitiges, von Hochmuth und sonst noch Allerhand stinkendes Provinznest, das an Eigenthümlichkeiten nir bietet, als Golatschen, die man nit essen mag, eine Sprach', die man nit reden mag, und ein böhmisches Theater, das man nit besuchen mag seitdem die paar guten Schauspieler und Sänger, die's g'habt hat, vernünftiger Weis zum deutschen Theater desertirt sein. Während in Wien alle Zweige des öffentlichen Lebens, Wissenschaft und Kunst, Gewerbe und Handel, Literatur und Journalistik, Luxus und Komfort den ungeheuersten Aufschwung nehmen, is in dem Provinz-Krähwinkel Prag mit Ausnahme der paar Fabriken, welche Deutsche und Juden errichtet haben und leiten, Alles in dem alten Geleise geblieben. Die Prager Börse is eine Lächerlichkeit, die nur der Provinz-neid aus Nachahmungssucht noch erhaltet, bis endlich der große Kracher kommt, der den Powidlaktien nit ausbleiben wird. Zeigt uns doch, Ihr Männer der angeblich großen und glorreichen czechi-schen Nation, zeigt uns den großen Dichter, Denker, Kompositeur, Maler, Bildhauer u. s. w., nur einen Einzigen, der sich mit den Hunderten, welche Deutschland, Frankreich, England, Italien besitzt, auf gleiche Stufe stellen kann! Ihr habt keinen, keinen! Eure Nation erzeugt nur grobe Hausmeister, höfliche Schneider, dumme Bediente, ausgezeichnete Köchinnen, verwendbare Klarinettblaser, gute Polizeivertraute, reaktionäre Grafen und volkverdummende Pfaffen, endlich jene journali-stischen Kanalräumer, die aus den Kloaken des „Pokrok" und der „Politik" ihre ekelhafte Jauche auf Wien, die Wiege und Residenz des Kaisers, spritzen. Das Ministerium Hohenwart ist zu bedauern, daß es mit seinen gutgemeinten Ausgleichsversuchen an solches Gesindel gerathen is, mit dem ein anständiger Mensch nir ausrichten kann. Ihr aber, Ihr National-Hanswursteln, denen der Powidl in den Kopf gestiegen is, merkt Euch Folgendes: Wenn der Stefansthurm abgetragen würde, so bleibt der ....haufen, der in einem Winkel daneben liegt, doch immer nur ....haufen. Und wenn Wien heute dem Erdboden gleichgemacht wird, so bleibt Prag doch immer nir als — Prag! — Pfehl' mich Ihne, kommen's gut auf zu Haus!" — So die gelesenste Wiener Volksschrift.

Druck der Dr. Wild'schen Buchdruckerei (Gebr. Parcus).

Münchener
PUNSCH.

Ein humoristisches Wochenblatt von M. E. Schleich.
Vierundzwanzigster Band.

Nro. 45. Halbjähriger Abonnementspreis: in Bayern 1 fl. Im Ausland erfolgen die üblichen Postaufschläge. 5. Nov. 1871.

Früher und viele Jahre lang war ich königlicher Einwohner von München. Jetzt bin ich Bürger von „alicubi" und dem Stande nach ein Sohn des Verderbens. Auf diese Art habe ich eine Mutter, der noch große Erbschaften anfallen; schade, daß ich schon so alt bin.

Pimplhuber,
Filius perditionis, in freien Stunden
auch „homo quidam".

Aus Nieder-Fidellen.

Hans. Also am Kirchweihmontag, wenn's schön bleibt, machen wir einen Abstecher.

Xaver. Ja wohl. Wohin?

Hans. Na, in irgend einen Brustkasten oder Rückgrat.

Berlin. Die Unsicherheit ist noch immer sehr groß. Gestern wurden in der Victoriastraße zwei Reichstags-Abgeordnete angefallen und ihrer an diesem Tag bezogenen Diäten beraubt.

Mormonisches aus Amerika.

Präsident Grant (sitzt im Schlafrock an seinem Tisch, früh=
stückt und liest die Zeitung dazu.) „Wien. Der böhmische Aus=
gleich ist gescheitert." Hm! Was soll wohl das heißen!
Ah, ich verstehe: der böhmische Ausgleich wird ein Dampfschiff
sein, weil er gescheitert ist. Ob auch Menschen dabei beschädigt
wurden, oder nur Bagage, ist leider nicht angegeben. —
„Berlin. Die Errichtung eines Reichskriegsschatzes wird von den
Ultramontanen bekämpft." Hm! Reichskriegsschatz, was ist das?
Bleibt man das schuldig? Zahlt man das zurück? Und wie
kommt der Pabst in's Spiel? Uns confessions= und deficitlosen
Leuten klingt das rein unverständlich. — „München. Aufsehen
macht es, daß sich ein Mitglied der Stadtbehörde gegen bezahlte
Entschädigung einen alten Ofen zugeführt hat" — (wirft das Blatt
in eine Ecke) nein, das ist doch zu dumm! Wie weit sie in dem
Europa zurück sind, das ist einem Amerikaner rein unbegreiflich.
Solche Standpunkte gibt's bei uns kaum mehr 500 Meilen seit=
wärts von der schlechtesten Strecke der Pacifikbahn.

Kammerdiener (tritt ein). Vom Finanzminister fährt soeben
ein Handkarren in den Hof. Es ist Ihr Gehalt für den Rest
Ihrer Amtszeit.

Präs. Grant. Wie kommt man dazu, ihn mir vorauszu=
bezahlen?

Kammerdiener. Der Finanzminister läßt sie dringend
bitten, es anzunehmen, da er sich vor lauter Geld nicht mehr
auskennt. Es sollen überhaupt alle Gehälter in der ganzen Re=
publik auf ein Jahr vorausbezahlt werden, man wird dann die
Baarfonds los und erspart Beamte.

Präs. Grant. Gut. Aber was hör' ich wieder für Spek=
takel? Sieh' 'mal, was es gibt. (Der Kammerdiener eilt ab.
Grant nimmt eine andere Zeitung.) Die Franzosen und Spanier sind
auch köstliche Kerle. In Spanien wundert sich der König jeden

Morgen, daß er noch nicht fort ist und in Frankreich begreift die Republik nicht, daß sie noch da ist.

Kammerdiener (kehrt zurück). Präsident, eine Deputation von Frauenzimmern aus Utah steht im Vorzimmer, um das Petitionsrecht auszuüben.

Präs. Grant. Wie viele sind's?

Kammerdiener. So ungefähr 2500. Ein Deputatiönchen nach amerikanischem Maßstab.

Präs. Grant. Werd' ich hinausgehen.

(Der Präsident tritt in den Vorsaal. Die Weiber fangen ein fürchter- liches Geschrei an.)

Präs. Grant. Mitbürgerinnen, es wird besser sein, wenn nur 20 zu gleicher Zeit reden. (Gelächter. Cheers!) Theilt Euch in Familien!

(Es bilden sich Gruppen.)

Präs. Grant (zur ersten Gruppe). Wer seid ihr?

Sprecherin. Wir sind die 24 Gattinen eines Advokaten. Unser Männchen hat uns beauftragt, am Sitze der Regierung dagegen zu protestiren, daß Gesetze eingeführt werden, welche unser häusliches Glück zerstören. Unser Gatte lebt seit 10 Jahren mit uns, liebt uns auf's zärtlichste, war uns bisher musterhaft treu und wir haben geschworen, in Freud und Leid unverbrüchlich zu- sammenzuhalten, bis der Tod uns trennt. Unsere Kinder, 94 an der Zahl, sind wahre Muster in Beobachtung des vierten Gebotes, welches in unserer Bibel lautet: „Ehre Vater und Mütter."

Zweite (ältere) Gruppe. Wir sind die 10 noch übrigen Frauen eines vom Geschäft zurückgezogenen Fabrikanten. Voriges Jahr war unsere silberne Hochzeit. Zwei sind schon gestorben, so daß unser Mann ein Sechstelswittwer ist. Unsere Kinder sind alle schon verheirathet und zwar sehr glücklich. Ein einziger Sohn brachte uns gleich 48 Schwiegertöchter zu. Wir leben alle in schönster Harmonie, denn bei einer solchen Anzahl hört sich die Schwiegermutterlaune auf. Wir fragen: will uns Präsident Grant in unseren wohlerworbenen Rechten schützen?

Eine alte Dame. Ich bin eine alte Jungfer! Mormonin und alte Jungfer, es klingt sonderbar, aber es ist wahr und ein Beweis, welche Willensfreiheit bei unserem Volke herrscht.

Präs. Grant. Unsere alten Jungfern sind es gewöhnlich unfreiwillig.

Die Dame. Ich bin Rechtsgelehrte und Professorin in Utah und will Ihnen beweisen, daß die Vielweiberei vom national-ökonomischen Standpunkt aus zu rechtfertigen ist. Eine Menge sonst verlassener und brodloser Geschöpfe wird da untergebracht, also der Sittlichkeit Vorschub geleistet. Anderseits gibt es für gewisse Arbeiterklassen keine Concurrenz von weiblicher Seite. Endlich ist die Vermehrung der Bevölkerung eine fünf Mal schnellere. Wir verwahren uns gegen die Consequenzen des **Einheits-staates,** wir weisen jeden Eingriff in die innere Gesetzgebung, in das bürgerliche Recht der Einzelstaaten zurück, wir wollen keine Civilehe, weder obligatorisch noch facultativ, kurz wir sind ganz in ähnlicher Lage, wie die Ultramontanen und die Tschechen in gewissen europäischen Ländern.

Präs. Grant. Und was soll ich thun?

Die Dame. Anerkennen Sie das mormonische Staatsrecht, lassen Sie sich auch als Präsident des Salzseestaates verpflichten, mit einem Wort: Machen Sie einen Ausgleich mit uns.

Präs. Grant (für sich). Ah, jetzt verstehe ich die Nachricht aus Wien. (laut) Derlei Ausgleiche scheitern immer und überall. Ihr müßt Euch dem großen Ganzen accommodiren.

Mehrere Weiber zugleich. Also keine Polygamie mehr? — Jeder soll seine Weiber entlassen, bis auf Eine? — Welche soll denn bleiben? — Und was sind dann die Andern? — Kebsweiber? — Nicht einmal das! — Kebs-

wittwen? — Auch nicht, denn er lebt ja noch! Erfinden Sie doch
eine Bezeichnung für uns! Abgedankt? Außer Dienst? Zur Dis=
position? Warum redet er denn nicht? Nieder mit dem Kerl!
Kratzt ihm die Augen aus! Reißt ihm den Bart vom Gesichte!
Skalpirt ihn!

(Präsident Grant, in seinen Schlafrock gehüllt und von seinem Diener
geschützt, flüchtet in sein Cabinet. Die Cadres der Garnison von
Washington, von einem Stammoffizier commandirt, räumen das
Vorzimmer.)

Die „Mormonische Salzseezeitung" und das Utaher
„Vaterland" aber bringen zwei Tage darauf folgenden Artikel:
„Wir haben durch eines unserer hervorragendsten alten Weiber
einen Protest erheben lassen gegen die insolenten Angriffe, deren
Gegenstand wir, unsere Institutionen und unser ehrwürdiges Ober=
haupt in der letzten Zeit gewesen sind. Die hierauf erfolgte
Erklärung des Ministers ist der offene Bruch mit den „Heiligen
des jüngsten Tages", eine förmliche Kriegserklärung gegen den
Mormonismus. Wohlan, wir werden den Kampf aufnehmen.
Schaaren wir uns um den edlen Greis, der an unser Aller Spitze
steht. Brigham Young und die übrigen Vorsteher fühlen sich reif
für die Festung, sie sehnen sich nach dem Martyrium und können
den Tag kaum erwarten, wo sie eingesperrt werden. Es ist ein
verdammenswerther Irrthum, daß sich das Mormonenthum mit
der modernen Civilisation versöhnen könne. Das wird unser
Prophet immer und ewig verwerfen. Mögen ihn Andere für
einen Narren oder einen Betrüger halten, wir glauben ihm!
Ueber die mormonische Lehre sind nur deren Propheten und Apostel
selbst zu urtheilen im Stande; kein Minister ist befugt, zu sagen,
unsere Principien vertrügen sich nicht mit den Einrichtungen des
Staates. Das protzige liberale Yankeethum soll uns kennen lernen.
Minister kommen und gehen. Wir Heilige aber bleiben."

(Nach dieser Sachlage und bei dem Fanatismus der Salzsee=Mon=
tanen wird wohl nichts übrig bleiben, als eine Intervention der Bundes=
Regierung.)

Hirtenflöte.

Im Eingang seines Schutzbriefes für die Jesuiten sagt Bischof Seneſtrey: .... „Nichts deſto weniger folge ich meiner bischöflichen Pflicht, wenn ich 2c. meiner Entrüſtung Ausdruck geben zu müßen glaube." Ich folge meiner Pflicht, indem ich zu müßen glaube? Liegt „Glauben" in der Willkür des Menschen? Iſt es nicht Folge der ihm eigenen Anschauung? Wenn man nur glaubt, um einer Pflicht zu genügen, so glaubt man nicht wirklich. Und wiederum hört auch die Pflichterfüllung auf, wenn man zu müßen glaubt. „Muß" iſt mehr als Pflicht.

Was soll ferner heißen: „Unwahrhaftigkeit und Fanatismus ſind zu unwürdig, als daß man ſie mit Gegengründen widerlegen dürfte."

Wenn man Gegengründe hat, warum soll man nicht dürfen? Die Belehrung des Volkes muß jedoch die Hauptsache sein! Das wäre etwas Neues, daß ein Bischof zu ſtolz wäre, um die ihm gegenüberſtehende Unwahrhaftigkeit als solche zu erweisen, wenn er es im Stande iſt. Und was den Fanatismus betrifft, so iſt es um denselben etwas Trauriges, etwas Schreckliches, aber absolut „unwürdig" dürfte nicht die richtige Bezeichnung dafür sein. Ganz ſicher gibt es auch auf Seite der Jesuiten und ihrer Anhänger „Fanatiker". Der Fanatismus schließt das Edle nicht aus.

Die Jesuiten, behauptet Herr von Seneſtrey, sind die gefürchtetſten Vertheidiger der gesammten von Gott gesetzten ſittlichen Weltordnung, darum müßen ſie zuerſt vertilgt werden, und fährt dann fort:

> „Dabei hegt man außerdem die Hoffnung, daß, wenn das katholische Volk einmal diesen Faustschlag in das Angesicht seiner ihm garantirten Freiheiten und Rechte lautlos hingenommen, es auch einen zweiten und dritten und letzten leichter sich werde gefallen laſſen".

Wirklich nicht übel! Also die Jesuiten ſind das Angesicht der dem Volke garantirten Freiheiten und Rechte! Was dann gewisse Verfassungsbestimmungen in den Augen dieser Herren für Körpertheile sind, das kann man sich nach der letzten Pfahler'schen Bauernrede leicht denken.

Uebrigens: Der Pabst hat die Aufsätze der bayr. Bischöfe für eximia scripta, ausgezeichnete Schriftstücke, erklärt — sie müßen's also wohl sein.

Europäisches Wintervergnügen.

Bei beginnender Wintersaison erlauben sich die Unterzeichneten wieder zur Subscription auf ihre neuen Anlehen ergebenst einzuladen.

Frankreich.

Italien.

Türkei.

München.

Spanien.

Das Münchener „Vaterland" bespricht und empfiehlt ein in Luxemburg erschienenes Buch über den „deutsch-französischen Krieg", woraus u. A. folgendes Axiom hervorgehoben wird:

> Im Kriege steht der Katholik auf Seite des Rechts, auch wenn das Recht beim Feinde ist.

Da wird's Majunken wieder einen Riß geben!

Daß aber das so recensirende Blatt von Pastoralblättern belobt, von Dekanaten anerkannt und jüngst in seinem Schöpfer sogar hirtlich gesegnet wurde, das ist uns „ein großer Trost".

Der kaiserliche Prinz Loulou widmet sich in England vorzüglich dem Studium der Mechanik.

Will er vielleicht die Kunst lernen, abgelaufene Uhren
wieder in Gang zu bringen?

Kleine Frühstücksplaudereien.

Ein Motto. Aufmerksamkeit erregte am heurigen Allerheiligentag
die Ruhestätte der 193 dahier verstorbenen französischen Kriegsgefangenen.
Eine abgebrochene Säule von imitirtem schwarzem Marmor beherrscht
dieses melancholische Quarré. An der Säule selbst lesen wir: „Evigilabunt! Ils se réveilleront. Dan. 12. 2. — Evigilabunt! Dieses Wort
mit dem demonstrativen Rufzeichen soll uns wohl um so mehr eine
Warnung bedeuten, als es aus dem betreffenden Bibeltext förmlich heraus-
gerissen ist. Der Vers bei Daniel lautet nämlich: „Et multi de his, qui
dormiunt in terrae pulvere, evigilabunt, alii in vitam aeternam et
alii in opprobrium", zu deutsch: „Viele von denen, welche im Staub der
Erde schlafen, werden erwachen, die einen zum ewigen Leben, die andern
zur Schmach." Man sieht also, auch Daniel läßt den schließlichen Ausgang dahin gestellt. Unterdessen bemüht sich der französische Kriegsminister,
seine Sparte möglichst schnell zum „ewigen Leben" heranzubilden, während anderseits auch Bundesrath und Reichstag keine Kosten scheuen, um
jedem „Opprobrium" zuverlässig vorzubeugen.

New-York und Petersburg, Wien und Berlin, Paris und London
dürfen sich wohl die Hände reichen, wenn es darauf ankommt, das Gegentheil aller Tugenden zu repräsentiren. Neuestens ist es aber namentlich Berlin, welches „Volksbote" und Verwandtschaft als ein wahres
Banditennest darstellen, in welches der Brigantaggio aus der besten
römisch-neapolitanischen Zeit gleichsam verpflanzt erscheint. Der Humorist
Glaßbrenner kommt ihnen nun auch noch mit folgender Schilderung
zu Hilfe: „Die Sicherheit in den Straßen Berlins ist nie größer gewesen,
als gerade jetzt. Wir selbst gingen z. B. kürzlich gegen zwei Uhr Nachmittags in einem einfachen Kuirassierpanzer, nichts als einen
sechsläufigen Revolver in der Hand, durch eine ganz belebte Gegend, nur
von zwei befreundeten Schlächtergesellen und dem Revierschutzmann be-
gleitet; wir kamen bis auf einen leichten Hieb über den Hinterkopf und
zwei Stöße vor Brust und Unterleib durchaus ungefährdet bis zu unserer
Wohnung, woselbst wir nur den Verlust unserer goldenen Taschenuhr zu
beklagen hatten."

Druck der Dr. Wild'schen Buchdruckerei (Gebr. Parcus).

Münchener
PUNSCH.

Ein humoristisches Wochenblatt von M. E. Schleich.
Vierundzwanzigster Band.

Nro. 46. Halbjähriger Abonnementspreis: in Bayern 1 f. 12. Nov. 1871.
Im Ausland erfolgen die üblichen Postaufschläge.

Privat=Kabel des Punsch.

Wien. Seit der Entlassung Beust's weiß Niemand mehr, woran man in Oestreich eigentlich ist. Angesichts dieser verzweifelten Lage hat der Wiener Gemeinderath beschlossen, ein neues Rathhaus zu bauen.

Utah. Dahier wurde ein Regierungsrescript verlesen, wornach der bisherige Mormoneninspektor Brigham Young seiner Funktionen enthoben und die fernere Beibehaltung von Parallel=Weibern verboten ist. Die Weiber geriethen in große Aufregung, die Regierung ist jedoch entschlossen, ihr Ansehen aufrecht zu erhalten. Sechs Referenten stehen mit eingetunkten Federn am Rescribirtisch. Einzelnen Heiligen dämmert die Ansicht auf, daß ihr „jüngster Tag" nahe sei.

Kiefersfelden. Es hat von hier aus ein ganz hübsches Echo nach Tyrol hinein.

Pest=Ofen. Alles strömt nach dem Bahnhof, woselbst mit dem nächsten Güterzug der östreichische Schwerpunkt von Wien ankommen soll. Die Ausladehalle ist festlich dekorirt.

Der Jesuitismus vor dem Richterstuhl Europa's.

(à la „Germania".)

———

Altkatholizismus. Ich ermahne euch, liebe Brüder, daß ihr aufsehet auf die, die da Zertrennung und Aergerniß anrichten neben der Lehre, die ihr gelernt habt. Röm. 16, 17.

Protestantenverein. Ich will sie mit Pestilenz schlagen und vertilgen. Num. 12, 14.

Oestreich. Wehe Euch, ihr Schriftgelehrten und Pharisäer, ihr Heuchler, die ihr Land und Wasser umziehet. Math. 23. 15.

(Der Jesuitismus wendet sich schutzsuchend an Preußen.)

Preußen. Hebe dich von mir, denn du meinest nicht was göttlich, sondern was menschlich ist. Matth. 16. 23.

Bayern. Ihr Mund ist voll Fluchens und Bitterkeit. Röm. 3. 14.

Baden. Eine Art, die Schwerter für Zähne hat. Sprüche 30, 14.

Jesuitismus (zusammenpackend). Ich habe noch andere Schafe, die sind nicht aus diesem Stalle! Joh. 10, 16.

(Sie gehen.)

Bayern. Der Herr hat sie gegeben, der Herr hat sie genommen.

Alle. Der Name des Herrn sei gelobt!!

———

Aus der diplomatischen Welt.

Preußischer Gesandter in Wien. Nun, lieber Graf, wie geht es Ihnen?

Graf Beust. Danke sehr! Meine Stellung ist sicherer als — (er purzelt) herrje!

———

Das „Vaterland" rechnet aus, daß Rußland in kurzer Zeit 1,800,000 Mann und Frankreich 1,200,000 Mann schlagfertig haben wird, thut 3,000,000 Soldaten, eine schöne Macht!

„Crescat, floreat, das ist uns ein großer Trost", hätte das gesegnete Blatt noch beifügen sollen.

———

Graf Beust war schon seit mehreren Tagen unwohl. Man muß ihm etwas eingeben, sagte ein kaiserlicher Arzt.

Und da gab man ihm den Gedanken ein, seine Entlassung zu verlangen.

———

Beim Fürsten Bismark haben die Empfangsabende wieder begonnen; alle Reichstagsmitglieder sind eingeladen. Wer nicht kommen will, braucht sich nicht zu entschuldigen. Qui s'accuse s'excuse.

———

Der Rücktritt Beust's ist vielleicht auf die sociale Bewegung zurückzuführen. Der Kaiser soll nämlich schon vor einiger Zeit gesagt haben: Mein Vertrauen in Beust beginnt Strike zu machen.

———

Gesundheits-Berichte.

Graf Beust, der sich vorher ganz wohl befand, soll nunmehr eine wirkliche Erschütterung seiner Gesundheit verspüren. Wer schnell stürzt, stürzt doppelt.

Graf Hohenwart soll ebenfalls unwohl sein. Die ihm zu Theil gewordene Genugthuung war nämlich so süß, daß er sich den Magen verdorben hat.

Und Andrassy, als er die Leitung der nunmehrigen äußeren Politik übernehmen sollte, litt anfangs auch an Appetit-losigkeit.

* * *

Lacht man über den Greil, weil er bei Citation eines Sprüchwortes die Begriffe versetzt hat. Bei einem guten Proverb bleibt der Sinn immer der nämliche. Was wäre für ein Unterschied, wenn Bismark z. B. statt: „mors janua vitae" gesagt hätte: „vita janua mortis"?

* * *

Am Allerseelentage wurden bei Paris mehrere Pferderennen gehalten, um die Leute von dem aufregenden Besuch der Friedhöfe abzulocken.

Das Volk aber ging doch auf die Friedhöfe, indem es dachte: Was brauchen wir heute Pferderennen? Die Todten reiten auch schnell!

* * *

Als ein gemüthlicher Wiener hörte, daß nun Andrassy zum Mi-nister des Aeußern ernannt sei, sagte er: „Ach mein, es is alleweil 's Nämliche. Jetzt muß der Beust assi, und später muß der Ander' assi.

* * *

In Passau wurde unlängst in einem Plaidoyer begründet, daß es keine Ehrenkränkung sei, wenn man Einen, der zwar eine Preisfrage gelöst hat und in wissenschaftlichen Organen belobt worden ist, dessen Name aber in der literarischen Welt nicht weiter genannt wird und dessen Schriften wieder vergessen wurden, einen geistigen Krüppel nennt.

Dürfte man also auch z. B. einen Advokaten, der noch die wenigsten Fragen, geschweige denn je eine Preisfrage gelöst hat, dessen Schriften einfach deßhalb nicht vergessen wurden, weil sie nie existirt haben, der auch von Juristen „ersten Ranges" nicht einmal dem Namen nach gekannt ist, deßhalb einen geistigen Krüppel nennen?

Verfolgung der katholischen Kirche in Bayern.

Zwei Beneficienstiftungen, eine zu 34,000 fl. und eine zu 13,000 fl. wurden Allerhöchst genehmigt. — Einem Cooperator bei Regensburg wurde für eine von ihm errichtete Schnitzschule ein Betriebskapital und ihm selbst ein Honorar zur Verfügung gestellt. — Die offizielle Abrechnung über den im verflossenen Quartal im Königreich gesammelten Peterspfennig wird nächstens wieder erscheinen. — Wegen des Allerseelentages wurden die Gehälter an den meisten Orten schon vor dem Allerheiligentag ausbezahlt.

Dem jüngst verstorbenen ausgezeichneten Berliner Hofschauspieler Herman Hendrichs wurde von der Geistlichkeit die Theilnahme am Begräbniß versagt.

Daß die Intoleranz einen Charakter bis an's Grab verfolgt, wissen wir.

Daß aber dieser Haß selbst gegen Charakterspieler besteht, ist interessant.

In Rom wird nächstens ein ökumenischer Congreß der Tele=
graphen=Direktoren aller Länder abgehalten.

Der Congreß wird seinen feierlichen Zusammentritt durch den
elektrischen Draht sofort der ganzen Welt zu wissen thun.

Dies ist dann das moderne „Roma locuta est".

———•••———

Eisenbahnaccordanten bezahlen den Steinhauern gegenwärtig
täglich drei Gulden.

Das vielgeschmähte Lohnsystem wird also bald überwunden
sein, insofern man nämlich bei solchen Preisen sagen kann: die
Maurer, Steinmetze u. s. w. haben keinen Lohn mehr, sondern
Diäten.

Kleine Frühstücksplaudereien.

———

Ein bei der kirchlichen Bewegung literarisch betheiligter Münchener
Gelehrter, Dr. Zirngiebl, wurde in der „Donauzeitung" ein geistiger und
körperlicher Krüppel genannt, was den Beleidigten zu einer am 4. d. zur
Verhandlung gekommenen Ehrenkränkungsklage veranlaßte. Die Art und
Weise, wie Hr. Advokat Winderl, Mitglied des katholischen Casino in
Passau, also eo ipso ein Mann der christlichen Liebe, die Verthei=
bigung führte, dürfte in den Annalen der Oeffentlichkeit einzig dastehen
und dem Passauer Barreau zur dauernden Zierde gereichen. Die Donau=
zeitung berichtet hierüber: „Hierauf erhält Advokat Winderl das Wort,
welcher die Anklagen aus den drei Zeitungsartikeln in drei Worte zusam=
menfaßt: „Geistiger und körperlicher Krüppel." Winderl kommt zuerst
auf die Personalbeschreibung Zirngiebl's. Er sei natürlich weit (?) entfernt,
sich über die Gebrechen eines Mannes herzumachen, aber zur Feststellung
der Wahrheit müsse er diesen thatsächlichen Bestand der körperlichen Eigen=
schaften Zirngiebl's constatiren. Zirngiebl sei ein höchst unansehnlicher,
etwas über 4 Schuh hoher Mann mit spärlichem Barthaar und gebückter

Figur, mit einem Höcker behaftet oder doch stark ausgewachsen. Dafür könne er freilich nichts, daß er nicht das Ebenmaß der Glieder und körperlichen Theile wie andere Leute habe. Aber in diesem Sinne sei auch das „Krüppel" nicht aufzufassen. Der Verfasser des Artikels spricht von dem Döllingerschwindel, er spricht von den Angriffen auf die kath. Kirche und gegenüber diesem Riesenbau nehme sich ein Zirngiebl aus wie ein Zwerg, ein Knirps, ein Krüppel. Gegen den Riesendom dieser Kirche hätten schon größere Männer angestürmt und sich die Köpfe zerschmettert, viel weniger ein so unansehnlicher Zirngiebl. Das sei der leitende Gedanke des beanstandeten Artikels. Wenn man übrigens die Aussage eines Auskunftzeugen über die Figur Zirngiebl's wünsche, so sei er bereit, aus dem Zuhörerraume einen solchen beizubringen. (!!) Zirngiebl ist also in der That und Wahrheit ein von der Natur verkümmerter Mensch und der Ausdruck Krüppel sei überdieß im figürlichen Sinne zu nehmen." Soll man mehr über die Rohheit dieser Ausführung staunen, oder über die Confusion, mit der sie geistig und körperlich, figürlich und thatsächlich durcheinander wirft? Einmal hat die Donauzeitung ein Recht, Zirngiebl einen Krüppel zu nennen, da er nur 4 Schuh hoch und ausgewachsen sei; in dem nämlichen Athem versichert aber der wackere Casinomann, in diesem Sinne sei der Krüppel nicht aufzufassen, sondern nur im Verhältniß zum Riesendom der katholischen Kirche. Gleich darauf erbietet er sich wieder, um von Zirngiebl einen Begriff zu geben, aus dem Zuhörerraum ein Individuum vortreten zu lassen, das er also gegen Bezahlung bestellt zu haben scheint. Demungeachtet kann es Herr Winderl wieder über sein katholisches Gewissen bringen, zu versichern: es sei nur figürlich gemeint! — Wenn übrigens nach der, hier vor Gerichtsschranken entwickelten Theorie ein über 4 Schuh hoher und, wenn auch nicht behöckerter, so doch gebückter Mann ohne Ehrenkränkung zu den „Krüppeln" gezählt werden kann, so steht auch Herr Dr. Winderl dem Apollo von Belvedere verhältnißmäßig ferner als dem Zirngiebl.

Quod erat demonstrandum. Das „Vaterland" ruft der Allgemeinen Zeitung zu: Das aber sollten Sie uns zugestehen, daß, um so manche Artikel und Ausführungen z. B. des „Vaterland" verfolgen, verstehen und würdigen zu können, unendlich mehr Geist und gesunder Mutterwitz dazu gehört als zu einem ganzen schaalen Jahrgang der „Allgemeinen". O freilich, Herr Benefiziat! Sie können leicht lachen. Der Kriegsschatz an Geist, den Sie zur Disposition haben, läßt Sie jeder Polemik mit Heiterkeit entgegensehen!

Wie aus einem Bericht der Donauzeitung hervorgeht, hat Frz. Xaver von Hafenbrädl auf einer neuerlichen Bauernversammlung den Professor v. Döllinger, sowohl als Lehrer der Kirchengeschichte, wie als Theologen und namentlich als Dogmatiker so gründlich widerlegt, daß alle zuhörenden Bauern erklärten, Döllinger sei todt. Die Akademie wird gut thun, ihn bei ihrer nächsten Festsitzung nicht mehr viel in den Vordergrund zu stellen.

———

Immer und immer liest man von den gräulichen Sicherheitszuständen in Berlin, woran natürlich Freimaurer, Liberalismus und Nichtkatholizismus überhaupt schuld sind. Gleichzeitig constatiren jedoch auch die niederbayrischen und oberpfälzischen Blätter, daß Einbrüche und Diebstähle entsetzlich überhand nehmen und das Kalb in der Kuh nicht mehr sicher ist. Aehnliche Verheerung richtet die Krips-Kraps-Manie so ziemlich überall an und scheint fast eine krampfhafte Verlängerung aller Finger zu den epidemischen Erscheinungen unserer Zeit zu gehören. Bei den rasenden technischen Fortschritten ist anderseits auch keine Banknote mehr vor Nachahmung sicher. Man kann Bismark wirklich nicht Unrecht geben, wenn er sich für alle Fälle einen Schatz zurücklegen will, den die Motten nicht zerstören und die Diebe nicht wegtragen können, was bei 40 Millionen Thalern in Silber jedenfalls zutrifft.

———

Nichts mehr zu seiner Zeit! Die Dresdener Nachrichten beklagen sich darüber, daß man jetzt schon „weeche Bretzel" verkauft, die doch erst in der Fasten, als Symbol der Fesseln Christi gebräuchlich seien. Wirklich eine neue Erklärung! So soll ferner der Christstollen an das Christkindchen erinnern, die Plinzen an die Windeln, der Pfannkuchen an den Schwamm, der dem Heiland dargereicht wurde. Das betreffende Blatt wüßte vielleicht auch, woher unsere „Seelenzöpfe" kommen? Was übrigens die Nichteinhaltung der Zeiten anbelangt, so ist jetzt auch schon „Bock" zu haben, der sonst nur ein Kind des Frühlings war. Alles durcheinander, alles verschoben — die Welt „steht auf kan Fall mehr lang".

———

Conrad von Bolanden, Besitzer eines Treibhauses für Romane, der seit vielleicht 3 Wochen keine 6 Bände mehr herausgegeben hat, ist nun endlich glücklich wieder mit einem neuen Opus fertig, betitelt: „Kelle und Kreuz". Wie man merkt: handelt sich's um den alten Witz von den Freimaurern.

Druck der Dr. Bild'schen Buchdruckerei (Gebr. Parcus).

Münchener
PUNSCH.

Ein humoristisches Wochenblatt von M. E. Schleich.

Vierundzwanzigster Band.

Nro. 47. Halbjähriger Abonnementspreis: in Bayern 1 fl. Im Ausland erfolgen die üblichen Postaufschläge. 19. Nov. 1871.

Privat-Kabel des Punsch.

Versailles. Der deutsche Gesandte gratulirt Hrn. Thiers zum Orden des goldenen Vließes. Tragen Sie, sagte er, das goldene Vließ, wir sind zufrieden mit dem fließenden Gold.

Wien. Geschlechtstafel. Das Jahr 1866 zeugte das Ministerium Beust. Das Ministerium Beust zeugte das Bürger-Ministerium. Das Bürgerministerium zeugte die Ausgleichsminister-Krisis. Die Ausgleichsminister-Krisis zeugte die Reichskanzler-Krisis. Die Reichskanzler-Krisis zeugte die ungarische Minister-Krisis. Die ungarische Minister-Krisis zeugte — prost Neujahr 1872.

Pest. Um einem dringenden Bedürfniß abzuhelfen, hat nun auch der ungarische Landtag beschlossen, heftige Opposition zu machen.

Oestreich. Der Jahresabschluß der Staatsfinanzen ist sehr günstig. Nicht einmal mehr ein ordentliches Deficit kann sich bei uns halten!

Pfalz. Den heurigen Wein nennt man wegen seiner Wildheit den Turko. Diejenigen Trauben aber, die wegen Ungenießbarkeit gar nicht zum Keltern kommen, sondern mit denen 's Essig ist, heißen allgemein die Infallibeln.

Erster Wiener Bürger. Selbstlose Dienste hat der Beust geleistet. Was ist denn das eigentlich „selbstlos?"

Zweiter. Na, wenn sich halt Einer von keinem Andern helfen zu lassen braucht, sondern alles selbst los hat. Und das war beim Beust der Fall.

Handbilleten-Logik.

Sie leisteten bisher ausgezeichnete Dienste und waren in Wien ganz an Ihrem Platz, darum —

gehen Sie nach London.

Sie haben für Ungarn außerordentliches gewirkt, Sie waren in Pest ganz in Ihrem Element, darum —

gehen Sie nach Wien.

Wenn das Politisiren auf der Kanzel künftig mit Arrest bestraft wird, so soll das Predigen in der Kammer doch wenigstens einen Abzug an den Diäten kosten.

Einer, der zur Unterhaltung zuhören will.

Eine noch ziemlich gut erhaltene, erst einige Jahre benützte Reichskanzel ist billig zu verkaufen. Die Füße sind etwas schwach, die Schnitzereien aber hübsch. — Näheres in Wien, am Ballplatz.

Beuſt.

Rom.   Die Klerikalen   jubeln über den

Frankreich. Die Franzoſen   Sturz

Deutſchland. Die Infallibiliſten   des Grafen Beuſt!

Daraus möchte man folgern: Beuſt wäre etwa Altkatholik? Er iſt aber von Haus aus Proteſtant, ohne davon Gebrauch zu machen. Oder er wäre ein Deutſchnationaler? er war aber früher Partikulariſt und dann Oeſtreicher. Oder überhaupt ein freiſinniger Mann? er bildete aber 1849 in Dresden das Reaktionsminiſterium und bevölkerte das Waldheimer Zuchthaus mit politiſchen Sträflingen.

Warum jubeln alſo gewiſſe Leute über ſeinen Sturz? Weil er das Concordat aufhob? Die Todten ſtehen doch nicht mehr auf. Oder weil er 1870 neutral blieb? Das Gegentheil hätte ihm ſchlecht bekommen ſollen.

Da iſt die Mißſtimmung der deutſchen Freunde Oeſtreichs noch erklärlicher. Sie entſpringt aus dem Sprichwort: es kommt nichts Beſſeres nach. Das ihm nothwendig folgende Schlechtere war das Gute an Beuſt.

Politiſche Diätetik.

Gutem Vernehmen nach hat Graf Beuſt dem mit ihm enthobenen Sectionschef Hofmann und dem gleichzeitig entlaſſenen Cabinetsdirektor Braun, ſowie noch mehreren hervorragenden Staatsdienern, deren Geſundheit ebenfalls ſchwer erſchüttert iſt, ein großes Diner gegeben.

Marl. Das Handbillet vom Kaiser von Oestreich an den Beust is aber sehr schön.

Sepperl. Ja, er lobt ihn ungeheuer.

Marl. Nur das wundert mich, daß er sich nicht wegen der plötzlichen Entlassung ein wenig entschuldigt.

Sepperl. Ach, warum nicht gar. Du hast ja g'hört: Qui s'accuse, s'excuse.

———

Ein Correspondent der Wiener Presse meldet, im bayerischen Kriegsministerium werde so emsig gearbeitet, daß die ganze Armee nebst Landwehr in vier Tagen schlagfertig dastehen kann.

Gutem Vernehmen nach ist der Correspondent noch weit hinter der Wahrheit zurückgeblieben. In Folge außerordentlicher Anstrengungen war man schon im September so weit, daß in 24 Stunden Alles hätte marschiren können.

Gegenwärtig ist aber die Mobilisirung nicht nur permanent, sondern die Bereitschaft drängt so, daß fortwährend, Tag und Nacht, demobilisirt werden muß, nur um die Schlagfertigkeit auf dem Status quo zu erhalten.

Dieß zur Ergänzung der Wiener Sensationsnachricht.

———

Bei der Abfahrt von Berlin.

Der Reichstag is um,
Jetz' heißt's wieder: i geh'.
Und wink' noch mit'n Handerl:
Schöner Kriegsschatz, Ade!

———

Zu Hubertusburg in Sachsen ist eine große Erziehungs- und Heilanstalt für Blödsinnige eröffnet worden.

Möchte dieselbe nicht auch einen Kursus für solche Arbeiter einrichten, welche sich zur Ermöglichung von Strike-Manövern wöchentlich einen Theil ihres Verdienstes abziehen lassen?

———————

Meyer. An diesem Beust haben wir doch einen recht guten Freund verloren.

Huber. Meinen Sie?

Meyer. Ja. Ich bin überzeugt, wenn er etwas zur Entwicklung Deutschlands hätte beisteuern können, hätt' er's gethan.

Huber. Ich meine immer: da hätten wir es weniger mit Beisteuern, als vielmehr mit Beust-Eiern zu thun gehabt.

———————

Die Wiener Feudal-Ultramontanen setzen dem Ministerium Beust dem Vernehmen nach folgende Grabschrift:

Nobis!
Non nos.

D. h. Es stürzte uns (Dativ), nicht uns (Accusativ).

———————

Auf seinen letzten poetischen Versuch hinauf wird Beust von allen Seiten um einen, wo möglich recht wehmüthigen und ahnungsvollen Stammbuch-Vers angegangen. So schrieb er neuestens:

Regiert hab' ich ein Luftrum,
Doch ach, jetzt ist die Luft 'rum!

———————

Der Pabst soll neuestens sehr einsilbig sein.

Nun, wenn er jeden Tag nur einen einzigen Syllabus von sich gibt, so ist das mehr als genug.

———— ⬩ ————

Die Regierung Griechenlands wird von einigen bayrischen Blättern der Regierung Bayerns als wahres Muster einer constitutionellen Aufführung vorgehalten, weil nämlich das griechische Ministerium schon wegen der Wahl eines nichtministeriellen Kammerpräsidenten seine Entlassung nahm.

Nun, diese bayrisch-patriotische Anerkennung ist uns wirklich ein großer Trost.

$$K\varrho\iota\psi\iota\acute{\alpha}\delta\eta\varsigma,$$

ehemals Räuber, dann Minister, jetzt wieder Räuber.

———— ⬩ ————

Literatur. Der französische Jesuit Deharbe, der Verfasser des bisherigen Katechismus, ist in Maria-Laach gestorben.

Er hat also die bevorstehende Vermehrung und Verböserung seines Werkes nicht mehr erlebt.

———— ⬩ ————

Als Beust zum ersten Mal Minister wurde, war Andrassy soeben zum Galgen verurtheilt.

Jetzt ist Andrassy Minister und Beust hängt eigentlich auch, nämlich bei einzelnen Gläubigern.

———— ⬩ ————

Alle diejenigen, welche dermalen in Café= oder Wirthshäusern zu
guten Bekannten an einen Tisch zusammensitzen, werden vor Taschen= .
dieben gewarnt. Nicht als ob sie von ihren daneben sitzenden Freun=
den etwas zu fürchten hätten, sondern weil ihnen unterdeß die Taschen
ihrer Winterröcke, versteht sich mit den um dieselben befindlichen
Paletots, gestohlen werden könnten.

Kleine Frühstücksplaudereien.

Das Straubinger Tagblatt schreibt über den stark nach Petroleum
duftenden Reichstagsgrobian Bebel und sein Gebahren in folgender rüh=
render Weise: „Dieser Volksvertreter, seines Zeichens ein schlichter
Handwerker, Kunstdrechsler, sagte mit einem bei uns seltenen Muthe
der dem Bismark=Cultus dienenden Mehrheit offen in's Gesicht, daß u. s. w."
Herr Bebel müßte doch selbst lachen, wenn er von einem ultramontanen
Blatt seine Schlichtheit und besonders die Kunstdrechslerei als
seine charakteristischen Kennzeichen hervorgehoben sähe!

Einige in Landau, welche sich als Freunde einer kirchlichen Reform
zusammenfanden, nennt der Volksbot' „Leute, so an Leibschäden in jenem
Theile des Körpers laboriren, wo die Ochsen Hörner tragen". Das ist
einmal eine Sprache! — Da Graf Arco im Volksboten das „bayr.
Vaterland" desavouirt, so scheint also der Volksbot' anerkannt zu wer=
den. Floreat!

Schalk Lukas schreibt in die Donauzeitung: „Die deutschen Bischöfe
hätten durch ihr Verhalten ein großartiges Beispiel von Disciplin
gegeben." — Ferner: „Wir haben gesehen, daß es unbegreiflich erscheint,
wie Hr. v. Lutz den deutschen Bischöfen immer wieder ihre conciliarische
Opposition vorwerfen mag, die sie doch rein ihm zu lieb erhoben
haben." Man sieht, wer den Schaden hat, braucht für den Spott nicht
zu sorgen. Es ist übrigens freilich die Frage, ob die HH. Bischöfe der
Ansicht sind, daß ihnen nachconciliarisch irgend ein Schaden erwachsen sei.

Die neuen falschen preußischen 25 Thalerscheine sind so ausgezeichnet gemacht, von so technischer Vollendung, daß der Verfertiger viel Zeit und Geld darauf verwendet haben muß und nur im Bewußtsein vollkommener Ungestörtheit gearbeitet haben kann. Man vermuthet daher den Ursprung dieser kleinen Kunstwerke in — Paris. Na, darüber wenn Bismark Gewißheit bekommt, könnte es den Franzosen theuer zu stehen kommen.

——————

Was die Elektricität Alles noch leisten kann, hat kürzlich ein Pariser Arzt, Dr. Bernier, wieder bewiesen. Dieser edle Menschenfreund verwendet nämlich den electrischen Funken zur Bleichung der Nasen, welche durch den fortgesetzten Bacchuscultus ihrer Besitzer eine erhöhte Färbung dauernd angenommen haben. Er hat kürzlich einer vornehmen Dame die aristokratische Harmonie des Teints wieder hergestellt, indem er da wieder Lilien hinpflanzte, wo in ganz ungebührlicher Weise ein dichter Rosenstrauch aufgewuchert war. Der Fall erregt nicht allein in den medicinischen, sondern auch in den trinkenden Kreisen ein -gerechtes Aufsehen, und der Wunderdoctor wird gut daran thun, für seine electrische Heilmethode in Frankreich wie in den angrenzenden Pfarreien ein Patent zu lösen.

——————

Sonderbares Zusammentreffen. Dem kürzlich verstorbenen berühmten Berliner Schauspieler Hendrichs folgte drei Tage darauf dessen langjähriger Souffleur, Namens Leihn. Es ist gerade, als ob's drüben auch Rollen zu spielen gäbe und er ihn gerufen hätte.

——————

Forschungen, womit man sich in Sachsen die Zeit vertreibt. — Gibt es auch weibliche Ochsen? Warum nicht? Die Lebensgefährtin des Auerochsen, die noch Niemand Auerkuh genannt hat. — Woher hat Leipzig seinen Namen? Von den wendischen Worten Lip, die Linde, und Zig, die Stadt, daher sie auch in alten Chroniken Philurea heißt, die mit Linden versehene. Sachsen und Preußen sind überhaupt reich an Linden und das ist ja das Holz, woraus man Staatsmänner und überhaupt Alles schnitzen kann.

Druck der Dr. Wild'schen Buchdruckerei (Gebr. Parcus).

Münchener
PUNSCH.

Ein humoristisches Wochenblatt von M. E. Schleich.

Vierundzwanzigster Band.

Nro. 48. Halbjähriger Abonnementspreis: in Bayern 1 fl. Im Ausland erfolgen die üblichen Postaufschläge. 26. Nov. 1871.

Die Glücklichmacher.

Bebel meint, der Tölke sei
　Ein gemeiner Knittel.

Tölke sagt: Du unterschlugst
　Des Vereines Mittel.

Hasenklever aber nennt
　Alle zwei Verräther;

Daß von Bismark sie bezahlt',
　Werd' sich zeigen später.

Jeder ist ein Ehrenmann,
　Und ein edler Streber:

Schweitzer, Bebel, Liebeknecht,
　Tölk und Hasenklever.

Welchem du den Beitrag auch
　Leistest, den gewissen —

Arbeitsmann, kannst sicher sein,
　Daß du wirst be—friedigt.

Aus der diplomatischen Welt.

Die Einen behaupten: der hl. Vater habe gesagt, er würde, wenn man ihm heute seine Staaten wieder anböte, dieselben zurückweisen.

Andere hingegen corrigiren, er habe ausdrücklich gesagt: er wolle nicht gesagt haben, daß er seine Staaten nicht wieder nähme, wenn man sie ihm anböte.

Um dem ganzen Streit ein Ende zu machen und weder einen Diplomaten noch auch den Pabst, der vielleicht einen unbewachten Augenblick hatte, in Verlegenheit zu bringen, wird es am besten sein, dem heiligen Vater seine Staaten — überhaupt nicht mehr anzubieten.

Dieser Ausweg soll „Sr. Majestät dem König von Italien" auch von Bismark empfohlen worden sein.

———•———

Ein seelenloser Pfarrer. Die infallibilistischen Blätter melden übereinstimmend: der excommunicirte Pfarrer Hofemann von Tunten=hausen habe keine Seele für sich.

Hoffentlich wird sich ein Mitleidiger finden, der ihm im kritischen Fall, wenn es sich um die angedrohte Verdammung handelt, seine Seele leiht.

———•———

Früher glaubte man: kein Pabst werde länger regieren als Petrus.

Diesen Glauben hat Pius IX. in's Wanken gebracht.

Und manchen andern auch!!

——— ■ ———

Tugendheuchelnde Scheusäler. Der englische Premier-
Minister Gladstone erklärte unlängst in einer Tischrede: „Der
Krieg sei das schändlichste Verbrechen, das es gebe, eine Schmach,
eine Sünde", wobei ihm seine mitessenden Collegen stürmisch
applaudirten.

Frage: Wer hat die schändlichsten aller Kriege, die sogen.
Opiumkriege mit China angefangen? Wer hat vor ein paar
Jahren eine harmlose japanesische Seestadt bombardirt? Wer war
in Abyssinien? Wer hat's in der Krim versucht und sich in der
Ostsee blamirt?

— — • — —

Das Land des Ausgleichens.

Jüngst noch hatte Oestreich einen böhmakisch gesinnten
cisleithanischen Ministerpräsidenten.

Doch der Reichskanzler war ja ein Deutscher, darin lag
der Trost.

Jetzt ist zwar der Reichskanzler ein Ungar, dafür ist aber
der cisleithanische Hauptminister ein — Pole.

Auf diese Art gleicht sich's aus!*)

———————

*) Neuesten Nachrichten zufolge soll nun doch ein Deutscher,
Anastasius Grün, Ministerpräsident werden. Auch das wird sich wieder
ausgleichen.

— — • — —

Der Strom der Zeit hat in Oestreich schon viele Ministerien
fortgerissen und am Ufer des Pensionsetats abgelagert. Es
gibt deßhalb an der Donau nicht nur Ministerkrisen, sondern
ganze Minister-Griese.

— — • — —

Die einen Nachrichten behaupten, der Exkaiser Napoleon habe wieder sein Prostataleiden und zeige sich sehr schwach. Andere behaupten, er sei von heftiger Eifersucht befallen wegen Eugeniens langer Abwesenheit. Wenn hier die Wahrheit in der Mitte liegt, dann liegt sie in einem schönen Element.

Erklärung eines Demüthigen.

Gegen Temporaliensperre
Hätt' ich mich erhoben,
Nicht so gegen Spiritussperre,
Denn die kommt von Oben.

Die französischen Ingenieure arbeiten Tag und Nacht an der Ausführung der ebenso meisterhaften wie furchtbaren Befestigungen Belforts und der Vogesenpässe. Eine Kette von Wällen, abwechselnd von unübersteiglichen Felsen und undurchdringlichen Batterien gebildet, ein Netz von detachirten Forts, das eine Welt von Soldaten in sich begraben kann, breitet sich da aus.

Und doch genügt zur Wegnahme dieser sämmtlichen Positionen vorläufig ein kleines Stück Gummi — „Ink eraser", in jeder Schreibmaterialienhandlung zu haben.

In einer sozialdemokratischen Volksversammlung in Sachsen wies Einer nach, daß die Idee der Internationalen so alt sei, wie die Welt.

Also Adam im Paradies schon mit internationalen Plänen umgehend! — Es war auch in der That nicht mehr weit bis zu Kain, dem ersten Tölpel.

Ueber das festgehaltene Münzregal der deutschen Mittelstaaten machte Windhorst den Witz, es komme ihm vor, wie wenn man sich um die Etiketten streite, während der Champagner schon ausgetrunken sei.

Bismark wird sich das Bekenntniß notiren: daß also doch französischer Wein in diesen Flaschen war.

Warnung an Besitzer von Kauwerkzeugen.

Es gibt Felder, an denen sich Mancher nicht nur einen Zahn, sondern den größten Theil seines Kiefers, und wäre es noch so riesig, ausbeißen kann.

Die Centrumsfraktion hat ein Recht, sich zu beklagen, daß der Champagner ausgetrunken ist, denn sie hat von Anfang nach Kräften immer nur gestopfelt.

Wir bekommen künftig Goldwährung, Silberwährung, Doppelwährung.

Nur von einer Währung lese ich nichts: von der Ehrlichkeits=Währung.

Ehrlich wird doch auch nach dem neuen System am längsten währen?

Oder muß man Agio bezahlen?

Ein Tugendheld.

Privat=Kabel des Punsch.

Paris. Da in der vorigen Woche die Gesandten Herrn Thiers ein Diner gegeben haben, so gibt nun Herr Thiers den Gesandten eines. Ohne Revanche geht's 'mal bei den Franzosen nicht.

Wien. Um Zeit zu ersparen, ließ Graf Andrassy an seinem Haus= thor einen Briefkasten anbringen, mit der Affiche: „Wer die Bildung eines cisleithanischen Ministeriums zu übernehmen Lust hat, wird ersucht, seine Adresse und sein Programm in diese Boîte zu werfen."

Das Münchener „Vaterland" hat gutem Vernehmen nach folgende Verwarnung erhalten:

Ah, Sie sind der Dr. Sigl. Das freut mich. Sie waren ja erst wieder eingesperrt? Das freut mich, das thut mir leid, wollt' ich sagen. Im Uebrigen aber sagt man nur, daß Sie in Ihrem Blatt so grobe Artikel schreiben und alle Leute verdächtigen. Das ist mir ein großer Trost — ein großer Verdruß wollt' ich sagen. Wenn Ihr Volksverein etwa der katholischen Sache durch Skandalmachen nützen will, dann crescat — pereat wollt' ich sagen. Also hören Sie auf, sonst desavouire ich Sie in meinem eigenen Blatt. Uebrigens können Sie nach Rom appelliren. Der Bucher hat ja auch Recht bekommen und einen Orden dazu.

Kleine Frühstücksplaudereien.

Der Pabst hat erlaubt, daß in Rom eine Kirche, eigens zum Ge= brauch der Familie des Königs Victor Emanuel eingeweiht werde. Der Pabst und die Cardinäle erhitzen sich gegen den „Raubkönig" über= haupt bei weitem nicht so, wie z. B. das Casino vom blauen Bock zu München.

Die Süddeutschen kommen mit ihrer Gemüthlichkeit nun einmal auf keinen grünen Zweig. Sie hätten niemals eine Capitulation von Sedan, noch weniger einen Versailler Friedensvertrag zusammengebracht und am allenwenigsten die Milliardenforderung durchgesetzt. Auch in der friedlichen Arena treten sie nicht stramm genug auf. So schreibt man den „Dresdener Nachrichten" aus Berlin: „Zu welchem Grade von Fertigkeit Simson es im Präsidiren gebracht, das erkannte man erst, als nach seiner Erkrankung der bayrische Fürst Hohenlohe-Schillingsfürst die Klingel ergriff. Sein Organ ist nicht schneidig genug, um im Notfall schrill wie die Pfeife des Bootsmann durch den zu seinen Füßen brausenden Sturm im Parlament zu bringen. Was aber noch mehr sagen will: Fürst Hohenlohe ist zu wohlwollend, zu nachgiebig. Ein Präsident muß in einer Versammlung, wo sich die Parteien so schroff entgegenstehen, etwas scharf Durchgreifendes haben. Mit Güte und Humanität ist nicht das Arsenal der Waffen, die einem Präsidenten zu Gebote stehen müßen, erschöpft. Und namentlich in Preußen, wo man so viel Werth auf äußerliche Glätte, auf Formencorrectheit und Gewandtheit legt, zuckt man die Achseln, wenn Jemand, aus den Mittelstaaten kommend, eine gemüthreichere Auffassung als ausreichend ansieht. Nur stramm verfahren, den Buchstaben des Gesetzes unerbittlich erfüllen, womöglich einen kleinen Witz, mag er auch verletzen, anbringen — das ist die Hauptsache. Herrn Simson wäre es nicht passirt, daß mehrere große, halbe Stunden kostbarer Zeit in Anspruch nehmende Debatten über Fragen der Geschäftsordnung entstanden, wie dem Fürsten Hohenlohe, weil dieser wohlwollend entgegengesetzten Standpunkten Rechnung tragen wollte. Er hätte der Situation das scharfe Gepräge seines Geistes aufgedrückt und schließlich wäre alle Welt damit zufrieden gewesen." — Das ist die Charakteristik des Reichstags und des Reiches überhaupt. Statt des langen Abwägens und Unterhandelns muß scharf dareingegangen werden, dann ist alle Welt zufrieden. Und warum? Weil man Zeit ersparen will. Zeit ist Geld, darum heißt's überall „Vorwärts", „vorwärts" oder: „Tapfer, tapfer!" wie man in Schwaben sagt. Unangenehm für jeden Gefühlsmenschen, aber es ist einmal nicht anders.

Gehet hin und lehret alle Völker. Ein deutscher Geistlicher, Namens Kreyer, Missionär, erzählte den chinesischen Offizieren und Beamten in Schanghai viel von den Krupp'schen Kanonen. Die Beschreibung dieses Fabrikats muß sehr schmackhaft gewesen sein, denn die Chinesen haben sich jetzt schon drei Stück nebst einem Instruktionsunteroffizier kommen lassen.

Die „Rede" des „Hrn. Reichstagsabgeordneten Bebel" ist noch fort=
während Gegenstand der Reprodultion und der Bewunderung Seitens
jener Blätter, welche sich über die Zusammenwerfung der Ultramontanen
und der Internationalen am meisten ärgern. Ein niederbayrisches Blatt
füllte sich unlängst zur Hälfte mit Auszügen aus Bebels Grobheiten
und zur Hälfte mit Resolutionen zu Gunsten der — Jesuiten. Wir
glauben gerne, daß beide an sich nichts von einander wissen wollen, aber
es muß doch ein drittes faktisches und logisches Bindeglied in Mitte
liegen, dessen sich beide Theile offenbar selbst nicht erwehren können.
Dieses Bindeglied ist kein sanftes, wohlthuendes, sondern ein unbequemes,
einschneidendes, nämlich die Gemeinsamkeit einer Negation.

* * *

Ein preußischer Unteroffizier meldete unlängst seinem Hauptmann
etwas vom Fort Nro. 51. Nach einiger Zeit klärte sich auf, daß der
Mann das Fort St. Quentin — (Cinquant-un) — gemeint hatte.
51 Forts, das wäre doch selbst für Metz ein gar zu starker Jungfern=
gürtel. Uebrigens wird noch immer befestigt. Die Thürme erhalten Alle
deutsche Namen. Einer der bestarmirten soll den Namen „Versöhnung"
erhalten haben.

* * *

Der Stuttgarter „Beobachter" erlustigt sich darüber, daß der preußische
Militärinspektor, Oberst Stülpnagel, zu den Offizieren eines württember=
gischen Infanterieregiments gesagt habe: „Sie müssen ihre Mützen ge=
rade tragen." — Nun, in den „Memoiren eines Einjährigen" kommt
ein Unteroffizier vor, der sagt: die Mütze trägt man nicht in der Höhe,
wie ein Besoffener, auch nicht abwärts, wie 'n Dummkopp, sondern die
Soldatenmütze wird so getragen, wie der Mensch jewachsen is.

In Paris sollen nächstens, um dem Staat eine Einnahme zu ver=
schaffen, Spielbänke errichtet werden. Man erinnert sich dabei, daß es
bei der Occupation durch die Alliirten, im Jahre 1815 ebenfalls Spiel=
höllen gab und daß die östreich=preußisch=russische Soldateska in denselben
mehr verlor, als die ganze Kriegscontribution — (700 Millionen Francs)
— ausmachte. Na, dieß Mal dürfen sie lange warten, bis die
5 Milliarden vermittelst der Roulette wieder hereingebracht sind.

Druck der Dr. Wild'schen Buchdruckerei (Gebr. Parcus).

Münchener

PUNSCH.

Ein humoristisches Wochenblatt von M. E. Schleich.

Vierundzwanzigster Band.

Nro. 49. Halbjähriger Abonnementspreis: in Bayern 1 fl. Im Ausland erfolgen die üblichen Postaufschläge. 3. Dez. 1871.

Privat-Kabel des Punsch.

Preußen. Von der Zeitungsstempelsteuer soll Abstand genommen werden. — Nachschrift: Abstand wird schon genommen, aber von der Abschaffung des Zeitungsstempels. — Zweite Nachschrift: Man verlangt allgemein, daß nicht nur dieser, son= dern überhaupt der ganze Abstand, der noch zwischen Nord und Süd in Bezug auf Preßfreiheit herrscht, abgeschafft wird.

———

Passau. Auf die letzte Predigt des Bischofs über die „Armen im Geiste" sollen sich mehrere seiner eifrigsten Zuhörer bei der Volkszählung in die Rubrik der „Blödsinnigen" eingezeichnet haben, um einen Akt der Selbstdemüthigung zu üben.

———

Bamberg. Großer Kirchenbann über alle, welche die ministe= rielle Interpellationsbeantwortung lesen. Denjenigen, der Einem das Aktenstück bringt, soll man abweisen mit den Worten: Weich von mir, Luzifer!

——◆◆◆——

Verschiedene Redebratln aus demselben Hafen.

Bauern! Katholiken! da paßt auf, was wir nächstens für Steuererhöhung kriegen. 147 Prozent hat der Kolb gemeint? Das langt nicht! Der Freimaurer Döllinger soll 100,000 fl. bekommen haben, daß er seinen Spektakel anfangt. Da geht's dann über die Ultramontanen her, damit Keiner nicht merkt, wie wir immer tiefer in den Bankrott hineinkommen. Unser hochwürdigster Herr Bischof Heinrich hat eigens darüber gepredigt, wie viel Steuern man jetzt schon zahlen muß. Na, wenn erst die Erhöhung kommt, da darf er gleich eine neuntägige Andacht halten darüber.

(Es stellt sich inzwischen heraus, daß keine Steuer-
Erhöhung eintritt.)

Derselbe Redner: Seht ihr's, was wir für Minister haben? Jetzt thun sie's uns rein zum Fleiß und erhöhen die Steuern extra nicht. Einer solchen Bosheit sind nur Freimaurer fähig. Sie wollen, daß die Leute zufrieden sind. Das ist der reinste Landesverrath. Ich weiß schon, wo sie das Geld her haben. Der Bismark hat's ihnen vorgeschossen. Der Mensch ist schlecht genug und bezahlt uns noch all' unsere Schulden, nur um der Opposition zu schaden. Bauern, ich bin überzeugt, ihr würdet lieber mehr bezahlen. (Stürmisches Schweigen.) Nachher wird für die Jesuiten gesammelt (Sensation), kein Geld, sondern Unterschriften. (Beifall.)

--- ❀ ---

In Wien.

Bürger (zu Hrn. v. Brestel). Also Excellenz haben die Finanzen abermals übernommen. Wie haben Sie sich doch eine solche Last aufthun können?

v. Brestel. Mein Gott, die Last ist seit meinem letzten Ministerium doch schon wieder ein wenig leichter geworden.

--- ❀ ---

Im Kaukasus ist die Cholera und in der Walachei eine Minister-krisis ausgebrochen. Hingegen ist die Cholera in Constantinopel fast er-loschen und auch in Wien die Ministerkrisis in Folge energischer Des-infektionsmittel zur Zeit gänzlich verschwunden.

Von englischen Geschwornen wurde der **Mörder Kelly** freige-sprochen.

Von französischen Geschwornen wurden **zwei Mörder** deutscher Soldaten freigesprochen.

Schaurig! Doch —

"In alten Zeiten ward auch Blut vergossen,
"Eh' Menschensatzung säuberte den Staat."

Macbeth.

Der Sultan will den armenischen Christen Freiheit und Schutz gewähren, aber von seinen Souveränetätsrechten nichts ablassen. Die armenischen Christen haben den Sultan selbst darum-gebeten, da sie eine gewisse Unabhängigkeit von Rom genießen, die sie nicht aufgeben möchten. Insofern ist also die Mission des Cardinals Franchi, der eine Art Con-cordat in der Tasche gehabt hätte, gescheitert. Gleichwohl schreiben die kurialistischen Blätter: "Dieser Ausgang der Mission Franchi's sei dem Pabst ein großer Trost." Es ist unbegreiflich, wie bei dieser außer-ordentlichen Genügsamkeit auf Seiten des Pabstes und vieler Bischöfe für die schwebenden Differenzen doch kein Ausgleich gefunden werden kann?

Polemik betreffend.

Hofemann, Hofemann!
Wer es nicht gleich famose kann,
Rühr' lieber keine Pose an!

Bei der Kanzeldebatte im Reichstag wußte der Bischof von Mainz nicht, wie der Vers heißt: „Mit des — des — Geschickes Mächten", und auch nicht von wem er sei.

Wenn der Bischof Neigung hat, mich künftig zu citiren, so bin ich erbötig, ihn auf mehrere meiner gelungensten Phrasen aufmerksam zu machen; z. B. habe ich auch gesagt:

„Die schönen Tage von Aranjuez sind vorüber",

sehr passend für bischöfliche Selbstgespräche. Ferner:

„Du hast's erreicht, Octavio",

das hätte Hr. v. Ketteler am Schlusse zu Lutz sagen können. Ebenso könnte er die sociale Frage bezeichnen mit den Worten:

„Da unten aber ist's fürchterlich".

Will er die persönliche Unfehlbarkeit läugnen, so darf er dem Pabst nur die Worte Wrangel's in den Mund legen:

„Ich hab' hier bloß ein Amt und keine Meinung".

Die Güter todter Hand vertheidige er mit dem Ruf:

„Nichts von Verträgen, nichts von Uebergabe".

Bei Betrachtung der liberalen Bayern sage er sich:

„Es gibt ein anders denkendes Geschlecht."

Wie schön ist nicht mein Reim:

Muth zeigt auch der Mameluk,
Gehorsam ist des Christen Schmuck.

Und so hab' ich noch eine Menge, wie z. B.: „Legt's zum Uebrigen", „Ich kenne dich Spiegelberg" u. s. w., womit ich mich zur ferneren schmeichelhaften Citation geneigtest empfehle.

Dr. Friedrich von Schiller,
Protestant, Militärarzt und Professor.

Orbis et Urbes an Richard Wagner.

~~~~

Antwort der Stadt Bayreuth. Heil dem Tag, an dem Du wirst erscheinen! Geht's nicht mehr lange her, so freut's uns um so mehr. Wir werden Dich mit offenen Armen durch Feustel empfangen. Wir haben Sinn für Höheres, nicht umsonst ist Phantasie nur ein Stündchen von uns entfernt. Laß Dich bei uns nieder, es ist reizend hier. Es geht doch nichts über ein stilles, ruhiges Plätzchen, besonders wenn die bewußten 4000 Fremden wirklich kommen. Komm bald! Seit Jean Paul haben wir keinen klassischen Schriftsteller mehr in unsern Mauern gesehen. Für die gütigst zugesicherten 200 freien Eintrittskarten unsern herzlichsten Dank. Dieselben werden heute schon mit einem kleinen Agio gehandelt.

<div align="right">Der Magistrat von Bayreuth.</div>

Antrag der Stadt Baden-Baden. Mein Herr! Zu unserm größten Erstaunen haben wir gehört, daß Sie Ihr modern=antikes Amphitheater und die Aufführung Ihrer musikalischen Passions= spiele nach Bayreuth verlegen wollen. Sie scheinen von diesem abgelegenen Winkel, dessen schönstes Gebäude den Namen „Eremitage" führt, gar keinen Begriff zu haben. Dort wollen Sie Fremde unterbringen? Haben Sie denn nie etwas von Baden=Baden gehört? Sie haben zwar einen deutschen Kaisermarsch gedichtet, aber doch seiner Zeit auch das „hohe Genie" Napoleon's anerkannt. Sie werden es uns also nicht übel nehmen, wenn wir den fran= zösischen Zufluß etwas schwer vermissen und uns um Ersatz umsehen. Sie und Ihre Sachen könnten uns über eine Saison hinweghelfen. Hotels haben wir genug und mit dem Billetenverschleiß brauchen Sie sich auch nicht abzugeben. Umzugskosten bitten wir aufzu= rechnen. Gepäck frei.

<div align="right">Der Gemeinderath von Baden-Baden.</div>

Bitte der Stadt Darmstadt. Edler, unübertrefflicher Meister! Wenn das Unglück einen Vorrang gibt, so ist er gewiß uns einzuräumen. Wir haben gegenwärtig kein Theater — schlagen Sie Ihr hölzernes Colosseum bei uns auf. Und dann — benützen Sie die Gelegenheit, wo das Theater neu gebaut wird. Wenn es gelänge, aus den Ruinen etwas Neues, Ihren Ideen Ange= paßtes hervorgehen zu lassen, wenn Ihr längst ersehntes, von Semper modellirtes Ideal sich hier verwirklichte, dann könnte man sagen: „Wohlthätig ist des Feuers Macht."

Der Magistrat von Verona. Maestro! Sie sind der Schuld= ner Italiens. Bologna hat den Lohengrin aufgeführt und gibt ihn noch immer. Gewiß Ihr größter Triumph! Ueberlassen Sie uns Ihr neuestes Werk und die Arena wird sich nach 1800jähriger Pause neu beleben.

Telegraphische Depesche aus Berlin. Flunkern Sie doch nicht so lange herum und gehen Sie gleich vor die rechte Schmiede. Wir haben zwar auch mit Nürnberg, Ansbach und Bayreuth angefangen, aber wenn man etliche Säcula sparen kann, warum denn nicht? In Berlin ist der Tempel jeder Zukunft, mit Aus= nahme der von Jakoby, also immer frisch, die paar Tausend Fremden können wir auch noch brauchen.

Wagner an sämmtliche Bittsteller. Urbi et orbi meinen unfehlbaren musikalischen Gruß. Ich werde sehen, was zu thun ist. Vorderhand fordere ich Europa auf, Aktien zu nehmen. Ich werde mir ein Verzeichniß derjenigen Städte und Staaten vor= legen lassen, welche sich am meisten betheiligt haben, um darnach meine Entscheidung zu treffen.

Richard.

Alles zu seiner Zeit. — Demnächst, also wahrscheinlich beim Eintritt der kälteren Jahreszeit werden in Bezug auf die französische Diplo= matie wieder weitere **Enthüllungen** gemacht werden.

M a r l. Na, ich bin neugierig, wenn s' auf b' Wochen 'n Pascolini einbringen.

Sepperl. Wie so?

M a r l. Jetzt müßen s' 'n boch kriegen?

Sepperl. Wie so?

M a r l. Ganz einfach. Bei der Volkszählung, da muß er boch eing'schrieben werb'n? Und wo er steht, da packt man ihn!

Sepperl. Allerdings sehr einfach.

Kleine Frühstücksplaudereien.

Eine Correspondenz im fortschrittlichen „Niederbayrischen Kurier" constatirt, daß in Augsburg die religiösen Verhältnisse vergleichsweise immer noch befriedigend stehen, indem der Stadtklerus nicht gesonnen sei, zu ärgerlichen Auftritten Anlaß zu geben. Eheschließungen mit Hindernissen u. dgl. kenne man nicht. Erst gar in Württemberg befindet sich die ganze Unfehlbarkeitsangelegenheit in ruhender Aktivität. Der Bischof hütet sich, durch eine unvorsichtig angesteckte Knallercommunication den umherliegenden Stoff zu entzünden. Die Welt scheint überhaupt ruhiger überall, wo nicht ein Nuntius hinkommt mit seinem Personal.

Das „ordinäre Blatt" schreibt aus Straßburg: „Die ehemals schönste oberrheinische Stadt ist unendlich traurig, und es thut dem mitleidigen Fremden in der Seele weh, die biederen Elsäßer so tiefgebeugt durch die Ruinen dahin schreiten zu sehen. Leider hoffen sie auf baldige Befreiung, woran jedoch nach Lage der Dinge vor einigen Decennien nicht zu denken ist." Also in einigen Decennien! Jetzt wissen wir's doch.

Eine Regierung neben der Regierung, sagte Hr. v. Lutz, wolle sich etabliren. Um diesen Vorwurf zu entkräften, müßten sich diejenigen Geistlichen, welche für die Jesuiten eintreten, hüten, einen förmlichen Amtsstyl anzuwenden. So lesen wir im „Volksboten": „Hörmannsdorf, B.=A. Velburg. Die katholische Pfarrei Hörmannsdorf hat am 19. Nov. ihren Anschluß an die Mainzer Erklärung ausgesprochen. Dies bestätigt das kath. Pfarramt. Buchner, Pfarrer."

Die Augsburger Poßzeitung schreibt: „Der Nationalkirchler Ideal
wäre demnach: Der Kaiser als deutscher Pabst, der Generalstab als Car=
binalcollegium, die Generale als Bischöfe. Wenn sie einmal dieses ihr
Endziel offen enthüllen, dann werden sie keinen Anhang mehr haben." —
Der redliche Finder eines Sinnes in dieser Behauptung wird ersucht,
denselben gegen eine kleine Belohnung kundzugeben.

Bismark sagt, er sei kein Freund von Conjecturalpolitik, und er hat
Recht. Wer aber wissen will, was Conjekturalpolitik ist, der lese die
Glossen des Benefiziaten Schwefelmeier zur „Luß'schen Antwort" im
Vaterland, wo es neuestens heißt: „Wie einst Babylon die Juden, mag
das Hohenzollernreich seine Katholiken in Gefangenschaft halten, und gar
Manche in Feueröfen (!) werfen; wohl mögen, wie einst die Juden am
Euphrat, so die deutschen Katholiken an dem trüb dahinschleichenden
Gewässer eines Staatskirchenthums Jahre lang klagend und weinend
sitzen, aber kommen wird auch ihnen ein Cyrus, er wird gewiß kommen
und sie aus der Gefangenschaft befreien. Unter dem Jubel aller Völker
der Erde wird Babylon und mit ihm die des Domes deutsches Portal
sperrende Mauer fallen und unter Hosiannaruf werden sie einziehen die
lange mißhandelten, durch geduldiges Ausharren mit Sieg gekrönten Mil=
lionen. Vielleicht daß die alte Prophezeiung wahr wird, daß die Türken
im Rheine ihre Rosse tränken werden. Aber nicht unter dem Halbmond
werden sie es thun, sondern unter dem Kreuze, als katholische Christen."
Also der Rhein eine Roßschwemme für infallibilistisch gewordene Türken!
Ob sich der „Cyrus", der das Alles zuwege bringen wird, schon im
Stande der Cyropädie befindet, oder ob sein Urgroßvater erst unter unsern
Enkeln sein wird, wäre auch nicht uninteressant zu wissen.

Der boshafteste Mensch in Berlin, Ad. Glasbrenner, schreibt in
seiner Montags=Zeitung: „Es sollen durchweg gerechtere Steuervertheil=
ungen in's Werk gesetzt werden, und, um alle Steuerzahler zu entlasten,
eine umfangreiche Beurlaubung aller Waffengattungen der Armee statt=
finden", fügt aber die Anmerkung bei: Diese Notiz ist aus Versehen
unter Berlin gerathen; sie gehört unter Constantinopel. — Wenn hin=
gegen wir melden, daß keine Steuererhöhung bevorsteht, so gehört das
nicht unter Constantinopel, sondern ganz entschieden unter „Bayern."

Druck der Dr. Wild'schen Buchdruckerei (Gebr. Parcus).

Münchener
PUNSCH.

Ein humoristisches Wochenblatt von M. E. Schleich.

Vierundzwanzigster Band.

Nro. 50. Halbjähriger Abonnementspreis: in Bayern 1 fl.
Im Ausland erfolgen die üblichen Postaufschläge. 10. Dez. 1871.

Privat-Kabel des Punsch.

Frankreich. Der Respekt vor der deutschen Intelligenz ist so groß, daß nächstens auf jeden deutschen Kopf ein Preis gesetzt wird.

Mainz. Frhr. v. Ketteler zerfällt bekanntlich in zwei Personen, in den Abgeordneten und in den Bischof. Gestern beim Frühstück soll nun der Abgeordnete dem Bischof den Text gelesen und gesagt haben, daß die Erwiderung gegen Fischer sehr unbedeutend, der Ausfall auf den Volksboten aber geradezu ein Bock gewesen sei.

Kiefersfelden. Forstculturbild. In unserer Gegend ist der große harte Schlag weit mehr überwiegend, als das Stanglholz.

Brüssel. Das Bedürfniß nach anständigen Ultramontanen aus höheren Kreisen ist so groß, daß an den Grafen Zinneberg in München ein Ruf ergangen sein soll, in's Ministerium einzutreten. Man hofft, derselbe werde es über sich gewinnen können, vom „Vaterland" zu scheiden.

Das hiesige „Pastoralblatt" enthält ein Einlagblättchen, betitelt „Diöcesan-Preßverein", worin das Comité die Mitglieder aufmuntert, in ihrer Theilnahme nicht müde zu werden. Es handle sich nicht um Herstellung eines neuen Blattes, sondern um wohlfeilere Verbreitung von Broschüren und Beschaffung geeigneter Artikel für die vorhandenen Blätter, zumal dem Comité eine „passende publicistische Kraft zugewachsen ist." *)

Nun kommt aber das hübscheste. „Bei dieser Gelegenheit macht man empfehlend auf die Augsburger Postzeitung aufmerksam, welche sich seit ungefähr einem halben Jahre zu einem tüchtigen und reichhaltigen Blatte aufgeschwungen hat und es nunmehr verdient, daß mit vereinten Kräften dahin gestrebt werde, dieselbe zum würdigen publicistischen Hauptorgan der bayrischen Katholiken zu erheben."

Jedenfalls ein bitteres Lob und eine demüthigende Protektion. Die Postzeitung gehört zu den ältesten Blättern Deutschlands, sie zählt ein hundert fünf und achtzig Jahrgänge und erst seit ungefähr einem halben Jahre schwingt sie sich zu einem tüchtigen Blatte auf. Hundert vier und achtzig und ein halbes Jahr untüchtig am Boden krabbeln, wie das Kind in einer orthopädischen Anstalt, ist es da noch der Mühe werth, sich an die Sonnenhöhe kurialistischer Gunst zu gewöhnen? Und wie kam dann der Postzeitung plötzlich diese Schwungkraft? Sie hat den großen episcopalen Purzelbaum nachträglich mitgemacht und nunmehr es verdient, zum würdigen Hauptorgan erhoben zu werden. Schöner Styl, schöne Logik, noch schönere Charakteristik! Die Postzeitung kämpft mit begeisterter Ueberzeugung für die Infallibilität, bearbeitet die Deutschhäusler, hält zum Bamberger Hof, sammelt Plebiscite für die Jesuiten, bietet dem „Vaterland" die Hand zur Versöhnung, kurz sie pflegt eine solche Aufführung,

---

*) Geben S' Acht, Herr Sigl, da kommt Ihnen schon wieder Einer in's Gäu!
Anm. des Setzers.

daß sich jeder Bischof mit Anstand, oder vielmehr ohne Anstand zu den „Postzeitungskatholiken" rechnen lassen darf.

Das aber muß man unsern Hirtenkreisen lassen: auf feinen Takt verstehen sie sich und mit den Vertretern der Oeffentlichkeit wissen sie umzugehen. Die ordinären Blätter werden desavouirt und das einzige feine erhält — ein solches Lob!

Auch ein „katholischer Edelmann". Graf Esterhazy hat eines seiner Zuchtpferde, welche er nach England zur Ausstellung schickt, „Döllinger" getauft.

Gewiß eine feine, cavaliermäßige Demonstration und ein vernichtender Witz auf den Altkatholizismus.

Uebrigens dürfte mancher ultramontane Kunstreiter, den der Döllinger aufsitzen läßt, finden, daß er ihm zu hoch geht.

In der sächsischen Thronrede war der auffallende Passus enthalten, daß die Beziehungen Sachsens zu allen europäischen Mächten sehr befriedigend seien.

Diese Redensart wird erfreulicher Weise auch durch Thatsachen belegt, indem der regierende Fürst Heinrich IV. von Reuß, so wie der Kronprinz von Schwarzburg-Rudolstadt ihren Winter-Aufenthalt in Dresden genommen haben, so daß also wenigstens mit den genannten Mächten vor nächstem Frühjahr an keinen Conflikt zu denken sein dürfte.

Wie reimt sich das zusammen?

Der Bischof von Augsburg erklärt in einer nach Berlin gerichteten Zuschrift, daß er mit der Tendenz des Volksboten nicht einverstanden sei.

Anderseits erbietet sich das Augsburger Anzeigeblatt immer und immer wieder, durch Zeugen eidlich erhärten zu lassen, daß derselbe Oberhirt gesagt habe: der „Volksbot' sei das Evangelium der Bischöfe".

Unserer Ansicht nach sind beide Standpunkte nicht so unvereinbarlich, als man glaubt. Es ist nämlich schon oft vorgekommen, daß Bischöfe mit der Tendenz des Evangeliums durchaus nicht harmonirt haben!

———•••———

Ketteler meint, der Bischof von Augsburg habe, wenn er den Volksboten ein Evangelium nannte, dieß nur im Scherz sagen können.

Lobe nie den Volksboten zum Scherz,
„Germania" fühlt wie „Vaterland" den Schmerz.

———

Verkehrte Welt! In Bamberg und Deggendorf ist die Verbreitung der ministeriellen Interpellationsbeantwortung bei Strafe der großen Excommunikation verboten worden.

Die Bischöfe behaupten, zu ihren Erlassen sei das Placetum regium nicht nothwendig. Aber zu ministeriellen Erlassen scheint es ein Placetum episcopale zu bedürfen!

So ist's recht. Vielleicht lebt nächstens auch die alte sog. „Passauer Kunst" wieder auf, durch welche nicht nur Leute hieb- und stichfest, sondern auch Metalle festgebannt werden konnten, so daß Niemand ohne geweihte Intervention im Stande war, etwas davon wegzunehmen. Dann werden den Ministern die Temporalien gesperrt oder „gefixt", wie man sagt.

———•••———

Der bekannte römische Schwindelgraf Lagrand-Dumonceau, mit welchem die zurückgetretenen (passivum!) belgischen Minister in Compagnie getreten waren, hatte in seinen Prospekten eine Christianisirung des Kapitals angekündigt.

Die Christianisirung, die er mit dem ihm anvertrauten Kapital vornahm, wird wohl eine ähnliche Ceremonie gewesen sein, wie das Taufen des Weines und das Beschneiden des Constitutionalismus.

⁂

Graf Beust, der in den letzten Tagen des November hier war, beeilte sich, nach Paris zu kommen.

Er will offenbar vorderhand in Deutschland nicht mitgezählt werden.

⁂

Marl. Bei dem belgischen Ministerium muß doch etwas faul gewesen sein.

Sepperl. Natürlich, drum hat ja der Abdecker nicht wegwollen davon.

Marl. Debecker heißt er ja.

Sepperl. So.

⁂

Nicht um die Einführung der facultativen Civilehe soll es sich in Preußen handeln, sondern um die Nothcivilehe.

Mein Gott: Facultät und Noth ist oft ein und dasselbe.

Ein **Münchener Theologus.**

Herr in Strümpfen (kratzt). Mein Gott, was plagt mich dieser Floh. Und das Vieh ist so klein, daß man ihm nicht wohl ankann.

Kammerdiener. Desavouiren Sie ihn!

Wenn es wahr ist, daß Bischöfe einen Volksboten als ein Evangelium hinnehmen, dann dürften sie sich wohl auch von einem Lutz eine Lektion gefallen lassen.

Kleine Frühstücksplaudereien.

Es bedurfte nur einer Anregung, daß die Kleriker, wie früher gegen den Döllinger-Schwindel und gegenwärtig für die Jesuiten, so von nun an gegen die Rede des Ministers v. Lutz in Berlin „von Herzen" und „mit Freuden" demonstriren möchten — und schon kommen die Erklärungen am Schnürchen daher getanzt. Den Reigen eröffnen die lustigen Waldler, nämlich die Herren von Cham. Ziffer 3 ihres würdigen Votums lautet: „Wir fürchten uns nicht vor dem zweijährigen Gefängniß und werden tausendmal lieber in den Kerker gehen, als stumme Hunde machen." Unter den Unterzeichnern befindet sich auch ein Studienlehrer. Uebrigens tausendmal zweijähriges Gefängniß durchzumachen ist eine böse Aufgabe, man mag's nehmen wie man will. Und wenn's einer auch erlebt, schon „acht Tage sind lang" sagte bekanntlich der Münchener Erzbischof.

Ein in London erscheinendes Socialistenblatt schreibt: „Wisset, daß wir nur den Gedanken der Rache im Herzen tragen, und wir werden ihn furchtbar und exemplarisch durchführen. Ein Tag wird kommen, da wir wieder die Herren sein werden. Dann gibt es keine Gnade für die Mörder vom Juni 1848 und vom Mai 1871. Eure Köpfe sollen fallen und trügen sie schneeweißes Haar. Für eure Weiber, eure Töchter wird es weder Achtung noch Mitleid geben — nichts als den Tod, Tod bis euer verfluchtes Geschlecht auf immer vertilgt ist. Wir treffen uns schon wieder, ihr Herren von der Bourgeoisie." Da ist das Münchener Vaterland doch noch etwas gnädiger. Es droht der „katholischen Bourgeoispartei" bloß mit dem Waschen ihrer Köpfe. Aber der Bourgeois ist verhaßt, hier wie dort.

Die Mitglieder des deutschen Reichstages. Im Lebensalter findet sich ein Unterschied zwischen dem Senior und den Jüngsten von vollen 60 Jahren. Der körperlich und geistig rüstige Alters-Präsident, welcher schon vor zwanzig Jahren, 1850 in Erfurt, das Alters-Präsidium führte, v. Frankenberg-Ludwigsdorf, ist den 29. April 1785 geboren. Ueberschaut man die äußere Lebensstellung, so zählt man 141 Adelige, unter denselben 11 Fürsten, Prinzen (Prinz von Baden, Carolath, Czartoryski, Handjeri, 3 Hohenlohe, Lichnowski, Löwenstein, Pleß, Waldburg). Im Civilstaatsdienst (Pensionirte einbegriffen) zählte man 11 Abgeordnete. Gewesene Minister sind es 14: v. Bernuth, v. Bodelschwingh, v. Bonin, v. Jagow, v. Patow (Preußen); Windthorst, Erxleben (Hannover); von Oheimb (Lippe); Fürst Hohenlohe, v. Hörmann (Bayern); Goppelt, v. Wagner (Württemberg); v. Roggenbach, Lamey (Baden). Zu den Beamten kommen noch die Professoren und Lehrer; 3 protestantische Geistliche oder Theologen und 15 katholische Geistliche, unter welchen ein Bischof (Ketteler). Militärs der verschiedenen Grade, active und pensionirte, wie frühere Militärs sind es 44. Von denselben haben 9, Moltke voran, den französischen Feldzug mitgemacht.

Der Sultan hat an den Pabst einen Brief geschrieben, in welchem es wörtlich heißt: „Ich bezeuge, daß Ich immer die Zunahme des Wohles meines Freundes wünsche und bestärke sie durch den gegenseitigen Austausch der Zuneigung. Zu diesem Zwecke wurde Unser gegenwärtiger Brief geschrieben, welcher, sobald er mit der Gnade Gottes angelangt sein wird, Ihre Würde daraus erkennen läßt, dessen Absicht keine andere, als — wie Wir aufrichtig hoffen — den glücklichen Erfolg zu erzielen, daß auch für die Zukunft das Nothwendige zum gegenseitigen Wohlwollen eingeleitet werde." Der hl. Vater mag sich bei der Auslegung dieser dunklen Stellen leichter thun; gewöhnliche Menschen verstehen eigentlich nicht, was damit gesagt sein soll.

Vorsichtshalber beschäftigt sich die Donauztg. jetzt mit einem östreichischen Staatsmann, nämlich mit Beust, über den sie merkwürdige Enthüllungen bringt, z. B. „in vertrauten Kreisen circulirte die Thatsache, daß der König von Preußen selber sein auswärtiges Portefeuille dem Hrn. v. Beust angetragen hatte." Welche Kreise hat man sich unter „vertrauten" Kreisen zu denken? Patriotisch-ultramontane gewiß nicht, denn die möchten einander die Augen auskratzen. Wie aber sieht eine circulirende Thatsache aus?

Mag Victor Emanuel noch so emphatisch rufen: Das Werk ist voll=
bracht — mit dem Königreich Italien ist's und wird's doch nichts. Der
'Volksbot' schreibt nämlich: „Mit Kopflosigkeit hat die piemontesische Re=
gierung ihr Werk begonnen, ihrer Kopflosigkeit wird sie es zu verdanken
haben, wenn sie hoffentlich bald wieder aus der ewigen Stadt flüchten
muß." —

Unmittelbar nach seinem Sturze wurde Beust als eine Art Engel
Oestreichs hingestellt. Jetzt kommt schon eine andere Auffassung und am
Ende wird aus dem sächsischen Engel noch ein diplomatisches Teufelchen.
Ein Wiener Volksblatt schreibt nämlich: „Graf Andrassy ist erst Staats=
mann. Andrassy sieht auf das Ganze und paßt demselben das Detail der
Ausführung an; Graf Beust pflegte sich dagegen in die Pfiffe und Kniffe
der Ausführung so stark zu verlieben, daß er oft das Ganze aus den
Augen verlor. Graf Andrassy ist ein Gegner des Scheins und legt auf
das Wesen Gewicht, den Grafen Beust nöthigte seine besondere Position,
daß er auf den Schein ein größeres Gewicht als nöthig legte. Endlich
ist die ganze Persönlichkeit des Grafen Andrassy gerade, bestimmter und
muthiger. Wir unserer Seits erwarten vom Grafen Andrassy keine Er=
perimente, keine augenblendenden Ueberraschungen und fürchten auch keine
unberechenbare Hazardpolitik." — Nun wir wollen sehen, ob der ungarische
„Grof" wirklich ehrlicher ist, als der kute vollblutdeutsche Beust.

Aus Berlin schreibt Einer: In Berlin kostet eine einigermaßen
genießbare Gans bereits drei Thaler. Für die weniger bemittelten
Classen wird künftig ein Gänsebraten ebenso unerschwinglich sein wie ein
indianisches Vogelnest. Wo seid ihr hin, Fleischtöpfe Egyptens, wo eine
Klotscher Gans mit zwei Kannen Fett einen Gulden kostete?

Der Theaterdirektor von Bologna, der nun den „Lohengrin"
20 Mal mit wachsendem Erfolg aufführen ließ, hat nun die ganze Ge=
schichte: Sänger, Choristen, Orchester und Partitur zusammengepackt,
um damit nach Florenz zu reisen und dort zu Lohengrinen. Für die
ersten drei Vorstellungen sind schon alle Plätze, trotz enormer Preis=
steigerung, vergriffen. Von dort geht's wahrscheinlich nach Rom, wo
jetzt kein Inder zu fürchten ist.

Druck der Dr. Wild'schen Buchdruckerei (Gebr. Parcus).

Münchener
PUNSCH.

Ein humoristisches Wochenblatt von M. E. Schleich.

Vierundzwanzigster Band.

Nro. 51. Halbjähriger Abonnementspreis: in Bayern 1 fl. Im Ausland erfolgen die üblichen Postaufschläge. 17. Dez. 1871.

Privat = Kabel des Punsch.

London. Da während der Krankheit des Prinzen von Wales ohnehin Niemand auf ihn merkt, so benützt Graf Beust diese Zeit, um ein neues diplomatisches Rundschreiben zu machen, betitelt: Beust's Reise=Abenteuer auf der Reise von Wien über München nach Paris und London.

Rom. Wie der Pabst die Gallerie räumt. Ueber alle Jene, welche den italienischen Parlamentsdebatten auch nur als Zuhörer beiwohnen, ist die große Excommunication ausgesprochen. Deßgleichen darf kein beim hl. Stuhl beglaubigter Diplomat mit Victor Emanuel, seinen Ministern oder mit Deputirten in Berührung gekommen sein. Die Aerzte rathen dem Pabst, lieber sich und seine Umgebung constitutionell impfen zu lassen. Die wenigst revolutionäre Lymphe wäre aus dem deutschen Reich.

Paris. Der russische Trinkspruch hat den Racheburst nicht gehoben, aber den Appetit einigermaßen verdorben.

Monsieur Thiers sagt in seiner Botschaft:

„Man müße der Bevölkerung die Ueberzeugung beibringen, daß das Leben eines Fremden eben so heilig ist, wie das eines Landsmannes."

Wir haben ein Recht zu verlangen, und Herr Thiers ist schuldig, es zu sagen, daß er hiemit die „Nobilissima Natio", wie der Pabst sagt: die Franzosen selbst gemeint hat, nicht aber die ergebenst Unterzeichneten.

Eckzahn, genannt der große Christenknacker, z. B. Häuptling der Caraiben.

Hu-hu-wuß, kleidungsunkundiger Bürgermeister von Neuseeland.

Fidschi, Naturinspektor der Südseeinseln, Verfasser eines Kochbuches für Menschenfleisch-Liebhaber.

Meyer, ehemals Kannibale in Amerika, jetzt ansässig im innern Afrika.

Diesem Protest schließen sich an 40 Gorilla-Familien am Gabunfluß, denen seit Darwin sehr viel daran liegt, ihren Ruf zu verbessern.

Wiener Bürger.

Das freut mich. Jetzt ist in Oestreich endlich das Problem der Steuerbarkeit des Luftballons gelöst worden.

— Mein Gott, was wird da herausschauen? Luftballone gibt's ja doch nicht so viel, was soll da eine Steuer tragen?

Es handelt sich ja um die Lenkbarkeit! Sie haben immer gleich Steuern im Kopf.

— Das wär' ein Wunder!

Der Berliner zoologische Garten ist durch einen Steinadler bereichert worden, Geschenk des Herzogs von Augustenburg.

Bei dem bekannten gutmüthigen und opferwilligen Wesen dieses Prinzen ist anzunehmen, daß kein Rachegedanke vorwaltet und dem Kaiser dieser Steinadler wirklich geschenkt ist.

———•••———

Die Augsburger Postztg. weist darauf hin, daß die Liberalen über die Kampfweise des Sigl'schen „Vaterlands" ein cynisches Behagen fühlen.

Also nicht die Kampfweise, sondern das Zuschauen der Liberalen ist cynisch! Und wenn die Chamiten erklären, daß sie keine stummen Hunde sein wollen, so ist der Cynismus wahrscheinlich auch auf Seiten derjenigen, denen — das nicht recht ist.

———•••———

Ein blöder Hund wird niemals fett.

Bellende Hunde zeigen aber in der Regel auch die Rippen her.

Am besten bekommt's eigentlich immer noch den stummen Hunden.

Da sich aber auch ein stummer Hund verschnappen kann, so ist's besser, jeder bellt wie ihm der Schnabel gewachsen ist.

Zudem ist ja auch ein Maulkorb eigentlich nicht gegen das Bellen, sondern mehr gegen das Beißen.

Uebrigens: wenn die Todten auferstehen, wird man ja auch bei uns sehen, wo der Hund begraben liegt.

———•••———

Das Fränk. Volksblatt — (Bucher'sche Pflanzung) — weist darauf hin, daß zur Zeit unter den Liberalen Unterfrankens große Sterblichkeit herrscht, und will darin den „Finger Gottes" erblicken.

Der Finger Gottes mußte bekanntlich auch in München und Passau bei verschiedenen Krankheits= und Todesfällen erwachsener und neugeborener Nichtinfallibilisten herhalten und ist wirklich zweifelhaft, was bei solchen Anspielungen größer ist: Die Gottes=lästerlichkeit, die Rohheit oder die Dummheit.

Pimplhuber,
Besitzer eines natürlichen Taktgefühls,
zu dessen Erhaltung ich mir erst gestern
Pelzhandschuhe gekauft habe.

***

Bei den Landgemeindewahlen in Oberöstreich wurden 17 Klerikale und 2 Liberale gewählt. Dieses Resultat, sagen die liberalen Blätter, ist insoferne befriedigend, als das letzte Mal nur e in Liberaler gewählt worden war.

Und wäre statt der Zwei gar Keiner gewählt worden, so wäre das Resultat insoferne nicht entmuthigend gewesen, als es auf den Einen auch nicht mehr angekommen wäre.

Wenn die Bischöfe überall einen „großen Trost" finden, warum sollen sich die Liberalen nicht mit „kleinem Trost" erfrischen? Besonders in Oestreich, wo sie noch genügsamer sind.

***

Bei der letzten Volkszählung wurde in München auch die im „bayrischen Hof" wohnende Er=Königin von Spanien mitgezählt.

Das hätte man doch früher nicht für wahrscheinlich gehalten, daß diese Dame auch noch zur Vergrößerung der Münchener Bevölkerung beitragen würde.

Bollanden in der Westentasche,

ober:

der geschwinde Romanschreiber.

Man sehe sich um einen guten Titel um — z. B. Schurzfell und Zipfelhaub'n — besser kann der Gegensatz zwischen Freimaurerei und katholischem Volksverein nicht bezeichnet werden. Hat man den Titel, so geht's frisch an.

Erstes Kapitel.

Zwanzig Freimaurer, darunter mehrere Minister und ein Diplomat versammeln sich bei einem alten Juden, der mit gestohlenen Monstranzen handelt, um ihre staats- und kirchenfeindlichen Umsturzpläne zu berathen. Sie thun einen fürchterlichen Schwur, jeder steckt einen Dolch in den Tisch und wer an einen Gott glaubt, bezahlt einen Kronenthaler Strafe. Sie beschließen, sämmtlichen Fürsten ein Pulver einzugeben; wer davon einen Löffel voll nimmt, dem leuchtet nicht einmal mehr die Unfehlbarkeit ein und er wirft sich sofort in die Arme der Loge.

Zweites Kapitel.

Im Gegensatz zum vorigen ein Bauernverein unter Gottes freiem Himmel. Gutes Bier, Anschluß an die Erklärung wegen der Jesuiten und zuletzt der äußerst seltene Genuß eines Quartetts von vier conservativen Schullehrern. Schließlich schreit ein Bauernvater: Dahinten sitzt ein Fortschrittler! Derselbe wird hinausgeworfen. Da fällt ihm ein Papier aus dem Sack. Es ist die Aufnahmsurkunde in die Loge zu den drei Cometenschwänzen. Der Aermste wird im Jubel auf den Tisch gesetzt, unter dem allgemeinen Rufe: Da seht's einen Freimaurer! Ausgezeichnete Unterhaltung bis Mitternacht. Der Bezirksamtmann hat sich schon lange gedrückt. Morgen Gottesdienst für die verstorbenen Mitglieder.

Drittes Kapitel.

Salonscene bei einem päbstlichen Nuntius. Man spricht abwechselnd italienisch, tyrolerisch und französisch. Verschiedene schlechte Bonmots über den Cultusminister. Auch der Lokalbischof wird belächelt, der erste Uditore meint aber doch, es sei ein guter Mann. Plötzlich stürzt der Kammerdiener mit einem Schreiben herein. Man fürchtet allgemein, es sei die Anzeige von der Aufhebung der Nuntiatur. Monsignor öffnet, es ist eine Einladung, die anliegende Volkszählungsliste auszufüllen. Allgemeine Heiterkeit. Unter die Rubrik: ob Lesen und Schreiben, bemerkt Monsignore: Ja, aber nicht deutsch.

Viertes Kapitel.

Abermalige Bauernversammlung an einem andern Ort. Schlechteres Bier, aber dennoch einstimmiger Anschluß an die Erklärung bezüglich der Jesuiten. Stimmung gemäßigt; man ist empört über den Kanzelparagraph und über das Pauschquantum, freut sich des Schüttinger'schen Initiativantrages, noch mehr aber über den hohen Preis der Schweine und Kälber.

Fünftes Kapitel.

Geheimer Kriegsrath der Parteihäupter. Man beschließt, dem Fürsten den Bolland'schen Roman: Kelle und Kreuz in die Hand zu spielen. Wenn das nicht wirkt, dann ist die Hoffnung aufzugeben.

Kleine Frühstücksplaudereien.

Die „deutsche Schuhmacherzeitung" meldet aus Paris, daß die dortigen Damen keine so hohen Stiefelabsätze mehr tragen, wie sie bisher Mode waren, und daß dieselben auch für Deutschland in Wegfall kommen. Sonderbar; müssen wir erst auf Frankreich warten, um eine unsinnige, lästige und gefährliche Extravaganz loszukriegen? Wir ersuchen die Schuster Deutschlands, bei Ausübung ihres schwierigen Berufes auch auf die Nationalehre Rücksicht zu nehmen.

Ganz Bologna ist lohengrinisirt schreibt der „Trovatore", oder richtiger gesagt: die Anhänger der Wagner'schen Musik entfalten eine erstaunliche Kraftanstrengung, um auf jede Weise für ihren Herrn und Meister Reclame zu machen. Der Parfumeur Bartolotti verkauft Lohengrin=Essenz; vor dem Schaufenster des Hutmachers Scagliarini prangen Hüte mit dem Facsimile des Jagdhorns, welches Elsa Lohengrin vor seinem Scheiden gibt. Die Weiber tragen Lohengrinhüte, welche die Form einer Barke mit einem Schwan an der Spitze haben, und die Restaurants verkaufen Lohengrin=Torten." Reclame oder nicht — die Thatsache, daß Wagner'sche Musik in Italien, der Heimath der leichten Melodien durchgeschlagen hat, ist so merkwürdig, daß wir sie weniger in das Gebiet der Kunstgeschichte, als viel mehr der Völkerpsychologie verweisen möchten.

Schnacken bei der Kälte sind eine Rarität. Der bekannte Frankfurter Humorist Stoltze läßt aber doch auch in diesem Carneval wieder welche fliegen, nämlich seine „Schnacken=Zeitung", geschrieben in dem für Humoristen ohnehin sehr geeigneten Frankfurter Dialekt. Aus den neuesten Produkten Stoltze's scheint hervorzugehen, daß die Frankfurter ihre alte köstliche Laune wieder gefunden haben.

Die Neuesten Nachr. enthalten folgendes Inserat: „Im März vorigen Jahres schied aus unserer Gemeinde der Hochwürdige Herr Benefiziat Hofemann. Es ist seit dieser Zeit weder von Seite des Pfarramts Sendling, in besten Bezirk doch das Benefizium gehört, noch von Seite des erzbischöflichen Ordinariats zur Wiederbesetzung des Benefiziums etwas geschehen. Da nun die Gemeinde seit dieser Zeit ohne Seelsorge ist, und es auch der Herr Pfarrer Deßberger von Sendling nicht der Mühe werth findet, ein einziges Mal zu kommen und nachzusehen, wie es die früheren Herren Pfarrer bei der jeweiligen Erledigung des Benefiziums zu thun pflegten, und auch noch nicht die geringste Aussicht auf Ausschreibung des Benefiziums vorhanden ist, so möchte wohl der Wunsch berechtigt erscheinen, unsern allgemein geachteten und geliebten Herrn Hofemann, Benefiziat und nunmehrigen Pfarrer in Tuntenhausen, nach all den Chikanen und Verfolgungen, denen er in Tuntenhausen ausgesetzt ist, in unsere Gemeinde zurückkehren zu sehen. Pullach, den 7. Dezember 1871. Die Gemeinde=Verwaltung. Metz, Bürgermeister." — Um das Seelenheil der Pullacher ist man also bei der Redaktion des Pastoralblattes durchaus nicht besorgt, die Leute müssen sich selbst rühren, wenn sie wieder versehen sein wollen. Nun, so ein kleines Isarmehring im „heseloischen Tempethal", wäre ja gar nicht übel?

Anstatt zu Gunsten der Pariser Commune zu demonstriren, hätte Herr Bebel, dieser „schlichte Handwerker", wie ihn gewisse bayrische Blätter nennen, lieber wegen der großen Niederlage trauern sollen, die er, seine Partei und seine Sache zum Schaden von ein paar tausend armen Arbeitern erlitten haben. In der neuesten Nummer des „Volksstaates" gesteht nämlich das „Centralcomité" der strikenden Chemnitzer Maschinenbauer ein, daß der Strike vollständig mißglückt ist. Die „Internationale" hat hier, so bemerkt der „Gewerkverein" vor den Augen Deutschlands eine furchtbare Niederlage erlitten. Wenn man bedenkt, in welchen hochklingenden Phrasen diese Partei immer der Welt weißmachen will, wie groß ihr Anhang und ihre Macht allerwärts sei, so erscheint es unbegreiflich, daß alle Macht und opferwillige Begeisterung von „Millionen" internationaler Arbeiter nicht im Stande gewesen ist, die strikenden Maschinenbauer von Chemnitz zwei Wochen lang ausreichend zu unterstützen, und zwar um so mehr, als die Forderungen derselben als an sich gerecht anerkannt werden mußten, und die Bresche für den Normal-Arbeitstag schießen sollten. Es kann nicht Kläglicheres geben, als die Unterstützungslisten des „Volksstaat"; vom ganzen „brüderlich verbündeten" Europa scheint wenig oder gar nichts gekommen zu sein. Noch nie hat sich die hohle, phrasenhafte Ohnmacht dieser Partei so nackt enthüllt, wie bei dieser Gelegenheit.

———

Man hat zwar gelesen, daß mit den Truppen Victor Emanuels gegen 20,000 Diebe, Mörder und Dirnen in Rom einzogen. Das römische Publikum scheint aber doch nicht so ganz schlecht zu sein, als man nach einer solchen Invasion vermuthen sollte. Die Theater haben nämlich die Aera der Freiheit benützt und auch einige Offenbach'sche Operetten zur Aufführung gebracht, z. B. die schöne Helene. Diese Machwerke wurden aber als unmoralisch sammt und sonders ausgepfiffen.

———

Aus der Münchener Diöcese erhält das Vaterland folgendes „Eingesandt: Wenn die HH. Stadtpfarrer von München und die andern geistlichen Würdenträger mit ihrem Desaveu gegen das „bayrische Vaterland" etwa auch den Landklerus hinter sich zu haben glauben, so sind sie bedeutend auf dem Holzweg. Das kann ihnen mit Gewißheit sagen Ein Landbechant." — Trotzdem kann man vom Sigl'schen Blatte sagen: „Erschöpfung groß, Befinden unruhig, Kräfteabnahme zunehmend."

Druck der Dr. Wild'schen Buchdruckerei (Gebr. Parcus).

Münchener
PUNSCH.

Ein humoristisches Wochenblatt von M. E. Schleich.

Vierundzwanzigster Band.

Nro. 52. Halbjähriger Abonnementspreis: in Bayern 1 fl. Im Ausland erfolgen die üblichen Postaufschläge. 24. Dez. 1871.

Weihnachtsverschen.

Ehre sei Gott in der Höhe,
  Selbst r o t h Costümirte sind gegen ihn Flöhe.
Und Friede den Menschen auf Erden,
  Wenn nur die Franzosen ganz anders bald werden.

* * *

Als Lämmer kommen wir, als Wölfe bleiben wir und wie
Hunde wird man uns davon jagen —

  soll einmal ein berühmter Jesuit gesagt
  haben.

Als Deputirte kommen wir, als Republikpräsidenten bleiben
wir und mit dem Davonjagen hat's gute Wege, wenn wir nur
nie auf dem Hund sind —

  soll sich jüngst ein Orleans gedacht
  haben.

* * *

Mensch (zum Himmel flehend): **Pax!**
Antwort von oben: **Mach's!**

* * *

Wenn der Herzog von Aumale jetzt schon an seinem Ehrenwort beutelt, wie würde er es erst mit einem Schwur auf die Republik machen?

———•••———

Das Münchener Pastoralblatt behauptet, die vatikanischen Beschlüsse seien beim Volke bereits in Fleisch und Blut übergegangen.

Ueber einen solchen Zustand kann ich mich nun zur Zeit allerdings nicht beklagen. Aber so viel ist gewiß, daß mir die ganze Unfehlbarkeit stark in den Knochen liegt.

Das Volk.

———•••———

Die Augsburger Postzeitung bringt unter dem Titel „liberale Ehrenmänner" eine Polemik zwischen zwei Berliner Redakteuren derselben Parteirichtung, wobei jedoch keiner am andern ein gutes Haar läßt.

Wenn die Postzeitung diesen Streit als eine Rarität bezeichnet hätte, dann wäre es gut gewesen, denn zwei liberale Blätter oder Agitatoren in öffentlichem Streit, das gibt's beinahe gar nicht. Wenn aber die Zeitung damit die Schlechtigkeit der betreffenden Partei beweisen will, so muß man fragen: wie ist denn das „Vaterland" gegen sie und ihren Verleger aufgetreten? Und die „Donauzeitung" gegen Jörg? Und der „Volksbot" gegen die Germania? Warum sollen die „Liberalen" nicht auch „mal bißten streitende Kirche spielen?"

———•———

Herr Thiers und die Prinzen von Orleans streiten sich darum, in wie weit ihr Ehrenwort bezüglich des Nichteintritts in die Kammer verbindlich sei.

Wozu der Streit? Das Ehrenwort dieser Herren wird eben auch nichts anderes sein, als so manche Ehrenwörter, welche französischer Seits während des letzten Krieges gegeben wurden.

———•◦◦×◦◦•———

Privat-Kabel des Punsch.

Berlin. Es ist nicht möglich, daß der preußische Landtag zur rechten Zeit mit dem Budget fertig wird.

München. Da auch heuer kein rechtzeitiges Budget zu Stande kommt, so wird Alles provisorisch verlängert.

Constantinopel. Die Türkei ist mit ihrem Budget fertig, das Deficit klar bestimmt. Ist das Lebensfähigkeit oder nicht?

Frankreich. Der Mörder Tonnelet soll bis zur Erledigung eines geeigneten Mandats einstweilen zum stillschweigenden Ehrenbürger verschiedener Städte ernannt worden sein.

Versailles.. Bei dem plötzlichen Thauwetter gelang es dem Marschall Leboeuf, einen Theil der Verantwortung abzuwälzen. Marschall Bazaine soll von der Last schwer getroffen worden sein.

Berlin. Die soeben von einem dreiwöchentlichen ruhmreichen Gastspiel in Petersburg zurückgekommene Sängerin Lucca erklärt, daß an einen Krieg zwischen Deutschland und Rußland nicht zu denken sei. Im Gegentheil wird sie nächstes Jahr dort abermals einen Gastrollencyklus eröffnen.

Das Ordinariat in Eichstädt, welches nebenbeigesagt nicht den ordinären Ordinariatsstyl schreibt, sondern sich eines bessern Satzbaues, einer edlen, fast wehmüthigen und dabei etwas gedunsenen Ausdrucksweise bedient, hat ein kleines Encyklikchen erlassen, worin folgende Stelle vorkommt:

> „Sollte man eines Tages entdecken, daß die Königskrone ein
> Juwel verloren habe und das Vaterland erniedrigt und gedemüthigt
> wurde, so verwahren wir uns im Voraus gegen die Anklage, daß
> unser Klerus den Glanz der Krone stillschweigend habe verdunkeln
> lassen und für die Erhöhung des Vaterlandes und dessen wahres
> Wohl zu wenig besorgt gewesen sei."

Welche Krone in Europa hat seit 10 Jahren kein Juwel verloren? Wenn die Kronen nur die rechte Fassung behalten, imponiren sie noch immer. „Sollte man eines Tages entdecken —!" Wie schlau die Eichstädter Curialisten sind, sie wissen offenbar etwas und spotten des beschränkten Laienverstandes, der erst „eines Tages" dahinter kommen wird. Und wie ist der folgende Satz zu nehmen? Wird der Klerus „still schweigen" und verwahrt er sich dagegen, daß man ihn wegen seines Stillschweigens anklagt? Es scheint so. Wie aber reimt sich damit die Aufforderung an die Prediger, auch ferner den Bruch beschworener Verträge und den Raub zu verurtheilen? Welch' ein weiter Sack! Wenn die Prediger alle Verträge vertheidigen wollen, so kommen sie gar nicht mehr von der Kanzel herunter. Und was ist Raub? Länderraub? Wurde nicht auch der Frankenkönig Pipin von Rom aus durch eine gefälschte Schenkungsurkunde Constantins dupirt, so daß er die eben eroberten Lombardenstädte mit der Bitte um Entschuldigung an den Pabst abließ? Auf welche Art kam der Kirchenstaat zu den Mathildischen Gütern und welches Recht hatten die Päbste auf Neapel und Sicilien? Hat nicht Pabst Clemens VI. dem König Johann von Frankreich einen Beichtvater geschickt, welcher die Vollmacht besaß, auch von geschwornen Eiden zu entbinden und die Erfüllung derselben in irgend ein „gutes Werk" umzuwandeln? Möchten sich doch die Eichstädter Stylisten keine gar so hohen Stelzen anschrauben.

Endlich heißt es, den Verleumdungen möge der Klerus jenes Schweigen entgegensetzen, welches Christus vor dem jüdischen hohen Rath beobachtete.

Und diese „Stille Antwort" soll sein die Erfüllung der Pflicht.

Und worin besteht die Pflicht? Darin, daß alle Prediger fortfahren sollen, zu predigen wie bisher, d. h. in der oben ange= deuteten Weise über Eide, Verträge u. s. w.

Das Schweigen besteht also in Eichstädt im Reden. Wenn der dortige Klerus von seinem Ordinariat keine andern Unterstützungen zu erwarten hat, als solche Rathschläge, so thut er sich hart genug.

Im Jahre 1849 soll Bismarck gesagt haben, sein Volk habe kein Bedürfniß, „sein preußisches Königthum verschwimmen zu sehen in der fauligen Gährung süddeutscher Zuchtlosigkeit. Preußen sind wir, Preußen wollen wir bleiben."

Dazu bemerken einige Blätter: klingt das nicht particularistisch? Warum dürfen nun die süddeutschen Patrioten nicht dieselbe Sprache führen?

Warum denn nicht? Bismarck würde kaum etwas dagegen haben, wenn auch süddeutsche Patrioten sagten: sie wollten nicht „verschwimmen in der Gährung süddeutscher Zuchtlosigkeit."

Die Franzosen können doch gar nichts mehr vertragen. Der Kaiser Alexander trinkt ein einziges Mal, und sie bekommen alle den Katzenjammer.

Einen neuen Beweis für Darwin's Theorie von der Abstammung der Menschen vom Affengeschlecht will man darin gefunden haben, daß in Brasilien Affen eben so wie Menschen vom gelben Fieber befallen werden, während andere Thiergattungen befreit blieben. Wenn sich bei den Affen neben dem gelben erst einmal auch das Gründungsfieber zeigt, dann ist es Zeit, an ihre Emancipation zu denken und ihnen Ehrenbürgerrechte einzuräumen.

———

Die Nachricht französischer Blätter, daß der russische Thron=folger dem deutschen Gesandten einen Schlag gegeben habe, wird natürlich von den preußischen Offiziösen widersprochen.

Sie ist aber in der Hauptsache vollkommen wahr. Nur ereig= nete sich der Vorfall nicht 1871, sondern 1827, und nicht in Berlin, sondern in Afrika, und war es kein Thronfolger, sondern ein Throninhaber, nämlich der Dey von Algier, der aller- dings einem Gesandten, wenn auch nicht dem kaiserlich deutschen, so doch dem königlich französischen einen Schlag versetzte. Ob dabei ein Sonnenschirm oder die bloße Hand zur Verwendung kam, ist gleichgültig und es wird den Vertuschungspolitikern somit nicht gelingen, eine das künftige Verhältniß Rußlands zu Preußen charakterisirende Thatsache abzuläugnen.

Kleine Frühstücksplaudereien.

In welch' objectiver Weise die städtischen Angelegenheiten hie und da besprochen werden, davon liefert ein hiesiges Blatt einen hübschen Beweis, indem es seinem katholischen Publikum die Versicherung gibt, der Ma= gistrat wolle neben der Mariensäule einen Roßstall erbauen, während es sich in der That nur um einen Stand handelt für den Verkauf der Omnibus=Correspondenzkarten. Durch den ständigen Aufenthalt von einem halben Hundert Droschken und Fiakern ist auf dem Marienplatz das Pferdeelement ohnehin mehr als angenehm vertreten, aber es läßt sich eben nicht anders machen und gerade das Omnibusunternehmen ist ein wahrhaft volksthümliches und gemeinnütziges.

———

Während ihres kurzen Aufenthalts in Cassel besuchte die deutsche Kaiserin Augusta am 29. November früh Morgens auch das dortige allgemeine Landkrankenhaus. Die erste deutsche Fürstin, deren Fuß die Schwelle dieses, über hundert Jahre schon bestehenden, Instituts betrat! Die verschiedenen Landesmütter rechter und linker Hand hatten bisher nicht Zeit gefunden. Trost und milde Gaben überall spendend, beschenkte die Kaiserin auch die dort lebende 96jährige greise Schauspielerin Frl. Scholz, die in ihrer Jugend bei der Bellomo'schen Gesellschaft engagirt war, welche Truppe in den Wintermonaten in Weimar bis zum Jahr 1791 kontraktlich zu spielen verpflichtet war.

Nach Aussage von Astronomen hat in letzter Zeit eine fürchterliche Eruption auf der Sonne stattgefunden. Eine ungeheuere Protuberanz, welche, Dank den Hülfsmitteln unserer Wissenschaft, als aus Wasserstoffgas bestehend erklärt werden konnte, stieg mit ungeheurer Schnelligkeit am Sonnenkörper bis zu einer Höhe von 5000 Meilen über die Lichtsphäre empor. Eine halbe Stunde später wurde die ganze Masse durch irgend einen unbemerkbaren, von unten erfolgten Stoß in lauter kleine Fetzen zerrissen und 10 Minuten später war die Sonnenfläche bis zu einer Höhe von 60,000 Meilen mit solchen fliegenden Stücken angefüllt. Schade darum! So ein kleines Stückchen Sonne hätte manchem Erdbewohner wohl gethan. Wenn doch der Münchener Holzverein Mittel und Wege fände, um sich solche Protuberanzabfälle zu verschaffen.

Verstehen denn unsere Bauern wirklich französisch? möchte man bald fragen. Durch Zauber ertheilen sie „Désaveus" und in der Postzeitung ruft einer: „man gründe an jedem Ort einen katholischen Volksverein und zeige jede Versammlung 24 Stunden vorher beim Bezirksamte an — voilà tout." Was nun ein richtiger Bauer ist, muß sich denken: Très - bien!

Die Donauzeitung hat heuer noch eine höchst interessante Entdeckung gemacht, nämlich die: daß Graf Beust ein — Jude ist. Graf Beust selber, schreibt Lukos, trägt den Typus orientalischer Abstammung mit einer verzweifelten Deutlichkeit durch die Welt. Das Stumpfnäschen der sächsisch-österreichischen Excellenz als Typus orientalischer Abstammung! Die Behauptung ist neu, aber sehr wenig überzeugend.

Was man in Oeſtreich ſtellenweiſe noch für einen Begriff von dem Weſen der allgemeinen Wehrpflicht hat, dürfte aus Folgendem des Wiener „Hansjörgel" hervorgehen. Dieſes Volksblatt ſchreibt: In Wien liegen immer 10—12 Regimenter, die an den Tagen des großen Kothes, des großen Schnees ohnehin keine Exerzitien, keine Uebungs= märſche machen können, ſondern in der Kaſerne auf der faulen Haut liegen. Nun wird man dem gebildeten Menſchen, dem Lehrer, Stubenten, Beamten, Hausherrnſohn u. ſ. w. nit zumuthen, er ſoll den Beſen in die Hand nehmen, um in Wien die Straßen zu kehren; allein in den Regimentern befinden ſich ein paar tauſend böhmiſche, hanakiſche, ſlova= kiſche, ungariſche Bauernburſchen und Bauernknechte, die daheim den Kuh= und Sauſtall ausgeputzt und die Straßen ihres Dorfes gereinigt haben. Dieſe ſollte man auffordern, als Freiwillige für 1—2 Tage ſich der Kommune zur Verfügung zu ſtellen, — kommandiren darf man die Soldaten nicht zum Straßenkehren, aber die Aufgeforderten, die freiwillig gehen, würden darin nichts Entehrendes, ſondern ein' Jur (!) ſehen, ſo ſchnell und fleißig wie der Soldat arbeitet Niemand, und wenn man Jedem per Tag 50 kr., dem Korporal aber, der die Aufſicht hat, 70 kr. geben thät', ſo könnten ſich die armen Teufeln nach zwei, drei Arbeits= tagen auch einen guten Tag anthun. Wenn man die Soldaten zum Straßen= und Eiſenbahnbau, zur Herſtellung des Ausſtellungspalaſtes verwendet, ſo könnte man ihnen mit eben ſolcher Berechtigung die Auf= gabe überlaſſen, die Reſidenz ihres kaiſerlichen Kriegsherrn ſauber zu halten."

––––––

Die Vorgänge in Bayern feſſeln außerordentlich die Aufmerkſamkeit der Pariſer Preſſe. Das „Journal des Debats" nennt wiederholt den Volksboten als „Meſſager populaire", deßgleichen „le Vaterland". Die neueſten Späße des letzteren mit dem „Aufhängen eines deutſchen Kaiſers" und dem „Liebhaben der Preußen" mag den Franzoſen wirklich ein „großer Troſt" ſein.

––––––

In Erwartung des Eisſtoßes und ſeiner Folgen haben ſie jetzt in Wien eine Ueberſchwemmungscommiſſion, die ſich jeden Abend in einem renommirten Gaſthaus verſammelt und wenn die Gefahr vorüber iſt, wahrſcheinlich einen Ball gibt; auch will man die freiwillige Feuerwehr beiziehen und eine combinirte Feuerwaſſerwehr daraus machen.

Druck der Dr. Wild'ſchen Buchdruckerei (Gebr. Parcus).

Münchener
PUNSCH.

Ein humoristisches Wochenblatt von M. E. Schleich.

Vierundzwanzigster Band.

Nro. 53. Halbjähriger Abonnementspreis: in Bayern 1 fl. Im Ausland erfolgen die üblichen Postaufschläge. 31. Dez. 1871.

An die Abonnenten.

Mit dem Schlusse des vier und zwanzigsten Bandes wird das Erscheinen dieses humoristischen Originalblattes eingestellt.

Der Verfasser und Herausgeber fühlt sich verpflichtet, für die während dieses ganzen Zeitraums gefundene Theilnahme seinen Dank auszusprechen und hofft auf gleiches Wohlwollen, wenn er der Lesewelt auf anderen Gebieten oder unter einer neuen Publikationsform wieder vor die Augen tritt.

Nachträglich verlangte Nummern des letzten oder eines vorhergehenden Bandes sind durch die Expedition des Münchener Boten zu beziehen.

Kleine Frühstücksplaudereien.

Das neueste „Pastoralblatt" enthält wieder einen Leitartikel über die Unfehlbarkeit des Pabstes „und der Apostel", dessen Geist und Schärfe auch dem Nichttheologen außerordentlich imponirt. Es wird darin zugegeben, daß nicht nur Petrus sondern auch alle anderen Apostel die Gabe der persönlichen Unfehlbarkeit hatten. Aber auf ihre Nachfolger, die gewöhnlichen Bischöfe, ging sie nicht über, sondern nur von Petrus auf dessen Nachfolger, den Pabst. Also mit der Unfehlbarkeit war es damals ungefähr so, wie jetzt mit der bayerischen Reichsrathswürde; es gab eine selbstverständlich angeborne, dann eine erkliche und endlich eine lebenslängliche. Die Rede Döllingers, wonach die Fälschung der Geschichte den Grund jeden Verfalles bildet, hat der Mitarbeiter des Pastoralblattes wohl noch nicht gekannt.

Wie wenig einem Minister das Herabstürzen eigentlich schadet, beweist wieder Graf Beust. Nachdem derselbe erst unlängst von Wien über München nach Paris zum Diner bei Thiers und von dort nach London gereist war, um sich der Königin und den Lordschaften vorzustellen, ist derselbe jetzt wieder in Dresden eingetroffen und hat die Weihnachtsfeiertage dortselbst zugebracht. Allgemein bewundert man sein gutes Aussehen. Und der Mann war gezwungen, wegen erschütterter Gesundheit seinen Posten aufzugeben. Was würde Beust erst Alles anfangen, wenn — ihm wohl wäre!

Glaub's gern! — Die Donauzeitung schreibt: „Von dem Inhalt der Döllinger'schen Rectoratsrede soll man lieber schweigen!"

Aus dem „Kohlbachthale" (Niederbayern) wird gemeldet, daß sich daselbst zwei Schwindler herumtreiben und auf das Journal „Ueber Land und Meer" Subscribenten sammeln. Sie sagen, sie seien vom Herrn Bischof geschickt (Hut ab!) und das genannte Journal sei das erste Heft eines größeren Werkes, in welchem die Unfehlbarkeit des Pabstes bewiesen werde. Was ist größer: die Schwindelei, oder die Dummheit derjenigen, welche „Ueber Land und Meer" für den Anfang eines Beweises der päbstlichen Unfehlbarkeit halten?

Druck der Dr. Wild'schen Buchdruckerei (Gebr. Parcus).